A comunicação nos textos

A comunicação nos textos
Norma Discini

Copyright© 2005 Norma Discini

Todos os direitos desta edição reservados à
Editora Contexto (Editora Pinsky Ltda.)

Montagem de capa e diagramação
Gustavo S. Vilas Boas

Revisão
Lilian Aquino

Dados Internacionais de Catalogação na Publicação (CIP)
(Câmara Brasileira do Livro, SP, Brasil)

Discini, Norma
A comunicação nos textos / Norma Discini. –
2.ed., 5ª reimpressão. – São Paulo : Contexto, 2025.

Bibliografia.
ISBN 978-85-7244-285-5

1. Análise do discurso 2. Comunicação 3. Crítica de texto
4. Linguística 5. Semiótica 6. Textos I. Título.

05-0318   CDD-401.41

Índices para catálogo sistemático:
1. Comunicação nos textos : Semiótica : Linguística   401.41
2. Textos : Comunicação : Semiótica : Linguística   401.41
3. Textos : Leitura : Semiótica : Linguística   401.41
4. Textos : Produção : Semiótica : Linguística   401.41

2025

Editora Contexto
Diretor editorial: *Jaime Pinsky*

Rua Dr. José Elias, 520 – Alto da Lapa
05083-030 – São Paulo – SP
PABX: (11) 3832 5838
contato@editoracontexto.com.br
www.editoracontexto.com.br

Proibida a reprodução total ou parcial.
Os infratores serão processados na forma da lei.

Dedico este livro
ao professor,
ao amigo:
José Luiz Fiorin

:: Sumário

:: Apresentação 9

:: Lição 1
A noção de texto 13

:: Lição 2
Heterogeneidade constitutiva
e formações ideológicas 45

:: Lição 3
Heterogeneidade mostrada e marcada:
discurso direto, discurso indireto,
aspas, glosas do enunciador 87

:: Lição 4
Heterogeneidade mostrada não marcada:
ironia, discurso indireto livre, estilização, paródia 147

:: Lição 5
Níveis de leitura de um texto..183

:: Lição 6
Organização fundamental do texto....................................221

:: Lição 7
Organização narrativa do texto..243

:: Lição 8
Tematização e figurativização..269

:: Lição 9
Modos de combinar figuras e temas...................................299

:: Lição 10
Denotação e conotação...329

:: Respostas
Lição 1 361
Lição 2 367
Lição 3 375
Lição 4 381
Lição 5 385
Lição 6 389
Lição 7 395
Lição 8 401
Lição 9 405
Lição 10 407

:: Bibliografia..411

:: Apresentação

Esta obra pretende romper os limites que cercam a comunidade dos estudiosos da linguagem. Apresenta-se como livro didático e destina-se aos não iniciados nos estudos do discurso. Tem como objetivo descrever e levar o leitor a descrever mecanismos de construção do sentido nos textos, examinados para além da aparência e como construção linguageira do mundo. A descrição se respalda por reflexões teóricas e subsidia a produção de texto, considerada um fim a ser perseguido continuamente.

:: As lições

A obra contém dez lições.

Cada lição apresenta, como abertura, a *leitura do texto*, da qual se depreendem as linhas teóricas a ser trabalhadas. Segue a *teoria* e a *produção de texto*, esta definida segundo propostas variadas, lançadas ora no meio, ora no final da lição, ora em ambos os lugares, de acordo com a dinâmica estabelecida. A depreensão das linhas teóricas é feita a partir do exame dos mecanismos de construção do sentido do texto.

Cada lição tem como proposta um ponto da teoria do texto e do discurso. Para isso toma como fundamento noções da Semiótica de linha francesa, que tem à frente Algirdas Julien Greimas. Tal orientação incorpora princípios da Análise do Discurso, também dita de linha francesa, tal como a apresenta Dominique Maingueneau, bem como os princípios sobre o dialogismo da linguagem, tal como os apresenta Mikhail Bakhtin.

Cada lição enfeixa noções básicas para a análise e produção textual. Organizada em torno das três seções que a compõem, *leitura do texto, teoria* e *produção textual*, a lição apresenta os tópicos teóricos não tratados de modo excludente. Por conseguinte, as primeiras lições contêm a teoria das subsequentes e a recíproca é verdadeira. Desde o início trabalha-se com o corpo teórico na sua totalidade.

Cada lição e todas, em conjunto, voltam-se prioritariamente aos textos impressos não literários, verbais e sincréticos. Examinados como enunciados aos quais está pressuposto o sujeito da enunciação, tais textos, alçados à condição de discurso, são trabalhados simultaneamente à reflexão teórica, já na abertura, configurada como *leitura do texto*.

Cada lição promove teoria e prática concomitantemente. Para isso se concentra em determinado gênero discursivo. O gênero que respalda cada lição orienta a seleção dos textos dados para análise, bem como a produção textual, amparadas ambas as atividades pela noção teórica proposta. Cada lição se desenvolve, portanto, em torno de determinado gênero textual, descrito juntamente com os textos que o materializam.

:: A meta

A meta é:

a) praticar a teoria, na seção *leitura do texto*;

b) assimilar e organizar as noções teóricas básicas, na seção designada pelo tópico teórico;

c) assegurar uma produção escrita, que recupere as condições da própria produção, na seção *produção de texto I, II, III*.

:: A produção do texto

A produção do texto é prática firmada na diversidade. As várias modalidades de produção textual sugeridas apresentam a possibilidade de elaboração, quer individual, quer por diferentes grupos, os quais podem escolher diferentes propostas. Ficam assim viabilizados debates em torno das próprias produções textuais.

As diferentes modalidades de produção propostas respondem não apenas ao gênero, mas também ao tópico teórico. O ensaio analítico é priorizado ao longo da obra, de modo a capacitar o estudante a fazer monografias.

:: O leitor

A imagem-fim aqui instituída para o leitor é a de um sujeito ágil na depreensão do que *é* e não *parece ser*, no que diz respeito a um mundo feito por meio de textos.

Fica então projetado o leitor como o sujeito dado à construção do sentido; o sujeito consciente de que o próprio sentido se esconde enquanto se desvela; o sujeito desvestido do simulacro de especialista. Esta obra pertence àquele que deseja ler o direito e o avesso de jornais, de anúncios publicitários, de catecismo religioso, de história em quadrinhos, de manuais de etiqueta, de pronunciamentos políticos, entre outros textos ditos de grande circulação ou tidos como de "comunicação de massa".

O leitor saberá, ao final da obra, estar à procura daquilo que nunca se lhe entregará por inteiro. Falamos do mundo feito enunciado: mundo simbólico, porque construído signicamente; mundo contraditório, porque reflexo e refração de um corpo social.

Este livro institui verdadeiramente como leitor o sujeito em contínua e insuperável falta, no que diz respeito à crença no acabamento, na linearidade e na transparência do sentido dos textos: um sujeito da utopia, portanto.

ESQUEMA DE ORGANIZAÇÃO DAS LIÇÕES

Lição	Ponto teórico	Gênero
1	A noção de texto	Publicidade
2	Heterogeneidade constitutiva e formações ideológicas	História em quadrinhos
3	Heterogeneidade mostrada e marcada: discurso direto, discurso indireto, aspas, glosas do enunciador	Jornal: primeiras páginas, fotografia, charge, artigo
4	Heterogeneidade mostrada não marcada: ironia, discurso indireto livre, estilização, paródia	Jornal: crônica Publicidade: paródia e estilização
5	Níveis de leitura de um texto	Manual e cartilha
6	Organização fundamental do texto	Discurso político
7	Organização narrativa do texto	Discurso religioso, conto maravilhoso, mito
8	Tematização e figurativização	Metadiscurso: reportagens de revistas e jornais
9	Modos de combinar figuras e temas	Fábula, carta, diário
10	Denotação e conotação	Divulgação científica

:: Lição 1

:: A noção de texto

O texto considerado:
    naquilo que é dito;
    no como é dito;
    no porquê do dito;
    na aparência;
    na imanência;
    como signo;

    como História.

23º Anuário do Clube
de Criação de São Paulo,
São Paulo, 1998, p. 262.

:: Leitura do texto

:: Uma unidade de sentido

1. O texto é uma unidade de sentido, dada por recorrência daquilo que é dito e de um modo próprio de dizer. O texto a ser examinado é um anúncio publicitário.

    a) Explicite como se constitui no anúncio a referência à bebida, bem como ao ato e à sensação de beber: por meio da imagem (signo visual) e por meio da palavra (signo verbal). [1]

Observe:

a orientação predominante das linhas que representam o conteúdo do copo;

a designação específica do tipo de bebida;

o modo como é desenhada a frase que circunda o copo e a reação provocada por uma leitura contínua dessa frase.

    b) Indique como se apresentam na imagem as relações de interdependência entre:

instrumento / ação representada pelo instrumento;

parte / todo.

Comente como esses recursos de implicação entre sentidos determinam:

um modo próprio de convencer o leitor;

um modo próprio de ler o texto.

2. Comente como e por que os fatos que seguem relatados concorrem para a unidade de sentido do texto.

A circularidade das linhas, conectada com a ordem "Mexa o gelo":

- desencadeia o desejo de beber;

- constitui uma tentação;

- acaba por configurar uma ameaça, uma intimidação;

- articula-se

a paixões de desconforto, como a insatisfação e a insegurança;

à logomarca num jogo próprio para fazer-crer.

(Este marcador ✎ representa a palavra *dicas.*)

· O texto, se examinado para além da aparência, revela mecanismos de construção do sentido, que refletem estratégias do sujeito.

· Os fatos constituintes do texto devem ser destacados como não gratuitos ou aleatórios já que se inter-relacionam para a construção do todo organizado de sentido.

· O sentido será considerado construção do texto e, portanto, efeito de sentido.

· Entre os efeitos de sentido dados no texto e pelo texto está a paixão.

· A insatisfação remete ao estado do sujeito de não querer mais estar conjunto com a prática do alcoolismo.

· A insegurança remete ao estado do sujeito de querer ser autocontrolado, mas saber poder não ser, ou crer não ser.

:: Texto e gênero

> · O gênero supõe regras comunicacionais, que não se restringem ao que é dito, mas que remetem a um modo próprio de dizer.
> · Uma carta de amor, por exemplo, supõe regras de comunicação diferentes daquelas que regem uma página de jornal.

3. Identifique o gênero materializado pelo anúncio.

Para isso, confirme que o texto:

a) fala sobre alguma coisa: o quê?

b) apresenta um sujeito dividido, *grosso modo*, naquele "que emite" e naquele "que recebe" uma mensagem: quem são eles?

c) tem uma finalidade específica numa situação específica: quais?

d) privilegia duas entre as funções da linguagem propostas por Jakobson.[2]

> Cada função da linguagem, segundo Jakobson, é centrada num destes pontos da rede de comunicação:
>
> · *na informação propriamente dita*, como numa bula de remédio, em que a prioridade é dada ao conteúdo informado e não ao ponto de vista sobre a informação (*função referencial ou utilitária*);
>
> · *no destinatário*, como num pedido formulado em bilhete entre amigos, em que o destinatário está inscrito no texto devido ao uso de: pronomes da segunda pessoa do discurso (*tu, você*); modo imperativo do verbo; vocativo (*função conativa ou apelativa*);
>
> · *no canal de comunicação*, como nestas perguntas "Está frio, não?", ou: "Olá, como chove, não é?", bem como no emprego de elementos prosódicos (hã, uhn), em que a prioridade é assegurar o contato (*função fática*);
>
> · *na mensagem*, como na propaganda de pasta dental, *É melhor prevenir do que BZZZZZZ*, em que no plano da expressão a onomatopeia *BZZZZZ* enfatiza o efeito de sentido do ruído do motor usado para tratamento dentário, que é o conteúdo da própria mensagem (*função póetica*);
>
> · *no código*, como num verbete de dicionário, em que a linguagem fala da própria linguagem *(função metalinguística)*;
>
> · *no remetente*, como nestes versos de Florbela Espanca, em que se exacerba a presença do sujeito enunciador, por meio do uso da primeira pessoa para os pronomes e para a flexão de pessoa dos verbos: *Eu sou a que na vida anda perdida. / Eu sou a que na vida não tem norte / Sou imã do sonho e desta sorte / Sou a crucificada, a dolorida* (*função emotiva*).

:: Ponto de vista e manipulação

4. A união do visual (desenho, fotografia) com o verbal (palavra) constrói o sentido de determinados textos.

Considerando essa união:
a) identifique determinada orientação semântica do anúncio, pensando na oposição abstrata do sentido: *estaticidade vs. dinamicidade*; dessa oposição, destaque o polo selecionado para ser fundamento da construção do sentido do texto;
b) comente como e por que o polo selecionado se articula à direção visual preponderante o texto verbal. Para isso: relacione o efeito de atordoamento, definido inicialmente como prêmio para o leitor (sensações boas); observe como o prêmio se transforma em ameaça e intimidação (sensações ruins); comente como a intimidação leva o leitor a dever fazer algo.

> Os traços semânticos do verbo *mexer* (pôr em movimento, fazendo sair da posição original; pôr as mãos, revirando), articulados aos traços visuais da diagonalidade das linhas que constroem o conteúdo do copo, confirmam determinada orientação semântica para o texto.

5. Identifique a relação entre pontos de vista veiculados em dois anúncios publicitários: o dos AA e este, que segue, do vinho Cabo de Hornos. Observe convergências e divergências entre ambos os anúncios, lembrando também textos afins. Para isso, examine mecanismos de sedução e tentação no anúncio do vinho; sedução, porque Cabo de Hornos oferece determinada imagem positiva ao leitor-alvo; tentação, porque é oferecido um prêmio a esse consumidor potencial.

> · Todo texto veicula um ponto de vista sobre o mundo. No anúncio dos AA, que oferece determinado serviço, há um ponto de vista vinculado à questão do alcoolismo.
> · A manipulação, feita por um sujeito (destinador) sobre outro (destinatário) supõe um objeto de desejo, seja o vinho Cabo de Hornos, seja a resistência ao alcoolismo.

Fonte: Revista *Gula*, São Paulo, Editora Peixes, jan. 2004, p. 22.

18 :: A comunicação nos textos

6. Depreenda o núcleo temático que enfeixa todas as ideias do anúncio dos AA.

> O ponto de vista, que articula o mundo entre o bem e o mal, apoia-se em temas ou ideias, em torno dos quais os textos se organizam.

7. a) Dê um exemplo do tema da liberdade articulado a uma figura dada como eufórica.
b) Dê um exemplo do tema da opressão articulado a uma figura dada como disfórica.

> · Texto é entendido como discurso, se observado como enunciado em relação com o sujeito da enunciação.
> · Os temas:
> são abstratos, como *liberdade, opressão;*
> podem alcançar determinada concretude por meio de figuras.
> · As figuras:
> são concretas, como *brincos; piercings; enfeitar; patrão; empregado; dizer sim; dizer não;*
> são representação de coisas e seres do mundo.
> · Temas e figuras reproduzem julgamentos do sujeito sobre o mundo.
> · Uma figura será considerada:
> eufórica, se for consoante com os julgamentos morais do discurso;
> disfórica, se for discordante dos julgamentos morais do discurso.
> · Um texto pode articular o tema da liberdade a uma figura dada como eufórica, em harmonia com o universo discursivo: um rapaz com *peircings* pendurados nas orelhas, tido como o herói.
> · Um texto pode articular o tema da opressão a uma figura disfórica, em desarmonia com o universo discursivo: o operário que, contrariando o esperado, sucumbe ao autoritarismo do chefe, pois não consegue dizer "não".
> · O discurso avalia positiva ou negativamente as figuras do enunciado.

c) No anúncio dos AA, a figura *sentir-se inteligente* se relaciona com a figura *contar piadas*. Identifique a figura que, na sequência imediata apresentada, relaciona-se com:
virar o centro das atenções;
sentir depressão.
d) Explique como e por que essas figuras se transformam em disfóricas. Apoie-se no julgamento feito em relação ao comportamento humano em questão.

8. As figuras apresentam o sentido investido com o valor do desejável ou do repudiável.
a) Uma propaganda como a que segue investe o produto a ser consumido com um desses valores. Explique, acrescentando como se dá, neste anúncio, a manipulação do leitor.[3] Apoie-se nestas equações:
se você consumir x, você continuará a ser y (sedução); se você consumir x, você terá y (tentação);
se você não consumir x, você deixará de ser y (provocação); se você não consumir x, você deixará de ter y (intimidação).

X é:
 o produto anunciado.
 Y é:
a imagem positiva do consumidor, segundo os ideais estabelecidos pelo anúncio;
 o prêmio oferecido ao consumidor, segundo associações feitas com o produto anunciado.

Esquema da manipulação entre sujeitos
Provocação (imagem negativa do destinatário)
Sedução (imagem positiva do destinatário)
Intimidação (castigo para o destinatário)
Tentação (prêmio para o destinatário)

Fonte: Revista *Gula*, São Paulo, Editora Peixes, maio 2004, n. 139, p. 67.

b) Destaque para que, no anúncio dos AA, "tomar um *whiskinho*, depois outro" concentra o investimento de valores repudiáveis.

c) Comente o confronto de interesses entre os sujeitos manipuladores pressupostos aos anúncios: o do wisky Chivas e o dos AA.

Explique:

como se dá esse confronto;

se é confronto entre indivíduos ou entre ideais e aspirações sociais.

9. Localize no segmento verbal do anúncio dos AA marcas pronominais da enunciação. Faça a conexão dessas marcas com uma das funções da linguagem. Justifique.

· Como veículo de um ponto de vista, o texto (enunciado) pressupõe uma enunciação.

· A enunciação compreende um enunciador, o sujeito "que fala" (eu, nós), e um enunciatário, o sujeito "que escuta" (tu, você, vocês).

10. A logomarca AA apresenta estratégias enunciativas para a designação do anunciante.[4]

Identifique o nome próprio usado para essa designação e sua relação com o efeito de:

individualidade / coletividade;

apagamento / confirmação de identidade.

Comente como é representado visualmente na logomarca:

o copo com bebida;

o movimento da bebida.

11. No anúncio dos AA, a posição física de leitura exigida pelo segmento verbal que circunda o copo acaba por ser apresentada como indesejável, já que remete a um mal-estar a ser evitado. Assim, a dinamicidade é ressemantizada. Articule essas afirmações:

ao tema;

à intimidação exercida sobre o leitor;

ao "ponto final" verbalizado;

à função poética da linguagem;

ao tipo de participação prevista para a leitura;

à intensidade da persuasão.

12. Publicidade, como toda comunicação, é manipulação. Relacione esse gênero com:

a intensidade da manipulação exercida sobre o destinatário-leitor;
os tipos de manipulação desencadeados;
a finalidade específica da manipulação exercida;
o partilhamento de valores.

:: Texto e leitor

13. Desenvolva a noção de texto, relacionando-o ao ato de dizer. Apoie-se na reunião de componentes textuais aqui considerados.

14. Discorra sobre o papel do leitor na construção do sentido do texto. Para isso, pense no leitor como:

decodificador de uma mensagem, que lhe chega pronta e transparente, vinda do "remetente";

feixe de:

expectativas enunciativas inscritas no próprio texto;
estratégias do enunciador que, para além de fazer-saber, faz crer em valores;

coenunciador (coautor);
destinatário dos valores oferecidos pelo destinador-anunciante.

Ilustre sua resposta com o anúncio dos AA.

:: Produção de texto I

:: Exercícios sobre a produção do texto: exploração dos mecanismos de textualização num ensaio

· A partir da leitura recém-desenvolvida (anúncio publicitário dos AA), será apresentado um ensaio intitulado *Na boca do copo*. O ensaio textualiza, portanto, os itens trabalhados na análise do referido anúncio.

· A partir de noções, a ser apresentadas, de coesão textual, serão propostos exercícios exploratórios de tais mecanismos de textualização utilizados pelo próprio ensaio.

:: Ensaio: definição

Chama-se ensaio um texto que explicita e comenta dados relacionados a um determinado tema, sem preocupação de esgotar questões levantadas.

Este último procedimento é coerente com as variações de acepção do termo *ensaio* em diferentes campos de atividades. Exemplos: primeira tentativa ou experiência (Engenharia Mecânica); montagem experimental a portas fechadas (Música, Teatro); última passagem de texto e de marcação de posições que antecede a tomada definitiva ou a transmissão de cena de filme, telenovela e programas de rádio. O ensaio também pode predominantemente reunir pontos de análise, caso em que será visto como um ensaio analítico.

:: Sobre o ensaio *Na boca do copo*

Destaca-se que o ensaio analítico apresentado a seguir:

a) não seguiu a ordem dos itens dados na leitura, nem se restringiu a eles, nem tampouco os esgotou, para que, da imprevisibilidade do ato comunicativo, pudesse emergir o discurso como acontecimento;

b) configura-se como meio para identificação de mecanismos da construção do texto, com destaque para a coesão textual;

c) suscita atenção para as coerções do gênero, que nesse caso supõem:
a formalidade da situação de comunicação, em que o enunciador simula a própria distância em relação ao enunciado e em relação ao leitor;
a finalidade de descrever mecanismos de constituição do sentido;
a interação com um leitor tanto familiarizado com a variante culta da língua na modalidade escrita quanto tendente a reflexões críticas.

:: Ensaio analítico sobre um anúncio publicitário

Na boca do copo

O texto, que tem como anunciante a instituição "Alcoólicos Anônimos", fala sobre a tentação exercida pela bebida alcoólica, alertando para os perigos do consumo excessivo. Dentro do gênero "discurso publicitário", apresenta-se como propaganda, que "vende" serviços, não produtos. O anúncio, passível de ser veiculado por meio impresso como revistas e jornais, junta o verbal e o visual para construir o sentido.

Firmando um modo próprio de dizer, ao tomar, por exemplo, o copo pelo ato de beber, o texto, ora considerado enunciado, faz com que a função conativa ou apelativa, prioritária no gênero *publicidade,* junte-se à função poética, para fazer crer na necessidade de abandonar o alcoolismo. Por conseguinte, o núcleo temático, retomado nas figuras visuais e verbais, exacerba as consequências nefastas do hábito de consumir álcool para viver.

As figuras, por sua vez, consolidam com o valor do repudiável a autodestruição do alcoólatra. Desestabilizando a linearidade do signo verbal que, ao ser dada retilineamente, favorece a leitura da esquerda para a direita da página, o segmento verbal desse anúncio propõe uma leitura circular. A posição de leitura, rompendo as expectativas, confirma o insólito e o poético. Sensações de tontura e enjoo são (re)experimentadas pelo leitor, como efeito dado na própria materialidade do texto.

A dinamicidade, escolhida como polo da oposição semântica fundamental e recuperada tanto nos traços semânticos do verbo *mexer* como na circulari- dade e na diagonalidade recorrentes das linhas do desenho, abandona a carga semântica da euforia. Encaminha-se, essa dinamicidade, para as sensações físicas de mal-estar. O relaxamento e o encorajamento proporcionados pelo álcool são tornados desagradáveis por esse discurso. Para tais avaliações sobre o uso abusivo do álcool contribui também a sequência temático-figurativa que confirma o não desejável: *Leva um soco. Acorda no carro sem lembrar do que aconteceu. Bate aquela depressão.*

Consolidando um lugar no mundo como resposta divergente a outros textos, como os que fazem publicidade de bebida alcoólica, o anúncio "ven- de" um serviço tido como não lucrativo: a cura terapêutica dos alcoólatras. A propósito, o nome da marca, condensado na sigla AA, confirma para o adjetivo *anônimo* o traço de coletividade, mas não de ocultamento de identidade. Assim o discurso ressemantiza o próprio léxico *anônimo*.

Viabilizada a participação corpo a corpo do leitor na cena narrada, o discurso intimida esse mesmo leitor, por meio da ameaça construída implicitamente: "Se você continuar bebendo desse modo, acontecerá tudo isso com você." Com a ameaça é construído, como efeito de sentido, um não querer ficar exposto ao círculo vicioso. Esse círculo, que não se interrompe, é recriado na própria circularidade da boca do copo: *Bate aquela depressão e aí você resolve tomar um whisquinho para relaxar, depois outro. Se sente forte, inteligente, conta piadas, vira o centro das atenções. Dá uma cantada na mulher do seu amigo. Leva um soco. Acorda no carro sem lembrar do que aconteceu. Bate aquela depressão.*

Por conseguinte, o leitor-alvo, aquele que necessita do apoio dos AA, longe de ser concebido como mero receptor de informações no processo comuni- cacional, firma-se como feixe de estratégias enunciativas criadas no próprio texto. Apresenta-se outrossim como sujeito que crê nos valores propostos pelo enunciador; como sujeito que quer, deve, sabe e pode partilhar esses valores na realização de um contrato de confiança mútua. Comunicação, como vemos, não pode ser considerada simples passagem de informação entre um emissor e um receptor. Comunicação é manipulação entre sujeitos. Pela leitura do anún- cio, vê-se que a manipulação se apresenta exacerbada no gênero publicidade.

:: Coesão textual

A coesão textual compreende mecanismos linguísticos de retomada e de antecipação de termos, expressões e frases do texto: retomada do que se disse, antecipação do que será dito. A coesão textual compreende também mecanismos de encadeamento de segmentos do texto, com estabelecimento de relações de sentido entre eles. Assim entendida, vê-se a coesão como o interligamento de todos os componentes da manifestação textual.

A coesão aponta, portanto, para dois tipos de marcas textuais: as de retomada ou antecipação de palavras e frases e as de encadeamento de segmentos textuais, sendo que neste último caso algumas marcas podem estar implícitas. Quando se considera a retomada ou antecipação de termos, expressões e frases, identificamos palavras gramaticais e lexicais com função anafórica e/ou catafórica. Quando se considera a conexão entre segmentos textuais com estabelecimento de relações semânticas e discursivas, temos os conectores e sequenciadores.

Serão considerados conectores os elementos linguísticos que marcam a conexão entre argumentos, estabelecendo entre eles determinada relação de sentido. Serão considerados sequenciadores os elementos linguísticos que marcam a sequenciação textual, que pode ser tratada como atividade de orientação dêitica, quando promove a sinalização do modo de construir o próprio texto, como propõe Koch.[5]

A coesão textual ainda pode ser considerada na ocorrência da elipse, quer de termos sintáticos como o sujeito de uma oração que, elíptico, constitui instrumento de retomada do que foi dito, quer dos próprios conectores de segmentos textuais. Vejamos.

:: Coesão por retomada/antecipação de palavra gramatical ou lexical

:: Retomada por palavra gramatical

Pronome
Relativo (que, o qual, cujo, onde). Exemplo: O homem *que* chegou era meu amigo.

Demonstrativo (este, esse, aquele, isto, isso, aquilo, tal). Exemplos: 1. Tenho dois amigos, Pedro e Roberto; *este* joga futebol, *aquele* somente estuda. 2. Há a perspectiva de estabilização de juros. *Tal* perspectiva melhora nosso ânimo.

Pessoal de 3ª pessoa (reto: ele/ela; oblíquo: o/a, lhe). Exemplo: Mariana é minha amiga, por isso eu *a* presenteei com belas flores.

Possessivo (meu, teu, seu, nosso, vosso, dele). Exemplo: Opiniões foram definidas; *a minha* foi rejeitada, e *a sua*?

Indefinido (algum, todo, tudo, outro, vários, diversos). Exemplo: Enviavame telegramas, telefonava-me, mas *tudo* era inútil.

Interrogativos (quê? qual?). Exemplo: Vamos examinar as salas projetadas. *Quais* serão as primeiras?

Advérbios e locuções adverbiais (agora, ora, nesse momento, aí, ali, assim, desse modo etc.). Exemplo: Nas proximidades de nossa casa havia um carvalho antigo. Ficávamos *lá* todas as tardes.

Artigo definido (o/a). Exemplo: Um vendedor ambulante gritava na praça. *O* homem falava coisas interessantes.

Verbo (fazer e ser em função anafórica). Exemplos: 1. O jardineiro carpia o chão. Tinha afiado a enxada como nunca *o fizera* antes. 2. Doo meu apartamento para meu irmão. Mas *é* porque sei que ele cuidará de tudo muito bem.

Numerais (cardinais, ordinais etc., com função anafórica). Exemplos: 1. Marta, Luciana e Rita jogam vôlei desde adolescentes. *As três* desejam disputar o próximo campeonato. 2. Ademar e Tune são meus velhos amigos. O *primeiro* sempre sonhou diuturnamente; o *segundo* sempre foi mais prático.

:: Retomada por palavra lexical

Repetição de termos lexicais. Exemplo: "*Filho* de rico é *playboy*. *Filho* de pobre é *office-boy*" (repetição funcional, feita para criar determinado efeito de sentido; no caso, ressaltar a semelhança da condição de parentesco, para enfatizar as diferenças sociais).

"*Sinônimos*".[7] Exemplo: Flores cobriam os caminhos do *cemitério*. Não se via mato no *campo-santo*.

Hiperônimo e *hipônimo*. Exemplos: 1. *Bebida alcoólica* era seu café da manhã: *whisky, vodka* ou *cachaça*. (Relação estabelecida entre o englobante, o hiperônimo *bebida alcoólica*, e o englobado, o hipônimo, *wisky, vodka, cachaça*). 2. Os estudantes ouviram *o estrondo de uma máquina*. Não podiam entender *o fenômeno*. (Relação estabelecida entre o englobado, *o estrondo de uma máquina*, o hipônimo, e o *englobante*, o hiperônimo *o fenômeno*).

Expressão nominal. [8] Exemplos: 1. *Os grevistas* gritavam durante a passeata. *Os malditos* me olhavam com curiosidade. (Referente: os grevistas; retomada por expressão nominal: *os malditos*. Relação estabelecida: de avaliação pejorativa). 2. *Os alunos* liam silenciosamente os textos. *Esses heróis* muitas vezes estavam sem tomar o café da manhã. (Referente: Os alunos; retomada por expressão nominal: *esses heróis*. Relação estabelecida: de avaliação positiva).

Nominalização. Exemplo: Os garimpeiros *se levantaram* contra as autoridades. *O levante* provocou morte.

:: Antecipação por palavra gramatical

Pronomes demonstrativos. Exemplo: Queria *isto*: dinheiro, sucesso, reconhecimento internacional.

Pronomes indefinidos. Exemplo: Trouxe *tudo*: pão, manteiga, café.

:: Antecipação por palavra lexical

Hiperonímia/hiponímia. Exemplos: Somente desejava *uma coisa*: silêncio. (*Coisa* é hiperônimo em relação a *silêncio*.) Não quero *água*. É *um elemento* que não me atrai (*água* é hipônimo em relação a *elemento*).

:: Coesão por encadeamento de segmentos textuais[9]

:: Conexão entre segmentos do texto: emprego de conectores

Exemplos de conectores ou operadores discursivos: [10]

· isto é, ou seja, quer dizer, ou melhor, aliás, em outras palavras – reformulação do que foi dito;

· não só...mas também, tanto...como, além disso, a par de – ligação de argumentos em favor de determinada conclusão;

· tanto...quanto, mais...do que, menos...do que – comparação entre dois argumentos;

· mas, porém, contudo, todavia, entretanto – contraposição de argumentos com preponderância daquele que aparece sob conjunção adversativa;

· embora, ainda que, posto que, mesmo que – contraposição de argumentos com preponderância daquele que aparece não introduzido por conjunção concessiva;

· por conseguinte, portanto, logo – conclusão de argumentos encaminhados na mesma direção;

· se, caso – estabelecimento da relação *se p então q*: se o argumento antecedente for verdadeiro, o consequente também o será;

· porque, então, por isso, tanto...que – ligação de dois argumentos um dos quais é causa que acarreta a consequência contida no outro;

· para, a fim de – relação meio/fim estabelecida entre dois argumentos;

· ou, ora...ora, quer...quer – relação de disjunção com valor exclusivo. Você vai ao baile ou ao cinema? Ora cantava, ora ria. Quer aplaudiam, quer vaiavam;

· quando, mal, logo que, no momento em que, antes que, depois que, enquanto – relação de temporalidade;

· conforme – relação de conformidade;

· por exemplo, como – relação de especificação/exemplificação, em que o segundo argumento particulariza e exemplifica o primeiro, de ordem mais geral.

:: Sequenciação entre segmentos do texto

Sequenciadores ou operadores de sequenciação

De sinalização textual:

· em virtude do exposto; dessa maneira; por consequência – demarcação de partes sequencializadas no texto;

· primeiramente; a seguir; abaixo; acima; mais adiante – demarcação da ordem dos assuntos tratados no texto;

· a propósito; por falar nisso; em síntese; para concluir; avançando; contrariando as afirmações anteriores; isso posto; dito isso – mudança de assunto e introdução de novo tema;

· respectivamente; por sua vez – apontamento textual retrospectivo.[11]

De sequenciação temporal:

"Parece que para eles (funcionários do Exército) eu não estou morrendo rápido o suficiente para que autorizem a viagem de meu filho", disse Patrice Confer ao *Times* antes de receber o telefonema (da liberação do filho). Reportagem sobre a mãe moribunda de um soldado americano que estava no Iraque (*Folha de S.Paulo*, 23.04.2004, p.A14).

Antes de receber o telefonema (de liberação do filho) indica que o desabafo da mãe é anterior às boas novas.

De ordenação espacial:

Do lado esquerdo do palco, a assistente de estúdio, Tatiana Brossi, não deixa Hebe esquecer de agradecer a presença de Alckmin (governador do Estado de São Paulo).

Por trás das câmeras, a produtora executiva Regina Chaves agita as mãos para que Hebe dê logo atenção aos outros convidados. (Comentários sobre os bastidores do programa de Hebe Camargo, SBT, publicados na *Folha de S.Paulo,* 25.04.2004, p. E2.)

Do lado esquerdo e *por trás* marcam, na reportagem, a ordenação espacial na descrição do modo como se organiza o programa de televisão.

:: Coesão por elipse

· do sujeito de uma oração. Exemplo: O aluno grifava o texto. *Tinha lido* aquilo cinco ou seis vezes (tinha lido – elipse do sujeito *o aluno*).

· de conectores . Exemplo: Saí correndo. Tinha de embarcar. (Saí correndo, *porque* tinha de embarcar – elipse do conector *porque*.) No caso dessa elipse, usam-se na modalidade escrita ponto final, vírgula, ponto e vírgula; na modalidade oral, pausas.

:: Ensaio *Na boca do copo*: questões

1. Para identificar mecanismos de coesão textual empregados no ensaio *Na boca do copo*, verifique a ocorrência de:

> retomada de frases, expressões e termos, feita por palavra gramatical ou lexical e por elipse;
> antecipação de frases, expressões e termos, feita por palavra gramatical ou lexical;
> conexão entre segmentos do texto feita por conectores e sequenciadores.

2. Comente a adequação ou a inadequação do uso, no ensaio, dos recursos linguísticos de coesão textual em relação ao gênero *divulgação científica*. Compare o uso de tais recursos em textos de outros gêneros.

3. A catáfora compreende recursos linguísticos usados para antecipar o que será dito no texto. Identifique, no ensaio, a relação catafórica estabelecida entre título e texto, em termos não só de antecipação, mas também de ênfase de figuras do discurso.

4. Ainda sobre o ensaio:

a) comente a seleção do léxico em função da situação de comunicação;
b) destaque mecanismos usados pelo enunciador para construir o efeito de objetividade;
c) faça uma síntese parcial das ideias por parágrafo, para depreender a progressão textual.

:: Teoria

:: A noção de texto

:: Texto: enunciado, enunciação

O texto é, em princípio, um signo, o que quer dizer que possui um significado, um conteúdo veiculado por meio de uma expressão, que pode ser verbal, visual, entre outros tipos. No texto verbal escrito, temos as ideias expressas em frases encadeadas em parágrafos, os quais, por sua vez, também se encadeiam entre si. No texto visual, temos as ideias expressas num conjunto formado pelas combinações de cores, distribuição de formas, jogos de linhas e volumes, unidades todas encadeadas no espaço da tela, do papel, da madeira etc. Um único texto pode apresentar a união de vários tipos de expressão, como a verbal e a visual. O texto é dito sincrético, se juntar em si dois meios diferentes de expressão. O anúncio publicitário, se unir o verbal e o visual para construir sentido, é um exemplo de texto sincrético.

O texto, seja verbal, visual ou sincrético, não pode entretanto ser visto apenas como signo, união de um veículo significante e de um conteúdo significado. Primeiro, porque tanto o conteúdo como a expressão, constituintes de qualquer signo, supõem cada qual relações internas de sentido. Segundo, porque o próprio texto deve ser considerado situação de comunicação, o que supõe um enunciado em relação com uma enunciação. A enunciação, sempre pressuposta ao enunciado, compreende o sujeito do dizer, que se biparte entre enunciador, projeção do autor, e enunciatário, projeção do leitor.

Compete ao analista descrever e explicar os mecanismos de construção do sentido, observando as relações dadas no plano do contéudo e no plano da expressão dos textos, bem como as relações entre um plano e outro. Também compete ao analista observar as relações entre enunciado e enunciação, para recuperar não apenas o que o texto diz, mas o porquê e o como do ato de dizer.

:: O conteúdo

O conteúdo dos textos pode ser analisado em níveis. Num nível profundo, depreendem-se oposições semânticas básicas que, gerais e abstratas, podem propor a mesma articulação do sentido para textos diferentes. Podemos pensar em *natureza*, como domínio das pulsões individuais, e em *cultura*, como domínio das coerções sociais. Identificamos a oposição *natureza vs. cultura* como relação mínima de significado do texto que segue.

Fonte: 23º Anuário do Clube de Criação de São Paulo, São Paulo, 1998, p. 214.

Considerados os polos *natureza* e *cultura* postos em relação, observamos que cada qual sofre uma operação de afirmação e negação. Podemos então visualizar um quadrado representativo dessas relações que, abstratas e simples, são dadas num nível fundamental da geração do sentido. Esse quadrado é dito semiótico, porque observa o sentido como arquitetura de relações; no caso, relação de contrariedade entre os termos S1 (natureza) e S2 (cultura), tidos como opostos; de contradição entre os termos S1 (natureza) e $\overline{S1}$ (não natureza), bem como entre S2 (cultura) e $\overline{S2}$ (não cultura), tidos como contraditórios; relação de complementaridade entre os termos $\overline{S2}$ (não cultura), e S1 (natureza) bem como entre $\overline{S1}$ (não natureza) e S2 (cultura), tidos como complementares.

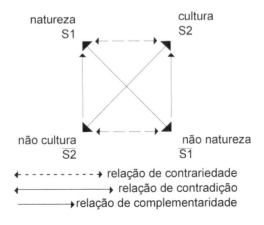

Entre S1 e $\overline{S1}$ houve uma operação de negação. O mesmo se deu entre S2 e $\overline{S2}$. Entre $\overline{S2}$ e S1 houve uma operação de afirmação. O mesmo se deu entre $\overline{S1}$ e S2. Os eixos resultantes, $\overline{S2}$/S1 e $\overline{S1}$/S2, são axiologizados, o que quer dizer valorizados com o valor do bem ou do mal. O eixo selecionado como valor do bem representa o rumo do desejável, do eufórico; o eixo selecionado como valor do mal representa o rumo do repudiável, do disfórico. Essa valorização é considerada em relações abstratas do sentido, entretanto (re)constrói valores culturais.

Determinada orientação semântica é dada à construção do sentido do anúncio Bauducco, se atentarmos para o eixo selecionado como o eufórico, o valorizado com o valor do bem: o eixo *natureza/não cultura*, em contraposição ao eixo *cultura/ não natureza*. *PALAR DE BOCA CHEIAM PODE SER PFEIO MAS É MUIDO BOM.* Esse falar de boca cheia afirma a natureza e nega a cultura, porque remete ao domínio do não regrado socialmente. Dessa maneira são radicadas no nível profundo de um suposto percurso gerativo as relações do sentido.

:: A manipulação

O texto, ainda, se entendido como enunciado assumido por uma enunciação, é concebido como discurso. O discurso, nesse anúncio publicitário, apoia-se na manipulação exercida sobre o leitor não só para querer comer os produtos Bauducco, mas para querer gozar o prazer anárquico de comer tais produtos. Essa tentação, que oferece como prêmio esse tipo de prazer gustativo, é preparada de maneira própria desde a seleção de determinado eixo semântico profundo, tido como o eufórico. Um universo de crenças é então confirmado. Aliás, é para entender melhor o sentido dado na aparência textual que se busca descrever o conteúdo dos textos. Esse conteúdo se organiza por meio de níveis encadeados num percurso, dito percurso gerativo do sentido.

Subsequente ao nível fundamental ou profundo, depreende-se o nível narrativo, o que permite considerar uma narratividade subjacente a qualquer texto. Do anúncio da Bauducco é possível, portanto, abstrair uma narratividade. Para isso abstraem-se do enunciado sujeitos que se manipulam e se transformam na busca de um objeto de desejo: o prazer gustativo. Na manipulação pressuposta a esse anúncio está um destinador que propõe a um destinatário valores a ser partilhados, para que se estabeleça um contrato de confiança mútua. O prazer gustativo, articulado ao eixo selecionado no nível profundo, *natureza/não cultura*, é o objeto de desejo. Esse objeto de desejo é discursivizado por meio de figuras verbais como *falar de boca cheia* e por meio de figuras visuais como pedaços de alimento que tombam displicentemente entre as letras do próprio anúncio.

É pelo modo de usar as figuras que o discurso articula o prazer gustativo Bauducco ao eixo *natureza/não cultura* euforizado. As pulsões individuais vencem as coerções sociais. Assim o discurso articula ao prazer gustativo Bauducco a possibilidade de ser livre. Ser livre, para a cena criada, é comer de boca cheia, é pautar-se por excessos. Por conseguinte, os produtos Bauducco não poderiam ser inseridos numa cena de degustação, que supusesse delícias provadas com suavidade. Para o anúncio Bauducco, ter prazer é ser livre; e ser livre é poder não estar atento e circunscrito a quaisquer convenções.

A propósito, o discurso pode ser visto como um nível que recobre os níveis profundo e narrativo da geração do sentido e também como todo o plano do conteúdo do texto. Importa saber que todo texto é discurso e a recíproca é verdadeira. Importa considerar o discurso como práxis enunciativa, que é o ir e vir do sujeito entre o próprio texto e a História.

Assim se consolidam coordenadas de uma cena discursiva, que respalda qualquer tipo de texto. Essa cena, no caso de um anúncio publicitário, é pautada pela necessidade de propagar não apenas atributos de um produto ou de um serviço a ser consumido, mas crenças e projetos. No anúncio Bauducco, a liberação diante das regras de etiquetas e o gosto de transgredir e renovar a ordem estabelecida são temas que se encadeiam em torno de um núcleo temático, que é o da premência de consumir produtos dessa marca. Sob figuras verbais como *falar de boca cheia*, e sob figuras visuais como as migalhas das guloseimas que despencam de modo contínuo entre as letras, organizam-se percursos temáticos que recuperam as relações de sentido dadas no nível profundo e no nível narrativo do texto.

:: A expressão

O plano da expressão, por sua vez, na materialidade e na sensorialidade tanto do tamanho das letras como do modo saturado de ocupar o espaço em branco da página de papel, recria em si mesmo o sentido dado no plano do conteúdo. Os excessos são aí recriados. A liberdade articulada ao prazer gustativo e às pulsões individuais é enfatizada na assimetria e no tamanho hiperbolizado das letras, exacerbadas, aliás, pelo negrito e pela saturação do espaço branco da página. O *p* anteposto às palavras *falar* e *feio*, PFALAR, PFEIO; o *m* posposto à *cheia*, CHEIAM; a sonorização inesperada da consoante oclusiva surda, da palavra *muito*, que resulta em *muido*, todos esses recursos indicam, no próprio plano da expressão, a má articulação provocada pela boa cheia.

O plano da expressão, portanto, recria em si a ludicidade, além de recriar o prazer de comer alimentos da marca Bauducco; prazer tão intenso, que não deve ser interrompido para que se possa falar e comer sequencialmente; prazer tão intenso, que é construído num modo denso de dizer, dado na relação entre plano do conteúdo e plano da expressão do texto. No plano do conteúdo, a relação entre figuras e temas explora ainda um sentido a mais veiculado pela metonímia. Para a revelação de algo tido como essencial, isto é, comer produtos Bauducco, contribui o jogo metonímico: usa-se a marca do produto para designar o produto. Acrescenta-se outrossim a sugestão da contiguidade natural entre a marca e toda e qualquer delícia ligada a bolo, bolacha, panetone. Falar em Bauducco só pode ser falar de guloseimas irresistivelmente saborosas. A recíproca é verdadeira, é o que propõe o discurso.

:: O sujeito

Um rumo axiológico de valorização de valores, dado nas profundezas das relações do sentido, orienta o discurso, definindo a construção dos próprios sujeitos. Depreende-se desse anúncio um sujeito de caráter brincalhão, de voz de tom jocoso, compatível com o mundo criado. A propósito, é bom destacar que o sujeito da enunciação, depreensível do enunciado, passa a ser concebido não mais como um mero emissor, aquele que simplesmente fala, nem mais como um mero receptor, aquele que simplesmente escuta. Todos os textos têm, pressupostos, um sujeito destinador e um sujeito destinatário, entre os quais se firmam valores e crenças a ser partilhados. Todos os textos supõem um sujeito da enunciação, bipartido em enunciador e enunciatário. Todos os textos supõem na enunciação sujeitos alterados por quereres, deveres, poderes, saberes; sujeitos dados pela falta de um objeto de desejo a ser buscado; sujeitos complexos; sujeitos em contínua construção, como o próprio texto.

Temos então, no texto examinado, o simulacro de uma única enunciação: não importa se se bipartem ou se se tripartem sujeitos "reais" como está demonstrado na ficha técnica. É interessante notar também que a agência criadora do anúncio e o anunciante, o dono da marca e contratante do serviço da agência de publicidade, valem ambos como um único ideal de voz, um único sujeito depreendido do próprio enunciado. Vale ainda observar que esse sujeito *uno*, depreendido do texto, é também duplo. O sujeito sempre responde ao *outro*, a outros sujeitos. No anúncio da Bauducco, o sujeito responde de maneira própria àqueles representantes do universo da interdição e da seriedade. Essa relação *eu/outro*, portanto, constitui qualquer texto. Por isso todo texto é dialógico.

Assumir um ponto de vista é dar uma resposta ao outro, que é sempre polêmica, pois fundada em diferenças. Se não houver diferença entre pontos de vista, não é possível definir nem um pronunciamento sobre o mundo, nem um lugar a ser ocupado no mundo. Entendendo voz de um texto como ponto de vista, notamos que no anúncio Bauducco temos vozes em confronto: aquela, séria, para a qual a repressão dada pelas regras da etiqueta é algo a ser respeitado; aquela, lúdica, para a qual é proibido proibir.

:: O gênero

Seja qual for a voz ou o ponto de vista veiculado pelo texto, é importante salientar que o sujeito nunca é soberano. Primeiramente, porque crenças fincadas na sociedade e representativas de diferentes segmentos sociais ditam o que deve ser dito. Depois, porque coerções de gênero ditam como dizer. Os gêneros são formas relativamente estáveis de enunciados; estáveis tanto em relação ao conteúdo temático-figurativo, quanto em relação à estrutura textual. Os gêneros, supondo famílias de textos que partilham características comuns, embora heterogêneas, estão disponíveis nas culturas. A noção de gênero, constitutiva do texto, confirma o fato de que não pode haver texto absolutamente original. O sujeito, então, não soberano, firma-se entretanto como um modo próprio de ser no mundo pela maneira como responde às coerções; sejam coerções dadas como regras genéricas (do gênero), sejam coerções dadas como valorização dos valores.

Ao relacionar um texto com as coerções genéricas, podemos pensar na cena que engloba um anúncio publicitário. Entendemos a cena genérica englobante desse anúncio como o próprio discurso publicitário. A cena englobante subentende cenas genéricas específicas como a do anúncio publicado na imprensa, ou outra, como a dada por um anúncio fixado em vias públicas. Neste último caso temos o *outdoor,* que, com variação de suporte, pode ser um luminoso ou um painel, entre outros tipos. Fixado nas ruas, avenidas e rodovias, apresenta coerções genéricas como: apelo visual predominante; textualização dada em grandes dimensões espaciais; poucas palavras; recorrência de implicitações. Pela variação de suporte, distinguem-se outros tipos de *outdoors,* que, por sua vez, constroem outras regras genéricas: o *busdoor* (exposto em ônibus); o *taxidoor* (exposto em táxi); o *bikedoor* (exibido sobre bicicleta).[12]

Destacam-se ainda outras cenas genéricas para a cena englobante *discurso publicitário*: o panfleto, texto curto, impresso em folha avulsa, com distribuição corpo a corpo limitada a locais de grande circulação, como portas de igreja, *shopping centers*, pontos de ônibus, estação de metrô; o *jingle*, pequena canção a ser apresentada no rádio, na televisão ou no cinema, acompanhada, nos dois últimos casos, de texto e imagem; o *spot*, texto breve falado, gravado em fita ou disco, com efeitos sonoros facultativos e usado para transmissão radiofônica; o filmete, filme curto, de propaganda comercial ou institucional, para cinema ou televisão, com duração de 15, 30 ou 60 segundos.[13] Cada cena genérica supõe diferentes coerções, que ditam como fazer o anúncio publicitário.

Destaca-se por fim que qualquer tipo de texto apresenta informações novas e informações repetidas. São novos os termos introduzidos pela primeira vez; são repetidos os termos que viabilizam a reiteração do que já foi dito. As ideias retomadas encetam novas ideias, por meio das quais o texto avança, sem perder o sentido global. Esses são os mecanismos de coesão e de coerência textual. A coerência diz respeito à própria relação de sentido estabelecida entre as partes, para a construção do todo. A coesão concerne ao encadeamento das unidades linguísticas, dado na linearidade que constitui o texto. Na progressão textual de um texto verbal escrito em prosa, encadeiam-se orações em períodos, períodos em parágrafos, parágrafos entre si, como dissemos. Conectam-se palavras com desenhos e fotografias, se o texto for sincrético. Conectam-se entre si linhas, cores, formas e volumes, se o texto for visual. Importa que todas as partes de um texto se correlacionam para criar a unidade de sentido.

:: Produção de texto II

:: Publicidade de determinada revista ou jornal, feita por meio de:

    outdoor;
    bykedoor;
    panfleto;
    jingle.

Para produzir seu texto, observe mecanismos de construção do sentido como os que seguem.

:: Oposições fundamentais

Oposição semântica fundamental – exemplo: *natureza* (domínio das pulsões individuais) *vs. cultura* (domínio das coerções sociais), com euforização de um destes termos do quadrado de relações: *natureza* ou *cultura*. Essa escolha supõe um modo próprio de presença no mundo do sujeito, no caso, você, o autor do anúncio, e o leitor pressuposto em seu texto. A propósito, é bom lembrar que você, como sujeito da enunciação, é que será recuperado pelo leitor; jamais como indivíduo de carne e osso. Você, autor do seu texto, vale para o analista como estratégias discursivas espalhadas no seu próprio texto.

Tome como exemplo a publicidade de determinada revista tida como de divulgação científica e destinada a público não especializado. O anúncio parte da capa de uma edição da própria revista. Apela então para o núcleo temático veiculado naquele número. Ao fazê-lo, brinca com pulsões individuais euforizadas. O criador do anúncio faz a brincadeira com os "baixos corporais", para oferecer ao leitor, como objeto de desejo possível, a soltura e a liberdade, valores a ser conquistados juntamente com o conhecimento sobre fenômenos da natureza; tudo isso, se a revista for adquirida. É o que acontece com a publicidade da revista *Superinteressante*, da Editora Abril, que explora ludicamente a explosão de vulcões.

Fonte: 23º Anuário do Clube de Criação de São Paulo, São Paulo, 1998, p. 232.

:: Tema

O tema veiculado por essa edição escolhida pode ser formulado como *consequências provocadas por determinadas explosões da natureza*. Esse tema, concretizado na figura do *planeta em fúria*, posta em destaque nas letras brancas sobre fundo escuro da capa reproduzida, é retomado no *outdoor*, na frase *o dia em que a terra soltou um pum*.

Qual o núcleo temático que deverá ser privilegiado pelo anúncio a ser produzido? Observe que, no *outdoor* examinado, o modo de apresentar a revista *Superinteressante* define para o sujeito um tom de voz brincalhão, que converge para o caráter não rígido desse periódico, o que acaba por confirmar a própria revista como meio de comunicação de massa distribuído em bancas de jornais. Um leitor interessado em expandir conhecimentos, mas não em "quebrar muito a cabeça", tem o perfil delineado no discurso do anúncio.

:: Leitor

Onde circulará seu texto? Como é o leitor a ser inscrito nele?

Pense num suposto anúncio de carro de determinada marca. Nesse anúncio, o segmento verbal exaltaria atributos como conforto, segurança e espaço interno, exibido envolto pelos sorrisos de um casal que, de mãos dadas, abraçaria uma criança também sorridente.

Esse anúncio inscreve no discurso determinado tipo de leitor: a) aquele representativo de determinado segmento social que reúne adultos dados a valorizar positivamente valores coerentes com a perpetuação da instituição familiar; b) aquele leitor que crê no simulacro do bom humor como decorrência constante das relações familiares.

:: Outro exemplo para a inscrição do leitor

Observe agora este *outdoor* que, na foto tirada em 20.04.2004, atravessa a Alameda Santos, Jardim Paulista, São Paulo.

Ao vender "crème pour les paupières", que leitor fica instituído como feixe de estratégias enunciativas? Lembrando que a Alameda Santos é um endereço de comércio sofisticado na metrópole paulista, expectativas enunciativas foram preenchidas. A utilização da língua francesa, por exemplo, confirma pré-requisitos necessários à leitura. O gosto pelo raro, articulado ao gosto pelo luxo que, por sua vez se articula ao bom gosto, direciona a publicidade do produto Anna Pegova, de tratamento da pele do rosto feminino. Como você direcionará seu texto?

Como vemos, atendendo às coerções discursivas, a publicidade torna-se eficaz, enquanto reproduz relações de poder estabelecidas na sociedade. É preciso ratificar que não só pela seleção feita de temas e figuras, mas também pelo modo de usar temas e figuras escolhidos, o anúncio a ser produzido dará indicação da faixa etária, da classe social, do projeto de vida do leitor inscrito no discurso.

:: Coerções do gênero

Um *outdoor* apresentará diferente modo de dizer se comparado a um panfleto; um esquete radiofônico apresentará coerções diferentes de um *jingle* se quisermos lembrar cenas genéricas do *discurso publicitário*. A esses quesitos se acrescenta o suporte, que é o meio físico pelo qual o anúncio é veiculado.

Qual será o suporte do seu texto? Um *outdoor* e um *bykedoor* ou um anúncio a ser publicado em revista só para homens, e outro, em revista só para mulheres, constituem também diferentes maneiras de dizer. Entretanto, para além das diferentes estruturas composicionais dadas pelo tipo de texto e pelo suporte a ser utilizado, importa definir como a manipulação a ser criada pelo seu texto irá incorporar as próprias coerções genéricas.

Já que a proposta é feita em função do discurso publicitário, constitui coerção genérica dever "vender" determinado produto (ou ideia) para determinado consumidor, fincado em determinado tempo e espaço. Você associará o produto a um prêmio, para tentar seu consumidor? Será que tipo de prêmio? Utilitário, como o desconto do preço do produto? Ou utópico, como uma aura milagrosa? Você seduzirá o consumidor com uma imagem positiva dele próprio? Ou você associará o produto a um castigo (intimidação), conhecendo o gosto do seu leitor? Será, ainda, quem sabe, a própria imagem negativa do destinatário que comporá a provocação para o consumo?

As coerções genéricas são regras que respondem pela especificidade de cada gênero (correspondência comercial, publicidade etc.) e pela estabilidade do sentido nos enunciados. Pertencer ao gênero publicidade faz com que o texto a ser criado tenha o significado dos seus elementos orientado de maneira própria. As coerções genéricas consolidam convenções para o que dizer e como dizer. O discurso se utiliza delas para fazer saber, fazer crer, fazer fazer (no caso do discurso publicitário, fazer comprar). Nada impede, entretanto, que as coerções genéricas de um *outdoor* a ser colado sobre um muro sejam alteradas, quer devido à criação de suportes inusitados, quer devido a novas finalidades do discurso, o que remete a novas práticas sociais. Poderemos estar diante de um novo gênero ainda a ser designado.

:: Planejamento de criação

As tarefas de produção do seu texto podem ser assumidas por participantes de uma mesma equipe. Serão diferentes elementos que, articulados entre si, incorporarão as mesmas estratégias discursivas. Para isso, um ponto de vista sobre o mundo, a ser veiculado pelo texto, será amadurecido antes de qualquer criação. Um único sujeito, você e seu anunciante, oferecerá ao leitor determinado objeto de desejo. Os participantes do trabalho de produção do texto poderão ser distribuídos em diversas frentes de ação, como: desenho, fotografia, texto verbal, arte final, direção de criação e outros. É interessante que, uma vez criado na equipe de produção textual o projeto de um modo próprio de ocupar o espaço social, um modo de dizer pode tornar-se recorrente em outras situações de produção de discurso publicitário. Daí vem um estilo de fazer publicidade. Observe este *outdoor*, produzido pela mesma agência e para os mesmos fins daquele da publicidade da revista *Superinteressante*:

Fonte: 23º Anuário do Clube de Criação de São Paulo, São Paulo, 1998, p. 233.

:: Produção de anúncio publicitário radiofônico em forma de esquete

Esquete: pequeno quadro teatral, rapidíssimo, geralmente cômico, improvisado ou não, com unidade dramática e com princípio, meio e fim determinados. Muito frequente em teatro de revista e em programas humorísticos de rádio e de televisão.[14]

Comentário sobre esquete no rádio:

> Na Jovem Pan 2, destaca-se o *Momento de Curtura*, um espaço ocupado por um professor fictício que responde a dúvidas de língua inglesa, enviadas por ouvintes também fictícios. Esse professor afirma, por exemplo, que a palavra *begin* significa *umbigo*, dando uma frase como exemplo: *"Ela gosta muito de limpar o begin com o dedo".* Com o mesmo formato, temos na Transamérica o *Assim disse Nário*, que se propõe a explicar a origem de algumas palavras. Por exemplo, *Jacarepaguá*, segundo o programa, era um lugar onde havia muitos jacarés e que alguém precisava espantá-los, dizendo: *"Jacaré, p'água; jacaré, p'água"...*[15]

Dois exemplos de esquete

Dobradinha
- Ô garçom, esse peixe tá legal?
- Olha, doutor, o peixe eu não recomendo não. Mas tem uma dobradinha...
- Que dobradinha! E esta picanha aqui?
- A picanha daqui é um horror, doutor. Mas a dobradinha...
- Garçom, eu odeio dobradinha. Que tal o frango?
- Frango eu vou ficar lhe devendo.
- Então o lombinho.
- O lombinho acabou.
- Bom meu amigo, então o que é que eu vou comer?
- Vai na dobradinha, doutor.
- Tudo bem, traz a maldita dobradinha. Mas dá pra tomar uma Kaiser antes?

Fonte: 23º Anuário do Clube de Criação de São Paulo. São Paulo, 1998, p. 387.

Entrevista

Num teste de seleção para emprego, um rapaz responde às perguntas do entrevistador.

Entrevistador: Então quer trabalhar aqui na empresa. Você é versado em quê?

Rapaz: Minha terra tem palmeiras onde canta o sabiá. Seno A cosseno B, seno B cosseno A.

Entrevistador (impaciente): A sua especialidade, qual é?

Rapaz: Marcar a letra C.

Entrevistador (ficando irritado): Não, rapaz. Você sabe fazer o quê?
Rapaz: "Quê", no final da frase, tem acento circunflexo.
Locutor: Para enfrentar o futuro, você precisa de muito mais do que macetes e decoreba. Venha para o Colégio Pio XII.
Rapaz: Dom Casmurro, Machado Assis. Vidas Secas, Graciliano Ramos... (voz do rapaz desce a BG)
Entrevistador (já desanimado): É, rapaz, acho que você não leva jeito pra coisa.
Locutor: Colégio Pio XII. Formação sólida. Inscrições abertas para o teste de conhecimento para 98.

Fonte: 23º Anuário do Clube de Criação de São Paulo, São Paulo, 1998, p. 397.

:: Produção de texto III

:: Ensaio analítico sobre uma foto

Fonte: Jesús Ruiz Nestosa, "Celebración de la Ciudad"; 30 fotografias em preto e branco; 43x51cm; período: 1998-2001; cidade retratada: Assunção, Paraguai, em *Países*, 25ª Bienal de São Paulo, Fundação Bienal de São Paulo/MEC/Secretaria de Estado da Cultura SP, 2002.

A partir da observação dos mecanismos de incorporação do discurso publicitário para a construção da fotografia reproduzida, faça um ensaio analítico.

42 :: A comunicação nos textos

Relacione o título dado à fotografia, *Celebración de la Ciudad*, com:

- o lugar em que foi exposta a mesma fotografia – a 25ª Bienal de São Paulo, que ocorreu entre 23 de março e 2 de junho de 2002 e que reuniu as chamadas *Iconografias Metropolitanas* de vários países do mundo;
- o tamanho da foto, especificado como de 43 X 51 cm;
- o fato de a peça pertencer a uma sequência de 30 fotografias em preto e branco;
- a data de produção da sequência das fotos, entre os anos de 1998 e 2001.

Procure pensar no modo como foi incorporado o discurso publicitário pelo olhar do fotógrafo. Observe os mecanismos de construção do espaço urbano na foto. Atente para:

- a presença/ausência da figura de pessoas;
- a centralização/marginalização espacial da figura das árvores;
- a harmonia/desarmonia na organização das figuras visuais;
- a inferatividade/superatividade na localização do painel publicitário;
- a escassez/dominância dos painéis;
- a oposição *natureza vs. cultura* como fundamento semântico;
- a oposição *progresso vs. humanização* como orientação discursiva;
- as paixões tensas, como a insatisfação /relaxadas, como o contentamento;
- o vazio/a plenitude arquitetados;
- o simulacro da presença/ausência do sujeito-fotógrafo;
- as vozes e os valores postos em polêmica implícita;
- a construção de determinada denúncia discursiva;
- o atabalhoamento/equilíbrio de linhas, formas e volumes;
- a invasão/evasão de determinados fatores de reificação do homem;
- a euforização/disforização do tempo passado e do tempo presente;
- a construção cromática como meio de recriar paixões no plano da expressão;
- a discursivização dos fetiches consumistas;
- a ironia do título;
- a incorporação dos contrastes sociais.

Para fazer seu ensaio:

- observe as coerções genéricas, que ditam como redigir;
- crie estratégias próprias para fazer crer naquilo que você diz;
- recupere, coerente com o gênero, instrumentos dados pela língua para a coesão textual;
- elecione para o léxico traços semânticos coerentes com o ponto de vista defendido.

:: Notas

[1] Na imagem original, o conteúdo do copo apresenta cor ocre, alternada com manchas escuras nas laterais do cubo que ocupa a posição superior dentro do copo.

[2] Roman Jakobson, Linguística e comunicação, São Paulo, Cultrix, 1970, pp. 122-30.

[3] O anúncio no original apresenta um fundo azul-céu-noturno. As letras do *slogan* THIS IS THE CHIVAS LIFE são da mesma cor do conteúdo da garrafa: ocre. A outra frase, *Quando 5 estrelas não são suficientes*, apresenta as letras do mesmo tom branco, da luz que sai da barraca de acampamento, postada esta à esquerda das cinco pessoas que contemplam as estrelas.

[4] No anúncio original, todas as letras da logomarca são de cor preta. Apenas a designação ALCOÓLICOS ANÔNIMOS é feita com letras de cor vermelha.

[5] Ingedore Villaça Koch, O texto e a construção dos sentidos, 6. ed., São Paulo, Contexto, 2003, p. 49.

[6] Max Nunes, Uma pulga na camisola: o máximo de Max Nunes, seleção e organização de Ruy Castro, São Paulo, Companhia das Letras, 1996, p. 90.

[7] Aspas para "sinônimos" já que entendemos não haver sinônimo perfeito.

[8] Ingedore Koch (op. cit., p. 41) especifica tais expressões nominais da anaforização léxica como "expressões nominais definidas", as quais identifica também como "descrições definidas do referente". A autora acrescenta que tais expressões nominais implicam uma escolha feita pelo produtor do texto em função de propósitos a ser atingidos.

[9] Foram relacionados apenas alguns exemplos de conectores e sequenciadores textuais.

[10] A conexão entre orações de um período composto foi apresentada como conexão entre argumentos. *Argumento* foi então usado em sentido lato. Lembrando que todo texto é argumentativo, já que visa a persuadir, considera-se cada parte do texto um argumento. Cada oração de um período composto é uma unidade textual e, por isso, será vista como argumento numa "sequenciação frástica". Para verificar a inserção de conectores numa sequenciação frástica, ver Ingedore Koch, A coesão textual, São Paulo, Contexto, 1998, pp. 55-64.

[11] Ingedore Koch (op. cit., 2003, pp. 48-51) remete a esses tipos de sequenciadores, quando fala em recursos de coesão com função de sinalização textual. Esses recursos, segundo a autora, organizam o texto, "fornecendo ao interlocutor 'apoios' para o processamento textual". A autora afirma que se trata de procedimento dêitico ou de atividades de orientação dêitica.

[12] Dominique Maingueneau afirma que "um texto não é um conjunto de signos inertes, mas o rastro deixado por um discurso em que a fala é *encenada*" (Análise de textos de comunicação, 2. ed., São Paulo, Cortez, 2002, p. 85). Assim propõe, como integrantes a cena da enunciação, a cena englobante, a cena genérica e cenografia: "A cena englobante corresponde ao tipo de discurso; ela confere ao discurso seu estatuto pragmático: discurso literário, religioso, filosófico... A cena genérica é aquela do contrato realizado em função de um gênero [particular], de uma 'instituição discursiva': o editorial, o sermão, o guia turístico, a visita do médico... Quanto à cenografia, ela não é imposta pelo gênero, ela é construída pelo próprio texto: um sermão pode ser enunciado por meio de uma cenografia professoral, profética, etc" ("Ethos, scénographie, incorporation", em Images de soi dans le discours: La construction de l'éthos, Direction Ruth Amossy, Lausanne, Delachaux et Niestlé, 1999, pp. 82-3).

[13] Os exemplares de cena genérica do discurso publicitário têm apoio em: Carlos Alberto Rabaça e Gustavo Guimarães Barbosa, Dicionário de comunicação, 2. ed., Rio de Janeiro, Campus, 2001.

[14] Rabaça e Barbosa, op. cit., p. 280.

[15] Ynaray Joana da Silva e Luciano Biagio Toriello (colaborador), "Rádio e educação: um diálogo possível", em Adilson Citelli (org.), Aprender e ensinar com textos não escolares, São Paulo, Cortez, 1997, pp. 99-127.

:: Lição 2

:: Heterogeneidade constitutiva e formações ideológicas

A partir do exame dos textos, a depreensão:
do *eu* dado pela relação com o *outro*;
das vozes dadas no diálogo constitutivo do discurso.

Fonte: *Folha de S.Paulo*, 17.04.2004, p. E15.

:: Leitura do texto[1]

:: Tira e suporte

1. Compare a tira jornalística com a história em quadrinhos (HQ) *Spirit*, publicada em revista, cuja página é reproduzida a seguir.[2]

· A tira Chiclete com banana, de Angeli, foi publicada no jornal Folha de S. Paulo, periódico de circulação nacional.
· A publicação em jornal, o tipo do jornal e o número da página são dados do suporte da tira.

Fonte: Will Eisner, Quadrinhos e arte sequencial, São Paulo, Martins Fontes, 1999, p. 37.

a) Destaque semelhanças e diferenças entre mecanismos de construção do sentido tanto para o visual como para o verbal em ambos os textos de HQS. Observe a união do verbal com o visual, ou seja, o sincretismo de linguagens, na construção de uma unidade de sentido em função do suporte.

· *Spirit* (Espírito) é o herói-detetive-policial das HQS que levam seu nome.
· O exemplar reproduzido é da história *Foul Play* (Jogo sujo), HQ da autoria de Will Eisner, publicada pela primeira vez no ano de 1949.
· É aí narrada a história de um leiteiro que, como todos os habitantes da cidade grande, não se importa com o que acontece ao vizinho, segundo o narrador.
· Isso acontece até o dia em que, com sua cestinha de entregador, ele salta por cima de um suposto cadáver estendido na calçada.
· O corpo estava bem abaixo da janela do apartamento do leiteiro.
· As cenas da página reproduzida começam nesse momento.

b) Compare a relação *suporte/texto* como construção de efeito de sentido. Comente essa relação como:
estratégia de persuasão;
periférica ao enunciado ou constitutiva dele.
Justifique.

2. Compare os temas eleitos pelo jornal *Folha de S.Paulo* e pelo caderno *Ilustrada*, que o constitui. Identifique o *status* das tiras de HQS em função da seleção de temas do caderno e do jornal.

· A *Folha de S.Paulo* (FSP), jornal-suporte da tira de Angeli, é tido como da imprensa dita séria.
· A imprensa dita séria veicula prioritariamente temas ligados à política nacional, à situação socioeconômica do país e à política internacional.
· A mídia dita séria opõe-se à dita sensacionalista. Distinguem-se ambas pela abrangência social dos temas selecionados, em termos da oposição *público vs. privado*.
· A primeira opta pela abrangência nacional e internacional dos temas e, portanto, para a dimensão do que é público.
· A segunda opta pela vida de artistas e famosos, ou pela sucessão de tragédias pessoais e, portanto, para a dimensão do que é privado.
· As tiras de HQS são publicadas num caderno da FSP, a *Ilustrada*, que contém coluna social e comentários sobre: filmes, peças de teatro, livros, exposições, shows, com informações adicionais sobre locais e horários desses eventos e de outros afins.

3. Identifique o *status* da tira de Angeli em função da localização:
   do caderno Ilustrada no jornal;
   das tiras de HQS no caderno.

Pense na sequência diagramática como hierarquização de leitura.

· O caderno Ilustrada, cujas páginas são registradas sob as letras E1, E2, E3 etc. apresenta-se como o último entre os cadernos especializados da FSP.
· Os cadernos Opinião, Brasil, Mundo, Ciência (páginas A1, A2, A3 etc.); Dinheiro (páginas B1, B2, B3 etc.); Cotidiano (páginas C1, C2, C3 etc.); Esporte (páginas D1, D2, D3 etc.) antecedem a Ilustrada.
· O caderno Ilustrada oferece sempre a penúltima página para o espaço de tiras de HQS.

:: Tira e sujeito

4. Promova um cotejo entre as tiras de HQS, de Caco Galhardo e Adão Iturrusgarai, ora reproduzidas, com a tira de Angeli reproduzida na abertura da lição.

As tiras de Caco Galhardo e de Adão Iturrusgarai circundam as de Angeli em todas as edições da Ilustrada.

Fonte: *Folha de S.Paulo*, 17.04.2004, p. E15.

LA VIE EN ROSE - Adão Iturrusgarai

Fonte: *Folha de S.Paulo*, 17.04.2004, p. E15.

a) Faça um resumo parafrástico da tira de Angeli (tira 1), Galhardo (tira 2) e Iturrusgarai (tira 3). Explicite os implícitos.
b) Hélio e a mulher (tira 1), a mãe e o guri (tira 2), o homem sozinho no penhasco (tira 3) são figuras que recobrem ideias gerais e abstratas, os temas. Identifique um tema para cada uma das tiras.
c) Pelo modo recorrente de um sujeito usar temas e figuras, identifique, pressuposto às três tiras, um único tom de voz:
   sério/ lúdico;
   subserviente/subversivo em relação a dogmas;
   perpetuador/desestabilizador de verdades tidas como inquestionáveis.
Justifique.
d) A voz de tom único, depreensível das três tiras, responde à outra, diversa, por remeter a um modo diferente de interpretar os fatos. Explique, pensando em textos com temas afins aos das tiras, mas com um modo diferente de usar esses mesmos temas.

5. Comente por que o sujeito pressuposto às tiras:
   é uno, mas também dialógico;
   constitui-se no diálogo com o *outro*.
   Para responder identifique *o outro* como crenças e aspirações enfeixadas por instituições sociais.

6. Discorra sobre a relação *página/tira* como mecanismo de construção do sentido das próprias tiras. Remeta à previsibilidade e economia de leitura. Observe a reprodução da página E15 da Ilustrada, do jornal *Folha de S. Paulo* do dia 17.04.2004, edição que publicou as tiras comentadas.

· A seção com o título Quadrinhos acolhe diariamente uma média de oito tiras.
· Cada uma das tiras ocupa um espaço de 14 x 4cm e o conjunto preenche um terço da página.

50 :: A comunicação nos textos

· Essa seção é normalmente encabeçada por uma crônica do jornalismo dito besteirol, assinada por José Simão.
· A crônica besteirol retoma notícias em pauta na mídia, num movimento parodístico: brinca com manchetes do mesmo dia ou do dia anterior; subverte pelo riso pronunciamentos de políticos; debocha dos astros do esporte e da televisão; faz caçoadas sobre o uso da língua por determinados grupos sociais.
· O excerto que segue transcrito, na abertura faz referência ao presidente do Brasil e, na sequência, critica o desempenho de times de futebol, finalizando com amostras de um suposto dialeto, o antitucanês. Esse dialeto poria fim ao tucanês, jargão que seria representativo do partido dos tucanos, o PSDB, cujos políticos falariam de maneira empolada e indireta ou eufemística.

> O Lula disse na televisão que está colocando o Brasil nos trilhos. Só falta o trem passar por cima! Rarará! E mais uma piadinha sobre o jogo Chorintians e Vitória. "Você viu que o Timão perdeu para um time que estava de luto?" "Tava de luto, mas bateu em morto." Rarará! [...]
> Acabo de receber mais dois exemplos irados de antitucanês. É que em Recife tem um hotel chamado "Hotel Tranxam. Pernoite e Rapidinha". E em Teresina, Piauí, tem um bar chamado "Chove Lá Fora, Aqui Dentro Só Pinga"! Rarará! Mais direto impossível! Viva o antitucanês! Viva o Brasil.
> *Folha de S.Paulo*, 22.05.2004, p. E13.

· O jornal apresenta, abaixo das tiras: à esquerda, Cruzadas, uma seção recreativa de palavras cruzadas; à direita, Astrologia, uma seção dedicada ao horóscopo.

JOSÉ SIMÃO
Rio Urgente! Tão blindando até fio-dental!

QUADRINHOS

CHICLETE COM BANANA ZÉ DO APOCALIPSE

Lição 2 :: 51

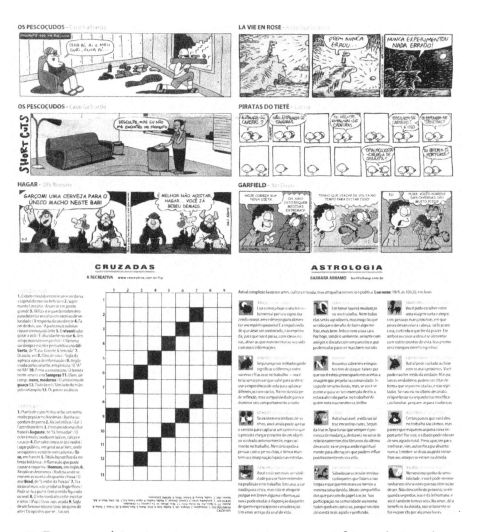

7. Descreva o leitor inscrito como o sujeito a ser satisfeito pelo jornal FSP:
   no caderno Ilustrada;
   na página das tiras;
   nas próprias tiras.

8. a) Explique como o hábito de leitura de determinados cadernos, como Ilustrada, perante outros, como Opinião e Classificados, normatiza o leitor e viabiliza a identificação entre *leitor* e *jornal eleito*.
   Para isso:
   articule a relação *hábito de leitura / normatização do leitor* com a construção da identidade *jornal / leitor*;
   faça um destaque para a diagramação do jornal, dada no plano da expressão, como construção do sentido.

> · Cadernos como Opinião e Classificados remetem a mundos opostos: Opinião, o primeiro na diagramação do jornal, contém artigos assinados, cartas do leitor, editorial, tudo para polemizar o que está na pauta da mídia dita séria e, consequentemente, na pauta da FSP.
> · Os Classificados, que se configuram como um encarte com paginação própria (1, 2, 3 etc., sem letra antecedente aos números), oferecem serviços.
> · Lúcia Teixeira, ao examinar a articulação de crônicas jornalísticas com as páginas dos cadernos de cultura de jornais cariocas, discorreu sobre a organização das matérias numa página de jornal. Ressaltou então a autora a importância da organização espacial na constituição da página de jornal:[3]
>
> Nenhuma organização espacial é acidental. Tem mais destaque o que está na parte superior da página, tem mais impacto o que aparece centralizado; relações construídas na diagonalidade movimentam o olhar, articulações na horizontalidade da página criam o efeito de ordem, de sequência, arranjos produzidos verticalidade acentuam contrastes. A diagramação da página acostuma o olhar a determinados protocolos de leitura, sugeridos pela reiteração de modos de organização visual, ainda que o leitor não se dê conta de todos os jogos discursivos presentes.

b) Comente como e por que o leitor de um jornal como FSP se constitui simultaneamente como um sujeito homogêneo e heterogêneo, em termos dos suportes *jornal* e *cadernos especializados*. Explique a articulação *suporte/temas/figuras* na construção do sentido.

:: Tira e sincretismo

Voltando a Angeli: as questões de 9 a 14 são sobre a tira de Angeli, *Chiclete com banana*, apresentada sob o título Lovestorias (tira 1).

9. Compare a textualização do diálogo na tira e em textos verbais, como um conto literário. Transforme a textualização sincrética do diálogo da tira em textualização verbal, com posposição da voz do narrador a cada fala. Faça com que o narrador verbalize traços das expressões faciais dadas visualmente.

> · A tira apresenta um diálogo, no enunciado, entre dois personagens também chamados atores.
> · Cada turno de fala é representado de maneira própria, já que se trata de texto sincrético, que junta o verbal e o visual no mesmo enunciado e sob a mesma enunciação.

10. a) Pelos traços da expressão facial dos atores depreendem-se paixões que caracterizam a mulher e o companheiro. Descreva a organização dessas paixões, no que diz respeito à combinação dos verbos modalizadores:

A mulher... obter a resposta desejada, mas ...(querer; poder);
O homem .... dar a resposta desejada pela mulher, mas... (dever; querer).

> · Atores, como sujeitos que agem e sentem numa narrativa, podem ter a competência alterada.
> · Quatro verbos desencadeiam a alteração da competência do sujeito: querer, dever, poder e saber.
> · Se o sujeito quer, deve, pode e sabe fazer algo, a competência estará garantida.
> · Paixões de completude, como felicidade, confiança e satisfação podem caracterizar esse sujeito.
> · Se o sujeito quer, mas não deve; ou pode, mas não sabe fazer algo, a competência estará comprometida.
> · Paixões de incompletude, como angústia, desconfiança e insatisfação podem caracterizá-lo.

b) Considerando que a manipulação da mulher sobre o homem não foi bem sucedida, explicite como o homem foi sancionado pela mulher.

> · Uma manipulação bem sucedida prevê uma sanção positiva (prêmio, reconhecimento) desencadeada em relação ao sujeito manipulado, "que fez o dever", que cumpriu o contrato.
> · Uma manipulação mal sucedida prevê uma sanção negativa (castigo, punição) desencadeada em relação ao sujeito manipulado, "que não fez o dever", que descumpriu o contrato.

c) Identifique as paixões depreensíveis da construção dos atores *mulher e Hélio*.
d) Articule os efeitos passionais à mímica facial apresentada visualmente.
e) Comente o efeito dado pela integração entre o uso do ponto de exclamação e os traços da boca e dos olhos dos atores para a construção das paixões na tira.
f) Explique como o sincretismo, em tiras de HQs, pode contribuir para:
a verossimilhança dos atores;
as estratégias de fazer crer da enunciação.

11. Comente como, juntando o visual com o verbal, dá-se a transformação:
dos atores, em termos de evolução passional;
do tempo, em termos do estabelecimento de um *antes*, um *durante* e um *depois*;
do espaço, em termos de diferentes tomadas do olhar-observador.

- Cada quadro da tira representa uma cena narrada.
- O encadeamento dos quadros remete à transformação dos atores, do tempo e do espaço.

12. Comente a presença/ausência da voz do narrador na tira em função:
do modo de textualização comparado a textos verbais;
do efeito de sentido de:
distanciamento/proximidade do narrador;
dependência/independência do narrado em relação ao narrador;
maior/menor delegação de voz.

13. Um narrador que diz *eu* constrói no texto um efeito de subjetividade. O narrador diz *eu* de várias maneiras. Exemplo: o uso de pronome pessoal e possessivo de primeira pessoa: *eu, meu, nós, nosso*.
Relacione essa afirmação ao efeito de subjetividade/objetividade da tira.

:: Tira e ideologia

14. a) No diálogo da tira, o papel de destinador e de destinatário é preenchido ora por um ator, ora por outro, ao assumir o turno da fala.
Comente:
a convergência/divergência entre as crenças, aspirações e projetos dos atores;
as coerções e instituições sociais representadas.

"A comunicação mostra claramente os fazeres persuasivo e interpretativo que a caracterizam e que dependem de crenças, conhecimento, aspirações e projetos do destinador e do destinatário."[4]

b) Sob a concepção de que a voz de um texto é um ponto de vista sobre o mundo, é possível entender que há diálogo entre textos.
- Pense no mandamento da Bíblia Sagrada, desenvolvido sobre tema semelhante ao da tira: *Não desejarás a mulher do próximo*.
- Explicite como contratual ou polêmico o diálogo de vozes entre a tira e o mandamento.
- Identifique na tira e no mandamento a tendência de expor/abafar o diálogo constitutivo.
- Ligue à tira e ao mandamento uma voz mais/menos autoritária.
- Atente para o gênero na confirmação do tom da voz de cada texto.
- Justifique por que a voz de cada texto, tira ou provérbio, é social.

:: Heterogeneidade constitutiva: página de jornal e tiras de HQS

15. Sobre a página E15 do jornal FSP do dia 17.04.2004, reproduzida anteriormente:
   explique como o plano da expressão contribui para a constituição de uma totalidade; identifique como, do plano do conteúdo, depreende-se uma afinidade de modo de presença do sujeito em todos os enunciados.

Para esse último item, remeta ao diálogo de vozes convergentes (com finalidades afins) ou divergentes (com finalidades contrárias) na própria página.

16. Tomando duas páginas do jornal FSP, uma, a das HQS; outra, a do caderno Opinião, com seus artigos assinados, comente se é possível prever "o leitor FSP". Justifique.

> · Ao leitor da mídia dita séria é construída nos próprios textos a imagem do sujeito que, dia após dia, confirma a competência para refletir sobre temas tidos como de abrangência social e política relevantes.
> · Ao leitor da mídia dita sensacionalista é construída nos próprios textos a imagem do sujeito que lê apressadamente notícias tidas como de peso e alcance social diferentes, se comparadas com as da outra mídia; um leitor não dado a elucubrações, não dado a buscar implícitos, o que justifica a hiperocupação das páginas por fotografias.

17. Depreenda o *outro* que polemiza cada uma destas tiras: a de Galhardo; a de Iturrusgarai. Considere o *outro* o conjunto de atitudes contrárias àquelas previstas pela tira.

> Lembre que, em cada uma das tiras, temos:
> · um ponto de vista do enunciador sobre o tema representativo das crenças propostas;
> · também outro ponto de vista, representação do avesso das crenças propostas;
> o diálogo constitutivo entre o *eu* e o *outro*.

18. Comente como o *outro* está mostrado:
   na tira de Galhardo, cotejada com a letra da canção *O meu guri*, de Chico Buarque;
   no subtítulo *Lovestorias* (Angeli), cotejado com histórias de amor de romantismo dito piegas.

Relacione esses dois casos com a heterogeneidade constitutiva e mostrada nos textos.

· A relação *eu vs. outro* constitui todo texto sem que isso precise ser mostrado.
· Há, entretanto, maneiras de mostrar o outro na superfície textual.
· Uma citação entre aspas no decorrer de um texto, por exemplo, mostra e delimita a presença do *outro*.
· Seguem as duas primeiras estrofes da letra da canção de Chico Buarque, *O meu guri*: Quando, seu moço, nasceu meu rebento / Não era o momento dele rebentar / Já foi nascendo com cara de fome / Eu não tinha nem nome pra lhe dar / Como fui levando, não sei explicar / Fui assim levando ele a me levar / E na sua meninice ele um dia me disse / Que chegava lá / Olha aí / Olha aí / Olha aí, ai meu guri, olha aí / Olha aí, é o meu guri / E ele chega / Chega suado e veloz do batente / E traz sempre um presente pra me encabular / Tanta corrente de ouro, seu moço / Que haja pescoço pra enfiar / Me trouxe uma bolsa já com tudo dentro / Chave, caderneta, terço e patuá / Um lenço e uma penca de documentos / Pra finalmente eu me identificar, olha aí / Olha aí, ai o meu guri, olha aí / Olha aí, é o meu guri.[5]

:: Teoria

:: Heterogeneidade constitutiva e formações ideológicas

:: Tira e discurso

GARFIELD - Jim Davis

Fonte: *Folha de S.Paulo*, 06.03.2004, p. E11.

No bees, no honey; no work, no money.

A tira de Garfield é um texto. Isso significa que pode ser analisada como junção de dois planos: o do conteúdo e o da expressão. No plano do conteúdo estão as vozes em diálogo, está o discurso. No plano da expressão está a manifestação do sentido imanente, feita por meio da linguagem sincrética, que integra o visual e o verbal sob uma única enunciação.

Podemos verificar na tira que a preguiça e a indiferença de Garfield diante da provocação do homem feita na pergunta: *Você assume a sua preguiça com muita facilidade, né?* são enfatizadas no plano da expressão tanto por meio da curta extensão da resposta do gato no segundo balão, ou seja, "dá preguiça falar muito", como por meio da total similaridade do traçado do corpo do animal na representação do decúbito dorsal, retomado sem indicação de mudança de posição nos três quadros. Temos intensificado, pela integração do verbal com o visual no plano da expressão, o efeito de imobilidade, que assim configura o animal com um corpo aparentemente morto. Mas não está morto esse gato, o próprio enunciado indica: ele fala, pensa, comunicando-se com o homem. A figura do corpo do gato confirma o imobilismo, mas o pensamento falado o nega. O contínuo e inalterado decúbito dorsal, que desenha no corpo do gato o imobilismo da morte, acaba por configurar-se como: incongruente, diante da transformação prevista para o gato devido à troca de quadros; descompassado, diante das alterações das expressões faciais do homem-interlocutor (boca ora aberta, ora fechada); desconforme, diante das variadas tomadas de perspectiva do corpo do mesmo homem. Nas inadequações, firmam-se estratégias enunciativas que constroem um mundo ao revés: o mundo do riso.

Esse imobilismo, tematizado no plano do conteúdo com a proposição da preguiça como um modo possível de ser, é concretizado e emblematizado, ainda no plano do conteúdo, na figura de Garfield. Temas e figuras são dados do plano do conteúdo dos textos. Esse imobilismo, por sua vez, é enfatizado visualmente no plano da expressão por meio dos traços inalterados do decúbito dorsal, como vimos. Entretanto, o pensamento do gato nega o próprio imobilismo, ao firmar para Garfield a imagem do sujeito esperto, dotado de inteligência tão célere, que o instrumentaliza para poder e saber debochar do homem.

Articulado à preguiça e diagnosticado na fala do homem em tom de censura, *Você assume a sua preguiça com muita facilidade, né?*, o imobilismo remeteria já no primeiro quadro a uma sanção negativa feita pelo homem em relação ao gato, destinatário que não partilha com o destinador os valores da importância do trabalho, da necessidade do exercício físico, da obrigação de sentir-se útil etc. A ordem das coisas estaria confirmada no discurso: o homem repreenderia efetivamente o animal pelo pecado da preguiça e, ao proceder assim, manteria confirmada a ideologização da preguiça como algo desprezível. Todavia, a tira subverte a ordem prevista, pois é por meio desse mesmo imobilismo que o gato acaba por ironizar o homem e, ao fazê-lo, acaba por sancionar negativamente o próprio homem, dado discursivamente como um fraco, tolo e ingênuo. A ordem fica subvertida pelo aparente *nonsense* da cena narrada. A enunciação, usando a figura de Garfield para subverter o *status quo*, desestabiliza os modelos gerais de coisas, fatos e pessoas, os estereótipos, enfim.

Vejamos mais atentamente como o gato ironiza o homem. Primeiramente, nota-se que a última palavra é a do gato, ou seja, Garfield venceu o embate conversacional. Depois, nota-se que, na resposta, o gato assume duas vezes a própria preguiça: no segundo e no terceiro quadros. *É.* (segundo quadro); essa asserção pausada, devido ao uso do ponto final e devido ao corte pressuposto à mudança de quadro, apresenta-se seguida de: *Se não fosse fácil, eu teria preguiça de assumir* [a preguiça] (terceiro quadro). A organização da fala do gato, deixando a resposta bipartida, reforça no plano da expressão a lentidão do dizer, incorporada à própria preguiça, que se apresenta aliada à tranquilidade e à indiferença. Estas últimas paixões supõem um não querer ser e um não querer fazer segundo o *outro*, isto é, segundo a pressão exercida pelo *outro*. Fica assim configurada a ineficácia da repreensão do homem.

A pausa na fala do gato, reiterada então no plano da expressão e homologada às paixões citadas, dadas no plano do conteúdo, contribui para mostrar o animal como o assumidamente preguiçoso; além disso, tranquilo e indiferente. Ao ironizar o sujeito censor, o gato esvazia o discurso da censura e as paixões que lhe são próprias, como o medo e a insegurança, desdobramentos da culpa. A reiterada assunção dos próprios valores, efetivada pelo gato, verdadeiramente confirma a inutilidade da manipulação do homem, que não conseguiu fazer o animal crer na própria falta.

Finalmente, o gato ironiza o homem por meio da imagem da imobilidade redundantemente ostentada no visual, a ponto de fazer o próprio imobilismo do corpo deitado beirar a hipérbole e, com ela, confirmar-se o efeito do humor. Diante disso, torna-se deslocada a seriedade: do homem e de seu discurso, dada na repreensão feita pelo homem no primeiro balão e reiterada no plano da expressão dos balões subsequentes por meio dos traços da expressão facial e corporal do homem: boca arqueada para baixo, dorso inclinado para a frente, os olhos de pálpebras caídas, braços caídos, tudo para ressignificar um sujeito curvado sob o peso da própria repressão, diane do gato relaxado. Mas censura e homem censor acabam por configurar-se como tolice, para manter o efeito da subversão pelo humor.

A desestabilização de um mundo tido como pronto e acabado, o mundo das transparências de sentido, fica confirmada na tira com o recurso da ambiguidade na construção do protagonista *gato*, que é gato e é também humano, já que pensa e fala e, mais que isso, é mais esperto que o homem, já que acaba por ironizá-lo. Essa desestabilização é ainda confirmada por meio do acréscimo de um segundo sentido à palavra *facilidade*, dada na fala do homem como a falta de escrúpulos do gato para assumir a própria preguiça e ressemantizada na última fala do gato como ausência de esforço físico. Nesse universo de ambiguidades, torna-se avantajada a opacidade da tira como um texto que se afasta do sentido apresentado como o que está à mão, no imediatismo daquilo que se supõe pronto, transparente e acabado. Vale lembrar que, na tira, o homem, ao tentar manipular o gato para que o animal se sentisse culpado diante da própria preguiça, acaba sendo manipulado pelo gato, este sujeito que contribui para que o homem seja apresentado como um fracote. Assim, a própria ideologia da culpa é contestada por meio de um discurso em que, pela mobilidade de um modo de dizer, confirma-se o tom brincalhão da voz do sujeito da enunciação.

:: Formações ideológicas

No plano do conteúdo, no qual se aloja o discurso, concentram-se então as estratégias do sujeito para, por meio do efeito de sentido do humor, criticar quem se esfalfa para obter lucro e quem se submete à obsessão por trabalhar ininterruptamente a fim de ganhar sempre e mais dinheiro, de acordo com o ideal de determinadas formações ideológicas; ou, remetendo ainda polemicamente a outras formações ideológicas, criticar quem se submete ao medo da punição divina devido a pecados cometidos (a preguiça, segundo o discurso religioso, é pecado capital); e, ainda, criticar quem se entrega ao trabalho como a uma redenção ou a um chamamento divino. (*Qui travaille prie.*[6])

A tira de Garfield polemiza então determinadas formações ideológicas, como a que reúne atitudes, representações e práticas segundo as quais o trabalho é obrigação moral e segundo as quais o homem tem de produzir para ganhar dinheiro; e ganhar dinheiro para consumir, como está projetado no provérbio *No bees, no honey; no work, no money.*[7] É dessa formação ideológica, para a qual trabalhar é ganhar dinheiro e ganhar dinheiro se apresenta como a meta última da vida do homem, que a tira se afasta. A tira de Garfield responde também de maneira divergente a formações ideológicas segundo as quais o trabalho, como vocação divina, é prática redentora para o homem e condição *sine qua non* para sua dignidade. A tira faz isso, ao brincar com um ator-personagem-gato, que pode e sabe transformar o pecado capital em direito: a preguiça.

Esses sistemas de representações, de normas, de regras e preceitos, que procuram não só explicar a realidade como regular o comportamento dos homens, são as formações ideológicas. Esses sistemas são sociais, já que articulados por classes sociais e reúnem valores, que constroem o mundo, ao categorizá-lo. Esses sistemas são feixes de imagens das coisas e dos homens e, criados por uma ideologia dominante, sustentam-se graças às instituições, como escola, família, religião, e graças aos meios de comunicação de massa. Esses sistemas, internalizados como verdades universais e não como crenças criadas pelo homem, representam interesses políticos e econômicos dominantes em uma época. Assim, as formações ideológicas, ao ditar o que pensar, o que sentir, o que fazer, governam os discursos, onde se materializam por meio não apenas do recorte temático e figurativo do mundo, mas também pelo modo de usar os temas e as figuras, como temos visto com o tema *trabalho* e percursos figurativos que o sustentam nas cenografias discursivas das tiras jornalísticas de HQS e dos provérbios.[8]

A propósito, ao ser designada a formação ideológica, fala-se em *formação*, porque é considerado um conjunto sistemático de ideias e valores; porque é pensado um corpo lógico e coerente de representações; porque é reconhecido um sistema estável de interpretações; porque são lembradas regularidades de procedimentos; porque é concebido um conjunto organizado de prescrições e normas, conjunto que dita deveres, quereres, poderes e saberes a indivíduos, assim arrebanhados e assujeitados pelos interesses das "classes sociais em conflito umas com as outras".

> Cada formação ideológica constitui um conjunto complexo de atitudes e de representações que não são individuais nem universais, mas dizem respeito, mais ou menos diretamente, às posições de classes em conflito umas com as outras.[9]

A propósito, ainda, as representações, que embasam as formações ideológicas, são simbólicas, ou seja, resultam de operações conceituais próprias ao homem, tido como sujeito linguageiro; sujeito feito *na* e *pela* linguagem. "O homem inventa e compreende símbolos; o animal, não", diz Benveniste, ao alertar para o fato de que "o animal exprime as suas emoções, mas não pode nomeá-las":[10]

Não é possível encontrar nos meios de expressão empregados pelos animais um começo ou uma aproximação da linguagem. Entre a função sensório-motora e a função representativa, há um limiar que só a humanidade transpôs.

São essas representações que fazem uma montanha, para uns, ser o lugar bucólico de encontros amorosos; para outros, o lugar de exploração de minério; para outros, o lugar do medo das alturas. São essas representações que, ditadas culturalmente, categorizam o mundo. "A mesma realidade, a partir de experiências culturais diversas, é categorizada diferentemente".[11] Essas representações, resultado da capacidade simbólica inerente à capacidade de pensar, orientam a categorização do mundo, reproduzindo ideias e valores que, propugnados culturalmente, constroem o que parece que há. Essas representações, repetimos, são dadas na linguagem e pela linguagem, atributo humano. Benveniste, ao discorrer sobre o poder fundador da linguagem, para destacar o elo entre o homem, a língua e a cultura, assim se expressa:

> O fato de existir semelhante sistema de símbolos revela-nos um dos dados essenciais, talvez o mais profundo, da condição humana: o de que não há relação natural, imediata e direta entre o homem e o mundo, nem entre o homem e o homem. É preciso haver um intermediário, esse aparato simbólico, que tornou possíveis o pensamento e a linguagem. Fora da esfera biológica, a capacidade simbólica é a capacidade mais específica do ser humano. [12]

Essas representações, por fim, refletem visões de mundo que, não individuais nem universais, são advindas de classes sociais em confronto, como vimos. As classes sociais dominantes, por sua vez, reunidas por estilos de vida reprodutores de gostos e hábitos que dizem respeito ao poder econômico, perpetuam o aparato simbólico, que acaba por se configurar como a única forma de pensar: o modo de pensar dominante. Essas representações confirmam determinada ideologia ou "a maneira como uma classe ordena, justifica e explica a ordem social", que é como Fiorin define a própria ideologia.[13]

Importa ressaltar que as formações ideológicas, vinculadas à visão de mundo das classes sociais, não se constituem como dados obtidos fora da linguagem, a qual, humana por excelência, define-se como atividade simbólica: "As palavras criam conceitos e esses conceitos ordenam a realidade, categorizam o mundo".[14] Importa por fim sintetizar com Chauí a própria concepção de ideologia:[15]

> A ideologia é um conjunto lógico, sistemático e coerente de representações (ideias e valores) e de normas ou regras (de conduta) que indicam e prescrevem aos membros da sociedade o que devem pensar e como devem pensar, o que devem valorizar e como devem valorizar, o que devem sentir e como devem sentir, o que devem fazer e como devem fazer.

As formações ideológicas que, fundadoras dos provérbios, são confrontantes com aquelas que respaldam a tira de Garfield estão exemplarmente discursivizadas tanto no provérbio *No bees, no honey; no work, no money,* como em *Mãos desocupadas, oficina do demônio.* São formações ideológicas que, materializadas em formações discursivas, as quais por sua vez reúnem pontos de vista sob temas e figuras, subsidiam tanto o imaginário do sucesso articulado ao lucro, quanto o imaginário da culpa articulada à necessidade de redenção; ou, ainda, o imaginário da purgação necessária, dada por meio do sacrifício.

A propósito, o provérbio *No bees, no honey; no work, no money* manteve-se citado em inglês para que se preservassem ritmo e rima dados no plano da expressão. Ritmo e rima são excelentes recursos mnemônicos do gênero *provérbios,* que se firma simultaneamente como apresentação de verdades irreversíveis e como proposição da imagem de um sujeito detentor de certezas universais. Ritmo e rima ratificam o paralelismo sintático para que no plano da expressão possa ser enfatizado o mundo tido como inteiramente penetrado por uma visão onisciente: do enunciador e do enunciatário; o mundo do sentido indubitável.

Voltando à tira de Garfield, destaca-se, na textualização, o diálogo entre os atores do enunciado, dado por meio de balões, como coerção material dos textos encerrados no gênero HQS. Por sua vez, da imanência discursiva, depreende-se o sujeito da enunciação que, ratificando o lugar social de onde fala, para quem fala e por que fala, faz crer em valores contrários aos propostos por uma formação ideológica dada a crer e a fazer crer num mundo de inquestionabilidades, discursivizado pelos provérbios que, por sua vez, convergem ideologicamente para o discurso da Bíblia Sagrada: *Com o suor do teu rosto comerás teu pão.*[16] Para a enunciação da tira, o trabalho tem de ser dessacralizado e o afã em função do trabalho tem de ser ridicularizado. Para a enunciação do provérbio, o modo de valorizar o trabalho é contrário. Importa destacar que, nesse cotejo, fica demonstrado o diálogo entre enunciações, que resulta em enunciados dialógicos. Fica confirmado que o sujeito somente existe como resposta ao *outro.* Por essa razão, sujeito e discurso são heterogeneamente constituídos.

Já que um responde ao outro, já que o avesso de um são as crenças do outro, tira e provérbio encerram em si as polêmicas que os constituem, porque remetem a formações ideológicas confrontantes, porque materializam formações discursivas confrontantes. Por conseguinte, o sujeito da enunciação da tira e do provérbio não podem ser pensados, cada qual, como sujeito homogêneo. Sujeito e discurso confirmam-se como heterogeneamente constituídos, seja qual for a totalidade discursiva considerada para análise.

:: Provérbios[17]

O preguiçoso é irmão do mendigo
Hoje preguiçoso, amanhã mendigo.
O cérebro ocioso é oficina do diabo.
Quem tem ofício tem benefício.
Quem madruga Deus ajuda.

Au paresseux laboureux, les rats mangent le meilleur.
Ao lavrador preguiçoso, os ratos lhe comem o precioso.
Al lavoratore trascurato, i sorci mangiano il seminato.

Il faut travailler, que veut manger.[18]
Chien qui chemine ne meurt pas de famine.[19]
Qui travaille, prie.
He that will not work, shall not eat.[20]

Para a construção do gênero *provérbios* ressaltam-se regras como: a organização do plano da expressão, isto é, a organização textual e linguística, apresentada por meio de uma frase, um período simples, formado de uma única oração com sujeito e predicado, como é o caso de *O cérebro ocioso é oficina do diabo,* ou, o que é mais frequente, um período composto, formado de duas orações, como é o caso de *Quem madruga Deus ajuda.* A estrutura binária está subjacente a ambos os casos: sujeito / predicado (verbo mais complemento); oração principal / oração subordinada ou oração subordinada / oração principal; oração coordenada assindética / oração coordenada assindética. Importa que essa organização sintática binária, dada no plano da expressão dos provérbios, contribui para o efeito de engessamento das representações dadas no plano do conteúdo.

Dessa maneira, nos provérbios, uma aparente síntese de pensamentos perpetua interpretações moralistas sobre o mundo e sobre os seres humanos dados em suposta universalidade, o que significa despidos de características tanto particulares como de classes sociais. Dessa maneira, ainda, é reforçado no plano da expressão o simulacro de um sujeito radicado prioritariamente no dever: dever fazer e dever ser. Eleita como prioritária a modalidade do dever, consolida-se no provérbio um sujeito mostrado como o prudente e o virtuoso. Já que o sujeito da enunciação se biparte em enunciador e enunciatário, prudente e virtuoso, no gênero *provérbios,* tanto é aquele "que fala" como aquele "que escuta", embora saibamos quão reversíveis são esses lugares de "quem fala" e de "quem escuta".

O que vale é que uma ética de suposta transparência funda o simulacro tanto de um sujeito que parece dizer e explicar tudo, como o simulacro de um mundo fixamente colocado no devido lugar. Perpetuando um modo de presença próprio ao senso comum, visto o senso comum como conjunto de crenças cristalizadas, tidas como inquestionáveis, o gênero *provérbios* afirma-se como aparentemente mais monológico e, portanto, menos dialógico do que as tiras humorísticas de HQS, o que remete, nos provérbios, a um aparente abafamento da polêmica de vozes que constituem enunciado e enunciação. Essas vozes, que são sociais, e que constituem todo e qualquer sujeito, bem como todo e qualquer discurso, fazem com que o centro discursivo se constitua pelo não centro. Mas o provérbio constrói um sujeito aparentemente mais autocentrado, enquanto a tira jornalística, um sujeito aparentemente mais decentrado. Simulacros. A propósito, se a cristalização de um modo de pensar e de sentir impede que se construam novos conceitos sobre as coisas e impede que as coisas sejam vistas para além das aparências, o que funda o preconceito, o gênero *provérbios* reproduz e perpetua um sistema de preconceitos.

:: Provérbios e HQS: a heterogeneidade constitutiva

A heterogeneidade é característica dos discursos. Os discursos, por sua vez, escolhem os gêneros, tanto para compor a cena enunciativa, que visa a fazer crer, como para atender às próprias coerções de uma semântica global. Comparado o discurso dessas tiras humorísticas de jornal com o discurso desses provérbios, todos recém-transcritos, ratificamos, pressuposto a cada uma das totalidades discursivas, um sujeito que se constitui como o avesso do outro. É contrário o modo de presença no mundo que emerge de cada uma dessas totalidades. Cada um dos sujeitos enfeixa valorizações sociais e ideológicas diversas e cada totalidade discursiva remete a diferentes regras de conduta, propostas como expectativas de determinados segmentos sociais. Assim se representa a dessacralização / sacralização do trabalho respectivamente para essas tiras e para esses provérbios, ora examinados.

Mas cumpre destacar que o sujeito pressuposto à tira parece e é heterogeneamente constituído. Esse sujeito, dado a questionamentos dos saberes e deveres perpetuados pelo senso comum, é depreensível do enunciado da tira, em que a ambiguidade do modo de dizer rastreia a ambiguidade na construção dos atores-personagens: temos um gato que pensa e, ao pensar, comunica-se com o homem; temos um gato que, contrariando as crenças preestabelecidas, não só é mais inteligente que o homem, como debocha do homem. Temos construído no enunciado o efeito do humor que, potencializador da ambiguidade, subverte a ordem aparente do mundo, tumultuando o simulacro do que é dado como previsível e racionalmente organizado.

O sujeito pressuposto aos provérbios citados também é heterogeneamente constituído, já que não existe o *eu* sem o *outro*; é heterogeneamente constituído, mas não parece sê-lo. A heterogeneidade constitutiva do sujeito do provérbio permanece em segredo. Confirma-se, nessa totalidade, a reprodução de suposta fixidez da ordem das coisas e dos seres humanos, dados todos por meio de outro simulacro: o da reunião de tudo que existe num sentido absoluto. Assim, o juízo do senso comum encontra excelente recurso no plano da expressão dos provérbios, que finca o mundo em ilusória estabilidade. Por meio do uso recorrente daquilo que as gramáticas chamam predicado nominal, formado do verbo de ligação *ser* seguido de um predicativo do sujeito, como em *O preguiçoso é irmão do mendigo*; por meio do uso recorrente da desinência modo-temporal do presente do indicativo dos verbos que, acoplada à desinência número-pessoal de terceira pessoa, ratifica a imagem de objetividade e de distanciamento do enunciador em relação ao próprio enunciado e em relação ao enunciatário-leitor, o provérbio firma a ilusão de asserções universais e de distanciamento do sujeito da enunciação. Essa ilusão é compatível com o lugar ocupado por um sujeito que quer parecer falar das alturas, por veicular verdades tidas como gerais e irreversíveis. O uso do tempo presente para os verbos reveste-se no gênero *provérbios* do aspecto de um presente ilimitado, que ocorre em todos os tempos: o presente omnitemporal ou gnômico.[21] Assim, o gênero *provérbio* constrói em si um lugar enunciativo de acúmulo de autoridade discursiva. Por isso um discurso que pretende mostrar o mundo como estável vale-se de provérbios. O senso comum aplaude e agradece.

Confrontam-se, pois, tiras de HQS e provérbios, como totalidades discursivas, já nas regras que comandam o plano da expressão dos textos. Quanto a essas coerções próprias à materialidade textual, para além dos comentados balões que encerram falas em diálogo, nas HQS está o uso da variante coloquial da língua, exemplificado na expressão fática *né?*, que encerra a fala do homem, variante essa que não encontra ocorrência na realização linguística dos provérbios cotejados, dados ao uso de uma norma culta, em situação de formalidade. Mas destaca-se o confronto discursivo, o que significa um confronto dado no plano do conteúdo dos textos, em que as vozes se digladiam na imanência discursiva, o que significa sem ser mostradas textualmente. Esse é o fenômeno que respalda a heterogeneidade constitutiva do discurso e do sujeito.

No discurso, cada uma das totalidades constrói mundos diferentes: um que se contrapõe à fixidez do dizer e do dito, as tiras jornalísticas de HQS examinadas, outro que reproduz essa fixidez, os provérbios examinados; um que instaura a mobilidade do riso, outro que dela se afasta. O que vale é destacar que cada totalidade traz na própria constituição as muitas vozes que representam os muitos modos de valorizar ideologicamente os valores representativos de objetos de desejo socialmente determinados. Tivemos como exemplo a diferente valorização dada ao trabalho.

Temos visto que nenhum sujeito é soberano ou original, já que firmado como contínua resposta ao *outro.* Desse modo o sujeito prudente e virtuoso pressuposto aos provérbios observados, ou o sujeito brincalhão e subvertedor, pressuposto às tiras jornalíticas consideradas, é dialógico. Cada totalidade discursiva cotejada pressupõe, portanto, não só um sujeito heterogeneamente constituído, mas também um conjunto de discursos heterogeneamente constituído. Assim considerado, o discurso consolida-se como um fenômeno ideológico, pois reproduz o conjunto de representações que, articuladas por classes sociais, são simbólicas e, ao interpretar e categorizar o mundo, acabam por ditar ao sujeito o que pensar, o que sentir e o que fazer.

Reproduzem-se a seguir outras tiras de Garfield que, versadas sobre o mesmo percurso temático, *a libertação do homem diante da obsessão pelo trabalho*, figurativizam cenas diversas, que acrescentam temas como: a possibilidade de não querer fazer exercício físico e de não querer sair do lugar. Confirma-se outrossim uma outra totalidade, não circunscrita às tiras ora reproduzidas, mas subjacente a elas: o estilo *Garfield*. Um todo, que está nas partes, representa um modo recorrente de ser, pressuposto a um modo recorrente de dizer. A totalidade discursiva *tiras de Garfield*, considerada sob o efeito de individualidade do sujeito enunciador depreensível do enunciado de cada tira e de todas elas em conjunto, oferece, na assinatura Jim Davis, um meio de ratificar "o homem", que é o estilo. O autor da tira, como o sujeito construído pela totalidade *Garfield*, é o próprio estilo *Garfield*: no enunciado e na enunciação.

GARFIELD - Jim Davis

Fonte: *Folha de S.Paulo*, 25.05.2004, p. E7.

GARFIELD - Jim Davis

Fonte: *Folha de S.Paulo*, 06.11.2003, p. E11.

Reproduzem-se ainda outras tiras que, apoiadas em outro tema, *a vergonha necessária à interação humana*, brincam não só com as atitudes moralistas dos provérbios reunidos sob esse tema, como tomam para a derrisão o lugar de inquestionabilidade ocupado pelo sujeito da enunciação desses provérbios; lugar compatível, aliás, com o papel daquele que se reveste do simulacro de quem transmite saberes e crenças preciosas, de geração a geração, na garantia de um modo de ser: firme, o que significa o não indagador; sábio, o que significa o sem-dúvidas; não ingênuo, o que significa o sujeito que percebe as coisas pela aparência e se contenta com ela; esperto, o que significa o sujeito rápido no julgamento dos fatos; lógico, o que significa o sujeito que reorganiza o mundo pela relação de causa e efeito: *onde tem fumaça tem fogo*.

OS PESCOÇUDOS - Caco Galhardo

Fonte: *Folha de S.Paulo*, 23.03.2004, p. E7.

Quem não tem vergonha não tem honra.
Sem pudor não há virtude nem honestidade.

Diz Bakhtin que a "consciência constitui um fato socioideológico", o que consolida a concepção de um sujeito heterogeneamente constituído e de um discurso formado por meio da interiorização de outros discursos. Prossegue o autor:[22]

> O indivíduo enquanto detentor dos conteúdos de sua consciência, enquanto autor dos seus pensamentos, enquanto personalidade responsável por seus pensamentos e por seus desejos, apresenta-se como um fenômeno puramente socioideológico.

Retomando o recorte feito do mundo pelas crenças e pontos de vista a respeito do trabalho, do que advém a tematização da preguiça como algo imoral nos provérbios e como direito nas HQS, acrescenta-se que os provérbios discursivizam em segredo estes percursos temáticos que seguem: *só é pobre quem quer; há trabalho honesto para todo mundo*. Esses percursos temáticos não são trazidos para a figurativização do discurso dos provérbios, quando asseveram: *Il faut travailler, qui veut manger. Chien qui chemine ne meurt pas de famine*. Respeitado o paralelismo dado no plano da expressão pelas rimas e pela estrutura binária do período composto, temos nesses mecanismos de construção do sentido, exemplares estratégias discursivas realizadas para submeter, por meio de crenças e ideias, o próprio trabalhador. Esse trabalhador, aliás, tem a voz omitida nos provérbios apresentados sobre preguiça e trabalho. Mas para que dar voz ao trabalhador, num universo em que é inadmissível pensar em coisas como a exploração do trabalho para criar capital? A voz que se ouve nesses provérbios parece ser a de um pensador transcendente, mas na verdade é a de um sujeito que, dado como de uma elite "pensante", é filiado a formações ideológicas burguesas: o intelectual, sujeito tido como investido de dons especiais e cuja missão no mundo é ensinar os "menos inteligentes", não por acaso, os trabalhadores braçais. Assim a cenografia instituída nos provérbios se irmana à cenografia religiosa, em que um deus transcendente determina a futura salvação ou danação para as pessoas.

Mantêm-se contrários os discursos examinados, das tiras jornalísticas e dos provérbios, porque estes e não aquelas perpetram o simulacro de um mundo absoluta e imediatamente compreensível, transparente e inquestionável, inteiramente penetrado e penetrável por nossas opiniões e conhecimentos. Os provérbios, diferentemente das tiras jornalísticas em questão, não toleram o complexo, o opaco; por isso o preconceito, que cobra o efeito de familiaridade e de imediata compreensão para o sentido, é tributário deles. É por meio desse gênero que grassam paixões sintagmatizadas por um não querer ser segundo a própria identidade, o que nega a coragem e o arrojo; um não poder ser segundo as tendências íntimas, o que sustenta a insegurança. Entre os discursos aqui contemplados, é naquele que se vale do gênero *provérbios* e não naquele que se vale do gênero *tiras de HQS* que se perpetuam equações passionais orientadas pelo medo emparelhado à esperança: medo de que desgraças e coisas não boas ocorram; esperança de que vitórias e não fracassos aconteçam. Essas paixões assim discursivizadas alimentam preconceitos.

> Sabe mais quem fala menos.
> Em boca calada não entra mosca.

:: Produção de texto I

:: Ensaio analítico I

:: Tiras de HQS: heterogeneidade constitutiva e formações ideológicas

Faça um ensaio analítico sobre a construção do sentido nas tiras que seguem reproduzidas.

Observe

· Os procedimentos analíticos propostos.

· Os diferentes textos dados para o cotejo com as tiras.

Procedimentos

· Explique como e por que o sujeito da enunciação da tira ou do conjunto de tiras é heterogeneamente constituído: explicite o *outro* polemizado.

· Comente, na relação da tira com o outro texto apresentado, o confronto entre formações ideológicas.

· Identifique o dialogismo constitutivo do discurso e do sujeito das tiras: destaque a convergência ou divergência de vozes entre textos reunidos sob o mesmo tema.

· Observe o roteiro especulativo, para o qual devem ser acrescentados outros itens.

Roteiro

Até que ponto, como e por que as tiras:

· desestabilizam ideais de modo de presença dados como inquestionáveis?

· rompem determinado ideal de continuidade, necessário para a legitimação de crenças e aspirações ?

- desfazem tautologias do tipo "fazemos isso porque isso sempre foi feito"?
- questionam as funções, origens e significado das instituições sociais?

:: Tema: gula, pecado capital

:: Provérbios

O peixe morre pela boca.
De quedas e ceias estão as sepulturas cheias.
De fome ninguém vai morrer; muitos, porém, de muito comer.
Aujourd'hui en chère, demain en bière.[23]
Más mató la cena que sanó Avicena.[24]
Greedy eaters dig their graves with their teeth.[25]
Gluttony kills more than sword.[26]

GARFIELD - Jim Davis

Fonte: *Folha de S.Paulo*, 29.10.2003, p. E9.

GARFIELD - Jim Davis

Fonte: *Folha de S.Paulo*, 26.03.2004, p. E15.

GARFIELD - Jim Davis

Fonte: *Folha de S.Paulo*, 31.05.2004

:: Tema: família, *célula-mater* da sociedade

:: *Familiale*

>La mère fait du tricot
>Le fils fait la guerre
>Elle trouve ça tout naturel la mère
>Et le père qu'est-ce qu'il fait le père?
>Il fait des affaires
>Sa femme fait du tricot
>Son fils la guerre
>Lui des affaires
>Il trouve ça tout naturel le père
>Et le fils et le fils
>Qu'est-ce qu'il trouve le fils?
>Il trouve absolument rien le fils
>Le fils sa mère fait du tricot son
>Père des affaires, lui la guerre.

:: Familiar

>A mãe faz tricô
>O filho faz a guerra
>Acha isso muito natural a mãe
>E o pai, o que faz o pai?
>Faz negócios
>Sua mulher faz tricô
>Seu filho, a guerra
>Ele, negócios
>Acha isso muito natural o pai
>E o filho, o filho
>O que acha o filho?
>Ele não acha nada absolutamente nada o filho
>O filho sua mãe faz tricô seu pai negócios ele a guerra.[27]

HAGAR - Dik Browne

Fonte: *Folha de S.Paulo*, 11.03.2004, p. E9.

ALINE - Adão Iturrusgarai

Fonte: *Folha de S.Paulo*, 09.06.2004, p. E11.

HAGAR - Dik Browne

HAGAR - Dik Browne

Fonte: *Folha de S.Paulo*, 27.10.2003, p. E7.

:: A origem dos provérbios

Atrás de um grande homem há sempre uma grande mulher

Significativo
Todo homem de sucesso tem uma mulher que o estimula.
Histórico
Esta é bíblica. Quando Davi (pequeno, franzino) desafiou Golias (o gigante) para salvar seu país foi que surgiu a expressão. Consta que Davi tinha uma mulher imensa e feroz. Dizem até que batia nele, tinha 2,02 metros e pesava 190 quilos. Quando foi acontecer o duelo, ela teria dito para ele: "Se ele te matar, eu corto os seus culhões". Davi se encheu de coragem e venceu Golias, na base da pedrada. Dizem, ainda, que alguns anos depois ele teria se separado dela e casado com um jovem pastor inglês que o chamava de Déividi. Mas isso são conjecturas e nada está provado.[28]

:: Ensaio analítico II

:: Língua e ideologia

Reúna os textos teóricos e a tira de HQS sob os temas:
· preconceito linguístico;
· variação linguística e prestígio social;
· aparência dos fatos como inversão daquilo que os fatos são;
· educação como processo de submissão do sujeito.

Saber português[29]
Saber português não é aprender regras que só existem numa língua artificial usada pela escola. As variantes não são feias ou bonitas, erradas ou certas, deselegantes ou elegantes, são simplesmente diferentes. Como as línguas são variáveis, elas mudam. "Nosso homem simples do campo" tem dificuldade de comunicar-se nos diferentes níveis do português não por causa da variação e da mudança linguística, mas porque lhe foi barrado o acesso à escola ou porque, neste país, se oferece um ensino de baixa qualidade às classes trabalhadoras e porque não se lhes oferece a oportunidade de participar da vida cultural das camadas dominantes da população.

ALINE - Adão Iturrusgarai

Fonte: *Folha de S.Paulo*, 05.05.2004, p. E9.

Padronização da língua

Processos que são considerados "democráticos" e libertadores, tais como as campanhas de alfabetização, de aumento das oportunidades e dos recursos educacionais, estão muitas vezes conjugados com processos de padronização da língua, que são menos obviamente democráticos e "liberadores". A chave da unidade profunda destes processos é a função, que eles vão assumindo, de instrumentos para aumentar o controle do Estado sobre faixas menos controláveis da população. Os grupos sociais que mantêm poucos contatos com a variedade padrão da língua, que usam e produzem pouco material escrito, são mais difíceis de ser controlados, uma vez que pode faltar a eles um instrumento poderoso para determinar sua posição social relativa. Isso num mundo "democrático", em que outras importantes marcas explícitas de posições sociais podem ser reduzidas. Passar forçosamente as pessoas através do túnel da educação formal significa fornecer a elas alguns parâmetros para reconhecer as posições sociais e fornecer um mapa da estratificação social com alguns diacríticos relevantes para o reconhecimento de quem é quem: um instrumento a mais para medir a desigualdade social. Neste sentido também a educação é parte de um processo que visa a produzir cidadãos mais "eficientes", isto é, mais produtivos, mais funcionais ao Estado burocrático moderno, abertos para sistemas padronizados de comunicação e prontos para interagir na sociedade.[30]

:: Ensaio analítico III

:: Diálogo entre HQS

Um ensaio analítico cotejará *Aventuras de Tintim* e *Níquel Náusea*; aquela, uma revista de HQS; esta, uma tira jornalística. A finalidade é depreender o diálogo entre textos afins, mas veiculados por meio de suportes distintos.

> As *Aventuras de Tintim*, publicadas em revistas de HQS, relatam as peripécias do jovem Tintim e o cachorrinho Milu no desvendamento de mistérios, concomitante à caça a malfeitores, em vários países do mundo.

· Da autoria de Hergé e editadas em muitas línguas, como francês, alemão, português, inglês, espanhol, italiano, hebraico, japonês, entre outras, essas revistas de HQs criam o herói Tintim, "sinônimo de coragem e audácia", como está dito na introdução da história "As 7 bolas de cristal":

> A frase "ser como Tintim" ou "agir como Tintim" já está se tornando, na linguagem infantil do países da Europa Ocidental, sinônimo de coragem e audácia. Tintim consegue incutir nas crianças a ideia de aventuras cavalheirescas; pequeno justiceiro, persegue e aprisiona bandidos, traficantes ou espiões. Não tem problemas de dinheiro nem conflitos de família.
> O que mais agrada ao público em geral, na leitura dos "Álbuns de Tintim", é a mentalidade aberta e exuberante, impregnada de argúcia, de inteligência e de humor [de Tintim]. Pode-se dizer que interessam às crianças e aos adultos, segundo a sugestiva frase das Éditions Casterman [Paris, Tournai]: "Leitura recomendada às pessoas de 7 a 77 anos".

· O espaço geográfico por meio do qual se discursivizam temas como o desvendamento de crimes é investido de traços de nacionalidade, como se comprova na fala de um policial, coadjuvante de Tintim, no episódio da busca do Sr. Girassol, raptado por criminosos "estrangeiros".

Fonte: Hergé, "As 7 bolas de cristal", em As aventuras de Tintim, São Paulo, Flamboyant, s.d., p. 48.

Observemos o que acontece no início da história "As 7 bolas de cristal": a entrada de Tintim na mansão de um amigo, o Capitão, que, ao desejar mostrar a Tintim mágicas espetaculares, acabará por envolver o jovem no enigma das 7 bolas de cristal, título da história cujo episódio é destacado a seguir.

Atentemos para as estripulias de Milu, que deixam o mordomo Nestor em apuros.

Fonte: Hergé, "As 7 bolas de cristal", em As aventuras de Tintim, São Paulo, Flamboyant, s.d., p. 4.

As travessuras do cãozinho de Tintim são retomadas nesta outra sequência (p. 52).

O espaventoso Milu, entretanto, acaba por identificar o chapéu do pobre homem raptado, o Sr. Girassol, um pesquisador "apaixonado pela radiestesia", como diz o narrador da história. Assim o cãozinho contribui de maneira definitiva para o trabalho de detetive de Tintim.

Fonte: Hergé, "As 7 bolas de cristal", em As aventuras de Tintim, São Paulo, Flamboyant, s.d., p. 4.

Para discorrer sobre o diálogo entre HQS:

· observe relações de semelhanças e diferenças entre as tiras e a revista, quanto ao tratamento dado à figura do animal;

· atente para os temas em que se ancoram as figuras dos animais e, por sua vez, para as formações ideológicas discursivizadas por esses temas;

· deduza, de *Níquel Náusea* e de *Tintim*, um tom próprio da voz do sujeito da enunciação:

mais irônico e subvertedor da ordem das coisas, construindo neste último caso o *nonsense* aparente;

menos irônico e mais reprodutor da racionalidade dos fatos, construindo o gosto pela ação, pela *performance* dos atores.

· comente a maior ou menor frequência de implícitos na definição do leitor pressuposto;

· descreva o tom de voz: mais reflexivo e crítico, ou mais dado ao efeito do deleite da construção de aventuras, para o enunciador e para o enunciatário-leitor;

· atente para os mecanismos de construção do sentido por meio da linguagem sincrética;

- pense em cada fato listado a seguir e sua função na consolidação dos efeitos de sentido desejados, para a descrição do sincretismo:

    a construção gráfica dos quadros e balões;

    a perspectiva dada para o olhar do leitor (se disciplinada e mantida no nível do olho, se alterada com várias tomadas do olhar);

    o tratamento dado à materialidade gráfica das palavras (se dada por meio de hipérboles visuais recorrentes ou pontuais, se dada por meio de letras predominantemente regulares, num efeito de justa medida);

    os recursos visuais na construção da pantomima dos atores (se remetidos a grande, média ou pouca movimentação no espaço);

    outros.

Observe como todos os fatos comentados acabam por contribuir para a definição de um modo próprio de dizer.

Avalie como os recursos visuais se juntam aos verbais para a construção tanto da cena narrada como do modo de dizer do sujeito da enunciação.

Seguem as tiras de *Níquel Náusea*.

NÍQUEL NÁUSEA - Fernando Gonsales

Fonte: *Folha de S.Paulo*, 30.05.2004, p. E11.

NÍQUEL NÁUSEA - Fernando Gonsales

Fonte: *Folha de S.Paulo*, 20.05.2004, p. E9.

NÍQUEL NÁUSEA - Fernando Gonsales

Fonte: *Folha de S. Paulo*, 29.05.2004, p. E11.

NÍQUEL NÁUSEA - Fernando Gonsales

Fonte: *Folha de S. Paulo*, 11.03.2004, p. E11.

NÍQUEL NÁUSEA - Fernando Gonsales

Fonte: *Folha de S. Paulo*, 09.06.2004, p. E11.

:: Produção de texto II

:: Produção de página de um caderno especializado em amenidades de jornal da mídia dita séria

Roteiro especulativo
- Quais os tipos de matéria a ser conjugados?
- Quais os temas e as figuras que recortarão o mundo?

· Qual é o ponto de vista sobre os temas e as figuras que garantirá a unidade da página?

· Qual o projeto de diagramação?

· Quais os recursos verbais e visuais a ser utilizados?

· Como assegurar a unidade por meio de uma pluralidade de linguagens?

· Como fazer interagirem as diferentes linguagens selecionadas?

· Quais os recursos para a produção de uma unidade de sentido, que integra diferentes linguagens?

· Qual é o leitor pressuposto?

· Como fazer a página dialogar com o caderno e com o jornal?

:: Produção de texto III

:: Produção de HQs

Consideração de:

· temas e figuras selecionados, bem como um modo próprio de usá-los;

· encaminhamento aventuresco ou reflexivo e crítico a ser dado ao narrado;

· tom de voz a ser dado como modo de presença do sujeito da enunciação;

· estratégias enunciativas que sincretizam as linguagens numa unidade formal de sentido;

· uma única enunciação, que trabalha concomitantemente com o verbal e o visual;

· projeto para:

> o desenho dos quadrinhos;
> o tratamento
>> gráfico das letras;
>> cromático das imagens;
> a anatomia das expressões faciais;
> a anatomia das expressões corporais;
> a presença/ausência:
>> de diálogos;
>> da voz do narrador;
>> de onomatopeias;
>> da mudança de cenários;

a definição da velocidade dos fatos narrados;

frequência de balões de pensamento ou de falas;

a ocorrência de *close-ups*;

o grau de intensidade das paixões;

a distribuição das linhas que indicam movimento;

a representação do tempo que se transforma;

diferentes modalidades de contorno para os balões;

elementos visuais que constroem efeito de suspense;

recursos de implicitação de informações;

simetria/assimetria dos quadrinhos;

perspectivas a ser priorizadas no enfoque das figuras, *se com a vista da cena*

> dada para o nível frontal do observador, o que constrói efeito de disciplina da visualidade;
>
> dada como aérea, do alto, e consequente diluição dos detalhes e diminuição do envolvimento do observador;
>
> dada de modo a colocar o observador a partir do chão com consequente intensificação de impacto;

o tipo de enquadramento a ser dado para as figuras, se

> de figura inteira;
>
> do tronco e face;
>
> em *close-up*;

o *layout*, se

> regular, com o formato e a proporção dos quadros mantidos rígidos;
>
> diversificado, com quadros de contornos ora sinuosos ora retilíneos;
>
> com quadros abertos, sem cercadura, para o efeito de espaço e tempo ilimitados.

Considerar o suporte, como constituição do sentido da página de jornal ou revista.

Observar exemplo de transformação de cena genérica: um manifesto (discurso político) transformado em HQS de revista.

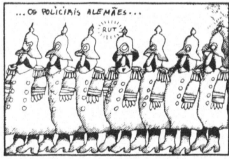

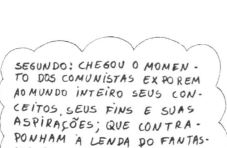

DESTE FATO RESULTA UMA DUPLA LIÇÃO.
PRIMEIRO:
O COMUNISMO JÁ É RECONHECIDO COMO UMA FORÇA POR TODAS AS POTÊNCIAS DA EUROPA...

"NÃO SERÁ, POR CASUALIDADE, QUE ME TEMEM?"

"SEGUNDO: CHEGOU O MOMENTO DOS COMUNISTAS EXPOREM AO MUNDO INTEIRO SEUS CONCEITOS, SEUS FINS E SUAS ASPIRAÇÕES; QUE CONTRAPONHAM À LENDA DO FANTASMA DO COMUNISMO O..."

MANIFESTO DO PARTIDO COMUNISTA
(Londres/fevereiro de 1848)

Fonte: HQS: O manifesto comunista, de Karl Marx e Friedrich Engles, São Paulo, Versus, 1979, pp. 4-5 e 25.

:: Notas

[1] No original, a tira jornalística é colorida.

[2] No original, a história em quadrinhos publicada em revista é em preto e branco.

[3] Lucia Teixeira, "Copo, gaveta, memória e sentido: análise semiótica da função da crônica nos cadernos de cultura dos jornais cariocas", em Eduardo Peñuela Cañizal e Kati Eliana Caetano (orgs.), O olhar à deriva: mídia, significação e cultura. São Paulo, Annablume, 2004, pp. 151-67.

[4] Diana Luz Pessoa de Barros, "A comunicação humana", em José Luiz Fiorin (org.), Introdução à linguística I: objetos teóricos. São Paulo, Contexto, 2002, p. 49.

[5] Chico Buarque. O meu guri, Marola Edições Musicais, 1981, disponível em: http://www.chicobuarque.com.br/construcao/index.html

[6] Quem trabalha, reza.

[7] Sem abelhas, não há mel; sem trabalho, não há dinheiro.

[8] Fala-se em cenografia discursiva ao se referir a uma cena genérica, como HQS de jornal ou provérbios, considerando a relação do enunciado com a enunciação e, portanto, as estratégias enunciativas compatíveis para firmar crenças e valores.

[9] Michel Pêcheux e Catherine Fuchs, "Mises au point et perspectives à propos de l´analyse automatique du discours", em Langages, Paris, Didier-Larousse, 1975, n. 37, pp. 10-1.

[10] Émile Benveniste, Problemas de linguística geral I, 4. ed., Campinas, Pontes, 1995, p. 29.

[11] José Luiz Fiorin, "A teoria dos signos", em Introdução à linguística I: objetos teóricos, op. cit., p. 57.

[12] Émile Benveniste, op. cit., p. 31.

[13] José Luiz Fiorin, Linguagem e ideologia, São Paulo, Ática, 1988, p.29.

[14] José Luiz Fiorin, op. cit., 2002, p.56.

[15] Marilena Chauí, O que é ideologia, 14. ed., São Paulo, Brasiliense, 1984, p. 113.

[16] Bíblia Sagrada, Gêneses 3:17.

[17] Roberto Corte Lacerda et al, Dicionário de provérbios: francês, português, inglês. São Paulo, Unesp, 2004.

[18] Precisa trabalhar quem quer comer.

[19] Cão que caminha não morre de fome.

[20] Quem não trabalha não come.

[21] Cf. José Luiz Fiorin, As astúcias da enunciação, São Paulo, Ática, 1996.

[22] Mikhail Bakhtin (V.N. Volochínov), Marxismo e filosofia da linguagem, 4. ed., São Paulo, Hucitec, 1988, p. 58.

[23] Hoje, comida farta; amanhã, caixão (de defunto).

[24] Mais matou a ceia que sarou Avicena.

[25] O comedor ganancioso cava a própria sepultura com os dentes.

[26] A gulodice mata mais do que a espada.

[27] Prévert (1900), Palavras, Trad. Paulo Mendes de Campos, apud Paulo Ronai, Dicionário universal de citações, São Paulo, Círculo do livro, 1985, p. 353.

[28] Mário Prata, Mas será o Benedito?, São Paulo, Globo, 1996, pp. 26-7.

[29] José Luiz Fiorin, "Considerações em torno do projeto de defesa, proteção, promoção e uso do idioma apresentado à Câmara dos Deputados pelo Deputado Aldo Rebelo", em 25º Boletim da Abralin, Fortaleza, Imprensa Universitária /UFC, 2001, pp.117-9.

[30] Maurizio Gnerre, Linguagem: escrita e poder, 4. ed., São Paulo, Martins Fontes, 1998, pp. 29-30.

:: Lição 3

:: Heterogeneidade mostrada e marcada: discurso direto, discurso indireto, aspas, glosas do enunciador

O *outro*:

>mostrado;
>circunscrito
>a segmentos marcados
>no discurso e no texto.

O *outro*:

>citado;
>delimitado;
>relatado
>para que se confirme o *eu*
>a partir
>do discurso e do texto.

:: Leitura do texto

:: Foto jornalística e representação

1. A diagramação ou projeto gráfico de uma página de jornal tem como um dos parâmetros a divisão da página em colunas.[1] Observe a primeira página do jornal *Folha de S.Paulo* do dia 08.09.2001.

Identifique a organização dessa primeira página, quanto:

a) ao número de colunas;
b) à disposição e ao conteúdo do cabeçalho;
c) ao estatuto dado às manchetes e fotos.

Na resposta ao item c, observe a relação hierárquica entre manchetes e fotos. Atente para o número de colunas tomadas, para a ocupação da metade (superior ou inferior) da página e, no caso das manchetes, atente também para o tamanho das letras.

FOLHA DE S.PAULO

Fisco busca sonegação em 'desvios de conduta'

Malan prevê em Nova York crescimento de só 2,2%

Desemprego nos EUA tem maior índice em 4 anos

Presos explodem parede ao tentar fuga de DP em SP

Baleada em aula, professora diz perdoar agressor

2. Observe em destaque seções da primeira metade da página citada: primeiro, a foto; depois, a notícia.

Comente a organização da metade superior da página.

Atente para estes elementos de composição: *foto, desdobramento da foto; manchete; sobretítulo; lide; legenda; créditos; rubrica; chamada de primeira página.*

Identifique não apenas o contraste, mas também um ponto em comum entre a foto e a manchete *Fisco busca sonegação em 'desvios de conduta'.*

· *"Manchete*: o título principal, composto em letras garrafais e publicado com grande destaque, geralmente no alto da primeira página de um jornal ou revista. Indica o fato jornalístico de maior importância entre as notícias contidas na edição. Por extensão: título de maior destaque (em tamanho e importância jornalística) no alto de cada página de notícias. Manchetinha: O segundo título, em tamanho e importância jornalística, na primeira página ou nas páginas internas de um jornal."[2]

· *Sobretítulo* (antetítulo) é a linha que forma uma frase sem ponto usada para introduzir o título de uma notícia; na diagramação, fica acima do título. Se a linha for usada para complementar o título, será diagramada abaixo dele e se chamará subtítulo.

· *Lide* (inglês, *lead*) é "a abertura da matéria jornalística. Como início do texto noticioso, responde às perguntas: *Quem? O quê? Quando? Como? Onde? Por quê?* Graficamente recomenda-se que o lide tenha no máximo 4 a 5 linhas de 70 toques. Nada impede, porém, que ocupe uma ou duas linhas, apenas, em casos excepcionais ou quando se tratar de informação de impacto".[3]

· *Legenda* é a frase que deve descrever uma foto, ratificando a informação dada visualmente. Duas ou mais fotos colocadas lado a lado podem ter uma única legenda.

· *Créditos* são as assinaturas dos autores, entre os quais se incluem fotógrafos, chargistas, ilustradores. São também créditos as nomeações das fontes e origens do noticiário, como agências de notícias. O registro dos créditos salvaguarda no jornal os direitos de autoria.

· *Rubrica* é o título ou entrada que constitui indicação geral do assunto veiculado ou do gênero textual: "editorial", "anúncios classificados", entre outros.

· *Chamada* é a própria notícia resumida na primeira página que, ao dar a indicação da página interna do jornal em que o noticiário está mais completo, orienta o leitor para o avanço da leitura.

· *Notícia* é o relato dos fatos veiculado nos jornais.

DIA DA INDEPENDÊNCIA

Em Brasília, ao lado de Ruth Cardoso, o presidente FHC assiste ao desfile de Sete de Setembro, no qual foi vaiado

Também em Brasília, Marco Maciel vê a parada; em SP, Geraldo Alckmin e a mulher nas comemorações   Págs. A4 e A5

Receita vai analisar comportamentos atípicos para achar indícios de fraude

Fisco busca sonegação em 'desvios de conduta'

Até o final do ano, a Receita Federal passará a checar "desvios de comportamento" das pessoas físicas e empresas para achar indícios de sonegação.

Segundo a Receita, serão analisadas situações como grandes gastos com cartão de crédito, transações atípicas em Bolsas, mudanças de setor de atividade e vendas repetidas de bens. Todas as informações disponíveis sobre os contribuintes serão colocadas no novo sistema operacional, inclusive as provenientes de "terceiros", como notícias em jornais.

Com o procedimento, o fisco busca maior acesso aos dados protegidos por sigilo bancário. Cada "desvio" terá um peso, e cada contribuinte, uma pontuação que subirá na medida do total de dados suspeitos.

No novo sistema, os próprios fiscais terão de se mostrar à prova de corrupção. De acordo com a Receita, o sistema acusará quando, por exemplo, uma empresa tiver seus débitos suspensos e, em seguida, validados novamente, o que pode revelar comportamento ilegal do fiscal que atua no caso.   **Pág. B4**

3. Observe a manchete relacionada à notícia recém-destacada.

Verifique a retomada, na notícia, do termo aspeado na manchete.
Identifique o outro enunciador, a quem o jornal faz menção explícita.
Justifique o uso das aspas, comentando por que tal uso, juntamente com as menções explícitas feitas ao outro enunciador:
ocorrem em manchete, lide, notícia;
concorrem para a construção da imagem do enunciador como o mediador entre a fonte de informação e o público leitor.

4. Identifique a foto comentada, como cópia ou como representação da realidade.

Justifique sua resposta, explicitando e comprovando cada um dos itens que seguem.
A foto em questão é *um enunciado*:
ao qual está pressuposto um sujeito enunciador, que escolhe os ângulos e as posições do fotografado;
que constrói um referente interno, dado pela interpretação que o fotógrafo faz do fato;
que reflete e interpreta a realidade;
que supõe contradições de interesses e de pontos de vista.

· Para a concepção de fotografia como cópia, a realidade é apresentada como apriorística ao discurso e independente do olhar do sujeito que fotografa.
· Para a concepção de fotografia como representação, a realidade é considerada construção e interpretação do sujeito que fotografa.
·*Fotojornalismo*, segundo o jornal FSP, é um "gênero de jornalismo em que as informações são codificadas em linguagem fotográfica, não em linguagem verbal". Assim está dito no *Manual geral de redação da Folha de S.Paulo*.[4]
· Em edição mais recente, o *Manual da redação da Folha de S. Paulo*, no verbete *fotografia*, comenta procedimentos a ser adotados quanto à fotografia jornalística e quanto à integração da foto com o texto verbal, na edição de um jornal.[5]
· Seguem três trechos destacados desses comentários.[6]

A maneira mais convencional e acomodada de encarar a fotografia é tratá-la como um mero complemento da informação escrita. Ela é muito mais isso, e o fotojornalismo tem uma história à parte do jornalismo escrito para comprová-lo.

O recurso visual do jornalismo impresso moderno deve ser entendido como uma possibilidade complementar e suplementar à informação textual. Não serve apenas para "arejar a página" ou "valorizar a notícia", tampouco para preencher eventuais vazios que a falta de planejamento tenha criado.
Em geral, a foto é uma decorrência da agenda de assuntos já contemplados pela pauta geral do jornal, o que não quer dizer que ela deva se limitar a isso.

> O repórter de texto que tem uma visão abrangente de sua atividade sabe que a "dobradinha" com o fotojornalista só enriquece o resultado final do seu próprio trabalho. É fundamental nesse caso a sintonia entre ambos e de cada um deles com os demais setores do processamento de informação.
>
> É recomendável que o editor – tanto o editor de fotografia como os responsáveis pelas demais editorias – comporte-se como o elo entre as duas linguagens [verbal e visual] e promova a interface delas. A edição também deve saber, diante de uma foto, o melhor corte a lhe ser dado, em decorrência da ênfase que importa à edição e do conjunto visual da página.

5. Explique como a foto "do bocejo" se constitui eticamente em relação ao *outro*. Identifique o tipo de diálogo estabelecido.

> · A foto "do bocejo", como todo signo, é dialógica, isto é, responde inevitavelmente ao *outro*, que a constitui.
> · As autoridades fotografadas podem ser consideradas representação do *outro*, com quem o enunciador do jornal dialoga.[7]

:: Foto jornalística e imagem do sujeito

6. Observe a foto que segue, publicada no jornal *Folha de S.Paulo* do dia 05.05.2004. Essa foto, apresentada pela rubrica BATE-BOCA, que abre a legenda deslocada para o canto esquerdo superior, ocupa, da esquerda para a direita, as quatro primeiras colunas da parte superior da primeira página do jornal.
   a) Comente o efeito de sentido resultante:
      da foto em relação à diagramação da primeira página;
      da reprodução verbo-visual do diálogo;
      do tratamento dado à foto jornalística.

> Celso Pitta, ex-prefeito de São Paulo, e Paes de Barros, senador (PSDB/MT), são retratados durante depoimento de Pitta à CPI (Comissão Parlamentar de Inquérito), que investiga irregularidades administrativas em gestão pública.

Lição 3 :: 93

94 :: A comunicação nos textos

b) Transcreva o pronome que comprova o efeito de polidez e formalidade no tratamento interpessoal, considerando cada turno da fala entre Pitta e Paes de Barros.

> · Cada turno da fala na conversa entre Pitta e Paes de Barros representa a troca de lugar entre os interlocutores.
> · Aquele que fala e que diz *eu* é o interlocutor.
> · Aquele com quem se fala e para quem se diz *tu* ou *você* e outros pronomes de tratamento é o interlocutário.

c) Comente como a expressão corporal dos atores, Pitta e Paes de Barros, flagrada pelo fotógrafo, acrescenta sentido à cena narrada.

d) Explique o efeito de sentido dado pela integração do verbal com o visual no que diz respeito à intensidade emocional da cena do debate.

7. a) Comente como o efeito de ameaça às faces dos interlocutores (interlocutor/*eu* e interlocutário/*tu*) está viabilizado pelo uso do discurso direto.

> · O diálogo sobreposto visualmente à foto está reproduzido sob forma de discurso direto: as falas de cada sujeito do enunciado são supostamente reproduzidas na sua integralidade.
> · Os lugares de interlocutor (quem fala) e interlocutário (quem responde) são intercambiáveis.
> · A face positiva é a imagem pública, a fachada social; a negativa, a imagem íntima.
> · O ato de assumir publicamente um erro cometido é exemplo de ameaça à face positiva do interlocutor.
> · Uma promessa, que envolve o sujeito com determinado compromisso, o qual pode supor dispêndio de tempo, energia etc., é exemplo de ameaça à face negativa do interlocutor.
> · O insulto é exemplo de ameaça à face pública do interlocutário.
> · As perguntas indiscretas são exemplo de ameaça à face íntima do interlocutário.[8]

b) Explique como o diálogo entre Pitta e Paes de Barros, se transcrito apenas como segmento verbal no corpo da notícia:
poderia ser representado;
estabeleceria:
o efeito de verdade, se comparado ao diálogo reproduzido sincreticamente;
a compatibilização do dizer da notícia com as regras de redação jornalística.

Lição 3 :: 95

> *O Manual da redação da Folha de S.Paulo* assim se expressa a respeito da redação de reportagem: "Toda reportagem deve ser iniciada com a informação que mais interessa ao leitor e ao debate público (o lide); deve ainda contextualizar os fatos e expô-los objetiva e criticamente, com exatidão, clareza, concisão, didatismo e uso correto da língua."[9]

c) Detalhe como as vozes dos interlocutores Pitta e Paes de Barros estão marcadas na materialidade textual.

Localize, pela observação do modo de representar graficamente as vozes em discurso direto, a alusão ao gênero *HQS*.

Identifique o efeito de sentido dado por essa alusão genérica implícita.

> · Esse diálogo representa enunciações de diferentes enunciadores, Pitta e Paes de Barros, cuja voz é delegada pelo repórter.
> · Pitta e Paes de Barros:
> são os atores do enunciado, aqueles que constituem a notícia;
> passam a interlocutores, quando "abrem a boca e falam".

d) Comente as escolhas do enunciador do jornal quanto:

à pauta, que projetou reportagem, foto, chamada;

ao projeto gráfico, que reorganizou, no espaço da página, diferentes cenas genéricas;

à própria foto, que construiu midiaticamente o evento;

ao discurso direto sobreposto à foto.

Relacione essas escolhas ao efeito de objetividade e de imparcialidade, instituído como regra para o discurso jornalístico.

:: Discurso direto, discurso indireto e gênero

8. Observe em destaque o título e a notícia que reiteram a foto comentada.

Pitta é preso por desacato em CPI do Banestado

O ex-prefeito paulistano Celso Pitta (1997-2000) foi preso ontem sob a acusação de desacatar o presidente da CPI do Banestado, senador Antero Paes de Barros (PSDB-MT).

O tucano perguntou se Pitta, que depunha, era corrupto. O ex-prefeito perguntou se ele batia na mulher, e o senador mandou prendê-lo. Para especialistas, houve abuso de autoridade de Paes de Barros.

Pitta foi levado à Superintendência da Polícia Federal. Saiu duas horas depois. **Pág. A4**

a) Identifique, na notícia, a sequência em que o narrador, por meio de seu próprio relato, cita as perguntas trocadas entre os políticos. Observe que a relação entre o discurso citante, do narrador, e o discurso citado, do *outro*, é marcada por meio do emprego de elos subordinativos, como as conjunções. Identifique a conjunção utilizada.
b) Observe o modo de citar a fala do "tucano" e do ex-prefeito na foto e na notícia. Identifique onde se dá ideia de maior afastamento do sujeito citante, o repórter. Suponha que cada uma das falas, de Pitta e Paes de Barros, fosse introduzida por um enunciado com um verbo *de dizer* (Exemplo: *Paes de Barros perguntou a Pitta*: "Vossa Excelência se considera um corrupto?").
Comente, em função do efeito de dinamicidade entre as trocas enunciativas (fala de Pitta e de Paes de Barros), esta última transformação sugerida.

9. Considere o emprego do discurso direto e do discurso indireto em relação à cena genérica *foto e notícia*, tal como fez a *Folha*.

Observe o efeito de:
teatralização na recuperação do diálogo entre dois atores do enunciado;
síntese e reformulação do discurso citado incorporado ao discurso citante;
investimento emocional preservado no confronto entre interlocutores.

Relacione suas observações ao espaço material ocupado na primeira página pela sequência em discurso direto e por aquela em discurso indireto.
Comente essa ocupação de espaço como estratégia de persuasão do próprio jornal.

10. Redija você (no papel do repórter) uma notícia correspondente à foto. Faça a transposição do diálogo da foto para um relato da conversa, em que será usado o discurso indireto.

Para isso:
esvazie as falas dos interlocutores daquilo que remete ao *eu* de cada um;
elimine dessas falas tudo o que confirme a reprodução de uma enunciação, de um *eu* que fala, de um *tu* com quem se fala;
faça com que o dito por Pitta e Paes de Barros se subordine à enunciação do discurso do "repórter".
Exemplo: "O que a senhora quer verdadeiramente?" – O juiz interrogou a acusada.
    O juiz interrogou a acusada sobre o que ela verdadeiramente queria.

· Converta frases interrogativas em declarativas.
· Introduza obrigatoriamente um discurso citante.
· No discurso citado:
    passe os pronomes *eu, tu* e afins para a não pessoa, *ele*;
    troque o pronome demonstrativo *essas* por *aquelas*;
    substitua o pronome possessivo *sua* por *dele*;

> passe os verbos:
>> do presente para o pretérito imperfeito (*exijo / exigia*);
>> do futuro do subjuntivo para o pretérito imperfeito do subjuntivo (*indagar / indagasse*);
>> do futuro do presente para o futuro do pretérito (*manterá / manteria*).
> · Já que é você o repórter, o narrador-citante:
>> sintetize à vontade;
>> altere as expressões a seu gosto.
> · No discurso indireto a ser construído, deve interessar apenas a nova versão do conteúdo do texto de Pitta e Paes de Barros.
> · Quem dará a nova versão é você mesmo, o narrador-repórter.

11. Comente as consequências de suposta troca de uma modalidade por outra do discurso relatado (discurso direto, discurso indireto), em função de determinadas cenas genéricas. Pense no discurso direto e no discurso indireto, quer sobreposto a uma foto, quer incorporado a uma notícia.

:: Foto jornalística e estratégias enunciativas

Examinemos um pouco mais a foto da FSP de 05.05.2004 e a composição da página.

12. Explique esta afirmação:

> Fotógrafo, repórter, editor, diagramador, diluem-se no enunciador único, para construir o efeito de flagrante que descontrói a *persona*, a pessoa pública, na foto comentada.

13. Explicite informações implícitas nas falas de Celso Pitta e Paes de Barros. Dê destaque aos pressupostos depreensíveis do uso de *também* e *continua*.

> · Pitta e Paes de Barros estrategicamente implicitam conteúdos, o que confirma a ameaça às faces.
> · Implicitar conteúdos é dizer nas entrelinhas, é sugerir sem dizer explicitamente.
> · As autoridades recorrem a informações implícitas que se realizam por meio de pressupostos.
> · Os pressupostos são depreensíveis de marcas linguísticas deixadas no próprio enunciado.
> · Exemplo de pressupostos: O professor *ainda* não entregou as notas. (O advérbio *ainda* sugere certo atraso da parte do professor na entrega das notas.)

14. Identifique traços do perfil do inquiridor (Paes de Barros) e de Pitta (depoente) pensando na recorrência das informações implícitas. Observe como o modo de relatar o que disseram os políticos contribuiu para que fossem enfatizados traços de caráter.

- Apresentar Pitta e Paes de Barros de determinada maneira na foto faz parte das estratégias enunciativas da *Folha*.
- Essas estratégias remetem à persuasão exercida pelo sujeito enunciador do jornal.
- O enunciador do jornal pretende fazer crer em determinados traços morais do inquiridor e do depoente, de modo a configurar o perfil ético de cada um e de ambos.

:: Dois jornais,
   dois estilos

15. Compare as primeiras páginas dos jornais *Folha* e *Estadão* do mesmo dia (05.05.2004), no que diz respeito a semelhanças e diferenças em relação ao tratamento dado à mesma reportagem. Relacione esse procedimento com a construção da imagem do enunciador do jornal, tido como corpo, voz, tom de voz e caráter.

> · Veja que em nenhum momento o analista do discurso deve interessar-se pelo autor de carne e osso. Assim sendo, não se sustentam perguntas como estas e outras afins: "Você conhece o diretor de redação da FSP, Otávio Frias Filho? Onde ele nasceu? Onde mora? Em que escola estudou? Quais são seus livros preferidos?" O que interessa é o sujeito depreensível daquilo que ele diz. Um modo próprio de dizer denuncia traços do caráter de quem diz. O sujeito é assim reconstruído como *ethos* (caráter).
> · Atente para o enquadramento dado às fotos e para a escolha lexical em relação às rubricas, ao desenvolver a comparação entre o tratamento dado à mesma reportagem pela *Folha* e pelo *Estadão*.
> · Verifique o simulacro do enunciador de um desses jornais como o:
>   porta-voz mais declarado das instituições;
>   incorporador de variante linguística usada em situação de informalidade.

16. Explique como a menção ao discurso do *outro* contribui para a definição do tom de voz do enunciador: mais (ou menos) brando; flexível; contundente. Considere esta alusão ao ponto de vista dos especialistas, contida na *Folha* e ausente do *Estadão*: *Para especialistas, houve abuso de autoridade de Paes de Barros*.

17. Identifique o jornal (FSP ou OESP – *O Estado de S.Paulo*), ao qual se atribuem os mecanismos de construção do sentido que estão entre parênteses:
    a) narrador que menos promove a heterogeneidade mostrada e marcada (ocorrência menos significativa do uso do discurso direto, discurso indireto e alusões a outros pontos de vista);
    b) sujeito que supervaloriza relações sociais hierárquicas (designação de cargo hipertrofiada pela manchete);
    c) sujeito propenso a punir e a fazer punir (subentendido da rubrica na legenda da foto);
    d) sujeito relevantemente preocupado com a inclusão do leitor nas informações veiculadas (explicitação de dados entre parênteses na redação da notícia).

> Pela observação da recorrência de um modo de dizer, depreende-se o estilo de um jornal.

:: Foto jornalística e lugar social do enunciador

18. Observe a prática de recuperar manchetes por meio de charges na página de opinião, tal como é exercida pelo jornal *Folha de S.Paulo*. Articule tal prática com o tratamento dado às fotos e notícias comentadas.

· Sobre o enunciador do jornal FSP, nota-se que, ao recortar o mundo da forma como o fez nas fotos de ambas as primeiras páginas observadas, confirma para si o lugar de onde fala.

· Trata-se de modo próprio de ocupar o espaço social, o que supõe a recuperação peculiar das contradições sociais.

· Isso acontece enquanto o leitor se define como feixe de expectativa a ser cumprida.

· Para sua resposta:

confirme o lugar social do enunciador e do enunciatário-leitor do jornal FSP, em termos da relação hierárquica *governantes / governados*; verifique como e por que o tom da voz do enunciador é mantido na recuperação das manchetes por charges, que sempre encabeçam as páginas ditas de opinião, verso da primeira página da *Folha;* atente para a temática e para a estrutura composicional do gênero *charge;*

Chama-se charge um texto predominantemente figurativo, que parodisticamente retoma notícias veiculadas pela própria mídia e, ao fazê-lo, não apenas brinca com as figuras caricaturadas e com a própria notícia, mas também imprime à voz do enunciador do veículo de comunicação em que se insere um tom relativizador, já que lúdico.

explique, como previsão do gênero *charge,* o modo próprio de apresentar a voz dos atores do enunciado e o modo próprio de representar esses atores por meio do desenho dos corpos.

Seguem reproduções da *Folha*: textos-base da primeira página e charges, da página A1. (Para bienal e charge, são estas as datas de publicação: 28.04.2002 e 29.04.2002; para a campanha eleitoral de Marta Suplicy e charge, são estas as datas de publicação: 07.07.2004 e 08.07.2004. A charge parodia a manchete de véspera.)

TODO MUNDO NU Cerca de 1.100 pessoas, a maioria homens e brancos, tiram fotos, iniciadas às 6h48, no Ibirapuera, para performance do fotógrafo americano Spencer Tunick, um dos participantes da 25ª Bienal Internacional de São Paulo Pág. A17

BAILADO ELEITORAL Marta Suplicy dança com o marido, Luis Favre, ao som de "Imagine", de John Lennon, tocada pelo filho **Supla** no bar Brahma, no centro de São Paulo; ontem foi o primeiro dia de campanha oficial para os prefeituráveis Pág. A7

:: Produção de texto I

:: Ensaio analítico

:: Da transparência, imparcialidade e objetividade do jornal

Compare as primeiras páginas supracitadas dos jornais *O Estado de S.Paulo* e *Folha de S.Paulo* com a primeira página do *Agora*, todos jornais editados em São Paulo, em 05.05.2004, data em que estava na pauta da mídia o depoimento de Celso Pitta à CPI.

Examine também outra notícia: o aumento dos encargos previdenciários, que seria arcado pelas empresas, para pagar aposentados, segundo vários jornais do dia 17.07.2004.

Comprove por que o jornal não pode ser considerado um texto transparente, que reproduz imparcial e objetivamente a realidade.

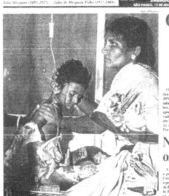

106 :: A comunicação nos textos

COM O GLOBO DE AMANHÃ, 'O PACIENTE INGLÊS' EM DVD • PÁGINA 24

O GLOBO

O estilo que vem do ateliê

Leandra Leal em monólogo

GLOBINHO
A primeira capa eleita pelas crianças

Evangélicos teriam sido poupados em Benfica

Governo deve elevar imposto para pagar aos aposentados

Empresários reagem e Lula promete reavaliar proposta de aumentar tributo

DIÁRIO DE S.PAULO

SUPERSÁBADO

Sai acordo dos aposentados

▸ Dinheiro da revisão vem em setembro. Atrasados irão demorar até 8 anos   ▸ Governo decide aumentar imposto das empresas para pagar os aposentados   ▸ É a terceira vez que o ministro Amir Lando anuncia que o acordo está fechado

Sheila mantém a forma com arroz e feijão

CADERNO DE AUTOMÓVEIS 5 em 1
O que é melhor comprar quando se tem só R$ 5 mil

10.773 OFERTAS DE VEÍCULOS EM 90 PÁGINAS
TABELA DA FIPE, REFERÊNCIA DAS SEGURADORAS

DVD EM DOSE DUPLA NO FIM DE SEMANA

Paciente morre na UTI e médicos criticam a visita de Paulo Maluf

:: Criação de primeira página de jornal

Reúna-se a um grupo em que os elementos desempenharão diferentes papéis para a criação de uma primeira página de jornal: redator, fotógrafo, diagramador, editor-chefe, revisor, entre outros.

- Estabeleçam uma pauta. Montem a primeira página do jornal a partir de reportagens supostamente realizadas.
- Apoiem-se em manuais de redação dos jornais de grande circulação.
- Atentem para os parâmetros dados por esses manuais, como efeitos de sentido que o enunciador da página irá estrategicamente construir para fazer crer.
- Lembrem-se de que ao jornal não compete apenas fazer saber.
- Incorporem à página um modo mais (ou menos) contundente ou brando de dizer.
- Para a incorporação de um tom de voz à página a ser criada, não descuide dos recursos oferecidos pela heterogeneidade mostrada e marcada.
- Seguem alguns parâmetros transcritos de um dos manuais referidos.
- Marque a presença do *outro* nessa primeira página, quer por meio de aspas, quer por meio da menção, que explicitamente o nomeia, como nestas expressões: *segundo x, de acordo com x* etc.
- Utilize-se do recurso do discurso direto e do discurso indireto para relatar de diferentes modos o que foi dito pela fonte da informação. Você criará a ilusão de que é simples mediador entre uma fonte fidedigna preexistente e o público leitor.

· Pense que, na verdade, você é o sujeito enunciador constituído coletivamente, isto é, pelo grupo de trabalho reunido para criar a primeira página de jornal. Esse "autor" vale como sujeito fabricado pela própria página que fabrica.

:: Instruções gerais

Foram selecionadas e reagrupadas algumas das instruções gerais dadas pelo *Manual de redação e estilo de O Estado de S. Paulo.*[10]

Seja **claro, preciso, direto, objetivo** e **conciso**. Use frases curtas e evite intercalações excessivas ou ordens inversas desnecessárias. Não é justo exigir que o leitor faça complicados exercícios mentais para compreender o texto.

Construa períodos com no máximo duas ou três linhas de 70 toques. Os parágrafos, para facilitar a leitura, deverão ter cinco ou linhas cheias, em média, e no máximo oito. A cada 20 linhas, convém abrir um intertítulo.

Adote como norma a **ordem direta**, por ser aquela que conduz mais facilmente o leitor à essência da notícia. Dispense os detalhes irrelevantes e vá diretamente ao que interessa, sem rodeios.

Tenha sempre presente: o espaço hoje é precioso; o tempo do leitor, também. Despreze as longas descrições e relate o fato no menor número possível de palavras. E proceda da mesma forma com elas: por que **opor veto a** em vez de **vetar**, apenas?

Nunca se esqueça de que o jornalista funciona como **intermediário** entre o fato ou fonte de informação e o leitor. Você não deve limitar-se a transpor para o papel as declarações do entrevistado, por exemplo; faça-o de modo que qualquer leitor possa apreender o significado das declarações. Se a fonte fala em *demanda*, você pode usar *procura*, sem nenhum prejuízo. Da mesma forma traduza *patamar* por *nível*, *posicionamento* por *posição*, *agilizar* por *dinamizar*, *conscientização* por *convencimento*, se for o caso, e assim por diante. Abandone a cômoda prática de apenas transcrever: você vai ver que o seu texto passará a ter o mínimo indispensável de aspas e qualquer entrevista, por mais complicada, sempre tenderá a despertar maior interesse no leitor.

Procure banir do texto os **modismos** e os **lugares-comuns**. Você sempre pode encontrar uma forma elegante e criativa de dizer a mesma coisa sem incorrer nas fórmulas desgastadas pelo uso excessivo. Veja algumas: *a nível de, deixar a desejar, chegar a um denominador comum, transparência, instigante, pano de fundo, estourar como uma bomba, encerrar com chave de ouro, segredo guardado a sete chaves, dar o último adeus.* Acrescente as que puder a esta lista.

Dispense igualmente os **preciosismos** ou expressões que pretendem substituir termos comuns, como: *causídico, Edilidade, soldado do fogo, elenco de medidas, data natalícia, primeiro mandatário, chefe do Executivo, precioso líquido, aeronave, campo-santo, necrópole, casa de leis, petardo, fisicultor, Câmara Alta*, etc.

Faça textos **imparciais** e **objetivos**. Não exponha opiniões, mas fatos, para que o leitor tire deles as próprias conclusões. Em nenhuma hipótese se admitem textos como: *Demonstrando mais uma vez seu caráter volúvel, o deputado Antônio de Almeida mudou novamente de partido.* Seja direto: *O deputado Antônio de Almeida deixou ontem o PMT e entrou para o PXN. É a terceira vez em um ano que muda de partido.* O *caráter volúvel* do deputado ficará claro pela simples menção do que ocorreu.

Lembre-se de que o jornal expõe diariamente suas opiniões nos editoriais, dispensando **comentários** no material noticioso. As únicas exceções possíveis: textos especiais assinados, em que se permitirá ao autor manifestar seus pontos de vista, e matérias interpretativas, em que o jornalista deverá registrar versões diferentes de um mesmo fato ou conduzir a notícia segundo linhas de raciocínio definidas com base em dados fornecidos por fontes de informação não necessariamente expressas no texto.

Não use **formas pessoais** nos textos, como: *Disse-nos o deputado... / Em conversa com a reportagem do Estado... / Perguntamos ao prefeito... / Chegou à nossa capital... / Temos hoje no Brasil uma situação peculiar. / Não podemos silenciar diante de tal fato.* Algumas dessas construções cabem em comentários, crônicas e editoriais, mas jamais no noticiário.

Nas matérias informativas, o primeiro parágrafo deve fornecer a maior parte das respostas às seis perguntas básicas: **o que, quem, quando, onde, como e por quê**. As que não puderem ser esclarecidas nesse parágrafo deverão figurar, no máximo, no segundo, para que, dessa rápida leitura, já se possa ter uma idéia sumária do que aconteceu.

Procure dispor as informações em **ordem decrescente de importância** (princípio da pirâmide invertida), para que, no caso de qualquer necessidade de corte no texto, os últimos parágrafos possam ser suprimidos, de preferência.

Encadeie o lead de maneira suave e harmoniosa com os parágrafos seguintes e faça o mesmo com estes entre si. Nada pior do que um texto em que os parágrafos se sucedem uns aos outros como compartimentos estanques, sem nenhuma fluência: ele não apenas se torna difícil de acompanhar, como faz a atenção do leitor se dispersar no meio da notícia.

O recurso à **primeira pessoa** só se justifica, em geral, nas crônicas. Existem casos excepcionais, nos quais repórteres, especialmente, poderão descrever os fatos dessa forma, como participantes, testemunhas ou mesmo personagens de coberturas importantes. Fique a ressalva: são sempre casos excepcionais.

Preocupe-se em incluir no texto **detalhes adicionais** que ajudem o leitor a compreender melhor o fato e a situá-lo: local, ambiente, antecedentes, situações semelhantes, previsões que se confirmem, advertências anteriores, etc.

:: Criação de uma charge

No caso de agrupamento entre pessoas que têm aptidão para caricatura, crie, com o grupo montado, uma charge a partir de uma manchete de primeira página.

Pense que, na charge, a escala de representação das figuras deve ser alterada, para que se dê espaço à hipérbole visual e, com ela, seja exibida a desproporção dos traços. O exagero é aliado do efeito de humor.

:: Teoria

:: Heterogeneidade mostrada e marcada: discurso direto, discurso indireto, aspas, glosas do enunciador

Por mais monológico que seja um enunciado (uma obra científica ou filosófica, por exemplo), por mais que se concentre no seu objeto, ele não pode deixar de ser também, em certo grau, uma resposta ao que foi dito sobre o mesmo objeto, sobre o mesmo problema, ainda que esse caráter de resposta não receba uma expressão externa bem perceptível.[11]

Mikhail Bakhtin.

:: Considerações iniciais: heterogeneidade constitutiva, dialogismo, interdiscursividade

Na epígrafe supracitada destacou-se a natureza dialógica de todo enunciado, que se constitui como resposta a outros enunciados já ditos. Essa é uma demonstração da concepção dialógica da linguagem proposta por Mikhail Bakhtin: sob a palavra de um enunciador ressoam as palavras de outrem. A propósito, o próprio signo linguístico é enfatizado pelo autor enquanto exterioridade, o que remete tal signo a sua natureza ideológica: "Um signo é um fenômeno do mundo exterior", diz Bakhtin.[12] Prossegue o pensador russo, na fonte citada na epígrafe: "Um locutor não é o Adão bíblico, perante objetos virgens, ainda não designados, os quais é o primeiro a nomear".[13]

Outros estudiosos, da língua e do discurso, retomam, direta ou indiretamente, a questão do dialogismo, aqui homologado tanto à noção de heterogeneidade constitutiva, como à noção de interdiscursividade. A exterioridade constitutiva de todo discurso é tratada como relações interdiscursivas por Dominique Maingueneau.[14] Alerta o estudioso da análise do discurso de linha francesa para a representação do *outro* como conjunto regrado de crenças e aspirações que são tomadas como o avesso necessário do próprio enunciado: as formações discursivas. Assim se dá, segundo o autor, a interincompreensão ou a polêmica constitutiva de todo discurso.

Por outro lado, Jacqueline Authier-Revuz, estudiosa das questões linguísticas atreladas à enunciação, coteja, com apoio no dialogismo bakhtiniano, a heterogeneidade constitutiva, que é esse entrecruzamento inevitável de vozes do *eu* e do *outro* em todo e qualquer discurso, com a heterogeneidade mostrada que, diferentemente da constitutiva, é intencional e contingente.[15] A heterogeneidade mostrada, segundo Authier-Revuz, desenvolve-se a partir da constitutiva, negocia com ela, para mostrar o *outro* no "fio do discurso".

Por conseguinte fica ratificado que o *eu* se constitui inevitavelmente pela relação com o *não eu*, com o *outro*. Fica ratificada essa heterogeneidade constitutiva de todo discurso, considerado imanência do próprio texto. Mas fica também proposta a heterogeneidade mostrada, identificável de várias maneiras.

:: Heterogeneidade mostrada e marcada

:: Um artigo jornalístico: uso do discurso direto e discurso indireto na imprensa

Uma das maneiras pela qual se identifica a heterogeneidade mostrada é a depreensão da presença do *outro*, delimitada por marcas que o separam do enunciador citante. Nesse caso temos o confronto entre duas enunciações: a citante e a citada. Temos outrossim a presença do *outro* que, "perceptível", quer na imanência discursiva, quer na materialidade textual, é extraída da voz de um narrador.

O *outro* do discurso citado será o *interlocutor / interlocutário*, caso a voz delegada seja reproduzida em discurso direto. Será o *locutor*, caso a voz citada seja reproduzida em discurso indireto, o que significa perder o estatuto de enunciação própria. A enunciação citada em discurso indireto mantém-se absorvida pela voz do narrador, que a reformula. Para essa reformulação, o narrador dilui marcas enunciativas do discurso citado, tais como o uso de interrogação e exclamação.

Observe ao lado um trecho do artigo jornalístico intitulado *Muito simples e devagar*, assinado por Washington Novaes, publicado no jornal *O Estado de S.Paulo* (16.07.2004, p. A2).

O artigo, que comenta alternativas de vida opostas "aos modos apressados e angustiados que levam ao *stress* e à depressão", começa com uma referência ao movimento *Slow Food* e acaba por citar o relato de um músico sobre uma experiência vivida numa aldeia indígena. Refere-se o autor ao maestro Egberto Gismonti e à sua estada na aldeia yawalapiti, no Xingu, onde ficava muito tempo com o pajé Sapaim. É, entretanto, o articulista quem relata o que disse o músico. Por isso temos um discurso indireto.

WASHINGTON NOVAES
Muito simples e devagar

Em vez dos modos apressados e angustiados que levam ao stress, à depressão...

O Slow Foods é parceiro, em muitos lugares, da Slow Life, uma rede de cidades que já está na Itália, Noruega, Inglaterra, Alemanha, Austrália e no Japão. Um movimento que também pretende contribuir para recuperar a qualidade de vida urbana. E isso inclui muitas direções, entre elas a de ralentar o tempo, viver mais devagar – em direção contrária aos modos apressados e angustiados que levam ao stress, à depressão, à insônia, à obesidade e outros problemas. (Ainda há poucas semanas, quando gravava na cidade de São Paulo um documentário para a televisão, o autor destas linhas anotou dia a dia o tempo consumido nas gravações e nos deslocamentos em meio ao trânsito sempre difícil. Ao final de duas semanas, consumira 27 horas e 45 minutos nas gravações e 53 horas e 30 minutos nos deslocamentos. Só um terço do tempo no trabalho efetivo e um enorme desperdício – correndo.)

Nas cidades cuja administração a ele aderem, a Slow Life procura preservar construções e sítios históricos, em lugar de viadutos e rodovias. Limita ou impede a implantação de hiper ou supermercados e defende a presença nos centros históricos de pequenas lojas locais que comercializam produtos da região. Não permite a instalação de cybercafés. Em lugar de "fast food", pequenos restaurantes tradicionais que consomem produtos de fazendas e hortas que seguem os princípios da agroecologia. Todas as cidades da rede parecem muito satisfeitas com os resultados, demandadas por um número cada vez maior de visitantes.

Boa parte deles devem ser os modernos executivos da Califórnia que deixam para trás mansões gigantescas e vão morar em pequenas casas ou apartamentos quase despojados de móveis. Que já aderiram ao "lay off" (um dia útil da semana sem trabalhar). Que cozinham para os amigos, por acreditarem ser esse o melhor caminho para "desestressar", por eles mantêm longas conversas sem direção preestabelecida. Empresários que concedem a seus funcionários 15% do tempo de expediente para relaxar, olhar em torno ou fechar os olhos – porque isso aumenta não apenas o bem-estar, mas também a produtividade.

Tudo faz lembrar o extraordinário músico Egberto Gismonti. Conta o maestro que, numa estada na aldeia yawalapiti, no Xingu, quando manifestou ao pajé Sapaim o desejo de com ele conhecer melhor a música de sua gente, passou a ser levado todos os dias para dentro da mata. Ali, sentados no chão, Sapaim empunhava a longa flauta de bambu de seu povo e tocava. Em seguida, pedia que Gismonti tocasse em sua flauta metálica. E assim, sem pressa, passavam horas. Até o momento em que Sapaim se levantava e dizia: "É só isso." Gismonti diz que, para ele, o resultado foi extraordinário. "Só se cria no ócio", acrescentaria o ator Paulo José.

Muito simples. E devagar.

■ *Washington Novaes é jornalista*
E-mail: wlrnovaes@uol.com.br

O articulista usa recursos como a oração introdutória *Conta o maestro que...* para apresentar o que disse Gismonti, ator do enunciado. Essa oração principal tem como subordinada substantiva objetiva direta o que foi dito pelo maestro e que se estende por quase todo o parágrafo, em várias afirmações. Essa oração principal permanece, então, implicitamente recorrente em quase todo o pará-grafo, introduzindo o discurso citado e fazendo com que o articulista não perca o controle do que ele mesmo narra: *Conta o maestro que*: a) *passou a ser levado para dentro da mata;* b) *Sapaim empunhava a flauta;* c) *Sapaim pedia que Gismonti tocasse.* No último caso, temos o dizer de Sapaim (*que Gismonti tocasse*) impu-tado pelo maestro (*Conta o maestro que Sapaim pedia que ele, maestro, tocasse.*).

Mas tudo está sob a organização do articulista-narrador, o único que pode dizer *eu.* Dentro do relato do próprio maestro, é apresentada a voz do pajé Sapaim, que, sem pressa, encerrava as horas passadas com Gismonti dizendo: "É só isso". (*Conta o maestro que Sapaim encerrava as horas dizendo*: "É só isso." ["Eu acho que é só isso."]) Tendo sido preservado o *eu* que fala nessa última fala do pajé, apresenta-se o relato em discurso direto. Esse *eu* do pajé é interlocutor, sujeito do enunciado. Fosse outra a versão apresenta-da, teríamos um exemplo de discurso indireto: *Conta o maestro que Sapaim encerrava as horas dizendo que era só aquilo mesmo.* Nesse caso, teríamos duas ocorrências de discurso indireto, uma dentro da outra: *O maestro conta* [*que o pajé dizia*] [*que era só aquilo mesmo.*]. A propósito, a conjunção integrante *que,* introdutora de oração subordinada substantiva objetiva direta, é marca de discurso indireto. Nesse caso, na oração principal estará um verbo *de dizer,* que denuncia ter havido uma enunciação.

Como vemos, o discurso direto mantém a presença de duas enunciações separadas, a do narrador, que é delegado do enunciador, e a do outro sujeito, o interlocutor / interlocutário, aquele que, no enunciado, parece que fala "com a própria boca". Na materialidade textual, essa heterogeneidade poderá ser marcada por meio do emprego de recursos gráficos como as aspas, o itálico, o travessão, que assim separam na manifestação do texto a voz do narrador e a do interlocutor. O discurso indireto, por sua vez, faz a presença do *outro* citado ficar subordinada à voz do narrador que cita. Nesse caso temos ape-nas uma enunciação, a do narrador, à qual fica subsumido o discurso citado do locutor, que não diz *eu, aqui, agora.* Somente o narrador é que pode, no discurso indireto, dizer *eu, aqui, agora;* isso, ainda, para propor o efeito de subjetividade. Exemplos: a) *A* Folha *afirma* [que o tucano Paes de Barros perguntou] [se Pitta era corrupto.] b) *Nós confirmamos* [que o tucano Paes de Barros perguntou] [se Pitta era corrupto]. Em *b)* foi viabilizado o efeito de subjetividade com o emprego da primeira pessoa para o discurso citante: o narrador que diz *nós*. Elos subordinativos, marcas do discurso indireto, são realizados por meio do emprego de conjunções, advérbios e pronomes. Tais partículas, tornadas introdutórias do discurso citado, também inserem uma enunciação em outra: conjunções subordinativas (*que, se*); advérbio (*onde*); pronome interrogativo (*por que*), entre outros. Justapostas a verbos que denunciam um dizer (afirmou *que...*, perguntou *se...*, revelou *onde...*, indagou *por que...*), contribuem para mostrar e marcar a heterogeneidade discursiva.

:: Uma reportagem jornalística:
   discurso reportado e imagem do interlocutor

Em reportagem intitulada *Lula pede paciência pela quinta vez*, com o subtítulo *A uma plateia feminina, presidente sugere que população se inspire nas mulheres para aprender a aguardar resultados*, o *Jornal do Brasil* (16.07.2004, p. A3) demonstra esse jogo de citação do discurso do *outro* (Lula), quer em discurso indireto (*Lula afirmou que...*), quer em discurso direto, com a fala do presidente introduzida pelo travessão, como está demonstrado no segundo e quarto parágrafos da reportagem assinada por Romoaldo Souza.

BRASÍLIA – O presidente Luiz Inácio Lula da Silva pediu ontem, pela quinta vez em dois meses, paciência à sociedade quanto ao desempenho de seu governo. Ao discursar durante cerimônia de abertura da 1ª Conferência Nacional de Políticas para as Mulheres, reconheceu que nem tudo pode ser feito em "18 meses", nem em "4 anos". Sugeriu tolerância e deu como exemplo de paciência a atitude das mulheres que "sabem esperar por resultados."

– As mulheres não precisam gritar. Diferentemente de nós, não precisam nem esbravejar. É essa paciência que vai levar vocês a ter a certeza de que o que estamos fazendo no Brasil, no momento, é tentar construir as bases para que a gente possa fazer as profundas coisas que o país precisa.

O presidente lembrou o período em que foi dirigente sindical e afirmou que, como presidente da República, está satisfeito com a relação que vem sendo construída entre o Estado e sociedade.

– Dizia em toda a minha vida sindical e política que a maior obra que um governante pode deixar para o seu povo não é a quantidade de asfalto que fez ou de salas de aula. É a relação que o Estado estabelece com a sociedade e a sociedade com ele.

Essa reportagem deixa-se invadir pela foto de Lula "abraçadinho" à primeira dama. A foto toma quatro colunas, ocupando a primeira metade da página e invadindo a segunda. É uma foto, portanto, que promove o "chamego" entre o casal a um estatuto bastante significativo, tanto pela extensão ocupada no espaço da página, quanto pela tomada da câmera, que faz crer não existir nada mais além do casal para ser visto. Próxima dos corpos focalizados frontalmente, a câmera privilegiou Lula e Mariza no enquadramento específico. Esse recurso fotográfico, a que se dá o nome de *close-up*, contribui para montar a homogeneidade de leitura da página. Junta-se o *close-up* da foto a recursos verbais como o discurso relatado no modo do discurso direto para reproduzir a fala de Lula e, integradas, as linguagens verbal e visual, para que se confirme o efeito de presença pujante do presidente.

Depreende-se, aliás, das linguagens verbal e visual integradas sincreticamente na página, o efeito de cumplicidade de Lula, o interlocutor citado, e cumplicidade em relação ao povo brasileiro representado pelo auditório da ocasião. Expande-se o tratamento afetuoso, supervalorizado no visual da foto, para a relação governante / governados. O presidente, por meio do recorte dado pela reportagem, faz crer num *ethos* paternal e terno. Para isso contribui também o recurso do discurso direto na citação do discurso de Lula. Manter Lula falando em discurso direto referenda o efeito de vivificação da própria fala do presidente, que parece ter as palavras meramente repetidas pelo repórter. Pelo recurso do discurso direto, a figura de Lula se fortalece como presença "real", viva, próxima afetivamente do leitor. Não esqueçamos, entretanto, que todos esses mecanismos de construção da cena narrada midiaticamente são escolhas discursivas do jornal. Por isso não é o real que conta, mas o efeito de realidade, exacerbado, no caso, pelo uso do discurso direto. Destaca-se que o emprego do discurso direto contribuiu para a confirmação do *ethos* ou da imagem de Lula, para além do efeito de verdade e de realidade da cena.

É curioso verificar, na primeira fala do presidente, textualizada no primeiro parágrafo introduzido pelo travessão, o uso de *vocês,* pronome de tratamento de segunda pessoa do discurso. Como instância enunciativa que emerge do diálogo entre interlocutores, é natural que o interlocutor diga *vocês,* pronome de tratamento que remete ao *tu* que escuta, confirmando o *eu* que fala. Pode o interlocutor dizer *meu, nosso, aqui, agora, ontem, amanhã,* que referencializam o discurso em função do sujeito que enuncia. Mas não custa lembrar que esse é um sujeito que, pertencente ao enunciado, "abre a boca e fala". O curioso é pensar que, no lugar de *vocês,* o presidente poderia ter dito *o brasileiro,* usando o *ele,* a terceira pessoa: *"As mulheres não precisam gritar. Diferentemente de nós, não precisam nem esbravejar. É essa paciência que vai levar* o brasileiro *a ter certeza de que...".* A terceira pessoa poderia ter sido empregada na confirmação da expectativa genérica de afastamento protocolar de um discurso presidencial. Se o presidente tivesse usado *o brasileiro* para se dirigir ao auditório, esse uso da terceira pessoa no lugar da segunda teria promovido o efeito de afastamento em relação ao interlocutário, na consolidação do *ethos* formal da autoridade pública. Não foi essa a escolha de Lula. O leitor depreende, do "modo Lula de dizer", um *ethos* familiar e afetuoso, efeito que foi viabilizado pelo jornal ao privilegiar o uso do discurso direto na exposição da fala do presidente.

Ao pedir que o brasileiro "se inspire nas mulheres para aprender a aguardar resultados", o presidente, perpetuando o estereótipo da resignação feminina, consolida o lugar de onde fala: um lugar que, investido pelo aconchego familiar, respalda-se na figura feminina emblematizada pela paciência. Nesse contexto, o presidente usa um *nós* de inclusão, ou seja, *eu mais tu,* para depois passar a *vocês* e evoluir por fim para *a gente,* na reprodução, com o uso de *a gente*, de uma variante linguística que remete a um dizer despreocupado em relação às formalidades da norma culta. O *ethos* sai fortalecido, para o que contribuiu o uso da reprodução da fala de Lula em discurso direto.

Destaca-se que a imagem do sujeito-interlocutor é fortalecida já pelo manejo que o próprio Lula faz dos fatos da língua. O discurso direto, opção do repórter, só fez preservar tal manejo e corroborar essa imagem, pela reprodução "fiel" da fala de Lula. "Fiel" está entre aspas, já que a escolha para a preservação dos traços enunciativos da enunciação do presidente foi do jornal, não de Lula. Voltando ao manejo citado, ratificamos que, se o jornal tivesse optado pelo discurso indireto, não apenas os traços enunciativos da fala de Lula teriam sido apagados, mas também teria sido avantajada a presença do narrador-repórter, que poderia subordinar a si o que foi dito pelo presidente: *Lula afirmou que a paciência feminina levaria os brasileiros a perceber o que ele julga ter feito pelo Brasil.*

Podemos apresentar ainda a hipótese de uma outra fala de Lula, afim mas não idêntica àquela recortada pela reportagem. "*É essa paciência que vai levar o brasileiro a ter certeza de que o que o presidente está fazendo no Brasil, no momento, é tentar construir as bases para que possam ser feitas as profundas coisas de que o país precisa.*" Se tivesse sido essa a organização da fala presidencial, mesmo relatada em discurso direto, teríamos maior compatibilização com a cena genérica prevista, *discurso do presidente da nação.* O efeito de afastamento do sujeito-interlocutor teria sido mantido pelo uso: a) da terceira pessoa no lugar da segunda (*o brasileiro*, no lugar do pronome de tratamento *senhoras e senhores*, por exemplo); b) da terceira pessoa no lugar da primeira (o presidente, no lugar de *eu*); c) da voz passiva sem agente no lugar da voz ativa (*o que tem sido feito*, no lugar de *o que estamos fazendo*;[16] d) da regência do verbo precisar sem apagamento da preposição, como manda a norma culta (*as profundas coisas de que o país precisa* por *as profundas coisas que o país precisa*). Pelo contrário, monta-se a coerência da fala de Lula na fala de Lula. Desenha-se assim a terna cena familiar, de espontaneidade derramada. Não é gratuito o ângulo escolhido para a fotografia de extensão relevante, assim como não é gratuita a reprodução da fala feita em discurso direto.

Lula configura-se como o interlocutor que se impõe mais como pessoa e menos como detentor de cargo público; além disso, como aquele interlocutor que não quer atrito com ninguém. Para isso, resguarda tanto a face pública como a íntima. Aliás, faz crer na sobreposição desta em relação àquela. Exacerbada a subjetividade do discurso presidencial, fica robustecido o efeito de cumplicidade com o interlocutário, o auditório presente à cerimônia de abertura da 1ª Conferência Nacional de Políticas para as Mulheres e, por extensão, o brasileiro em geral. Se tivesse dito *o brasileiro*, o presidente, ao usar uma terceira pessoa no lugar da segunda, teria esvaziado o efeito de sentido de homem do povo que tem voz presidencial. Para determinados grupos de leitores, o efeito de identificação diminuiria com a confirmação da rigidez protocolar.

"Usar a terceira pessoa no lugar de qualquer outra é objetivar o enunciado, é esvaziar a pessoa e ressaltar a *persona*, é enfatizar o papel social em detrimento da individualidade", diz Fiorin.[17] Não é o que quis fazer o presidente. Para confortar definitivamente o auditório, foi ainda realçado o efeito de intimidade na escolha do pronome de tratamento da segunda pessoa do plural. Foi usado *vocês*, e não *senhoras* e *senhores*. O lugar de um pai que fala aos filhos em tom ameno foi mantido. A integração, em discurso indireto, da voz de Lula à voz do narrador, fazendo com que Lula se tornasse mero locutor integrado à enunciação do repórter, certamente teria enfraquecido esse tom paternal e ameno da voz.

:: Aspas e glosas

Falamos dos recursos do discurso reportado, direto e indireto, na representação da enunciação citada, com os efeitos de sentido resultantes dos diferentes modos de apresentar a heterogeneidade, que assim se mostra e se marca. Mas precisamos lembrar que a heterogeneidade será mostrada e marcada também por meio de outros recursos. Referimo-nos aos recursos da materialidade textual, como letra tipo itálico, para indicar palavra estrangeira; ou ainda referimo-nos à justaposição da menção ao *outro*, com expressões preposicionadas tais como *segundo X, para X,* ou com expressões iniciadas pelas conjunções *como, conforme* (*como diz X, conforme diz X*): *una bona pasta, como dizem os italianos.* Essa menção ao outro confirma um tipo de glosa, considerada "não coincidência do discurso com ele mesmo", o que remete a uma negociação com o *outro* mostrado e marcado. Voltaremos às glosas logo adiante.

Acrescente-se por ora que o sintagma *una bona pasta* poderia ter sido simplesmente aspeado, e o lugar do outro, separado do *um*, estaria garantido na superfície textual. As aspas nesse caso se prestam a instrumento de marcação de heterogeneidade, pois indicam que o segmento cercado por elas não pertence ao enunciador pressuposto àquele enunciado, mas a um estranho, seja ele quem for. Com isso, tais notações gráficas podem promover um distanciamento moral entre o enunciador e o ele referendado pela citação pontual.

:: Discurso citante e discurso citado: delegação de vozes

A menção ao outro não se restringe, entretanto, a esse tipo de incorporação da palavra alheia, como temos visto. É o que se constatou com o recurso da citação do discurso de outrem, por meio do discurso direto e indireto, citação esta que supõe um discurso citante e um discurso citado, constituintes ambos do chamado discurso reportado. Para entender melhor a relação entre discurso citante e discurso citado, temos de refletir um pouco mais sobre o mecanismo de delegação de vozes, interno a qualquer texto.

Em primeira instância temos o sujeito da enunciação, que se biparte em enunciador e enunciatário. Trata-se de instância pressuposta a todo enunciado. Não existe enunciado sem enunciação. Numa analogia ao autor e leitor implícitos, o enunciador representa "quem fala", o autor, e o enunciatário "quem escuta", o leitor. A enunciação, presença sempre pressuposta, pode deixar as marcas da própria presença no enunciado, quando diz, por meio do narrador, *eu, meu,* por exemplo, ou quando instiga o narratário por meio de *tu, teu,* entre outros recursos. Nesse caso, é firmado o efeito de subjetividade.

A enunciação delega, em segunda instância, a voz ao narrador, que será explícito, se disser "eu". É o narrador quem diz *eu,* se estrategicamente o discurso quiser ratificar a presença de um enunciador assumido. O narrador pode não dizer *eu,* permanecendo implícito. Na imprensa escrita, o narrador não deve dizer *eu,* como coerção genérica, a não ser em cenas que o permitam, como um artigo assinado. A propósito, no *Manual geral da redação da Folha de S.Paulo,* assim se define *artigo jornalístico:*[18] "Texto de interpretação ou opinião do autor. Deve ser sempre assinado. Pode ser escrito na primeira pessoa." Ressalte-se que a opinião do autor é aqui concebida como efeito de sentido do texto. Importa entretanto ressaltar que todo texto é interpretativo. Sempre haverá um *eu* que avalia o mundo, ao construí-lo. O que acontece é que, na imprensa escrita, o *eu* que não se assume é dado de expectativa genérica, como nas manchetes e notícias de primeira página. Vale ainda ressaltar que se assumir ou não é questão de estratégia enunciativa, é criação de efeito de sentido de subjetividade (narrador que diz *eu,* enunciador que se assume) ou de objetividade (narrador que não diz *eu,* enunciador que se dissimula).

Outro gênero midiático que permite a um narrador dizer *eu,* podendo até inscrever o leitor-narratário no próprio discurso, é a carta do leitor, que, no jornal *O Estado de S.Paulo,* apresenta-se em seção intitulada Fórum dos Leitores. Vejamos um exemplo de narrador e narratário explicitados, num crescente efeito de subjetividade, na carta publicada no dia 14.07.2004, p. A3, em espaço abaixo dos editoriais. A seção apresenta recomendação do jornal em nota de rodapé: "As cartas devem ser encaminhadas com assinatura, identificação, endereço e telefone do remetente."

FÓRUM DOS LEITORES

Apelo desesperado

Leio no **Estadão** sobre o acordo que está sendo costurado para que Lula possa pagar a prestação de seu avião a jato, superluxo. Não tenho nada contra a troca do avião, pois acho que o presidente que tanto tem feito pela população pobre, pelos desempregados, pelos aposentados, pelos que ganham salário mínimo, pela saúde, pelas reformas, pelos políticos, pelos funcionários públicos, pelos amigos, pela cultura, pelos esportes, pelas cidades, pelo mundo, obviamente, tem direito a tudo do bom e do melhor. Agora que já agradei ao presidente, só peço devolver, se possível, sem atrapalhar o pagamento do avião, é claro, o meu Imposto de Renda retido na fonte de 2002, que já deveria ter saído em 2003 e até agora, nada. É dinheiro meu, não o roubei, e foi retido a mais do que o legalmente devido. Por isso eu deveria ter o direito de reavê-lo rapidamente, mas, infelizmente, Lula não o devolve. Presidente, pode comprar o avião, mas devolva o que é meu, por favor.
André Gonçalves, São Paulo

Se fizermos um levantamento dos morfemas que consolidam o efeito de subjetividade no enunciado da carta, teremos: a) a designação número-pessoal de primeira pessoa para os verbos (leio; não tenho; acho; agradei; peço; não o roubei); b) o emprego de pronome pessoal reto de primeira pessoa (eu deveria); c) o emprego de pronome possessivo de primeira pessoa (meu Imposto de Renda; dinheiro meu; o que é meu); d) o vocativo *Presidente*; e) o emprego do verbo no modo imperativo, *devolva*, ao qual é justaposta a fórmula de polidez, *por favor*. Ao instaurar o *tu*, estes dois últimos mecanismos citados (*d, e*) instauram o *eu* no enunciado. Todos os recursos apontados fazem da recomendação de assinatura obrigatória, feita pelo jornal, algo redundantemente cumprido. As marcas da subjetividade assumida, espalhadas no enunciado pelo narrador explícito, encarregam-se recorrentemente desse efeito de autoidentificação. Alertemos que enunciador / enunciatário e narrador / narratário, desdobramentos de autor e leitor implícitos, são instâncias da enunciação.

Contudo, se o *ele* de quem se fala é um sujeito que "abre a boca e fala", está sendo dado, ao ator do enunciado, um espaço garantido para sua voz, apresentada no discurso citado. Esse discurso citado estará organizado em discurso direto. Se, todavia, o *ele* de quem se fala tem seu pronunciamento integrado à enunciação do narrador, temos o discurso citado por meio do discurso indireto, como foi dito.

No discurso citante está a voz do narrador que, diga ou não diga *eu*, é o sujeito delegado pelo enunciador. É bom ratificar que o sujeito citado no discurso indireto é o locutor. Entretanto, o locutor pode expor o que disse ainda outro sujeito: *O maestro comentou que o índio afirmou que tocar flauta era preciso.* Nesse caso temos o locutor 1, o maestro, a quem é atribuído o primeiro dizer (*comentou*); o locutor 2, o índio, a quem é atribuído o segundo dizer (*afirmou*). Mas quem comanda o narrado, em primeira instância, é o narrador. Repetimos o exemplo de discurso indireto encadeado, que se deu no artigo de Washington Novaes, do *Jornal do Brasil* supracitado. Como dissemos, o relato "Em seguida [Sapaim] pedia que Gismonti tocasse em sua flauta metálica" foi feito pelo maestro Gismonti, o locutor, ator do enunciado citado pelo repórter. Acrescentamos aqui que Gismonti é o locutor 1, Sapaim o locutor 2. Por sua vez a apresentação da fala do pajé em discurso direto no final do texto: "É só isso" é feita também por Gismonti, o locutor 1. Retornamos a esse exemplo para enfatizar que, com tais estratégias, o artigo delega recorrentemente responsabilidades pelo dito, o que é coerente com o traço de veículo de informação, concernente ao jornal. Por fim, faz-se necessário um destaque. As concepções teóricas sobre a categoria de pessoa, tal como foram aqui explanadas, fazem parte da tradição dos estudos da língua e do discurso. Mas é na obra já citada, *As astúcias da enunciação*, de José Luiz Fiorin, [19] que tais estudos atingem não só a formalização necessária, mas também o avanço dado por novas proposições que ajudam a entender o fenômeno da delegação de vozes no discurso. [20]

No discurso citado está então a voz do ator do enunciado. Esse ator será o *ele* que "abre a boca e fala" no caso do discurso direto; o *ele* cuja voz é integrada à enunciação do narrador, no caso do discurso indireto. Esse ator do enunciado que, no discurso direto, toma a palavra é representado pelos interlocutores (interlocutor / interlocutário) em diálogo, em conversa reproduzida com a ilusão de literalidade. Os interlocutores aí se tratam mutuamente por *tu, você*. Com a voz delegada pelo narrador, esse *eu que fala* é a terceira instância do esquema de delegação de vozes das pessoas do discurso.

:: Discurso direto, discurso indireto e efeito de sentido

O emprego do discurso direto nas reportagens jornalísticas contribui para o efeito de reprodução de cena viva, de reprodução literal do que foi dito pelo *outro*, de realidade e de verdade imparcialmente reproduzidas. Parece realidade, imparcialidade, mas não é, já que a percepção do sujeito, do enunciador coletivo pressuposto ao jornal, é que orienta a construção do mundo dado como fato noticioso. Por meio do recurso do discurso direto, o enunciador do jornal cria a ilusão de dar significativo espaço à voz do *outro*. Observemos esta notícia de primeira página (*Folha de S.Paulo*, 14.07.2004).

Em destaque:

"Muitas vezes, o denuncismo não contribui com a democracia, como alguns pensam", afirmou o presidente. Lula também cobrou "mais eficiência" da agência.

:: Aspas e efeito de sentido

Na notícia, a sequência aspeada que antecede o verbo *afirmou* recupera a voz de Lula em discurso direto, contribuindo, por conseguinte, para o efeito de verdade, tão caro ao discurso jornalístico. Por sua vez, as aspas que cercam "mais eficiência", bem como as que cercam "denuncismo" no título apontam para a separação pontual do *eu*, enunciador do jornal, o repórter-narrador, em relação ao *outro*, Lula, o ator do enunciado, o *ele* de quem o jornal fala. Nesse caso, o *outro* emerge do discurso do repórter, de modo a ficar circunscrito textualmente ao termo entre aspas. Temos nessas referências pontuais marcadas pelas aspas a indicação de que o jornal não adota o discurso do *outro*

Lula critica arapongas e 'denuncismo' da mídia

O presidente Luiz Inácio Lula da Silva criticou, na posse do novo presidente da Agência Brasileira de Inteligência, o uso de informações confidenciais por agentes do governo, conhecidos como arapongas, com o objetivo de obter vantagens pessoais e a publicação pela mídia de acusações baseadas em dados sigilosos —o que chamou de denuncismo.

"Muitas vezes, o denuncismo não contribui com a democracia, como alguns pensam", afirmou o presidente. Lula também cobrou "mais eficiência" da agência. **Pág. A8**

citado, o presidente Lula. Importa que em ambos os casos temos o destaque do *outro* como o único sujeito a quem se atribuem as afirmações feitas, o que isenta o jornal da responsabilidade sobre o que foi dito por Lula.

Conforme a chamada de primeira página, a notícia comentada é desdobrada em reportagem na página A8 do jornal FSP. No caderno Brasil, encontra-se a reportagem, encabeçada pela manchete "Lula critica os arapongas que 'vazam' informações sigilosas".[21] Acima do título e com abertura dada pela rubrica INTELIGÊNCIA, está o sobretítulo *Presidente também ataca publicação de dados não comprovados*, em que a palavra *também* acusa a retomada da manchete de primeira página.

Estendida por quatro colunas, a manchete, com o termo "vazam" entre aspas, delimita a voz do *outro*, fazendo crer que aquilo que não está aspeado é homogêneo e transparente; ilusão, já que a heterogeneidade constitutiva permeia tudo. Tal recurso às aspas é recorrente em toda a reportagem (à esquerda), como pode ser verificado nas passagens que, ora destacadas, desenvolvem a notícia da posse dada pelo presidente Lula ao novo diretor-geral da Abin (Agência Brasileira de Inteligência). Nessa ocasião, Lula, segundo o jornal, criticou o uso de informações confidenciais por arapongas, que teriam como objetivo obter vantagens pessoais. A par de tal referência, o presidente teria criticado o suposto denuncismo da própria mídia. Cercando a fala de Lula pelas aspas, o segundo parágrafo se fecha com a recuperação da voz do redator-narrador, com o discurso citante: *discursou Lula*.

Ao dar posse ontem ao novo diretor-geral da Abin (Agência Brasileira de Inteligência), Mauro Marcelo de Lima e Silva, o presidente Luiz Inácio Lula da Silva criticou o uso de informações confidenciais por arapongas com o objetivo de obter vantagens pessoais e a publicação de acusações baseadas em dados sigilosos —o que chamou de denuncismo.

"Muitas vezes nós vemos personalidades políticas, intelectuais, empresariais, sindicais, mesmo no meio de vocês [da Abin] ou na Polícia Federal ou na Receita Federal, figuras que são difamadas pela imprensa por informações precipitadas, com o nome achincalhado pelos quatro cantos do país. Depois, não se prova nada e ninguém pede desculpa pelo estrago que foi feito à imagem da pessoa, à imagem da família e à imagem do Estado brasileiro", discursou Lula.

Vejamos a seguir como a reportagem dá prosseguimento ao relato, ao apresentar o presidente dirigindo-se aos funcionários da própria Agência Brasileira de Inteligência (Abin):

> E continuou: "Vocês não de-
> vem, no exercício da função, per-
> tencer a nenhum partido político,
> a nenhuma crença religiosa e
> quem sabe nem dizer o time pelo
> qual torcem".
> Lula também disse que o gover-
> no vai tratar a agência como uma
> instituição "necessária às decisões
> estratégicas do Estado brasileiro".

No último parágrafo destacado, a voz de Lula é incorporada à voz do repórter por meio do discurso indireto. Temos então a introdução da fala do presidente feita pelo verbo que acusa a ocorrência da outra enunciação (*disse*), a que segue a conjunção subordinativa *que*: *Lula também disse que o governo vai tratar a agência como uma instituição "necessária às decisões estratégicas do Estado brasileiro"*. As aspas finais reforçam a separação entre o discurso do jornal e o discurso citado. Enfatiza-se, portanto, com o auxílio das aspas, o efeito de imparcialidade construído para o jornal.

Assim, o jornal faz crer no simulacro de um sujeito que é simples mediador entre o fato ocorrido e o leitor. Com o significativo espaço dado à heterogeneidade mostrada e marcada para indicar as fontes discursivas, que respaldam e autorizam o dizer da imprensa, o jornal verdadeiramente reforça a autoimagem ou o simulacro reflexivo daquele que apenas promove a mediação entre o fato e o leitor. Essa é, entretanto, uma previsão genérica mais relevante no jornalismo noticioso ou informativo do que no jornalismo investigativo. Na fonte etimológica, o latim, *investigare é seguir o rastro de; procurar; indagar com cuidado; perscrutar; pesquisar; inquirir*. O jornalismo investigativo segue portanto regras genéricas diferentes daquelas do jornalismo noticioso. No jornalismo investigativo a enunciação se firma ela própria como construtora de mundos, assumindo mais facilmente a responsabilidade do dito, sem que necessariamente seja firmado o efeito de subjetividade por meio do emprego de recursos como a primeira pessoa: *eu, nós, meu, nosso*.

:: Jornalismo investigativo e modos de citação do outro

Como reportagem investigativa, o jornal cria a cena de revelação do fato noticioso, o que o faz romper pontualmente com a sintagmática da mídia, que prevê notícias encadeadas: o que foi noticiado ontem pode ser retomado hoje, se a pauta o determinar. No jornalismo investigativo, o efeito de sentido com o qual se reveste a notícia é o de descoberta, é o de coisa desvelada, o que aumenta não apenas o impacto do dito, mas também a responsabilidade do dizer. A propósito, a *Folha* se apresenta como o sujeito *que revela*, após manchete que ocupa as seis colunas da primeira página, logo abaixo do cabeçalho e do sobretítulo (FSP, 23.07.2004):

Governo foi espionado por empresa contratada pela Brasil Telecom; companhia diz que seu alvo era uma concorrente

PLANALTO DECIDE PROCESSAR ESPIÕES

O governo federal decidiu processar a Brasil Telecom e a empresa norte-americana de investigação Kroll Associates.

A medida foi decidida após a *Folha* ter revelado ontem que, numa investigação encomendada pela Brasil Telecom, a Kroll teve acesso a e-mails do ministro Luiz Gushinken (Secretário de Comunicação) antes de ele tomar posse.

Observe-se que, no jornal da véspera (22.07.2004), também como manchete de primeira página, *Empresa privada espiona o governo* e sob a rubrica EXCLUSIVO aparece a chamada da reportagem investigativa, que tem como editor Marcio Aith, do caderno Dinheiro.

MARCIO AITH

EDITOR DE **DINHEIRO**

A empresa de investigação Kroll Associates espionou os passos, mensagens e contas de funcionários do primeiro escalão do governo federal.

A investigação foi encomendada pela Brasil Telecom, controlada pelo banqueiro Daniel Dantas, do Opportunity. O objetivo formal é investigar a Telecom Italia, com a qual o banco disputa a Brasil Telecom, mas a apuração atingiu o governo. A Kroll teve acesso a e-mails de Luiz Gushiken (Comunicação de Governo).

Nos e-mails, anteriores à posse do governo Lula, o ministro trocou informações com Luiz Roberto Demarco, ex-sócio do Opportunity, com quem Dantas trava hoje batalha judicial. A Kroll monitorou ainda encontro do presidente do Banco do Brasil, Cássio Casseb, com executivos da Telecom Italia. Contas bancárias de Casseb foram monitoradas.

Para Gushiken, as investigações são "ilegais e sórdidas".

A Brasil Telecom confirma a contratação da Kroll, mas nega que a apuração vise autoridades. A Kroll diz que não espiona governos. **Págs. A6 e A7**

Para Gushiken, as investigações são "ilegais e sórdidas". É no penúltimo parágrafo que a heterogeneidade se mostra e se marca: por meio das aspas, que destacam, sem ruptura sintática, a citação de Gushiken do discurso do repórter; por meio da expressão preposicionada *Para Gushiken,* que faz alusão ao ponto de vista do *outro.* O discurso relatado do *outro* (*A Brasil Telecom [...] nega que a apuração vise autoridades. A Kroll diz que não espiona governos*) foi relegado para o fim do texto. Nos primeiros parágrafos não há heterogeneidade mostrada e marcada.

Observe-se ao lado, na íntegra, a notícia de primeira página da *Folha* (23.07.2004), publicada no dia posterior à revelação feita pelo jornal a respeito da espionagem sofrida pelo governo. Mantém-se o efeito de sentido de revelação, para o que contribui um modo próprio de usar a heterogeneidade mostrada e marcada. Se há discurso relatado nos primeiros parágrafos, o discurso citante é o discurso da própria *Folha*: *A medida foi decidida após a Folha ter revelado ontem que...* (segundo parágrafo); *Gushiken não foi o único ministro espionado pela Kroll, informa o Painel* (penúltimo parágrafo). Somente no último parágrafo temos a recuperação, como discurso citante, da declaração das fontes envolvidas (*Telecom Itália, Brasil Telecom, Kroll*): *A Telecom Italia informou que... A Brasil Telecom disse ter contratado...*

Por conseguinte, um modo próprio de citar o *outro* se compatibiliza com o gênero *jornalismo investigativo.* Entre o jornalismo noticioso e o jornalismo investigativo, o estatuto do enunciador sofre alterações, no que diz respeito a mecanismos para parecer mais comprometido, ou menos, em relação às próprias informações veiculadas.

Temos ainda a notícia da primeira página do jornal FSP do dia 18.07.2004, caracterizada como jornalismo investigativo: *Lavoura moderna ainda usa escravidão,* apresentando, no uso de *ainda,* a marca da denúncia pressuposta. Sob respon-

O governo federal decidiu processar a Brasil Telecom e a empresa norte-americana de investigação Kroll Associates.

A medida foi decidida após a **Folha** ter revelado ontem que, numa investigação encomendada pela Brasil Telecom, a Kroll teve acesso a e-mails do ministro Luiz Gushiken (Secretaria de Comunicação) antes de ele tomar posse.

O objetivo formal da Brasil Telecom, controlada pelo banqueiro Daniel Dantas, do Opportunity, era investigar a Telecom Italia. A investigação atingiu o presidente do Banco do Brasil, Cássio Casseb.

O pedido formal do governo para processar a Brasil Telecom e a Kroll deve chegar hoje à Advocacia Geral da União.

Gushiken não foi o único ministro espionado pela Kroll, informa o **Painel**. José Dirceu (Casa Civil) foi o mais monitorado durante a investigação.

A Telecom Italia informou que também estuda medidas judiciais no caso. A Brasil Telecom disse ter contratado a Kroll para "ajudar a esclarecer o superfaturamento decorrente da aquisição da Companhia Riograndense de Telecomunicações (CRT)" pela Telecom Italia em 2000, em negócio que teria lesado os minoritários da Brasil Telecom. A Kroll disse desconhecer a procedência do material da reportagem. **Brasil**

sabilidade da enviada especial a Brasília e ao Pará, Elvira Lobato, o jornal investiga e afirma revelar o trabalho escravo em fazendas tidas como avançadas, porque voltadas para exportação, como diz o sobretítulo da manchete.[22] Atente-se para a abertura da notícia: *Levantamento exclusivo da* Folha *revela que o trabalho escravo acompanha o avanço das fronteiras agrícolas e da pecuária no Brasil.* A heterogeneidade está mostrada e marcada debilmente no relato em discurso indireto da fala de Rubens Denardi, secretário do Sindicato Rural de Sorriso. O relato da fala de Denardi é ainda textualizado apenas no espaço final da notícia, o que confirma o estatuto secundário, que lhe é atribuído pelo discurso e pelo texto.

ELVIRA LOBATO
ENVIADA ESPECIAL A BRASÍLIA E AO PARÁ

Levantamento exclusivo da **Folha** revela que o trabalho escravo acompanha o avanço das fronteiras agrícolas e da pecuária no Brasil e está presente em grandes empreendimentos voltados à exportação.

De 1995 até o início deste mês, foram resgatados 11.969 trabalhadores rurais que se encontravam em condição análoga à de escravo. Há casos de resgates em fazendas com pistas de pouso para aviões de médio porte, mas que alojavam trabalhadores em currais.

Em Sorriso (MT), maior produtor de soja do país, foram autuados três dos maiores fazendeiros por escravizar trabalhadores. Rubens Denardi, secretário do Sindicato Rural de Sorriso, discorda das autuações e afirma que elas desabonam o município que, diz, tem uma das agriculturas mais avançadas do mundo. **Brasil**

:: O REPÓRTER-NARRADOR E A DELEGAÇÃO DE VOZES

Temos designado o repórter como narrador e assim ele será entendido. Reafirmamos entretanto que se trata de narrador implícito, como pedem as cenas genéricas do discurso jornalístico, como manchete, notícia, reportagem. Tais gêneros, na grande imprensa, apresentam como coerção um repórter que não diz *eu*, nem tampouco *tu* (você, vocês), principalmente nos espaços relacionados às informações apresentadas com estatuto de prioridade. A propósito, a inscrição do narratário-leitor costuma dar-se não só nas cartas do leitor, como foi comentado, mas também nas chamadas de primeira página, como a que segue, do encarte semanal Folhinha (FSP) de 17.07.2004; ou ainda nas chamadas para os editoriais, como as que seguem, da edição da *Folha* de 24.07.2004; ou mesmo na rubrica SUAS CONTAS, do *Estadão* (17.07.2004). Todas essas cenas genéricas obedecem à hierarquia diagramática, que atribui às informações veiculadas na primeira página o traço de algo acessório, já que a elas é aí reservado o raso da metade inferior. Para a verificação de mais um exemplo da presença explicitada do narratário-leitor, acrescente-se o título *Acerte o passo para conhecer São Paulo*, em reportagem publicada no caderno Cidades (p. C8), seção Lazer, do *Estadão* (16.07.2004).

Acerte o passo para conhecer São Paulo

"Ao dizer *tu*, o *eu* constrói-se explicitamente", diz Fiorin, na obra *As astúcias da enunciação* já citada.[23] Em relação a esse narrador que instiga o narratário-leitor, instituindo-o como presença explícita no enunciado, notamos que, conforme o caderno, é possível encontrar tal recurso em título de reportagem, como ficou demonstrado. Mas não custa lembrar manchetes de primeira página do extinto jornal *Notícias Populares*, tido como imprensa sensacionalista.

:: Glosas do enunciador

Passemos agora para a observação de outros modos de mostrar e marcar a heterogeneidade discursiva. Falemos das marcas que evidenciam a heterogeneidade do próprio *eu*, cindido como o sujeito que enuncia e como o sujeito que observa e comenta o que acaba de enunciar. Estas são as glosas do enunciador. Devido ao consequente efeito de recrudescimento da subjetividade com o uso de tais glosas metaenunciativas, esse recurso sofre afastamento das cenas genéricas da mídia impressa, tais como manchete, lide, notícias, mas se configura como possível em artigos assinados e em editoriais, e como recorrente em crônicas.

Em crônicas publicadas no *Jornal do Brasil*, Clarice Lispector escreve:[24]

> "Só esta expressão *rosas silvestres* já me faz aspirar o ar como se o mundo fosse uma rosa crua."[25] "O título do que estou escrevendo agora não devia ser *Ao correr da máquina*. Devia ser mais ou menos assim, em forma interrogativa: *E as tartarugas?* E quem me lê se diria: é verdade, há muito tempo que não penso em tartarugas." [26]

Nesses exemplos Clarice Lispector se volta para o próprio dizer. Em outra crônica, a autora faz a glosa referir-se ao dizer de um *outro*, que não é ela mesma cindida em dois, mas é outro Fulano, a cujo dizer são feitas ressalvas: "Essa tendência atual de elogiar as pessoas dizendo que são 'muito humanas' está-me cansando. Em geral esse 'humano' está querendo dizer 'bonzinho', 'afável', senão meloso".[27]

Deixando o universo estético de Clarice Lispector, observemos uma crônica, cujo suporte é o encarte semanal do jornal FSP, a *Revista da Folha*. Essa revista reúne, no exemplar consultado, assuntos tidos como de amenidades, se confrontados com a pauta de política nacional, internacional, economia e afins. O índice ora reproduzido o comprova:

Tomando a rubrica *plural*, de acordo com orientação dada pelo índice, encontramos, na página citada no índice, a crônica que, por sua vez, apresenta-se sob outra rubrica, *gls* (gays, lésbicas e simpatizantes).

gls [por André Fischer]

O limite da futilidade

Existem basicamente três maneiras de encarar a enorme importância dada à moda e ao consumo de grifes. Muitos consideram futilidade absurda e ostentação desnecessária em um país pobre como o Brasil. Outra forma de considerar o fenômeno é quase religiosa: a busca da harmonia visual como forma de reverenciar o divino existente em tudo e todos. Tornar o corpo e a casa belos seria equivalente a manter um templo agradável e em bom estado de conservação. Apresentar-se bem não deixa de ser sinal de deferência ao próximo (não me refiro ao próximo pretendente, mas aos seres humanos em geral). A terceira e última é simplesmente relegar à categoria de bichice sem seriedade.

Não por coincidência, há um predomínio de homossexuais em segmentos profissionais devotados à estética. É inegável que a maioria de cabeleireiros, arquitetos, designers, estilistas, decoradores, produtores de moda e maquiadores é composta por gays. Outros segmentos, como produção cultural, artes plásticas e dramáticas, paisagismo, assessoria de imprensa, diplomacia e dança, também têm uma forte presença de homens que assumem um estilo de vida gay.

Difícil saber se buscam essas áreas por existir uma maior tolerância ou se a tolerância existe pela sexualidade predominante. Também há muitos engenheiros, jornalistas, advogados, operadores do mercado financeiro e jogadores de futebol gays e, mesmo a estética não fazendo parte de seu foco profissional, geralmente investem mais em roupas, design, arte e produtos de beleza do que a média.

Existem gays que não prezam o bom gosto e preferem se identificar visualmente com os mais chucros dos héteros. Felizmente, esses espíritos-de-porco são minoria nessa comunidade. Fato é que homens gays -bem como seus companheiros metrossexuais- respondem por grande parte do movimento dessas bilionárias indústrias.

Ao produzirem e consumirem esses produtos e serviços, cumprem, no mínimo, com a nobre missão de tornar o mundo um lugar mais agradável e tolerável. Todos, independentemente da orientação sexual, desfrutam do resultado dessa quase incumbência.

Assinada por André Fischer, a crônica confirma o universo de amenidades construído pelo encarte domingueiro da *Folha*. *Apresentar-se bem não deixa de ser sinal de deferência ao próximo (não me refiro ao próximo pretendente, mas aos seres humanos em geral)*, está dito no primeiro parágrafo. O cronista brinca, no trecho colocado por ele entre parênteses, com o uso do termo *próximo* e, num movimento metaenunciativo, explica e justifica o próprio dizer. Ao fazê-lo do modo como o fez, deixa implícito o perfil do leitor como expectativa instituída pelo texto: o sujeito "ligado em 'paquera'", expectativa autorizada, aliás, pelo próprio estatuto de amenidades midiáticas, dado pelo veículo de circulação do texto, que é o encarte semanal e domingueiro. Assim se torna oportuna a glosa explicativa da acepção com que foi empregado *próximo*. O próximo não é aquele em quem o leitor costuma pensar, ou aquele em quem o leitor pode estar pensando: um pretendente para namoro ou um namorado potencial. Fazendo crer que atende às necessidades do leitor, o enunciador discorre sobre diferentes maneiras de conviver com o universo da moda, entre as quais deplora a "bichice sem seriedade". Assumindo também haver "um predomínio de homossexuais em segmentos profissionais devotados à estética", acaba por exaltar a "nobre missão de tornar o mundo um lugar mais agradável e tolerável". Importa que o cronista acaba por voltar-se ao próprio dizer, com o uso da glosa. A heterogeneidade fica assim mostrada e marcada de modo peculiar. O próprio dizer explicado confere à crônica uma presença avantajada da enunciação no enunciado, pois aquele que se autoexplica é o mesmo cronista.

Authier-Revuz chama *conotação autonímica* esse tipo de glosa; autonímica porque a palavra explica a palavra, o nome se volta sobre si mesmo, ao retocar-se, ajustando-se ao fluxo argumentativo do discurso. Assim se expressa a respeito a linguista francesa:[28]

> Uma forma mais complexa de heterogeneidade é registrada nas diversas formas marcadas da conotação autonímica: o locutor faz uso de palavras inscritas no fio de seu discurso [...] e ao mesmo tempo ele as mostra. Devido a isso, sua figura normal de utilizador de palavras é desdobrada, momentaneamente, em uma outra figura, a do observador das palavras utilizadas; e o fragmento assim designado – marcado por aspas, por itálico, por uma entonação e/ou por qualquer forma de comentário – recebe, relativamente ao resto do discurso, um estatuto outro.

Para localizar mais um exemplo de uso dessas glosas, que remetem a um sujeito cuja imagem é traçada como aquele que se debruça sobre o próprio dizer, não temendo o fortalecimento da própria subjetividade, observaremos um editorial do jornal *O Estado de S.Paulo* (16.07.2004, p. A3).[29] Para melhor entender o gênero *editorial*, convém lembrar que, entre os textos jornalísticos, há aqueles predominantemente temáticos e aqueles predominantemente figurativos. Uma notícia, por exemplo, é mais figurativa do que um editorial, que é predominantemente temático. Observemos, antes do exame do editorial, como se abre uma notícia introduzida pelo título *USP descontará dias parados de servidores em greve*, assunto compatível com o desenvolvido pelo editorial a ser examinado:

> O reitor da Universidade de São Paulo (USP), Adolpho José Melfi, determinou ontem que as faculdades e institutos enviem listas à reitoria com informações sobre faltas de professores e funcionários. A greve na instituição já dura 51 dias. A intenção é descontar o salário pelos dias parados dos servidores.

Temos nessa notícia uma organização discursiva ancorada em figuras que, individualizadas, particularizam ideias sobre o envolvimento de servidores estaduais em greve: a universidade citada é identificada pelo nome, assim como seu reitor; os dias de greve são contados de modo a firmar o efeito de exatidão (51). Tais mecanismos tornam maior a densidade figurativa do texto e maior o índice de iconização, de representação do mundo, das próprias figuras. Fica corroborado o efeito de realidade e de verdade, dado de maneira compatível com a cena genérica, a notícia, do jornalismo dito noticioso.

Já no editorial, texto do jornalismo dito opinativo e feito para comentar, analisar e discutir dados da própria realidade midiática, as regras supõem figuras que menos "deem nomes aos bois", mais generalizadas, portanto, o que resulta em menor índice de iconização. O editorial acolhe a polêmica midiática e, deixando de apresentar assinatura explícita, supõe um sujeito que deve simular distanciamento em relação ao enunciado. Nisso é coerente com outras cenas genéricas da grande imprensa, como manchetes e notícias. A propósito, o *Manual da redação da Folha de S.Paulo* [30] faz esta referência ao editorial:

> Texto que expressa a opinião de um jornal. Na *Folha*, seu estilo deve ser ao mesmo tempo enfático e equilibrado. Deve evitar o sarcasmo, a interrogação e a exclamação. Deve apresentar com concisão a questão de que vai tratar, desenvolver os argumentos que o jornal defende, refutar as opiniões opostas e concluir condensando a posição adotada pela *Folha*.

132 :: A comunicação nos textos

Vamos ao editorial OESP.

Rebeldes sem causa

O que mais tem chocado nas manifestações vandálicas dos estudantes das três universidades estaduais paulistas (USP, Unesp e Unicamp), como a que há dias obrigou a Unicamp a obter na Justiça a reintegração de posse do prédio da Reitoria, depois de uma invasão que deixou um rastro de depredação – com portas e vasos quebrados, pichações, mesas e gavetas remexidas, papéis jogados pela janela, etc. – ou a mais recente, na qual estudantes – e professores!! – da USP invadiram o plenário da Assembléia Legislativa, durante a votação da Lei de Diretrizes Orçamentárias (LDO), não é a sensação de impunidade, que lhes permite praticar todo o tipo de desrespeito a instituições públicas e às regras civilizadas do convívio social. Não é a violência disparatada de pessoas que nem de longe são carentes ou necessitadas, que não tendo sido atendidas em suas injustificadas reivindicações optaram pelo vandalismo em desespero de causa – e bem sabemos que nas universidades públicas costumam entrar os privilegiados que puderam contar com um bom preparo nas bem remuneradas escolas particulares, e que, no mais das vezes, foram dispensados de dividir a jornada de estudo com a de trabalho, por contarem também com a ajuda familiar. Não é, tampouco, a falta de confiança desses jovens – pois é a estes que aqui nos referimos, e não aos professores e servidores das universidades que os acompanham nas greves – na própria capacidade de persuasão, com argumentos, para a reivindicação genérica de "aumento de verbas para as escolas públicas", razão pela qual resolveram "partir para a ignorância". Por sobre tudo isso, o que mais choca, realmente, é o vício corporativista, elitista e egoísta – por eles, jovens, tão frequentemente apontados em figuras públicas e integrantes da classe política caboclа – tão cedo instalado no espírito dos que parecem destituídos da generosidade idealista (que se supunha) própria da juventude.

O governador Geraldo Alckmin reagiu com discernimento e firmeza, tanto ao condenar com veemência a atitude dos estudantes na Assembléia – dizendo que "democracia pressupõe respeito" e que aquele foi "um ato de vandalismo inaceitável" – como na argumentação utilizada para o não atendimento da reivindicação dos manifestantes. Entrando no mérito da questão, disse ele que para aumentar o repasse de recursos às universidades estaduais precisaria tirar dinheiro dos ensinos fundamental e médio – que atendem a cerca de 5 milhões de pessoas – em favor de alguns milhares de privilegiados universitários; que o Estado de São Paulo já investe 31% do Orçamento em educação, o que representa 1 ponto porcentual a mais do que a lei estadual exige; e que, por esse motivo, não teria condição alguma de aumentar de 9,57% para 11,6% o porcentual do Imposto sobre Circulação de Mercadorias e Serviços (ICMS) destinado às três universidades estaduais, como pleiteiam os que completaram 50 dias de greve.

A pretexto da reivindicação de um reajuste salarial de 16% – e aqui não cabe entrar no mérito específico deste reajuste –, os grevistas querem aumentar a fatia porcentual fixa do orçamento, para a área educacional. Dizem – como esclarece o diretor do Sindicato dos Trabalhadores da USP (Sintusp), Magno Carvalho (na *Folha de S. Paulo* de quinta-feira) – que "não querem tirar dinheiro do ensino fundamental e médio"

> **Espetáculos de vandalismo de estudantes e professores das três universidades**

e que o comentário do governador, a esse respeito, pretendia "colocar a população contra o nosso movimento". Ora, o governador paulista, que bem sabe – porque não é um administrador irresponsável, muito pelo contrário – da necessidade de repassar recursos orçamentários a setores também prioritários, como o da extensão das linhas do Metrô, o da Saúde, o da Segurança Pública, o da Habitação, o do Saneamento Básico e tantos outros, tem não só o direito, mas o dever de esclarecer a população "contra" um movimento como esse, condenável tanto por seu conteúdo – baseado em reivindicação de todo descabida – como por sua forma, que é a do desrespeito, da predação e do vandalismo.

Quanto aos jovens estudantes, que parecem ignorar e desprezar todas as carências que os rodeiam, ao desejarem ser ainda mais beneficiados – do que já são – com dinheiro público, só restaria dizer que há muitas causas nobres às quais poderiam dedicar seu inconformismo rebelde próprio da juventude, em vez de agirem como rebeldes sem causa.

Distribuído em quatro parágrafos, contendo cada um extensos períodos, esse editorial fica compactado no espaço de quatro colunas, entre as quais "o olho do texto", que orienta a leitura e assim se expressa: *Espetáculos de vandalismo de estudantes e professores das três universidades*. Emitindo com clareza o julgamento desqualificante dos atores do enunciado, os estudantes das universidades públicas paulistas e os "professores e servidores que os acompanham nas greves", o editorial não se isenta do uso de exclamações, como ao construir o efeito de espanto pela presença dos professores na invasão do plenário da Assembleia Legislativa: "a mais recente, na qual estudantes – e professores!! – da USP invadiram o plenário da Assembleia Legislativa, durante a votação da Lei de Diretrizes Orçamentárias (LDO)". Assim se constrói um tom de voz que fala alto, na confirmação de um *ethos* pleno de certeza e, por isso, com competência para denunciar.

Importa que o editorial mostra e marca de maneira própria a heterogeneidade, ao citar fragmentos do discurso dos estudantes em greve. As aspas, nesse caso, são usadas para comprovar que, por não adotar eticamente o discurso dos grevistas, o editorialista o separa enfaticamente de si, sujeito e discurso citantes. São exemplos destas citações aspeadas no editorial com investimento de pejoração: "aumento de verbas para as escolas públicas" (para designar a reivindicação dos grevistas); "partir para a ignorância" (para citar a justificativa dos grevistas que invadiram dependências públicas); "colocar a população contra o nosso movimento" (para citar fala acusatória dos grevistas em relação ao governador Alckmin).

Afastando-se da proposição feita no manual da *Folha*, o editorial do *Estado* deixa então entrever um modo de presença contundente e nada sereno, quer pelo emprego de nomes, substantivos e adjetivos, com alto grau de subjetivização, como *violência disparatada, os privilegiados, vício corporativista, elitista e egoísta, rebeldes sem causa*, quer pelo uso da dupla exclamação, quer ainda pela longa extensão dos períodos, organizados predominantemente por meio do encadeamento de orações subordinadas, o que requer fôlego para ler e competência cognitiva acurada para recuperar as referências anafóricas. Dessa maneira, acaba por acrescentar ao perfil do leitor traços não apenas daquele que é dado a volteios de erudição, mas também daquele que, apaixonado e intenso, é participante legítimo e não mero espectador do jogo político.

Na cena enunciativa assim montada, a emergência da glosa é perfeitamente adequada. Truncando sintaticamente o período, o que confirma a leitura labiríntica, apresenta-se a glosa (por nós aqui colocada em itálico), na vertigem da lítotes que a antecede e que prepara o argumento final: o que mais choca é *o vício corporativista, elitista e egoísta* com o qual se deixou contaminar a juventude universitária, os *rebeldes sem causa*.

> O que mais tem chocado nas manifestações vandálicas dos estudantes das três universidades estaduais paulistas (USP, Unesp e Unicamp) [...] não é a sensação de impunidade [...]. Não é a violência disparatada de pessoas que nem de longe são carentes ou necessitadas. [...] Não é tampouco a falta de confiança desses jovens – *pois é a estes que aqui nos referimos, e não aos professores e servidores das universidades que os acompanham nas greves* – na própria capacidade de persuasão, com argumentos para a reivindicação genérica de 'aumento de verbas para as escolas públicas'. [...] Por sobre tudo isso, o que mais choca, realmente, é o vício corporativista, elitista e egoísta [...] tão cedo instalado no espírito dos que parecem destituídos da generosidade idealista (que se supunha) própria da juventude.

Por que lítotes? Porque o que é negado na aparência é afirmado na imanência. (Exemplo: *Ele não é bobo*, para dizer que é esperto.) No editorial a lítotes é estratégia de persuasão posta a serviço do efeito de suspense, preparado pela sequência de negações. Aparentemente tentando atenuar o dito na referência gradativa ao que *não choca* (a sensação de impunidade, a violência disparatada, a falta de confiança dos jovens na própria capacidade de persuasão), o editorialista intensifica a expectativa do leitor para aquilo que será apresentado como *o que choca*. Por conseguinte, quando o editorialista nega que *a violência disparatada das pessoas* choca, é recurso estratégico: nega, escondendo que afirma *A violência disparatada das pessoas* choca, mas é preciso apresentá-la desse modo negada para concatenar o efeito de suspense, que prende o leitor e aumenta o impacto negativo a ser dado ao *vício corporativista, elitista e egoísta*. Esse vício, segundo o editorialista, é a única causa das manifestações dos grevistas, por isso chamados *rebeldes sem causa*.

Interessante é observar que o emprego da glosa metaenunciativa consolida o efeito de aproximação do enunciador em relação ao próprio enunciado, bem como em relação ao enunciatário-leitor. No fragmento citado do editorial, a glosa, colocada entre travessões, procura orientar o leitor: – *pois é a estes* [os jovens] *que aqui nos referimos, e não aos professores e servidores das universidades, que os acompanharam nas greves.* Monta-se a coerência discursiva da argumentação, já que a aproximação do enunciador em relação ao enunciatário, corroborada pelo emprego da glosa, conecta-se ao efeito de suspense, este último aliado a um dizer potencializado emocionalmente.

Para citar outro exemplo de uso de glosa do enunciador, lembramos um artigo assinado por Paulo Rabello de Castro, intitulado *A porta-bandeira e o mestre-sala*, publicado na *Folha* (18.07.2004, p. A3). Nesse artigo, ao diagnóstico da Constituição brasileira como "mal ajambrada" sucede a apresentação da necessidade de "uma profunda revisão constitucional". Mas o articulista trata metaforicamente a Carta Magna: trata-a como uma porta-bandeira de escola de samba que, tida como muito mal fisicamente, precisaria de lipoaspiração e outros tratos. O ministro Nelson Jobim, por sua vez, leva o epíteto de mestre-sala, "com todo o respeito". Assim se apresentam os primeiros parágrafos do artigo:

A porta-bandeira e o mestre-sala

PAULO RABELLO DE CASTRO

O MINISTRO Nelson Jobim, presidente do Supremo Tribunal Federal, seria algo assim como um "mestre-sala" da nossa Constituição Federal se valesse, com todo o respeito, naturalmente, uma metáfora carnavalesca so-, bre o Brasil e os poderes instituídos da República. E ela mesma, a Constituição brasileira de 1988, seria, então, a porta-bandeira de nossa escola de samba, a rainha do nosso Carnaval, a síntese do nosso enredo, aquela que não se troca nem é substituída senão a intervalos muito pouco freqüentes.

Quando o mestre-sala vem de anunciar que sua rainha está mesmo é precisando de uma boa lipoaspiração, ninguém poderá duvidar do seu privilegiado julgamento a respeito da nossa primeira-dama, já que é o próprio quem segura a mão da moça e pode avaliar melhor que qualquer outro se ela aparenta excesso de peso na pista do Sambódromo.

Tal excesso constitucional sugere a lipoaspiração aqui e ali, principalmente à volta da cintura, onde ficam os capítulos tributário e —por que não?— também o financeiro, que tornam quadrada a evolução da nossa bailarina maior.

Mas vai que essa lipoaspiração acabe sendo feita numa clínica "day care" e, de complicações imprevistas, venha resultar um estado de coma com todas as seqüelas mais terríveis. Talvez, quem sabe, não fosse tão boa a idéia de uma lipoaspiração tributária "light".

Verdade seja dita, nossa porta-bandeira tem tido desempenho sofrível a cada Carnaval, desde que foi promulgada. É a falta de condicionamento físico generalizado. O peso da Constituição não reflete apenas uma desatualidade em relação às mutações do universo tributário mundial. Antes fosse só isso o que faz franzir o pesaroso cenho de nosso juiz maior.

Apesar das quase 44 emendas já introduzidas ao longo dos seus 15 anos de vigência e de outras tantas à espera de votação no Congresso, além de mais não-sei-quantas leis complementares na fila

para regulamentá-la, não obstante a lamentável e malograda revisão singular a ela aplicada em 1993, a Constituição continua tão mal ajambrada que nem seu mestre-sala se encabula ao pedir a internação da moça.

A corajosa sugestão do presidente do STF introduz não só o objetivo de "desconstitucionalização" (palavra complicada!) de certos temas, como nos remete, na pioneira proposta do mestre Diogo de Figueiredo Moreira Neto, à chamada Constituinte Revisora!

No primeiro parágrafo fica demonstrado o embate enunciativo pela adequação das próprias palavras do enunciador à situação de comunicação. Esse embate é deflagrado nas linhas iniciais, por meio do uso aspeado da expressão *mestre-sala*. O uso da expressão designativa do ministro sofre então restrições do próprio usuário, que demonstra não se sentir à vontade com a alcunha de *mestre-sala* atribuída ao presidente do Supremo Tribunal Federal. Prossegue o articulista, implicitamente pedindo autorização para usar tais metáforas carnavalescas para "os poderes instituídos da República". Esse pedido de autorização apresenta-se por meio da formulação da hipótese do uso da metáfora, hipótese simultânea ao próprio uso. Essas estratégias argumentativas resultam em efeito de atenuação do próprio dizer. A hipótese sobre a legitimidade do uso da metáfora carnavalesca, feita por aquele que dela se utiliza, acaba por derivar uma glosa, a qual, por sua vez, reforça o efeito de reserva do enunciador sobre seu próprio discurso.

Com tais artimanhas discursivas, o articulista consegue desenvolver a ideia de que a Constituição brasileira, tal qual uma porta-bandeira desengonçada em desfile de escola de samba, precisa de plástica ou reforma total. Apoiado no argumento de autoridade do presidente do STF, o ministro Nelson Jobim, que teria demonstrado descontentamento em relação à Constituição do Brasil, o articulista, por meio do recurso das glosas, firma a própria imagem como

136 :: A comunicação nos textos

a de um sujeito dado a retocar e retificar também o dizer do *outro*. Que se atente para a glosa colocada entre parênteses pelo próprio articulista:

> A corajosa sugestão do presidente do STF introduz não só o objetivo da "desconstitucionalização" (palavra complicada!) de certos temas, como nos remete, na pioneira proposta do mestre Diogo de Figueiredo Moreira Neto, à chamada Constituinte Revisora!

:: Considerações finais

Encerrramos essas reflexões a respeito da heterogeneidade mostrada e marcada em textos jornalísticos, com duas citações de Mikhail Bakhtin. A primeira remete à questão da primeira instância na escala de delegação de vozes, o sujeito enunciador, o autor discursivo. Somente assimilando a concepção de um sujeito construído pelo próprio enunciado é que se pode depreender uma enunciação única, por exemplo, de uma primeira página de jornal, em que se integram diferentes linguagens para construir o mundo midiaticamente. O segundo bloco de citações, por sua vez, termina ao confirmar o princípio dialógico da linguagem. Esse princípio, vê-se, constitui-se em apoio para aquilo que aqui estudamos como glosas metaenunciativas. Essas citações encontram-se no livro *Problemas da poética de Dostoiévski*, de Mikhail Bakhtin.[31]

> Todo enunciado tem uma espécie de autor, que no próprio enunciado escutamos como seu criador. Podemos não saber absolutamente nada sobre o autor real, como ele existe fora do enunciado. As formas dessa autoria real podem ser muito diversas. Uma obra qualquer pode ser produto de um trabalho de equipe, pode ser interpretada como trabalho hereditário de várias gerações, etc., e apesar de tudo, sentimos nela uma vontade criativa única, uma posição determinada diante da qual se pode reagir dialogicamente. A reação dialógica personifica toda enunciação à qual ela reage.
>
> As relações dialógicas podem penetrar no âmago do enunciado, inclusive no íntimo de uma palavra isolada se nela se chocam dialogicamente duas vozes. [...]
> Por outro lado, as relações dialógicas são possíveis também entre os estilos de linguagem, os dialetos sociais, etc., desde que eles sejam entendidos como certas posições interpretativas, como uma espécie de cosmovisão da linguagem, isto é, numa abordagem não mais linguística.
> Por último, as relações dialógicas são possíveis também com a sua própria enunciação como um todo, com partes isoladas deste e com uma palavra isolada nele, se de algum modo nós nos separamos dessas relações, falamos com ressalva interna, mantemos distância face a elas, como que limitamos ou desdobramos nossa autoridade.

:: Produção de texto II

:: Carta do leitor ao jornal FSP: o uso das aspas

· Leia a abertura da notícia da *Folha*, reproduzida via internet, *Verde carimba os amarelos.*[32]

Verde carimba os amarelos

Com dois gols de Vágner, Palmeiras derrota o São Paulo, chamado de covarde pela própria torcida, e sobe para o terceiro lugar no Brasileiro

DA REPORTAGEM LOCAL

O clássico paulista da 11ª rodada do Nacional teve as cores do Brasil. O verde Palmeiras impôs ontem 2 a 1 ao São Paulo, que se vestiu de amarelo nas arquibancadas do estádio do Pacaembu.
Torcedores da Tricolor Independente, a maior uniformizada do clube, protestaram contra o comportamento do time nas últimas partidas. Reclamando que os principais jogadores "amarelam" em momentos decisivos, usaram camisetas com a cor.
Coincidência ou não, os dois tradicionais destaques do São Paulo, Rogério e Luis Fabiano, tiveram desempenhos pífios ontem. O goleiro falhou no segundo gol do Palmeiras, enquanto o atacante perdeu um pênalti e fez outras três finalizações erradas.
Os gols da vitória palmeirense foram marcados pelo atacante Vágner, que defenderá o CSKA (Rússia) e fez sua última partida com a camisa do clube.
Ironicamente, o revés de ontem tirou o São Paulo da zona de classificação para a Taça Libertadores, para a qual se credenciam os quatro melhores do Brasileiro. Foi justamente a eliminação para o colombiano Once Caldas há duas semanas no torneio continental que detonou a crise que agora assola o time do Morumbi.

· Leia a crônica jornalística de autoria de Pasquale Cipro Neto (*Folha de S.Paulo*, 01.07.2004, caderno Cotidiano, p. C2), atentando para a questão do uso das aspas no título da notícia *Verde carimba os amarelos*.

Para que servem as aspas?

NÃO RARO, leitores escrevem a mim e a outros colunistas para perguntar por que pensamos o que, na verdade, não pensamos. Por distração ou desconhecimento, esses leitores atribuem aos colunistas o que escrevemos entre aspas para indicar que se trata de transcrição de texto ou pronunciamento de outrem.

Em muitos casos, o trecho posto entre aspas é precedido (i)mediatamente de um verbo "dicendi" (ou declarativo), como "afirmar", "dizer" etc., com o qual se "avisa" o leitor de que o trecho seguinte conterá a transcrição do pensamento de outrem. Às vezes, tudo isso resulta inútil. O leitor sai por aí dizendo que Cony, Rossi, Dimenstein, eu e sabe mais quem pensamos ou afirmamos o que não pensamos nem afirmamos.

Um dos valores das aspas é o que acabamos de ver, isto é, o de abrir e fechar uma citação. Pois bem, na última segunda-feira, o caderno Esporte da Folha de S.Paulo trouxe o seguinte título: "Verde carimba os amarelos". Para quem não acompanha o futebol, lá vai a explicação dos fatos: revoltada com as últimas derrotas do São Paulo (sobretudo com a eliminação da equipe na Taça Libertadores), a torcida pó-de-arroz tachou (com cantos, faixas, gritos etc.) de "amarelo" (ou seja, de covarde) o time do Morumbi.

Até aí, tudo bem. A torcida dá a seus jogadores os atributos que bem entender (desde que se atenda a normas mínimas de civilização, é claro). O centro da questão não está no uso da palavra "amarelos", mas no fato de ela ter sido publicada pelo jornal sem aspas. O resultado disso é simples: o jornal "comprou" o atributo que a torcida deu a seus craques.

É bom deixar claro que não me interessa julgar o procedimento dos redatores do referido título. Meu papel é explicar aos leitores que, sem as aspas, consciente ou inconscientemente os redatores encampam a tese do amarelecimento. O julgamento do procedimento dos redatores é seu, leitor.

Antes que me esqueça, os que não acompanham o futebol talvez queiram saber que faz no título a palavra "verde". Trata-se de metonímia relativa ao Palmeiras, clube que tem o verde em suas cores. Não há problema algum, portanto, no emprego dessa palavra.

Convém lembrar que outra função das aspas é acentuar o valor irônico ou figurado de certas expressões. Veja este exemplo, do grande escritor Aníbal Machado, citado pelo eminente professor Adriano da Gama Kury em seu excelente "Ortografia, Pontuação e Crase": "A 'parteira' se fechou novamente no quarto de Helena". O próprio professor Kury explica que se tratava de uma "curiosa".

Por que, quando citei o trecho de Aníbal Machado, pus a palavra "parteira" entre aspas simples? E por que, no fim do parágrafo anterior, a palavra "curiosa" foi posta entre aspas? Vamos por partes. As aspas simples são empregadas para isolar o que já está entre aspas dentro da citação. No texto original de A. Machado, o termo "parteira" já está entre aspas (porque foi empregado com sentido irônico).

As aspas que envolvem "curiosa" podem ser explicadas pelo fato de essa palavra ser típica da linguagem informal. De fato, os dicionários registram "curiosa" (como pertencente à linguagem familiar) com o sentido de "parteira sem habilitação legal".

Posso pedir-lhe uma coisinha, caro leitor? Por favor, não ignore as simpáticas aspas. É isso.

Pasquale Cipro Neto escreve nesta coluna às quintas-feiras

@→ E-mail-inculta@uol.com.br

· Escreva uma carta ao jornal, respondendo à provocação de Pasquale Cipro Neto: *O julgamento do procedimento dos redatores é seu, leitor.*

:: Elaboração de entrevista para reportagem

Para a composição final da reportagem intitulada *Polícia encontra mais cinco corpos no presídio*, publicada na *Folha de S.Paulo* (24.05.2004, p. C4), projete uma entrevista com um dos presidiários envolvidos.

· Prepare um roteiro de perguntas adequadas ao interlocutor e à situação de comunicação.
· Para a apresentação do texto, observe:
antes da exposição do diálogo entre entrevistador e entrevistado, faça uma breve apresentação de quem será o entrevistado; antecipe para o leitor dados da biografia do presidiário, contextualizando a própria entrevista;
na identificação do entrevistado, aumente o efeito de verdade, dando nome, sobrenome, idade, alcunha (se houver);
juntamente com a identificação do entrevistado, cite o discurso de outros presidiários, dessa vez via discurso indireto; faça também alusão a comentários deles, colocando as palavras citadas entre aspas;
a relação com o fotógrafo, para que o verbal e o visual se integrem na produção do sentido.

Verifique, na sequência dos textos aqui reproduzidos, como o jornal tratou a entrevista, em sincretismo com o visual na mesma página citada, para compor a reportagem, cujo título é *Polícia encontra mais cinco corpos no presídio*. Observe que tanto o texto corrido da reportagem, como a entrevista, constituem trabalho realizado pelo enviado especial do jornal FSP a Porto Velho (Roraima).

IURI DANTAS

ENVIADO ESPECIAL A PORTO VELHO (RO)

A Polícia Militar de Rondônia localizou ontem cinco cadáveres no interior da penitenciária Urso Branco, em Porto Velho, onde detentos promoveram uma rebelião de seis dias, encerrada anteontem. Com isso, subiu para 14 o número de mortos na rebelião, uma das mais sangrentas da história.

Dois dos corpos estavam degolados e um apresentava a pele da perna e de parte das costas arrancada. Todos os cinco cadáveres estavam empilhados em uma das alas do presídio, com as cabeças decapitadas separadas, ao lado.

A PM entrou no presídio, pela primeira vez desde o começo da rebelião, no início da manhã de ontem. Três alas estavam destelhadas. No chão, telhas quebradas, pedaços de reboco das paredes, trapos de roupas usadas pelos presos e manchas de sangue.

No interior do presídio, os detentos destruíram o pátio interno, "escavando" o local para achar água. O fornecimento de água, comida e energia foi cortado no domingo para forçá-los a se render.

A penitenciária Urso Branco, considerada tecnicamente de segurança máxima, é a maior de Rondônia, com capacidade para 350 presos. Estão lá, porém, cerca de 1.060 detentos, segundo a Secretaria de Segurança do Estado.

A tropa de choque da PM foi a primeira a entrar, às 10h50. Com escudos, revólveres e submetralhadoras, derrubaram portas e verificaram se as grades estavam presas, com pancadas de cassetete. O principal temor da PM era uma tentativa de "cavalo doido".

Em 2002, diversos presos conseguiram fugir assim. Eles se aglomeram, com os mais fracos na frente. Quando se deparam com o batalhão de choque, os primeiros se abaixam e os detrás começaram a disparar armas de fogo. Ontem, foi ouvida apenas a explosão de uma bomba de efeito moral, mas ninguém ficou ferido.

Às 11h20, antes mesmo de os presos voltarem para as celas, uma equipe da Rede Globo entrou no presídio com um grupo de policiais. Segundo o tenente-coronel Elmo Luiz Costa da PM, "a presença da TV Globo foi uma exigência dos presos".

Destruição

Cerca de 20 minutos depois, foi permitida a entrada dos demais jornalistas, entre eles a Folha e fotógrafos de agências internacionais. Um grupo de familiares e os presos escolhidos como negociadores pelos demais detentos também entraram naquele momento.

À reportagem só foi possível visualizar o pátio interno. Todas as paredes foram quebradas, de um modo que aparentava facilidade. Segundo o tenente-coronel Costa, as paredes foram feitas com tijolos vazados, mais frágeis. Os presos também destruíram o pátio porque era nele que costumavam ficar sentados nas rebeliões.

Em um canto do pátio, havia o poço de cerca de 2 m de profundidade, de onde saía a água suja que os presos bebiam. Ao todo, cerca de 60 portas gradeadas de metal foram destruídas pelos rebelados.

Uma equipe de engenharia da Superintendência Penitenciária do Estado tentou fazer uma avaliação ontem, mas a PM ainda não conseguia garantir a segurança do grupo em todo o presídio.

Em nada resultou a negociação promovida pela PM de sábado até a noite de quarta. Anteontem, o diretor do Depen (Departamento Penitenciário Nacional), Clayton Nunes, conseguiu suspender o motim por cerca de 12 horas.

O governo federal liberou cerca de R$ 9 milhões para ampliação e construção de novas unidades em Rondônia, mas as obras ainda estão na fase de licitação. O Ministério da Justiça se comprometeu a providenciar trabalho para a diminuição da pena. Um presídio federal também será construído.

A Justiça estadual fará um mutirão para avaliar a situação dos detentos. Muitos já cumpriram a pena, mas continuam presos.

Policiais entram na penitenciária Urso Branco, em Porto Velho, após a rebelião de seis dias que terminou com 14 detentos mortos

Interior do presídio, que foi destruído pelos detentos rebelados

'Era panela de pressão', diz preso

DO ENVIADO ESPECIAL A PORTO VELHO (RO)

Escolhido pelos colegas detentos de Urso Branco para negociar o fim da rebelião, Ronaldo Jesus da Silva, 26, o Bebezão, disse que a penitenciária era "uma panela de pressão" devido à superlotação e culpou a direção. Condenado em 2002 a 28 anos, Bebezão disse que nunca trabalhou e que, quando sair, vai voltar a roubar e matar.

★

Folha - Por que aconteceu a rebelião?
Ronaldo Jesus da Silva - Foi uma panela de pressão. Chega uma hora que explode. (...) O culpado foi esse diretor. (...) Aconteceu mesmo, não foi um, nem dois, nem três. Foi massa geral. (...)
Folha - Por que a rebelião terminou só na quinta-feira?
Bebezão - Se tiver um acordo para melhora da massa geral, nós vamos para o acordo. (...) O problema maior foi a direção aí, ta ligado? O governo não cumpre. Foi preciso esse pessoal de Brasília aí.
Folha - Por que decapitar e esquartejar?
Bebezão - Lá dentro está cheio de cadeia. O cara tá te humilhando? Vai chegar hora em que você vai descarregar essa sua neurose.
Folha - Quem matou? Por que os 14 presos morreram?
Bebezão - Aí eu não sei te informar, não. (...) Só sei que, quando acabou tudo, eles estavam lá. (...)
Folha - Por que você foi escolhido para negociar?
Bebezão - A massa geral me escolheu porque sou um cara humilde, tá entendendo? (...) Fecho com todo mundo. (...)
Folha - Em que você trabalhava antes de ser preso?
Bebezão - Nunca trabalhei na minha vida, não. Sempre roubei. Sou ladrão mesmo, desde pequeno. Se tiver que meter a mão, meto bala mesmo.

:: Artigo jornalístico

:: Ética e poder na mídia

Discorra sobre o tema contido nesse título, fazendo um artigo jornalístico. Seguem textos que podem contribuir para os argumentos do seu artigo.

1. A crônica de Clóvis Rossi, *Quem são as penas de aluguel?*, publicada na *Folha de S.Paulo*, 30.06.2004, p. A2.

CLÓVIS ROSSI

Quem são as penas de aluguel?

SÃO PAULO - *O vice-presidente José Alencar e o ministro Ciro Gomes fizeram gravíssimas acusações que, suspeito, ninguém vai cobrar.*

Refiro-me à suposta (ou real) censura que ambos estariam sofrendo por conta da crítica aos juros altos ou por, segundo Ciro, pensar "alternativas que não sejam essa ortodoxia imposta por esse modelo econômico".

O grave nessa história não é tanto a suposta censura. Embora nem o ministro nem o vice-presidente sejam de fatos sabotados quando emitem suas opiniões, o fato é que a ortodoxia criou uma forte asfixia no debate público, marginalizando os dissidentes (ou "debochando" deles, como prefere Ciro).

Grave mesmo é a acusação de que o "deboche" vem de "articulistas alugados", segundo o ministro.

Ciro tem a obrigação elementar de dar nome aos bois. Quem são os alugados? Quem os aluga?

É bom deixar claro que não me sinto atingido, porque um dos poucos pecados que não cometo é defender o modelo atual ou os juros altos. Mas boa parte dos colunistas é fã de carteirinha do modelo.

Passam a ser todos suspeitos de estarem agindo não por convicção, mas por sórdidos interesses.

Assim como fica a suspeita de que alguém do próprio governo esteja alugando articulistas para defender o modelo. Afinal, quem, além das instituições financeiras, tem o maior interesse em que digam que a política atual é boa, correta e, portanto, não deve ser modificada? A resposta é óbvia: os setores do governo que a impuseram e a mantêm.

Não sei se o ministro terá a coragem de dar nome às penas de aluguel. Mas é do interesse dos próprios colunistas (e alguns são cabeças coroadas do jornalismo tupiniquim) cobrarem a lista, sob pena de permanecerem todos sob suspeita.

2. A primeira página de três jornais do dia 16.06.2004: *Agora*, *Jornal da Tarde* (São Paulo) e *O Globo* (Rio de Janeiro).

jornal da tarde

SENTADOS: PAGAMENTO DOS
RASADOS PODE TRAVAR ACORDO. Pág. 11A

Muito além dos jogos
As lan houses, com seus equipamentos de última geração, Lanchonetes e até apresentações de DJs, tornaram-se ponto de encontro dos paulistanos

Grátis
Festival de hip-hop em Pinheiros, Iraí e CPM 22 no Pacaembu

Restaurantes
Comer e brincar.
Para as crianças, é só começar

Tem um gato solto por aí

FORMATO DE BOLSO · 104 PÁGINAS

PCC tinha esquema para seqüestrar empresários de férias em Campos

A facção criminosa infiltrava pessoas para trabalhar como caseiros, garçons em bares e restaurantes e, assim, descobrir a rotina das prováveis vítimas. O plano foi frustrado pelo serviço de inteligência, que evitou um seqüestro e prendeu três bandidos. Pág. 9A

PLANO DE SAÚDE

Você sabia que seu médico não recebe aumento no valor da consulta há mais de dez anos?

- Médicos protestam contra empresas e ameaçam não atender convênios
- Saiba o que fazer se você já aderiu à migração para os planos novos
- Justiça proíbe Amil de reajustar plano antigo em mais de 11,75%
- Estado e 15 operadoras têm que aceitar parceiros do mesmo sexo como dependentes. Pág. 10A

O GLOBO

IRINEU MARINHO (1876-1925) · RIO DE JANEIRO, SEXTA-FEIRA, 16 DE JULHO DE 2004 · ANO LXXIX · Nº 25.911 · www.oglobo.com.br · ROBERTO MARINHO (1904-2003)

RIO DE JANEIRO
REGINA SANTOS entrega na PF do Rio uma arma que encontrou no Ceará

SÃO PAULO
LUIZ CARLOS Simões devolve uma carabina na sede da PF de São Paulo

DISTRITO FEDERAL
UM AGENTE recebe em Brasília a arma do coronel aposentado Ronald Pereira Rosa

RIO GRANDE DO SUL
EM PORTO ALEGRE, sete armas foram entregues à PF no primeiro dia

Cerca de 300 armas são entregues à PF

Governo espera receber 80 mil até o fim do ano

- O Estatuto do Desarmamento começou a ser posto em prática ontem. As delegacias da Polícia Federal receberam mais de 300 armas no primeiro dia de vigência da portaria que estabelece o valor a ser pago por cada arma. O governo federal espera receber 80 mil armas ainda em 2004. Página 3

IDH do país provoca polêmica

- O desempenho do Brasil no Índice do Desenvolvimento Humano (IDH) provocou polêmica entre o atual governo e integrantes do anterior. Tucanos acusam o PT de ter enviado dados defasados. O ministro

Queimadas põem Brasil entre grandes poluidores

País emite mais gás do efeito estufa do que se pensava

Rio pode cortar metade de verbas da ABBR

- A Secretaria municipal de Saúde decidiu não reembolsar mais, por meio do repasse de verbas do SUS, o tratamento dos pacientes de outros municípios na Associação Brasileira Beneficente de Reabilitação (AB-

3. O anúncio publicitário relativo ao 26º Congresso Nacional dos Jornalistas retrata, em tempos de lazer e fortuna, Paulo César Farias, figura envolvida no esquema de corrupção que acabou resultando na renúncia do então presidente Fernando Collor e na cassação dos seus direitos políticos até o ano de 2000. O desvelamento da corrupção, para o qual muito contribuiu a mídia impressa, teve como consequência a prisão de PC Farias, tido como articulador desse esquema, que envolveu a candidatura, eleição e governo do ex-presidente Fernando Collor de Mello num dos maiores escândalos nacionais. PC Farias foi posteriormente encontrado morto.

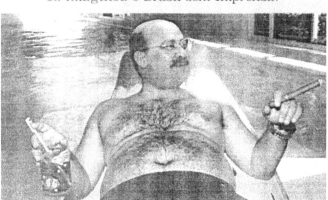

Fonte: 19º Anuário do Clube de Criação de São Paulo, São Paulo, 1994, p. 143. Diretor de arte: José Carlos Lollo; redator: Mariana Caltabiano; diretor de criação: Nizan Guanaes; fotógrafo: agência estado; produtor gráfico: Carlos Silva Vieira; agência: DM9; produto: Congresso; anunciante: FENAJ.

Para fazer seu artigo atente também para:
· a espetacularização da notícia, ou seja, o entretenimento priorizado diante da informação, procedimento que ocorre em alguns jornais;
· o jornalismo declaratório, mais apoiado na reprodução do discurso do *outro*, a fonte citada, e o fortalecimento ou enfraquecimento do poder de crítica do jornal;
· o jornalismo investigativo, preocupado com a aferição cuidadosa dos fatos a ser revelados, mais do que noticiados, e o fortalecimento ou enfraquecimento do poder de crítica do jornal;
· a relação dialógica entre os jornais e a depreensão da imagem do leitor;
· a diversificada seleção de temas e figuras e o modo variado de tratar os mesmos temas e figuras;
· as diferentes construções das cenas midiáticas, para que o mundo seja construído diferentemente.

:: Notas

1. "Coluna tem dois sentidos: ou é o espaço usualmente reservado a um colunista ou cada uma das faixas verticais em que as páginas são divididas". Em, Manual geral da redação da Folha de S.Paulo, 2. ed. revista e ampliada, São Paulo, Empresa Folha da Manhã S.A, 1987, p. 151. (O termo foi empregado na segunda acepção.)

2. Carlos Alberto Rabaça e Gustavo Guimarães Barbosa, Dicionário de comunicação, 2. ed., Rio de Janeiro, Campus, 2001, p. 451.

3. Eduardo Lopes Martins Filho, Manual de redação e estilo de O Estado de S. Paulo, 3. ed. revista e ampliada, São Paulo, O Estado de S.Paulo/Moderna, 2003, p.154.

4. Op. cit., p. 153.

5. Sobre edição de um jornal, vejamos o que diz o manual FSP: "A exposição hierárquica e contextualizada das notícias e a distribuição espacial correta e interessante de reportagens, análises, artigos, críticas, fotos, desenhos e infográficos constituem a edição do jornal". Manual da redação da Folha de S. Paulo. edição revista e atualizada, São Paulo, Publifolha, 2001, p. 33. Sobre editor, é termo que aqui será usado na acepção de profissional de editoração, que cuida das tarefas relacionadas à adequação e organização de originais para publicação.

6. Idem, pp. 32-3.

7. As principais autoridades focalizadas são: presidente da República, Fernando Henrique Cardoso, com a primeira-dama, Ruth Cardoso; vice-presidente, Marco Maciel; governador do Estado de São Paulo, Geraldo Alckmin.

8. Foi aqui incorporada a teoria denominada "das faces", inspirada nos trabalhos de E. Goffman e explicada por Dominique Maingueneau na obra Análise de textos de comunicação, 2. ed., São Paulo, Cortez, 2002, pp. 36-9.

9. Manual da redação da Folha de S.Paulo, 2001, op. cit., p. 28.

10. Op. cit., pp. 15-9.

11. Mikhail Bakhtin, Estética da criação verbal, 2. ed., São Paulo, Martins Fontes, 1997, p. 317.

12. Mikhail Bakhtin (Volochinov), Marxismo e filosofia da linguagem, 4. ed., São Paulo, Hucitec, 1988, p. 33.

13. Op. cit., 1997, p. 319.

14. Dominique Maingueneau, Novas tendências em análise do discurso, Campinas, Pontes, 1989, pp. 111-6.

15. Jacqueline Authier-Revuz, "Hétérogéneité montrée et hétérogéneité constitutive: élements pour une approche de l'autre dans le discours", DRLAV, Paris, Centre de Recherches de l'Université de Paris, VIII, n. 26, 1982, pp. 91-151.

16. Dominique Maingueneau, no Dicionário de análise do discurso (São Paulo, Contexto, 2004, pp. 70-1), inclui as construções passivas entre os procedimentos atenuadores da presença da enunciação no próprio discurso.

17. José Luiz Fiorin, As astúcias da enunciação, São Paulo, Ática, 1996, p. 100.

18. Manual geral da redação da Folha de S.Paulo, 1987, op. cit., p. 149.

[19] Op. cit., pp. 72-126.

[20] Duas observações: 1. O caso específico do desdobramento do discurso indireto, com Locutor 1 e 2, tem o apoio na página 77 da obra citada; 2. Diana Luz Pessoa de Barros, na obra Teoria do discurso: fundamentos semióticos, São Paulo, Atual, 1988, p. 75, apresenta em esquema o mecanismo de delegação de vozes no discurso: enunciador / narrador / interlocutor [objeto] interlocutário / narratário / enunciatário.

[21] Araponga, que significa ave passeriforme, designa, em variante popular e informal da língua "indivíduo que trabalha em serviços de informação; agente infiltrado; espião" (Antônio Houaiss, Dicionário Houaiss da língua portuguesa, Rio de Janeiro, Objetiva, 2001).

[22] No Exame Nacional de Cursos (Jornalismo, 2000), são estes os comentários feitos como "padrão de resposta esperado" a uma questão sobre a importância do jornalismo investigativo: "Enquanto no jornalismo noticioso os fatos acontecem e cabe à imprensa informá-los, no jornalismo investigativo os fatos não estão disponíveis, cabendo à imprensa descobri-los, apurá-los e apresentá-los com todas as suas versões à sociedade. Enquanto o jornalismo noticioso geralmente registra os fatos sem contextualização aprofundada, o jornalismo investigativo faz uma apuração mais rigorosa dos fatos e os divulga acompanhados de documentação que os comprove. É, portanto, o espaço natural da grande reportagem com múltiplas fontes. Tem o papel de informar a sociedade a respeito de situações que devem ser tornadas públicas. Muitas vezes leva à revelação de fatos apurados pelo jornalista em um trabalho geralmente longo e rigoroso, atingindo o objetivo de esclarecimento público e evidenciando distorções sociais."

[23] José Luiz Fiorin, op. cit., p. 66.

[24] Clarice Lispector, A descoberta do mundo, Rio de Janeiro, Rocco, 1999.

[25] Idem, "Rosas silvestres", p. 105.

[26] Idem, "Ao correr da máquina", pp. 340-2.

[27] Idem, "Gratidão à máquina", pp. 69-70.

[28] Op. cit., p. 92.

[29] Segundo Rabaça e Barbosa (op. cit., p.55), o editorial é um "texto jornalístico opinativo, escrito de maneira impessoal e publicado sem assinatura, referente a assuntos ou acontecimentos locais, nacionais ou internacionais de maior relevância. Define e expressa o ponto de vista do veículo ou da empresa responsável pela publicação". Acrescentamos que a dita impessoalidade do editorial, entretanto, não é concebível para uma perspectiva teórica segundo a qual a todo enunciado está pressuposto um sujeito que enuncia.

[30] Manual da redação da Folha de S.Paulo, 2001, p. 64.

[31] Mikhail Bakhtin, Problemas da poética de Dostoiévski, Rio de Janeiro, Forense Universitária, 1981, pp.159-60.

[32] http://www.folha.uol.com.br/fsp/esporte/fk2806200402.htm

:: Lição 4

:: Heterogeneidade mostrada não marcada: ironia, discurso indireto livre, estilização, paródia

> O *outro*
>   diluído
>   no discurso e no texto
>   do *um*;
> O *outro*
>   imitado,
>   captado,
>   subvertido
>   como estratégia
>   do *um*.

:: Leitura do texto

Antes de falar de heterogeneidade mostrada não marcada, lembremos um caso em que, de maneira peculiar, o *outro* se subordina à enunciação citante.

:: O outro mostrado e marcado: discurso indireto analisador da expressão

1. Observe o subtítulo (em itálico) da notícia apresentada na primeira página do jornal *O Estado de S. Paulo* de 03.04.2004. Compare o subtítulo com supostas novas formas do mesmo relato (A e B):

Presidente também garantiu que 'nenhuma terra produtiva será mexida'.
a)   O presidente garantiu que nenhuma terra produtiva seria mexida.
b)   O presidente garantiu: "Nenhuma terra produtiva será mexida."
     Explique as diferentes maneiras de relatar a fala de Lula. Comente os efeitos de sentido correspondentes. Para isso, identifique onde
     a enunciação citada aparentemente se mantém íntegra (discurso direto);
     a enunciação citada se integra à enunciação citante (discurso indireto);
     o modo de expressão do discurso citado tem destaque, dentro do discurso indireto (discurso indireto analisador da expressão).

> Lembre que:
> · para citar o *outro* posso subordiná-lo à minha enunciação e, dessa maneira, citá-lo no modo do discurso indireto;
> · com o uso do discurso indireto, a integração entre o discurso citante e o citado se dá por meio de elos subordinativos como a conjunção *que*.

2. Identifique finalidades do modo peculiar de promover a citação entre aspas, tal como está demonstrado na citação que segue. Dê destaque à responsabilidade enunciativa sobre o dito.

   O presidente Luiz Inácio Lula da Silva disse ontem, em discurso em Mato Grosso do Sul, que a reforma agrária "não vai ser feita no grito, nem no grito dos trabalhadores nem dos que são contra".

   (Notícia correspondente ao subtítulo citado na questão anterior.)

> Temos aí a citação da fala de Lula, subordinada ao relato do repórter, mas com recuperação das próprias palavras do presidente.

3. Identifique os modos escolhidos pelo jornal para citar a voz do presidente. Explique o recurso usado no segmento iniciado pela conjunção *que*.

   Nós temos o compromisso de, até o final do meu mandato, assentar 400 mil famílias e regularizar 130 mil títulos de terra", salientou Lula, garantindo que "nenhuma terra produtiva será mexida" (idem, ibidem).

4. Comente, ao examinar os segmentos que seguem, onde e como se dá a ilusão de restituição da palavra "ao vivo", dentro do relato em discurso indireto. (Todos os exemplos foram extraídos do jornal *O Estado de S.Paulo* de 03.04.2004.)

a) Em artigo publicado na edição de quarta-feira de *O Estado*, o governador Geraldo Alckmin lembrou que, nos últimos quinze meses, o governo investiu R$ 164 milhões no metrô. (Editorial, p. A3.)
b) Na entrevista ao repórter, o ministro [Guido Mantega] disse: "Projetando o superávit comercial conseguido no primeiro trimestre, o resultado do ano daria US$ 29 bilhões. Mas quem faz as previsões é o ministro Furlan. O que eu fiz foi apenas cálculos em cima do saldo dos primeiros três meses. Portanto, não é previsão ou revisão." (Fórum dos leitores, nota da redação, p. A3.)
c) Ontem, em novas declarações, Sharon deixou claro que Arafat é "um homem marcado". (Notícia – caderno Internacional, p. A 25.)
d) Em Washington, o subsecretário americano de Estado, Richard Armitage, frisou: "Nossa posição em tais questões – o exílio ou o assassinato de Arafat – é muito conhecida. Nós nos opomos e deixamos isso claro ao governo de Israel." (Notícia – caderno Internacional, p. A 25.)

5. Explique os efeitos de sentido em decorrência do uso de determinada modalidade de discurso indireto no exemplo que segue.

> Em novo telejornal da Record, a modelo Ana Hickmann diz que fará 'oficina de estilo' e ensinará o público a se vestir.

· Abre-se a reportagem, creditada a Diego Assis (da Reportagem local) com a chamada recém-transcrita.
  · Trata-se de publicação feita no caderno Ilustrada (domingo, 01.08.2004, p. E12), do jornal *Folha de S.Paulo*.
· A reportagem comenta o lançamento de um novo programa de televisão.
· O discurso indireto analisador da expressão:
  mantém marcas do discurso indireto, como o emprego da conjunção;
  mantém marcas do discurso direto, como o emprego das aspas;
  faz restar tão somente uma única enunciação, a citante e subordinante;
  dá destaque ao modo de expressão do discurso citado.

6. Observe trechos de reportagem publicada no jornal *O Estado de S. Paulo* (03.04.2004, p. A25, caderno Internacional, rubrica Oriente Médio) sob a manchete: *EUA advertem isralenses: não matem Arafat.*
Identifique e justifique o modo aparentemente híbrido (aparente cruzamento de discurso direto com discurso indireto) na representação das vozes do enunciado. Relacione com o discurso indireto analisador da expressão.

> *Sharon voltou a ameaçar o líder palestino dizendo que 'quem mata um judeu é um homem marcado'.* (Subtítulo da manchete)

> Ontem, em novas declarações, Sharon deixou claro que Arafat é "um homem marcado". (Notícia)

:: Heterogeneidade mostrada não marcada
Intertextualidade: paródia e estilização

> Intertextualidade é a imitação de um texto por outro, para captá-lo ou para subvertê-lo.

7. Observe a peça publicitária publicada na revista *Senhor*, Rio de Janeiro, Editora Senhor S. A., abr. 1959, ano 1, n. 2, p. 7.

a) Identifique no anúncio:
   o objeto investido como objeto de desejo para consumo;
   o enunciado evocado;
   os procedimentos para imitar discursivamente o enunciado evocado;
   os meios de inverter discursivamente o enunciado evocado;
   o porquê da subversão discursiva da figura da Maja Desnuda.
b) Complete a asserção que segue, justificando-a.
   O anúncio mantém misturadas as diferentes vozes enunciativas, mas estabelece um contraste entre elas.
c) Descreva, no anúncio, a imagem do sujeito dada pelo modo de dizer. Explicite o *ethos*.

8. Parodiar é imitar e subverter um texto ou um gênero. Comente os mecanismos de construção intertextual, para o sentido do anúncio dos *Molhos Prontos Parlamat*.

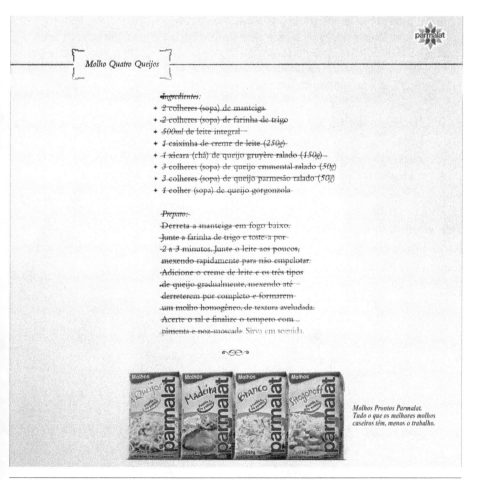

Molhos Prontos Parmalat.
Tudo o que os melhores molhos
caseiros têm, menos o trabalho.

Fonte: diretor de criação: João Livi; diretor de arte: Cássio Moron; redator: João Livi. Talent Comunicação e Planejamento Ltda, São Paulo, 2004.[1]

a) Explique como a paródia publicitária subverteu materialmente o plano da expressão do texto de referência.
b) Comente a intertextualidade como mecanismo de persuasão do anúncio.

> • Lê-se a paródia pensando no texto ou no gênero imitado.
> • Percebe-se a inadequação de sentido entre texto ou gênero imitados e a paródia.
> • Faz-se, por exemplo, a paródia de um gênero, como *receita culinária*, com a utilização de tal gênero como outro, uma *carta de amor*.
> • Nota-se, na carta feita à maneira de receita culinária, uma inadequação de tons de voz: o possível tom lamentativo da carta resultaria em *blefe*.
> • Faz-se a paródia de um texto, com a imitação e subversão do conteúdo desse texto: subvertem-se figuras, temas e modo de dizer.
> • Nota-se a inadequação de tons entre o texto imitado e o texto parodístico, como uma receita de torresmo, da revista *Bundas*, que parodia uma receita somente com ingredientes raros, da revista *Caras*.
> • Instaura-se a ludicidade de um modo de dizer.

9. Observe a definição de *epitáfio* dada pelo dicionário.[2]

epitáfio: 1. inscrição sobre lápides tumulares ou monumentos funerários. 2. a lápide contendo essa inscrição 3. enaltecimento, elogio breve a um morto.

Leia os enunciados contidos no verbete *epitáfios*, extraído da obra *O melhor do mau humor: uma antologia de citações venenosas*.[3] Comente a paródia realizada por meio da imitação e subversão discursiva do texto de base. Indique coerções genéricas mantidas.

1. E agora, vão rir do quê?
   Chico Anísio

2. De volta às cinzas.
   Rubem Braga

3. Aqui jazz.
   Jorge Guinle

4. Aqui, ó.
   Ivan Lessa

5. Enfim, magro.
   Jô Soares

· Seguem algumas regras genéricas do epitáfio clássico, que tem como frase emblemática *Aqui jaz*.

A brevidade do período oracional.
A associação do *túmulo* com a *morada final*.
O túmulo dado como o espaço do *aqui*, ligado ao tempo do *agora*.
A cena enunciativa dada pela presentificação.
O presente construído sem limites, por isso tido como omnitemporal.[4]

10. Estilizar é imitar e captar um texto ou um gênero. A estilização corresponde a fazer um texto *à maneira de...* ou *à moda de...*, sem que haja efeito de inadequação de tons de voz entre texto imitado e texto que imita.

Observe como se relacionam intertextualmente um soneto e uma receita culinária. Explique como a receita culinária, ora apresentada, realiza uma estilização.

Feijão à João Ubaldo[5]
Na única exceção deste volume,
Aqui vai um soneto em rima rica
que com muito prazer agora assume
o saber do ermitão de Itaparica.

Cozinhe n'água e sal todo o feijão,
Escorra bem os grãos feitos ao dente.
Alho, cebola, o seco camarão
no dendê são dourados lentamente.

Despejar o feijão no refogado
e ajuntar mais um pouco de dendê
até que fique tudo besuntado.

Agora vem um toque bem maneiro:
misture o camarão fresco e você
vai dar um vivo ao povo brasileiro.

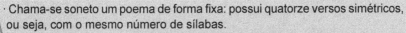

· Chama-se soneto um poema de forma fixa: possui quatorze versos simétricos, ou seja, com o mesmo número de sílabas.
· Esses versos são distribuídos em dois quartetos e dois tercetos.
· O soneto pode ter rimas ricas.
· Consideram-se ricas as rimas formadas com palavras de classes gramaticais diferentes, como *volume* (substantivo), que rima com *assume* (verbo); *rica* (adjetivo), que rima com *Itaparica* (substantivo).

:: Discurso indireto livre

11. Considere a crônica jornalística *Na passarela de Miss Mundo, lá vamos nós* (*Folha de S.Paulo*, 05.12.2002).[6]

> A Nigéria é um país dividido entre cristãos modernizadores e muçulmanos que têm pouca simpatia pelos charmes da modernidade ocidental. Os dois grupos se odeiam. Em 2001, a nigeriana Agbani Darego, estudante de computação, foi eleita *Miss Mundo*, graças à elegância de seu porte e a suas qualidades intelectuais. Com isso, a Nigéria ganhou o direito de hospedar o concurso. O governo nigeriano (o atual presidente é cristão) decidiu promover o evento de 2002 para mostrar ao mundo que a Nigéria se moderniza. A comunidade muçulmana não gostou.
>
> Primeiro, várias candidatas protestaram contra a aplicação da lei islâmica na Nigéria e pediram que fosse abolida a pena de apedrejamento para mulheres acusadas de adultério. Também a data escolhida (7 de dezembro, no começo do Ramadã, mês sagrado dos muçulmanos) pareceu uma provocação. Enfim, como aceitar uma competição baseada em qualidades que o Islã mais conservador não preza nas mulheres, como a sedução, a independência e a formação intelectual e profissional?
>
> Gota que fez transbordar o vaso, uma jovem jornalista nigeriana (*de novo uma mulher, mas onde já se viu?*), ao comentar a chegada das moças, na semana retrasada, perguntou: "O que o profeta Muhammad pensaria do concurso?", e brincou: "Quem sabe ele escolhesse uma mulher entre as jovens pretendentes".
>
> *Blasfêmia*! As autoridades religiosas do estado de Zamfara decretaram uma *fatwa* contra a jovem, que já está em fuga pelo mundo, alvo designado de assassinato por qualquer fiel muçulmano que goste da ideia. E a rua pegou fogo. Balanço: mais de 215 mortos, 1.100 feridos, 22 igrejas e oito mesquitas destruídas.

Observe os trechos da crônica, aqui colocados em itálico e relacione-os com estas duas outras supostas versões, ora consideradas A e B.

> A. Os muçulmanos, que se sentiam injuriados devido à presença provocadora de uma jornalista nigeriana no concurso de Miss Mundo, realizado em terras nigerianas, gritaram:
> – De novo uma mulher, mas onde já se viu?
> Após o pronunciamento da jornalista, que brincou com a figura do profeta Muhammad, vociferavam em desespero:
> – Blasfêmia!
> B. Os muçulmanos, que se sentiram injuriados devido aos apartes acintosos de uma jornalista nigeriana no concurso de Miss Mundo, realizado em terras nigerianas, perguntaram como era possível tanto espaço cedido às mulheres.
> Após o pronunciamento da jornalista, vociferavam desesperados que aquilo era uma blasfêmia.

a) Comparando as versões A e B com a original, da própria crônica, identifique em qual delas se dá:

> a dissociação entre dois atos de enunciação, o do discurso citante do narrador e o do discurso citado dos muçulmanos;

a integração do discurso citado dos muçulmanos ao discurso citante do narrador, de modo a mostrar e marcar o *outro*, que perde a autonomia do próprio dizer;

a mistura da voz do narrador e a dos muçulmanos, de modo a se manterem dois atos enunciativos, mas sem marcas que os separam.[7]

b) Identifique marcas do discurso direto e do discurso indireto nas versões A e B apresentadas.
c) Identifique, entre o segmento destacado da crônica e as correspondentes versões A e B, onde se dá o discurso indireto livre. Explique por que é contextualmente que se distinguem dois acentos no discurso indireto livre.

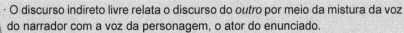

· O discurso indireto livre relata o discurso do *outro* por meio da mistura da voz do narrador com a voz da personagem, o ator do enunciado.
· Disso resulta uma única voz com dois acentos: um que remete ao próprio narrador, outro que remete ao ator do enunciado.

12. Tomemos outra crônica publicada na *Folha de S.Paulo* (11.09.2003), reunida entre aquelas 101 da obra recém-citada de Contardo Calligaris.[8]

a) No excerto, que ora se apresenta, deverá ser feita a inserção de um segmento em discurso indireto livre, logo após o que se apresenta em itálico. Trata-se de movimento ficcional que, para detalhar discursivamente o adeus citado, deve respeitar o tom de tristeza e luto.

Hoje é o segundo aniversário do ataque de 11 de setembro de 2001. Nos primeiros dias após o atentado, a imprensa publicou os relatos de parentes e dos amigos com quem as vítimas se comunicaram telefonicamente enquanto viviam sua última hora.
Recentemente, as autoridades de Nova York tornaram públicas as gravações das chamadas que, na manhã do dia 11, foram recebidas e feitas pela central de segurança do World Trade Center. A imprensa americana reproduziu trechos. Os livros e as dezenas de recortes de jornais e revistas estão em cima de minha mesa. No meio do luto e da tristeza pelas incertas sequelas do atentado, uma constatação salva o dia: é extraordinário como houve pessoas para fazer a coisa certa na hora do vamos ver.
Há a força de espírito de muitas vítimas que, apesar da morte iminente, encontraram as palavras necessárias para que pudesse continuar a vida das pessoas amadas que lhes sobreviveriam. *No último contato telefônico, esqueceram-se de seu desemparo para inventar um adeus que não condenasse o outro ao desespero.* E há mil gestos generosos que foram definidos como

heroicos, mas que, no relato dos protagonistas, foram banais. O chefe Picciotto relata, por exemplo, sua subida à torre norte do World Trade Center e, sobretudo, sua descida. Depois do colapso da torre sul, ele mandou seus homens se colocarem a salvo e, com uma pequena tropa, continuou inspecionando cada andar para que ninguém fosse deixado para trás. Encontraram um grupo de inválidos que não podiam servir-se da escada. Começaram, então, a carregá-los, embora soubessem que provavelmente a torre na qual estavam também cairia, como aconteceu.

Picciotto foi encontrado horas mais tarde nos escombros, salvo milagrosamente por uma trave de sustentação que o abrigou.

· Para o relato em discurso indireto livre a ser inserido, não faça uso de:
enunciados como "Fulano disse *que* ...", "questionou *se*...";
sequências com discurso citante e discurso citado separados, como em "Fulano disse: "xxx";
promova:
o deslocamento da voz do cronista na direção do *outro* mostrado;
a presença de um interlocutor que não diz *eu*.
· Para discursivizar os pensamentos e desejos não verbalizados, use:
frases interrogativas e exclamativas;
interjeições;
advérbios de intensidade como *tanto*, *tão*;
verbos no pretérito imperfeito e na terceira pessoa.

b) Explique por que a observação do segmento inserido tem de ser contextual para o reconhecimento da mistura de vozes: do ator do enunciado e do ator da enunciação.

:: Teoria

:: Heterogeneidade mostrada não marcada: ironia, discurso indireto livre, paródia e estilização

:: Introdução

Antes de falar da heterogeneidade mostrada não marcada, que enfeixa ironia, discurso indireto livre, paródia e estilização, façamos uma breve retrospectiva sobre a heterogeneidade constitutiva, até para consolidar a familiarização com os princípios da própria heterogeneidade mostrada. Lembremos então que o discurso é constitutivamente heterogêneo. É condição de qualquer discurso ser uma resposta a outros discursos. Por isso todo discurso é dialógico, se destacarmos que esse diálogo é interno e imanente: não se trata de um diálogo como o de uma conversa telefônica, representada na modalidade escrita por meio de troca de parágrafos que se iniciam por travessões. O diálogo constitutivo do discurso remete a formações ideológicas que, como crenças e aspirações ditadas pela sociedade, produzem o *outro* que atravessa o *um*. Esse *outro*, presença inevitável na constituição do *um*, orienta a construção que o sujeito faz do mundo. Por isso a percepção de mundo de cada sujeito, discursivizada nos textos, parece individual, mas é social. São vozes sociais em diálogo, essas que constituem heterogeneamente o texto, assim ancorado historicamente e, por essa razão, dito *discurso*.

Esse dialogismo interno de todo discurso remete então ao *outro*, que constitui inevitavelmente o *um*, sendo que esse *outro* é organizado não caótica e aleatoriamente, mas de maneira coerente e sistemática. O *outro* que constitui o *um* enfeixa representações e se firma como conjunto organizado de prescrições e normas ditadas socialmente. Assim, esse *outro* subordina sujeito e discurso aos interesses sociais, sempre contraditórios. São, portanto, vozes ideológicas da interdiscursividade, as que firmam a heterogeneidade constitutiva dos textos. Interdiscursividade, então, não supõe uma imitação deliberada de um texto por outro. Imitação deliberada de um texto por outro é intertextualidade, de cujos exemplos veremos a paródia e a estilização. Mas isso já é outra coisa: é heterogeneidade mostrada não marcada.

Voltando à heterogeneidade constitutiva, verificamos que, remetendo ao mundo feito discurso, ela se funda na "incompatibilidade radical" própria ao sentido, tomando para nós a palavra de Maigueneau.[9] A propósito, essa heterogeneidade constitutiva do discurso pode ser demonstrada no parágrafo inicial de um artigo jornalístico, da autoria de Bertrand de Orleans e Bragança, cujo título é *Não ceder para não perder*, publicado na seção Tendências e debates, do jornal *Folha de S.Paulo* (09.08.2003, p. A3). Nesse artigo, o autor debate a questão da reforma agrária no Brasil, alertando os fazendeiros a *não ceder para não perder*. Dando destaque a "uma manobra publicitária que nos tenta passar a ideia de um descontentamento que se alastra como fogo", o articulista afirma que "o que ganha ressonância é o MST, seus profissionais da agitação e suas obscuras teses de uma agricultura coletivizada e sem propriedade privada". Observemos a abertura do artigo, feita de reminiscências.

> É sempre com saudade que recordo os anos de minha infância, passados numa fazenda de café no norte do Paraná. Lembro-me do ambiente hospitaleiro e harmônico que lá reinava. Além do chefe de nossa família, meu pai era, ao mesmo tempo, um pai para todos e para cada um de seus colonos e agregados. Minha mãe, apesar dos cuidados com seus 12 filhos, sentia-se na obrigação de cumprir sua função social de ministrar aulas de catecismo para os filhos de seus empregados.

Procurar no enunciado o crivo avaliativo sob o qual o mundo é construído é depreender o lugar social do sujeito; é, por meio da reconstrução de vozes que habitam o discurso, recuperar o dialogismo ou a heterogeneidade, ambos constitutivos do discurso. No caso do excerto jornalístico, rastreando temas e figuras, segundo os quais o mundo se legitima na cena da pacificação aparente das contradições sociais, constatamos uma voz que procura abafar a polêmica. Esse efeito de abafamento da polêmica é produzido por meio da semantização eufórica de um tempo anterior ao momento da enunciação, não por acaso concretizado na continuidade do pretérito imperfeito do indicativo: *reinava, era, sentia-se*. Os temas do amor e do zelo, tanto entre membros da família, como entre senhor das terras e colonos, sustentam o tempo da infância, dado como o da anterioridade eufórica, porque reprodutora de harmoniosas relações sociais. Confirmam-se como naturais as relações de poder construídas historicamente, para que o discurso possa dialogar convergentemente com vozes sociais afins.

O "ambiente hospitaleiro e harmônico", discursivizado com apoio na figura paternal do proprietário rural e na figura irretocável da dedicada esposa, mãe dos 12 filhos, mulher a que é sobreposto o traço da extrema generosidade devido à catequização dos filhos dos colonos, firma o espaço que, tal qual o tempo, é dado na harmonia transcendente porque respaldada pela ilusória independência em relação a qualquer construção social.

Na harmonia transcendente da cena narrada, robustecem as figuras dos patrões generosos, enquanto se ratifica um mundo bom, porque perfeito, e perfeito, porque avesso a contradições. Aliás, o texto prossegue, apresentando: o Brasil como "gigante da agropecuária", a reforma agrária como atitude "confiscatória", num recorte discursivo que, circunscrito ao topo da pirâmide social, converge para determinados textos, já ditos e ainda por dizer, enquanto diverge de outros. Não poderia ser diferente, já que o dialogismo é inerente à própria linguagem.

:: Ironia

É interessante observar, para além das vozes sociais, o arranjo que determinado texto oferece para as várias vozes que nele se apresentam. O modo de apresentar o *outro* firma-se então como estratégia discursiva, como mecanismo de construção do sentido de determinado texto. Passamos a falar em heterogeneidade mostrada, a qual remete ao fenômeno da polifonia. Várias (*polys*) vozes (*fonia*) podem facultativamente apresentar-se no interior de um discurso. A propósito, no excerto jornalístico considerado, é curioso notar, como efeito produzido *no* texto e *pelo* texto, a monofonia. Ora, se a polifonia mostra as várias vozes que se apresentam no interior de um discurso, o efeito de monofonia dá-se como suspensão do entrecruzamento de vozes de um texto. É assim que se funda o acento único da voz do enunciador. Vale ressaltar que efeitos de monofonia ou de polifonia não são gratuitos, como nada o é. Vejamos como o excerto jornalístico citado combina o efeito de monofonia com estratégias argumentativas.

Tal excerto do artigo de Órleans e Bragança não apresenta fenômenos de heterogeneidade mostrada: nem a marcada, nem a não marcada. Naquela, estariam recursos como o uso de aspas, itálico e conjunções integrantes pospostas a um *verbum dicendi*, que remetem ao uso do discurso direto e do discurso indireto. Nesta estariam recursos como o da ironia e o do discurso indireto livre, dos quais ainda falaremos. Por essa eliminação dos dispositivos da heterogeneidade mostrada, temos reforçado o efeito de monofonia. A propósito, é tanto pelo dito, segundo o qual o tempo da infância reproduz harmoniosas relações sociais, quanto pelo modo de dizer, segundo o qual as verdades enunciadas adquirem estatuto de acabamento e transparência, que se dá, no artigo, a incorporação do efeito de monofonia às estratégias enunciativas. O modo de dizer no texto propõe, para a voz do sujeito, um acento único, que se alia ao efeito de robustecimento da autoridade hierárquica e ao efeito de manutenção da ordem estabelecida. O acento único do dizer, ou o efeito de monofonia, sustenta-se, por sua vez, na linearidade das relações entre as vozes do enunciador e do narrador; aquele, o sujeito que delega; este, o sujeito delegado; ambos, em convergência. Expliquemos essa convergência, dando exemplo do contrário, ou seja, de divergência de vozes.

Pode haver divergências entre narrador e enunciador, resultando em polifonia. Um bom exemplo dessa divergência está na ironia. Para ilustrar tal procedimento, não custa lembrar um dos casos de ironia das cartas de Graciliano Ramos, autor que aí a reúne em abundância:

> Maniçoba, 19 de junho de 1911. Minha mãe: Aqui cheguei em *paz e salvamento*, graças a Nosso Senhor Jesus Cristo. Isto aqui é bom como o diabo: acorda-se às cinco da manhã, leva-se o dia lendo, fumando, comendo e rezando; dorme-se às nove da noite. Uma vida de anjo. Quando chegar aí – está compreendendo? – hei de ter o corpo pesando 70 quilos e a alma leve de pecados, tão leve como os *vagons* que levam material para a construção da estrada de ferro de Palmeira.[10]

Antes do fenômeno da ironia, porém, salta aos olhos o fato de que o enunciado da carta já na abertura remete à heterogeneidade mostrada (e marcada). Isso se faz quando é colocada em tipo itálico a expressão *paz e salvamento*, como se estivesse indicando: "Essas palavras não são minhas". Prossegue a carta na demonstração de certa mobilidade de modo de presença do sujeito, ao acentuar a ambiguidade da qualificação de Maniçoba: um lugar *bom como o diabo*. Essa comparação paradoxal surpreende, devido à apresentação concomitante de figuras dadas como contrárias culturalmente: o que é *bom* e o que ruim, ou *do diabo*. Passa, por fim, a carta, a afirmar que a alma estará leve um dia. Mas essa leveza, afirmada pelo narrador, é negada pela enunciação. Tal negação passa a ser explicitada, aliás, na própria equiparação do peso da alma, após a estada em Maniçoba, com o peso dos vagões carregados da estrada de ferro de Palmeira. Então o enunciado afirma a leveza; a enunciação a nega. Da discrepância entre a voz do dito e a voz do dizer emerge a ironia. Ganha o texto em polifonia.

No parágrafo citado do artigo de Órleans e Bragança, não temos essa movimentação de vozes. Lá, enquanto é enunciado o tempo da infância como reprodução de harmoniosas relações sociais, como vimos, verdades são discursivizadas com estatuto de acabamento e transparência, devido ao modo de dizer, que se afasta dos recursos da polifonia. Esse modo de dizer supõe, para a voz do sujeito, um acento único, aliado ao efeito de exacerbamento da autoridade hierárquica. Enunciador e narrador convergem, portanto, para que não haja diferentes tons de voz, para que se fixe definitivamente um mundo dado como ideal, justamente porque se cumpre na imagem da própria fixidez.

:: Discurso indireto livre

Podemos identificar o efeito de polifonia sustentado em outro dispositivo: o discurso indireto livre. Tomemos um excerto da crônica *A importância da vida concreta*, de Contardo Calligaris. Essa crônica, publicada no jornal *Folha de S.Paulo* (25.10.2001), encontra-se entre os 101 textos do mesmo gênero e do mesmo autor, reunidos no livro já citado, *Terra de ninguém*.[11] Discorrendo sobre os desdobramentos midiáticos, em função dos ataques ao World Trade Center e ao Pentágono (EUA), ocorridos em 11 de setembro de 2001, o cronista especifica *e-mails* recebidos sobre o assunto. Segundo o relato espantado e constrangido de Calligaris, entre tais mensagens encontravam-se justificativas ao ataque, em forma de alusões à "substituição de vítima por vítima", ou seja, o ataque teria sido uma "retribuição" a "políticas americanas iníquas contra o Terceiro Mundo". Segundo o cronista, encontravam-se também, entre as mensagens, supostas justificações das mortes daqueles cidadãos "pelos crimes do capital" e, ainda, supostas acusações, no sentido de que "os funcionários do World Trade Center eram 'todos alienados'". É para este último argumento que o fragmento, selecionado da crônica, responde:

> Cada vez mais, parece-me que, quando denunciamos a alienação dos outros, quase sempre operamos uma extraordinária violência: negamos suas vidas concretas. É por esse caminho que o terrorista transforma qualquer um em alvo: ele não enxerga nunca as existências, só a funcionalidade de todos no sistema que ele combate. *Há uma criança no avião? É apenas mais um expoente do mundo inimigo: quem sabe um futuro dirigente do FMI.* Essa redução é fácil para o terrorista, pois ele já fez o mesmo com sua própria vida: renunciou à existência para se tornar puro instrumento (de destruição).

O segmento aqui colocado em itálico, especialmente para nossas reflexões, representa a formulação da combinatória de vozes, a voz do cronista-narrador e a voz do terrorista, o *ele* de quem se fala. Com essa mistura, depreendem-se dois acentos na própria voz do cronista. É verdadeiramente impossível, pelo contexto, deduzir como apenas do cronista tais elucubrações que se iniciam com uma pergunta. O autor incorporou então a voz do terrorista de maneira híbrida: sem marcas que sucedessem um *verbum dicendi*, como o elo subordinativo (o terrorista perguntou se...), próprio do discurso indireto; sem a ruptura sintática reforçada pelo emprego de dois pontos, travessão ou aspas, subsequentes ou não ao *verbum dicendi*, como é próprio do discurso direto. Diluídas as marcas que separariam o *outro* mostrado, os enunciados destacados da crônica permitem entrever uma discordância de vozes, o que dá indicação do uso de discurso indireto livre. Com tal recurso, a crônica ganha em polifonia.

Calligaris rompeu os limites entre dois atos enunciativos: o dele próprio e o do terrorista. Certamente é o cronista mesmo quem fala nesses enunciados destacados, mas o que vale é que ele aí se permite a participação na mistura com a voz do *outro*. Retoma depois a própria voz, ao dar continuidade ao texto: "Essa redução é fácil para o terrorista". Se não tivesse evocado os pensamentos do terrorista por meio do discurso indireto livre, o cronista poderia ter formulado a citação do *outro* em discurso direto ou em discurso indireto, como está demonstrado em ambas as versões ora apresentadas: a primeira para o discurso direto e a segunda para o indireto.

Primeira versão

    – Há uma criança no avião? – O terrorista costuma perguntar.
    – É apenas mais um expoente do mundo inimigo: quem sabe, um futuro dirigente do FMI. – O terrorista completa.

Segunda versão

O terrorista costuma perguntar se há uma criança no avião. Em caso afirmativo, costuma responder que ela nada mais é do que um expoente do mundo inimigo e um possível futuro dirigente do FMI.

Interessante é notar o distanciamento irônico entre o cronista-narrador e o terrorista, este que é devastado nos próprios pensamentos. Aliás, o uso do ponto de interrogação, bem como a escolha lexical *futuro dirigente do FMI,* com o investimento figurativo de ódio maximizado, acabam por confirmar o acento da voz do terrorista na voz do cronista. Eis a dissonância enunciativa, própria do discurso indireto livre.

Não poderia, portanto, haver separação entre o discurso citante do cronista e o discurso citado das vítimas, simplesmente porque no discurso indireto livre não há discurso citante e discurso citado. Aliás, somente notamos, no segmento em discurso indireto livre, a comprovação de duas enunciações por meio da leitura do excerto inteiro da crônica. O discurso indireto livre se realiza contextualmente e, por essas razões, viabiliza a heterogeneidade mostrada não marcada, fortalecendo a polifonia como regra genérica da crônica jornalística contemporânea. É no discurso indireto livre, portanto, que se dá o hibridismo do relato do discurso do *outro*. Se levantarmos a hipótese de hibridismo para o discurso indireto analisador da expressão, veremos que ela é falsa. Apesar de manter a conjunção (marca do discurso indireto) e as aspas (marca do discurso direto), o discurso indireto analisador da expressão faz restar tão somente uma única enunciação, a citante e subordinante. Exemplo:

MASSACRE NO CENTRO *Delegado afirma ter ouvido testemunha-chave para o caso dos assassinatos de moradores de rua*

A Polícia Civil informou ontem já ter suspeitos dos ataques que mataram seis moradores de rua e feriram nove, no centro da capital paulista, desde a semana passada.
A declaração foi dada pelo delegado Luiz Fernando Lopes Teixeira. [...]
Tudo o que Teixeira disse foi que na tarde de ontem ele ouviu quatro testemunhas, uma das quais "extremamente importante" para as apurações. Não disse quem é nem o que teria visto.

Folha de S.Paulo, Cotidiano, 26.08.2004, p. C1.

Retomando agora a questão da polifonia na crônica jornalística contemporânea, é preciso destacar que o gênero *crônica* nem sempre se pautou por esse efeito de sentido. Se tomarmos crônicas do Brasil colonial, dos séculos XVI e XVII, verificaremos que os mecanismos de construção do sentido, no que diz respeito ao efeito de polifonia, são outros. A obra *Documentos históricos brasileiros* reúne, entre as fontes consideradas históricas como cartas, registros comerciais, registros paroquiais, moedas recunhadas no Brasil, a crônica.[12] Aliás, tal obra viabiliza a inserção do gênero *crônica* ao se declarar como "História do Brasil apresentada na palavra de seus atores e autores dentro do cenário nacional. Não é um compêndio. É História feita do cotidiano."[13] Refere-se então aos cronistas, como sujeitos que, "sem pretensão de fazer historiografia, limitaram-se a narrar, sem grandes preocupações explicativas, os acontecimentos que colecionaram".[14] Interessa-nos, para a projeção do gênero crônica, essa ausência de *grandes preocupações explicativas*.

A crônica de autoria de André João Antonil, publicada no ano de 1711, em *Cultura e opulência no Brasil por suas drogas e minas* e inserida nos *Documentos históricos brasileiros* sustenta-se no tema da mão de obra escrava na lavoura canavieira do Brasil colonial. Observemos a primeira parte, na reprodução do excerto que segue.

Como há de haver o senhor do engenho com seus escravos

Os escravos são as mãos e os pés do senhor do engenho; porque sem eles no Brasil não é possível fazer, conservar e aumentar fazendas, nem ter engenho corrente. E do modo, com que se há com eles, depende tê-los bons ou maus para o serviço. Por isso é necessário comprar cada ano algumas peças e reparti-las pelos partidos, roças, serrarias e barcas. E porque comumente são de nações diversas, e uns mais boçais que outros, e de figuras muito diferentes, se há de fazer repartição com reparo e escolha, e não às cegas. Os que vem para o Brasil são Ardas, Minas, Congos, de S. Tomé, d'Angola, de Cabo Verde, e alguns de Moçambique, que vem nas naus da Índia. Os Ardas, e os Minas são robustos. Os de Cabo Verde, e S. Tomé são mais fracos. Os d'Angola criados em Loanda são mais capazes de aprender ofícios mecânicos, que os das outras partes já nomeados, entre os Congos há também alguns bastantemente industriosos, e bons não só para o serviço de cana, mas para as oficinas, e para os meneios de casa.

Uns chegam ao Brasil muito rudes, e muito fechados, e assim continuam por toda a vida. Outros em poucos anos saem ladinos, e espertos, assim para aprenderem a doutrina cristã, como para buscarem modo de passar a vida, e para se lhes encomendar um barco, para levarem recados, e fazerem qualquer diligência das que costumam ordinariamente ocorrer. As mulheres usam de foice, e de enxada, como os homens; porém nos matos, só os escravos usam de machados. Dos ladinos se faz escolha para caldeireiros, carapinas, calafates, tacheiros, barqueiros, e marinheiros porque estas ocupações querem maior advertência. Os que desde novatos se meteram em alguma fazenda, não é bem que se tirem dela contra sua vontade, porque facilmente se amofinam, se morrem. Os que nasceram no Brasil, ou se criaram desde pequenos em casa dos brancos, afeiçoando-se a seus senhores, dão boa conta de si; e levando bom cativeiro, qualquer deles vale por quatro boçais.

Melhores ainda são, para qualquer ofício, os mulatos; porém muitos deles, usando mal dos favores dos senhores, são soberbos, e viciosos, e prezam-se de valentes orelhados para qualquer desaforo. E contudo eles, e elas da mesma cor, ordinariamente levam no Brasil a melhor sorte; porque com aquela parte de sangue de brancos, que têm nas veias e talvez dos seus mesmos senhores, os enfeitiçam de tal maneira, que alguns tudo lhes sofrem, tudo lhes perdoam; e parece, que se não atrevem a repreendê-los, antes os mimos são seus. E não é fácil decidir, se nesta parte são remissos os senhores, ou as senhoras; pois não falta entre eles, e elas, quem se deixe governar por mulatos, que não são os melhores; para que se verifique o provérbio, que diz: – Que o Brasil é Inferno dos Negros, Purgatório dos Brancos, e Paraíso dos Mulatos, e das Mulatas...

Se procurarmos diagnosticar o enfraquecimento ou fortalecimento da heterogeneidade mostrada não marcada e a funcionaliade discursiva de tal fato, verificaremos que o gênero *crônica*, atrelado como está à especificidade de fonte documental do Brasil-colônia, impõe, para o modo de dizer, regras que afastam ambiguidades e priorizam o acento único da voz. A crônica de Antonil firma-se, por meio de estratégias próprias para fazer crer num mundo "real", reproduzido "com máxima fidedignidade", o que supõe um tom de voz criterioso e, por isso, altamente digno de fé. Um modo de dizer que dilui a polifonia é então compatível com esse tom de voz, que remete a um *ethos* prudente, cordato, ponderado. Para isso contribui, na cena enunciativa criada, a ausência da ironia, por exemplo.

Essa imagem de um sujeito fidedigno, porque criterioso, e criterioso porque sustentado em um acento único de voz, é compatível com a própria orientação ideológica da crônica. Essa orientação, definindo o lugar social do sujeito, como o das alturas eufóricas, investe num mundo estável, dado como naturalmente dividido entre senhores e escravos, enquanto supõe, para esse mundo, como contradições, apenas o fato de serem ou não dóceis, determinados escravos, ou de serem ou não "remissos" determinados senhores com mulatos e mulatas. A propósito, observa-se, na crônica inteira, um único caso de heterogeneidade mostrada e marcada. Na citação do provérbio, temos curiosamente os dois pontos e o travessão do discurso direto e, ainda, a conjunção integrante *que* do discurso indireto. Lembrando que o provérbio é gênero que ratifica a cristalização do dizer e do dito, o Brasil, dado como "Purgatório dos Brancos", firma a simulação de quanto os cidadãos, superiores e livres, tinham de purgar por conviver com os seres inferiores e escravos. Uma convicção serena crê saber e faz crer que sabe muito bem o que diz. Não caberiam aqui interrogações como aquelas do discurso indireto livre, que viabilizariam o pensar e o sentir dos escravos que, por tais meios, seriam tidos como sujeitos com voz.

O efeito de monofonia articula-se portanto a determinada cena enunciativa, que propugna, como único, um mundo perfeitamente fixo, acabado e transparente. Esse simulacro se diluiria num texto que apresentasse mistura de vozes. Como o sentido se dá pela diferença, o efeito de polifonia da crônica do jornalismo contemporâneo contribui para enfatizar determinado modo de presença, no mundo, do sujeito cronista, diferente daquele depreensível da crônica de Antonil. Que fiquem confirmados recursos da heterogeneidade mostrada não marcada, tal como ironia e discurso indireto livre, atrelados ambos ao efeito de polifonia, como estratégia relacionada à tendência para construir simulacros de movimentação do dito e do dizer. O contrário se dá com o efeito de monofonia, aliado da cristalização do dito e do dizer. Nada é gratuito.

:: Intertextualidade: paródia e estilização

Ao falar da heterogeneidade mostrada não marcada, não mais nos guiam, portanto, a presença de aspas, itálico e outros instrumentos afins, os quais mostram e marcam pontualmente o *outro*. Com a heterogeneidade mostrada não marcada, o *eu* mostra deliberadamente o *outro*, mas não o circunscreve a marcas específicas. É por meio do contínuo que essa heterogeneidade representa a retomada do *outro*, como propõe Authier-Revuz.[15]

Examinemos a intertextualidade, outro fenômeno da heterogeneidade mostrada não marcada. Intertextualidade é a imitação de um texto por outro, de modo a resultar, no texto que imita, um efeito de bivocalidade: a voz do imitado e a voz do que imita estão presentes e diluídas uma na outra. Vale o *outro*, como discurso imitado e considerado de referência. Esse *outro* impregna inteiramente o enunciado que o recupera intertextualmente. Por conseguinte, na intertextualidade, o *outro* será, primeiro, imitado; depois, captado, no caso da estilização e, subvertido, no caso da paródia.

:: Paródia

A paródia, para imitar e subverter o outro mostrado, viabiliza meios de reconhecimento dos temas e figuras encadeadas e tratadas de maneira própria no discurso de referência. Imita a cena narrada, mas a subverte. Como a todo enunciado está pressuposto o sujeito da enunciação, a enunciação parodística subverte também a ética que sustenta o discurso de referência.

Tomemos um anúncio publicitário que pretende vender o aquecedor tipo *Fórmula 1*, da marca *Longhi*.

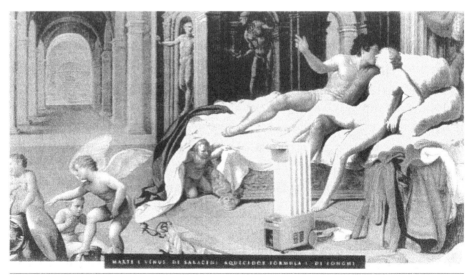

Fonte: 20º Anuário do Clube de Criação de São Paulo, São Paulo, 1995, p. 194.

O anúncio imita o texto de referência, o quadro intitulado *Marte e Vênus*, do pintor italiano Saraceni, das primeiras décadas do século XVII, discípulo de Caravaggio. Promovendo a recontextualização da cena do encontro idílico entre duas divindades mitológicas, a figura centralizada do aquecedor exacerba, no anúncio, a inadequação entre o discurso imitado e o discurso de imitação. O sujeito enunciador do quadro de Saraceni, depreensível da cena firmada em torno de elevações divinas, emblematicamente iconizadas nas figuras de Marte e Vênus, é subvertido juntamente com o quadro enunciado, para que se constitua a paródia. A publicidade ressemantiza então os baixos corporais, figurativizados no quadro, com traços de sacralização. Apresenta tais partes como as que, diretamente aquecidas, são investidas de hiperbólica importância devido à localização do aquecedor. Aliado da hipérbole está o riso e, com ele, a orientação contrária imprimida à magnificência do amor, reservada à figura de Vênus. Desloca-se, portanto, a voz da paródia para nova e oposta direção, que possibilita o efeito de derrisão no anúncio publicitário.

Pela recontextualização inadequada do quadro de Saraceni, assim virado ao avesso, consolida-se no anúncio do aquecedor *Longhi* a voz irônica, a mostrar a dissensão com o *outro* imitado. A mobilidade parodística remete, portanto, à pressuposição recíproca entre texto parodiado e paródia: lê-se o anúncio do aquecedor, pensando no quadro imitado e subvertido; devido à inadequação resultante, o efeito de humor se fortalece. A paródia legitima então o *outro*, pela imitação, mas subverte-o. A cena narrada no quadro, pautada pela suntuosidade dos aposentos e grandeza simbólica dos atores, bem como pela grandiloquência de um modo de narrar, é posta de ponta-cabeça. Destaca-se que é o aquecedor tipo *Fórmula 1*, produto industrial da cotidianidade moderna, projetado em direção certeira sobre os baixos corporais, que reverte e subverte o dito e o dizer do quadro de Saraceni. O efeito do riso, assim construído, remete a um *ethos* lúdico.

Imitar e subverter, entretanto, são movimentos intertextuais que não supõem necessariamente o efeito do riso e do humor. O discurso de referência pode ser imitado e subvertido, como no anúncio que segue, referente à campanha pró-uso da camisinha nas relações sexuais, sem que se instaure o riso. Resta então a polêmica, estabelecida intertextualmente por imitação e subversão. Observemos o discurso de referência, uma reprodução do afresco *Criação de Adão*, de Michellangelo. Em sequência, examinemos o anúncio publicitário *Cuide-se, take care, fais gaffe*, da Associação Brasileira Interdisciplinar de Aids.

Fonte: *Criação de Adão* (1511 / 1512). Michellangelo (1475 -1564). Fresco (280 x 570 cm). Cena do teto da Capela Sistina, Vaticano, em História geral da arte, Pintura II, Espanha, Ediciones del Prado, mar. 1996, p. 16.

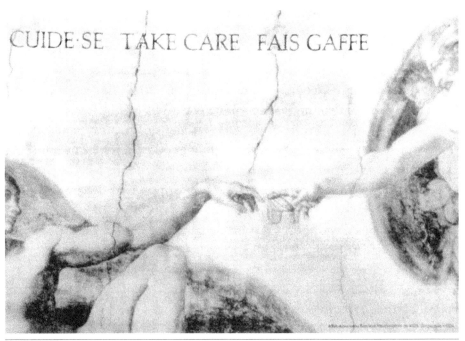

Fonte: *Cuide-se, take care, fais gaffe*. Associação Brasileira Interdisciplinar de Aids, em Catálogo de Ações, produtos e serviços em DST/Aids no local de trabalho, Coordenação Nacional de DST e Aids, Brasília, Ministério da Saúde, 1997, p. 80.

A imitação da cena da doação da vida, feita por Deus a Adão, em cena de afresco do teto da Capela Sistina, Vaticano, é realizada no anúncio, que focaliza, em *close-up*, os perfis do destinador e do destinatário do dom da existência. Entretanto, ao colocar a camisinha, como concretude de objeto doado, subverte-se a magnitude do enunciado e enunciação da cena do Gênese. A figura de Adão, recontextualizada com outras e diferentes vulnerabilidades, afasta-se do momento sublime da criação. Aprisionado a um tempo em que, ao desejo sexual, deve-se atrelar o dever proteger-se contra a Aids, o Adão do anúncio subverte o Adão do Gênese; isso porque o apresenta circunscrito aos limites dos embates cotidianos da contemporaneidade. Orientado então pela urgência de dever ser atento e de dever proteger-se no ato sexual, esse Adão contemporâneo define-se como um sujeito de corpo mais curvado. Assim a enunciação propaga a responsabilidade de usar camisinha. A propósito, o próprio catálogo que abriga o anúncio traz esta observação explicativa: "É como se Deus, em pessoa, estivesse dizendo que é preciso usar camisinha nas relações sexuais, terminando com a noção de pecado que ainda possa envolver o ato sexual, em si, e o uso do preservativo."[16] Polêmicas; e, dessa vez, com princípios religiosos da própria Igreja Católica, para além da polêmica entre o afresco e o anúncio. Importa enfatizar que aumenta o bivocalismo do anúncio, com a intertextualidade que, estabelecida como mecanismo de construção do sentido, constitui-se como meio de persuasão para vender uma ideia e não um produto.

:: Estilização

A estilização, diferentemente da paródia, imita e capta enunciado e enunciação do discurso de base. Considerando a finalidade do discurso publicitário, de fazer o leitor crer, de maneira intensificada, na boa qualidade do objeto oferecido, deparamos com uma estilização a serviço da Hering, marca de roupas de malha para o dia a dia, tais como camisetas e outras vestimentas básicas.

Fonte: 23º Anuário do Clube de Criação de São Paulo, São Paulo, 1998, p. 280.

Temos aí o exemplo de um anúncio publicitário feito *à maneira de* fotografias antigas. Como só podemos falar em estilo, se o entendermos como modo recorrente de fazer e de ser, cotejemos três fotos antigas com o anúncio. Nas fotos antigas está o estilo tomado como base pelo anúncio.

As fotos, imitadas e captadas pelo estilizador-anunciante, pertencem à década de 30 do século passado. O modo de presença dos atores, mais *para* a foto, do que *na* foto, reúne-se à estilização publicitária para que uma única totalidade seja dada como modo próprio de presença. Um único mundo é então representado e para isso são reunidos corpos que, de maneira similar, ocupam o espaço: pela estaticidade. No simulacro do esvaziamento de contradições humanas, que dariam movimento demais aos olhos, como diz Fernando Pessoa, firmam-se figuras dadas pelo enrijecimento da postura, que acompanha certo esvaziamento da própria identidade.[17] Por isso não surpreende a ausência, seja do arqueado de boca de um sorriso, seja do franzimento de senho num rictus de dor. É preciso parecer parado em pose especial para a foto, com olhar frontal ou semifrontal para a câmera, a qual, também estática, não pode supor variações de tomadas, na definição *plongée*, de cima para baixo, ou *antiplongée*, de baixo para cima. O efeito de sentido de estaticidade alia-se à representação verticalizada dos corpos, para atores que devem parecer fincados ao solo, no simulacro de pertencimento a um universo de valores, em que raízes de toda ordem são dadas euforicamente. Assim, quanto mais o ator do enunciado se consolida como ausente de soltura e de contradições, mais o perfil do ator da enunciação é delineado com caráter altivo, corpo ereto e tom controlado de voz. Esse parecer do ser do sujeito, dado pelo modo recorrente de dizer, é o *ethos* do ator da enunciação. Esse é o estilo da totalidade *fotografias antigas*, assim discursivizado como uma unidade de sentido.

Na estilização de estilo, o estilizador-anunciante faz o anúncio *à moda do outro*, imitando e captando a cena narrada e a cena enunciativa das fotografias antigas. Para além disso, porém, desvela outra estilização, dessa vez dada com o logotipo da Hering em relação com o símbolo do cristianismo, a figura dos peixes entrecruzados, tal como é apresentada nas catacumbas romanas. Essa outra estilização desvelada pelo anúncio confirma o tratamento conotativo dado ao logotipo. São juntados então, no próprio logotipo, outros sentidos ao significado da figura dos peixes, figura que poderia ser vista apenas como representação cruzada de animais vertebrados, aquáticos, que possuem os membros transformados em nadadeiras e respiração branquial. Os outros sentidos acrescentados via estilização, que são os conotados, têm a função argumentativa de comprovar a excelência inquestionável do produto.

Para que o leitor possa fazer a adição de tais sentidos novos, é mostrado o símbolo primitivo no recorte oval destacado sobre fundo branco, na primeira metade à esquerda do anúncio, que, não fechada pelas bordas geométricas dos retângulos dos outros segmentos, dá destaque ao enunciado e à enunciação imitados e captados pelo logotipo. Entre o símbolo desenhado sobre pedras e o logotipo da Hering, explicitado no rodapé do retângulo em letras brancas sobre o preto, configura-se então uma imitação e captação desvelada pelo anúncio. Tal recurso enfatiza a marca Hering em cena discursiva de antiguidade legitimadora. A simbologia do peixe, que remete a crenças orientais, em que ele é tido ao mesmo tempo como Salvador e instrumento da Revelação, é assimilada pelo cristianismo: "Se Cristo é frequentemente representado como um pescador, sendo os cristãos peixes, pois a água do batismo é seu elemento natural e o instrumento de sua regeneração, ele próprio [Cristo] é simbolizado pelo peixe."[18] Acrescenta a mesma fonte bibliográfica que

> na iconografia dos povos indo-europeus, o peixe, emblema da água, é símbolo da fecundidade e da sabedoria. Escondido nas profundezas do ocenao, ele é penetrado pela força sagrada do abismo. Dormindo nos lagos ou atravessando os rios, ele distribui a chuva, a umidade, a inundação. Ele controla, assim, a fecundidade do mundo.

Prossegue a mesma fonte consultada, demonstrando o peixe como "símbolo do Deus do Milho entre os índios da América Central" ou "da sorte, na China". Entre outras variantes simbólicas do peixe em lendas e práticas rituais, é descrito esse símbolo na astrologia, em que "a tradição representa o signo [astrológico] com dois peixes sobrepostos em sentido inverso e ligados por uma espécie de cordão umbilical". Tomaremos como o outro imitado e captado na construção estilizada do logotipo, o símbolo do cristinianismo.

> Visto que o peixe é também um alimento, e que o Cristo ressuscitado o comeu (Lucas, 24, 42), ele se transforma no símbolo do alimento eucarístico e figura frequentemente ao lado do pão.

> O peixe inspirou uma rica iconografia entre os artistas cristãos: se ele carrega uma nau sobre o dorso, simboliza o Cristo e a sua Igreja; se carrega uma cesta de pão, ou se ele próprio se encontra sobre um prato, ele representa a Eucaristia; nas Catacumbas, ele é a imagem do Cristo.

Voltemos à marca Hering. Ao logotipo na base do retângulo, segue o *slogan* "O básico do Brasil". O anúncio oferece dessa maneira a tentação da entrada para um mundo dado como ideal, associado não gratuitamente à marca ostentada. Esse mundo ideal é construído também por meio de recursos da estilização do estilo das fotografias antigas, como foi visto. Examinemos, então, um pouco mais, os mecanismos que contribuem para que o outro seja mostrado, por meio da estilização.

Atentando para o retângulo de cor preta, lembramos que, enfeixados na cor branca sobre o fundo escuro, apresentam-se os segmentos verbais, na representação de tudo o que reúne, nesse discurso, a máxima atração: a antiguidade avalizadora da inquestionável qualidade da marca Hering. *Desde 1880*. Aliás, o ponto final, após a explicitação do tempo de existência da marca, é para certificar o leitor de que não há como não escolher Hering. O leitor, assim manipulado, sente que não há como não querer a autoridade dada pela longa experiência. Tal ênfase dada, quer pelo recorte da fotografia, quer pela representação, no alto da metade esquerda do texto, do símbolo cristão dilatado, confirma-se, portanto, na integração sincrética do visual com o verbal.

Falemos da foto incorporada pelo anúncio. Essa foto é não só a unidade que recupera a totalidade de fotos do mesmo estilo, remetendo ao modo de presença de *fotografias antigas*. Ela é também a representação do *outro* imitado e captado, para que o anúncio pudesse se cumprir argumentativamente. A propósito, observemos como o anúncio se utiliza dela como estilo imitado e captado, para constituir essa anterioridade legitimadora da marca.

O espaço e os atores selecionados se juntam, na foto, com a durratividade temporal, para que esta seja dada como eufórica. Durratividade, aliás, já figurativizada na expressão verbal *Desde 1880*: *Desde 1880, eles usam, nós usamos Hering*. Essa é a mensagem induzida sincreticamente. Portanto, um presente durativo enfatiza a continuidade temporal, enquanto corrobora a continuidade da própria marca. Assim, a marca Hering passa a pertencer a um acontecimento que dura bastante, até *aqui*, o presente momento. O discurso, por sua vez, particulariza e concretiza visualmente as ideias, por meio da figura de atores que, radicados em determinado espaço na cena do instantâneo fotográfico, reforçam ainda mais a longa duração temporal, *Desde 1880*, e não o momento presente [até] *hoje*.

O discurso do anúncio da Hering concentra então a figurativização nesse longo tempo de duração, abandonando estrategicamente o *aqui*, o presente momento. Esse longo tempo de duração, dado como momento de referência tão extenso, é o que importa para constituir os atores, os homens fotografados, que extrapolam o *aqui* e o *agora* da cena publicitária. Ancoram-se os atores do anúncio na longa extensão temporal e não na simultaneidade com o universo do consumo da cena publicitária. Por tais volteios, o anúncio se firma *à moda das fotos antigas*, consolidando uma anterioridade temporal apresentada como argumento de autoridade.

O espaço, não urbano, com o rio e a mata entrevistos ao fundo, une-se aos atores, para que se consolide a homogeneidade figurativa em que se apoia a anterioridade desejável. A propósito, é bom ressaltar as figuras masculinas adultas, em pose especial para a foto. As calças escuras, de pregas na cintura e tecido risca de giz, as camisetas brancas, o lenço que se solta da cinta, juntam-se à expressão facial circunspecta e aos corpos imóveis. Às calças, presas a suspensórios, acrescenta-se o chapéu-coco, usado pelo homem do segundo plano, para que o conjunto da foto, revestido no original da cor amarelecida das coisas velhas, possa acionar no leitor a crença num mundo sólido, porque antigo, e bom, porque sólido. Fazendo a intersecção desse tipo de mundo, com a marca Hering, o anúncio firma o acordo de confiança entre a Hering e o leitor; na intersecção, a metáfora. Por sua vez, para consolidar a excelência da marca, utiliza-se, o anúncio, da interdependência entre o detalhe do logotipo com as qualidades da roupa; na interdependência, a metonímia. Em ambas, o sentido conotado, que viabiliza, nesse discurso, sensações agradáveis do tempo de antigamente.

Tempo, espaço e atores do estilo imitado e captado são ainda reforçados na materialidade do anúncio. A foto é apresentada com cortes assimétricos, que remetem a um amarfanhamento de algo guardado por muitos anos, para a confirmação sensorial do relevante valor. Tais cortes, portanto, que parecem danificar a foto, na verdade reforçam a nostalgia da estilização. Assim se confirmam como desejáveis tão somente tempo, espaço e atores da totalidade estilizada; desejáveis e também possivelmente recuperáveis. Por isso o leitor crê poder adentrar na cena estilizada. Se usar Hering, entretanto.

Diante de tais considerações, vemos que a estilização se constituiu, no anúncio, em meio para fazer o consumidor se decidir por determinada marca. Para isso o anúncio Hering fez convergirem as vozes do seu texto com a outra, das fotografias antigas. Não gratuitamente, o estilizador, que interessa como simulacro discursivo de um sujeito e não como fusão no mundo do anunciante Hering e da agência w/BRASIL, apaga o lugar da contemporaneidade ao seu ato de enunciar. Importa então o sujeito que, bipartido em enunciador e enunciatário, deixa-se definitivamente invadir pelo *ethos* do outro estilizado. A anterioridade, investida definitivamente com o estatuto de autoridade máxima, legitima a marca. Por isso temos um anúncio que, feito *à maneira de tempos antigos*, cede ao *outro*, imitado e captado, o próprio discurso. Misturam-se a tal ponto a voz do anúncio e a do mundo discursivizado pelas fotos antigas, que fica a ilusão, para o leitor, de poder viver os idos anos: *Desde 1880.*

É interessante observar, por fim, como o discurso da propaganda se utiliza da intertextualidade para, firmando um *ethos* lúdico, fazer o leitor crer, no sentido de fazer o leitor comprar: produtos e ideias. Essa ludicidade é dada pelo movimento de ir e vir que, na intertextualidade, viabiliza o centro discursivo pelo não centro. Confirma-se o *ethos* lúdico, já que é acionado o prazer do reconhecimento do *outro* mostrado, o que recupera o inacabamento do mundo.

:: Produção de texto

:: Ensaio analítico I

:: Jornal: ideologia e polifonia

Considere o artigo jornalístico, publicado na *Folha de S.Paulo*, caderno Brasil (15.07.2004, p. A7), apresentado em sincretismo com a fotografia que o encabeça. Artigo e fotografia recuperam um fato em pauta na mídia, a festa junina realizada em Brasília, com a encenação de um casamento caipira. Assim foi comemorado o aniversário de casamento do presidente Lula e Marisa Letícia. Diz a legenda da foto: *O presidente Lula e a primeira-dama, Marisa Letícia, vestidos de noivos caipiras, no arraial em comemoração das bodas de pérola.*

Para fazer o ensaio analítico, examine, no artigo:
a interpretação do fato feita pela colunista da *Folha*, Danuza Leão;
a polêmica instaurada entre vozes sociais;
o privilégio dado a determinado ponto de vista;
a legitimação de ideais comprometidos com determinados segmentos sociais;
a polifonia dada por um modo indireto de dizer, viabilizado por perguntas retóricas.

A pergunta retórica
· constitui um modo indireto de dizer; por meio dela, pergunta-se, não para obter resposta, mas para conduzir o leitor a fazer determinadas asserções;
· contém em si, implicitamente, a resposta, misturando vozes: a que pergunta e a que responde;
· advém do narrador, que é quem faz a pergunta e quem manipula o narratário-leitor, para determinada conclusão;
· institui um sujeito como presença mais próxima: em relação ao narratário-leitor e em relação ao próprio enunciado;
· traz em si a voz respondente, viabilizando nos textos:
a heterogeneidade mostrada;
o efeito de polifonia;
· faz com que o narrador se aproxime do narratário, para que este se veja obrigado a seguir a orientação dada;
· promove a incorporação do narratário e do seu discurso, ao evitar uma afirmação direta;
· simula a existência de um jogo de vozes, sendo compatível a determinadas cenas genéricas do jornal;[19]
· é algo desnecessário, do estrito ponto de vista informacional.

Exemplos de perguntas retórica em jornais
VARIEDADES
SUA VIDA
Inclui programação de cinema e TV

MEDO DE GENTE
Não gosta de falar em público?
Tem vergonha de pedir informações?
Não sabe paquerar?
Cuidado: você pode ter fobia social.

Jornal da Tarde, 31.07.2004, p. 1.

XEROS... O QUÊ?

A xerostomia é o fenômeno da boca seca e pode ser desencadeada pela ingestão de líquidos, o consumo excessivo de café e o hábito de fumar.

Algumas doenças, medicamentos e terapias também podem comprometer o fluxo salivar. Deve ficar atento ao problema quem sofre de câncer, artrite reumatoide, mal de Parkinson, Síndrome de Sjögren ou Aids, entre outros. O estresse, a ansiedade e a menopausa também causam xerostomia.

Jornal da Tarde, 31.07.2004, p. 6. Reportagem: *Saliva artificial*.

VISUAIS
"Still Life / Natureza – Morta", exposição com 50 artistas, brasileiros e britânicos, traz obras em critérios tradicionais

Coletiva mostra arte atual como acadêmica
Felipe Chaimovich
Crítico da FOLHA

Morreu a natureza-morta? "Still Life / Natureza Morta" afirma o contrário. A coletiva, que está em cartaz na galeria de arte do Sesi, cria painel comparativo do exercício atual do gênero na arte contemporânea da Grã-Bretanha e do Brasil.

Folha de S.Paulo, Ilustrada / Acontece, 14.08.2004, p. E8.

MÃO NA MASSA
Botox? Que nada! Para a cosmetóloga Roseli Siqueira a maneira mais apropriada de manter o rosto no lugar é com massagens que estimulam os músculos, técnica com a qual ela tem encantado um número cada vez maior de socialites e modernos da cidade.

Folha de S.Paulo, Ilustrada, 14.08.2004, p. E2.

Fala sério, Lula!

DANUZA LEÃO

COLUNISTA DA **FOLHA**

COM todo o respeito: a idéia de comemorar as bodas de pérola com uma festa caipira não podia ter sido pior.

O Brasil tem tantos regionalismos bacanas, uma culinária riquíssima, várias maneiras de ser cheias de ginga e charme que deslumbram o mundo inteiro, e o presidente e dona Marisa Letícia vão escolher logo uma caipirada dessas?

Foi um desastre desde o começo: o tema da festa, o carro de boi chegando cheio de paçoca e cachaça, o autoritarismo de obrigar os convidados e suas respectivas esposas a vestir o traje típico, e ainda pedir que levassem um pratinho de doces ou salgados. Quem eles acham que estão enganando na hora em que a assessoria de imprensa da Presidência da República anuncia que o presidente ajudou a pendurar as bandeirinhas do arraiá? Oh, mas que almas tão genuinamente brasileiras? Socorro, Duda Mendonça.

Alguns mais sensatos não pagaram o mico de usar aquele chapeuzinho de Jeca Tatu, mas é difícil dizer não ao presidente. Como estamos num Estado quase totalitário, a imprensa foi proibida de cobrir o acontecimento, o que nos leva a pensar: terá algum ministro pintado um *dentinho* e um *bigodinho* com carvão, como é de praxe? O vice-presidente, talvez?

Um país que quer tanto ser moderno poderia ter se inspirado em qualquer outro folclore que não o do atraso, o da jequice explícita. Quem não se lembra do personagem Jeca Tatu, cheio de lombrigas, personificando um Brasil de que lembramos com carinho, mas que não é exatamente a imagem a ser exportada para os grandes estadistas do mundo com quem Lula gosta tanto de conviver de igual para igual?

Não há uma mulher que se realce num vestidinho *caipira*; não existe imagem masculina que resista a uma camisinha xadrez remendada e uma costeleta postiça. E essa história das despesas da festa serem divididas?

Foi um vexame atrás do outro, em nome de uma economia sem sentido, tipo *me engana que eu gosto*. Então é preciso que alguns empresários rachem a reforma das goteiras do Palácio da Alvorada para mostrar o quanto são parcimoniosas as despesas da Presidência? E essa de levar um pratinho de doces eu não ouvia falar desde que tinha dez anos, morava no interior e era pobre. Se investigassem mesmo o affair Waldomiro, sairia bem mais barato.

A gente temia que fosse acontecer esse tipo de coisa; até agora foi refresco, mas agora eles pegaram pesado. Olhem bem a foto para não perder nenhum detalhe: a *margarida* no bolso de Lula, o chapéu de palha desfiado, as trancinhas e as pintinhas feitas a lápis no rosto de dona Marisa. Pior, impossível.

Sempre se soube que a saudade de Fernando Henrique e dona Ruth Cardoso ia ser grande, mas não dava para imaginar que fosse ser tão grande. O arraiá foi de uma breguice difícil de ser superada, mas não vamos perder as esperanças: até o fim do mandato eles talvez consigam.

:: Produção de crônica jornalística com recursos de heterogeneidade mostrada não marcada

Procedimentos

Escolha para comentar uma notícia ou reportagem de jornal.

Amadureça um ponto de vista sobre o fato.

Use recursos tais como ironia, discurso indireto livre e perguntas retóricas.

Para a ironia

Promova um contraste entre o dito e o dizer.

Faça a enunciação negar o que o enunciado afirma.

Para o discurso indireto livre

Instaure atores do enunciado, recortando a performance deles.

Faça irromper do seu texto um segmento em que se misturam vozes: a sua e a da personagem.

178 :: A comunicação nos textos

Permita que se recupere a enunciação do ator citado, sem que este diga *eu*.
Promova um hibridismo de discurso direto com indireto.

Para perguntas retóricas
Pergunte não para obter resposta.
Ofereça implicitamente uma resposta.

Sobre o gênero *crônica jornalística*

· Filha dos folhetins publicados nos primóridos do jornalismo, a crônica reserva-se o direito de parecer leve, rápida, viabilizando a imagem da pausa discursiva em meio a manchetes, notícias, reportagens, editoriais.

· Agente recuperador de fatos midiáticos, tal qual o editorial, mas com afastamento mantido em relação a este gênero, devido a um modo próprio de dizer, a crônica constrói um lugar de familiaridade para a relação enunciador/enunciatário, firmando a cenografia de conversa amena, da qual se depreende um tom baixo de voz.

· Construtora da ilusão, dada ao sujeito, de poder discorrer sobre o que quiser, sem regras preestabelecidas, como acontece com manchetes e notícias de primeira página, a crônica consolida o simulacro de relato informal de um "causo".

· Potencializadora da polifonia, que é a apresentação de várias vozes no interior do próprio discurso, a crônica se caracteriza como um texto de alto coeficiente de bivocalidade, podendo oferecer, na mídia impressa, exemplos de heterogeneidade mostrada não marcada, como discurso indireto livre.

· Propulsora da ilusão da liberdade discursiva, a crônica privilegia o efeito de aproximação do enunciador em relação ao leitor, o que pode ser consolidado por meio do uso de perguntas retóricas que, feitas pelo narrador ao narratário-leitor, firmam um modo indireto de dizer, compatível com a mobilidade da polifonia.

:: Ensaio analítico II

:: Intertextualidade como argumentação
   em textos de comunicação em massa

Procedimentos

Introdução
Breve apanhado teórico sobre intertextualidade.
Exposição
Primeira parte: sobre a paródia
Descreva os mecanismos de construção intertextual depreensíveis da capa da revista *Stern*. Considere o texto de referência reproduzido em seguida.

Lição 4 :: 179

Fonte: Graphis Annual, Zurich Graphis Press Corp., Zurich (Switzerland), 1985, n. 85-86, p. 173.

Fonte: *As Três Graças* (1636 - 1640). Peter Paul Rubens (1577 – 1640). Óleo sobre tábua (221 x 181 cm).
Museu do Prado, Madrid, em História geral da arte, Pintura II, Espanha, Ediciones del Prado, mar. 1996, p. 77.

Para tais mecanismos de construção do sentido intertextual, identifique o humor aliado à hipérbole.

Sobre a articulação da hipérbole com o humor, ambos efeitos de sentido construídos discursivamente, acrescente reflexões apoiadas no cartum à esquerda.

Para a integração entre o visual e o verbal, comente o sincretismo, que consolida a hipérbole e possibilita o humor.

Fonte: Raul Pederneiras, "Modos de dizer", Scenas da Vida Carioca, Rio de Janeiro, 1924, em Pedro Corrêa do Lago (org.), Caricaturistas brasileiros (1836-2001), Rio de Janeiro, Sextante Artes, 2001, p. 63.

Segunda parte: estilização

Comente como e por que a ilustração de um conto, publicado na revista *Freundin* sob o título *Um tema mitológico*, demonstra mecanismos de estilização intratextual.

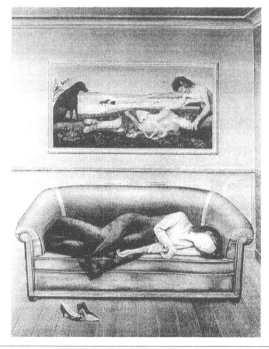

Fonte: Graphis Annual 85-6, Zurich Graphis Press Corp., Zurich (Suíça), 1985, p. 156.

Conclusão

Comente, nas considerações finais, o título proposto para seu ensaio. Relacione a intertextualidade com mecanismos de construção do sentido em textos de comunicação de massa. Para isso, pense na intertextualidade como:
mecanismo de persuasão;
possibilidade de construir determinado *ethos*.

:: Notas

[1] Esse anúncio foi gentilmente cedido pela agência Talent para esta obra.

[2] Antônio Houaiss, Dicionário Houaiss da língua portuguesa, Rio de Janeiro, Objetiva, 2001, p. 1180.

[3] Seleção, tradução e organização de Ruy Castro, São Paulo, Companhia das Letras, 1989, p. 45.

[4] Falamos de um presente verbal que ocorre em asserções com estatuto de generalização, como: *Deus perdoa. Atrás de um homem de sucesso há sempre uma grande mulher.* Para maiores esclarecimentos sobre esse tipo de presente, ver a obra *As Astúcias da enunciação*, de José Luiz Fiorin, já citada. Nesse livro (pp. 150-1). Fiorin afirma que o presente, omnitemporal ou gnômico, "é o presente utilizado para enunciar verdades eternas ou que se pretendem como tais. Por isso, é a forma verbal mais utilizada pela ciência, pela religião, pela sabedoria popular (máximas e provérbios)".

[5] O título faz referência a João Ubaldo Ribeiro, grande romancista, autor de obras fundamentais para a Literatura Brasileira, tais como *Viva o povo brasileiro!* Em Celso Japiassu e Nei de Castro, 50 sonetos de forno e fogão, Rio de Janeiro, José Olympio, 1944, p. 49.

[6] Essa crônica, da qual aqui foi reproduzida a primeira metade, reúne-se a outras, da obra *Terra de ninguém, 101 crônicas*, de autoria de Contardo Calligaris (São Paulo, Publifolha, 2004, pp. 272-5).

[7] Entre as marcas do discurso direto citam-se travessão e aspas. Entre as marcas do discurso indireto, citam-se conjunções (*se, que:* Ela afirma *que* está cansada. Ele pergunta *se* é devido ao tempo); advérbios (*como, onde:* Confessou *onde* passava as tardes. Não sabemos *como* ele conseguiu isso.) Tais marcas seguem, tanto para o discurso direto (facultativamente) como para o discurso indireto, (obrigatoriamente) um *verbum dicendi*, um verbo de dizer: *afirmar; perguntar; confessar*, entre outros.

[8] Op. cit., p. 373.

[9] "A relação polêmica, no sentido mais vasto, longe de ser o encontro acidental de dois discursos que seriam instituídos independentemente um de outro, é na verdade a manifestação de uma incompatibilidade radical, a mesma que possibilitou a constituição do discurso". Dominique Maingueneau, Génèses du discours, Bruxelles: Pierre Mardaga Editeur, 1984, p. 12.

[10] *Maniçoba* é a fazenda de propriedade da avó materna de Graciliano Ramos, no sertão pernambucano. A carta citada consta da obra *Cartas*, de Graciliano Ramos. (Graciliano Ramos, Cartas, 7. ed., Rio de Janeiro, Record, 1992, p. 15.)

[11] Op. cit., pp. 144-7.

[12] André João Antonil, em Lydinéa Gasman (org.), Documentos históricos brasileiros. Rio de Janeiro, Fename, 1976, p. 42.

[13] Idem, p. 9.

[14] Idem, ibidem.

[15] "Hétérogéneité montrée et hétérogéneité constitutive: élements pour une approche de l'outre dans le discours", em Drlav, Paris, Centre de Rechenche de l'Université de Paris, vii, n. 26, pp. 91-151.

[16] Catálogo de ações, produtos e serviços em dst/Aids no local de trabalho, Coordenação Nacional de dst e Aids, Brasília, Ministério da Saúde, 1997, p. 80.

[17] "Vem sentar-te comigo, Lídia, à beira do rio / [...] Sem amores, nem ódios, nem paixões que levantam a voz, / Nem invejas que dão movimentos demais aos olhos". Fernando Pessoa, Obra poética, Rio de Janeiro, Nova Aguilar, 1965, p. 256.

[18] Jean Chevalier, Alain Gheerbrant, com a colaboração de André Barbault et al., Dicionário de símbolos: mitos, sonhos, costumes, gestos, formas, figuras, cores, números, 18. ed., Rio de Janeiro, José Olympio, 2003, pp. 703-5.

[19] Não se concebe pergunta retórica em manchete de primeira página, ou em lide de notícia, num jornal de grande circulação, mas é frequente seu emprego em cadernos de amenidades, como a Ilustrada, do jornal *Folha de S.Paulo.*

:: Lição 5

:: Níveis de leitura de um texto

O sentido dado:
        na imanência dos textos
        para aquém da expressão.

O sentido observado:
        na relação entre níveis;
        como construção estratégica;
        como efeito de sentido.

:: Leitura do texto

Mandamentos do

- Comente em voz bem alta quem contribuiu com quanto nas listas de casamento de sua empresa.
- Faça caretas para os bebês.
- Não compre jornal; leia o dos outros, de preferência antes deles.
- Dê um jeito de aparecer sempre, mesmo que apenas nos cantinhos das fotografias.
- Promova e divulgue aquelas "pirâmides" para enriquecer rapidamente (com ou sem venda de produtos).
- Trapaceie para ganhar quando jogar com crianças.
- Se o troco vier a mais, não avise o caixa.

- Conte o final do filme.
- Termine as palavras cruzadas dos outros e dê palpites em jogos dos quais você não quis participar.
- Beba o primeiro e o último gole dos copos alheios.
- Assuma que a palavra "reservado" significa "para você".
- Assuma que a cadeira da frente também serve para repousar os seus pés.
- Pegue o maior pedaço: você merece.

:: O plano do conteúdo do texto

:: O nível discursivo: as pessoas, o tempo e o espaço

1. Identifique os sujeitos que, instalados no enunciado, *Mandamentos do gaffeur,* apresentam-se como o narrador (eu) e o narratário (tu).

Lição 5 :: 185

> · Nos *Mandamentos do gaffeur* alguém "que sabe" fala para um ouvinte que "deve aprender".
> · Os "Mandamentos do *gaffeur*", texto extraído da obra *Gafe não é pecado*, de Cláudia Mattarazzo, oferece, às avessas, um conjunto de regras de etiqueta.[1]
> · É construída nos *Mandamentos* uma cena discursiva de aconselhamento.
> · Segue outro trecho que, na abertura da mesma obra, define gafe, *gaffeur,* demonstrando reações sociais ao fato.

GAFE, RATA, FORA, SAIA JUSTA, FURO, MANCADA...

O QUE É

É uma situação fora de contexto. Em geral, é uma inconveniência causada por excessos: quando se fala demais (ou se bebe demais), quando se quer mostrar serviço, quando se abusa de gestos, causando pequenos desastres.

QUANDO ACONTECE

É impossível prever com exatidão quando uma gafe pode acontecer. Mas elas têm uma marcante preferência por festas, reuniões de negócios, primeiros encontros amorosos, viagens a países onde a cultura é diferente, enfim, todo tipo de situação em que exista algum elemento desconhecido.

COMO ACONTECE

É sempre sem querer. Ninguém comete gafes de propósito. Senão estaria comentendo grosserias, maldades, safadezas...

O EFEITO

É devastador. A gafe sempre acontece entre duas ou mais pessoas (gafes solitárias são raras). Entre duas pessoas o mais comum é que a vítima, assim que é atingida, lance um olhar da mais pura perplexidade, seguido de uma leve alteração no tom da conversa. Quando acontece em um grupo maior, a gafe causa, de imediato, duas reações igualmente embaraçosas: um silêncio mortal e acusador ou um súbito alarido – todos resolvem falar ao mesmo tempo, fingindo que nada aconteceu.
Em qualquer um desses casos, quem cometeu a gafe sente-se literalmente derreter de vergonha.

O *GAFFEUR*

Como o próprio nome indica, *gaffeur* é aquele que comete gafes. A palavra é francesa, e o seu feminino é *gaffeuse*.

2. Explique e transcreva exemplos deste fato: o leitor está instalado no texto juntamente com o emprego de determinado modo verbal.

3. Observe esta afirmação a respeito dos *Mandamentos do gaffeur*:

Uma discrepância de vozes é depreensível do texto, pois o que o enunciado afirma a enunciação nega. Assim os mandamentos são de mentira.

186 :: A comunicação nos textos

a) Justifique essas asserções.
Para isso, exemplifique:
com o mandamento "Pegue o maior pedaço: *você merece*";
com a própria figura do *gaffeur*. Atente para o julgamento feito dessa figura na abertura da obra.

b) Identifique o efeito de sentido resultante da discrepância de vozes. Relacione tal fato com ironia. Dê um exemplo.

4. Comente como e para que é construído efeito de dissimetria do saber entre o narrador e o narratário-leitor. Observe se esse efeito de sentido é mantido ou desestabilizado.

Justifique, pensando:
no uso de determinado modo verbal;
na certeza ou na hesitação depreensível do modo de dizer.

Lembre que:
o narrador, instalado no enunciado, ordena: *Comente. Trapaceie. Beba*;
o narratário-leitor é o suposto candidato a *gaffeur*.

---

5. a) Faça a inserção, nos mandamentos que seguem, dos advérbios de tempo compatíveis a *Dê um jeito de aparecer <u>sempre</u>.*
Conte o final do filme.
Pegue o maior pedaço.

· Um *eu* se dirige a um *tu*, ao dar comandos a título de *mandamentos*. Juntam-se, às pessoas, *eu* e *tu*, determinada temporalização e espacialização.
· Para a inserção proposta, observe estes advérbios de tempo:
agora, hoje, neste momento;
ontem, há alguns dias, dois dias atrás;
habitualmente, normalmente.

---

b) Identifique o aspecto temporal proposto pelos advérbios escolhidos. Explique como tal aspectualização confirma a ideia de *mandamento*.

· Para um tempo ter o aspecto pontual, cada ação deve irromper de repente, sem preocupação de durar.
· Para ter o aspecto durativo-iterativo, cada ação deve ser duradoura ou recorrente.

6. Explique como a cena de aconselhamento dada no texto se relaciona com o efeito de subjetividade e de objetividade. Ligue tal efeito à imagem ou simulacro de aproximação entre sujeitos.

· Um discurso se faz com atores, que são sujeitos.
· Quando, no enunciado, aparecem os pronomes *eu, tu*, cria-se o efeito de subjetividade.
· Quando aparecem *ele, ela*, cria-se efeito de objetividade.

7. Indique, entre os percursos temáticos abaixo citados, aquele que sustenta os mandamentos:
    a inevitabilidade dos enganos nos tratos sociais e a impossibilidade de precaução contra as situações vexatórias;
    a necessidade de previsão e afastamento do leitor diante de situações de invasão social provocadas por ele mesmo;
    o encorajamento para a ocupação do espaço social de modo espontâneo, irrestrito e criativo.

· Um discurso se faz com temas e figuras.
· Tema é a ideia que sustenta figuras.
· As figuras
    concretizam os temas;
    são dadas por meio de seres, coisas e acontecimentos que, como construção do discurso, representam seres, coisas e acontecimentos do mundo.
· Para discursivizar o tema da necessidade de autoproteção ante possíveis vexames sociais, pode-se começar pelo relato de um episódio predominantemente figurativo:
Roberto, jovem introvertido, no dia 22 de setembro de 2004, derrubou o cálice cheio de vinho tinto no tapete novo da elegante senhora, que o recebia para o jantar.

:: Nível narrativo: manipulação/competência/ performance/sanção

8. Identifique, na enunciação pressuposta ao texto, o destinador-manipulador, o destinatário-manipulado e o valor oferecido.

188 :: A comunicação nos textos

> · Tomemos a narratividade estabelecida na enunciação, entre enunciador e enunciatário, projeções do autor e do leitor. O texto pressupõe então um sujeito que manipula outro, para que este queira e deva fazer algo. Para isso, o manipulador oferece ao manipulado um valor no qual crer.
> · Esse valor, nos "Mandamentos do *gaffeur*", diz respeito à aceitação social.

9. Explique a sedução e a tentação ocorridas na enunciação do texto.

> A manipulação exercida por um destinador em relação a um destinatário pode efetuar-se por meio de sedução, tentação, provocação e intimidação. Será por sedução, se a imagem dada do destinatário manipulado for positiva: *Você vai tomar a sopa, porque é o filhinho lindo da mamãe.* Será por tentação, se a recompensa oferecida ao destinatário for positiva: *Se você tomar a sopa, mamãe lhe dará um bombom.* Será por provocação, se a imagem dada do destinatário for negativa: *Você não toma esta sopa, porque é mesmo uma pedra no meu sapato.* Será por intimidação, se a ameaça de um castigo for acionada para o destinatário: *Se não tomar esta sopa, vai levar uma surra.*

10. Sobre a receita dada no enunciado:
explique por que se torna uma antirreceita;
comente se é apresentada de maneira abstrata ou se está detalhada figurativamente. Comprove.

> O discurso constrói a competência do leitor, ensinando-o como proceder para não "dar foras". Para isso se utiliza de uma performance dada como receita.
> A MANIPULAÇÃO
> A manipulação é feita por um destinador, que propõe valores para um destinatário.
> Para isso, o destinador transmite um querer e um dever fazer algo ao destinatário.
> Assim se apresenta uma etapa da narratividade de todo e qualquer ato de comunicação.
> O sujeito manipulado, por sua vez, deverá apresentar uma performance, em que provará ter aceito ou não o acordo proposto na manipulação.
> Performance é ação.
> Para realizar-se como aquele que age, o sujeito deverá antes saber e poder fazer algo.
> Com isso terá a própria competência garantida para a performance.

11. "Leitor, você está condenado ao fracasso social e à solidão como recompensa de sua performance de gaffeur."

a) Quem sancionará o leitor dessa maneira, segundo os *Mandamentos do gaffeur*? Por que se daria essa sanção, que soa como ameaça ao leitor?

b) Que performance do leitor é considerada a desejada pelo enunciador do discurso?

> **Para pensar**
> Fica implícito, na narratividade, que, se o sujeito manipulado tiver uma performance a contento, terá, como recompensa positiva, algum reconhecimento. Essa recompensa, dada como julgamento sobre a ação do sujeito, é a sanção. A sanção será negativa, caso o sujeito, não tendo firmado o contrato de confiança, não tendo alcançado o estatuto de sujeito competente, não quis, não soube, não pôde, enfim, realizar a performance prevista.

:: Narratividade e discurso

12. Relacione as figuras com o modo de dizer da enunciação e explique representações sociais implícitas. Pense como e por que essas figuras confirmam o valor oferecido na manipulação enunciativa: *o sucesso social.*

> Representações sociais de mundo estão por trás daquele que manipula e por trás daquele que julga.
> Por isso é criada, nos *Mandamentos*, uma cena enunciativa conforme coordenadas que classificam o mundo segundo os refinados e os desengonçados.

13. Descreva o *ethos* como a imagem de quem diz dada pelo modo de dizer. Para isso comente se o discurso leva a sério os mandamentos do *gaffeur*.

Comente tais fatos à luz do efeito de:

dissimetria do saber;

disforização da gafe e do *gaffeur;*

polifonia.

14. Identifique onde se institui mais intensamente o medo ante a gafe, comparando a abertura supracitada da obra *Gafe não é pecado* e o texto *Mandamentos do gaffeur*, capítulo da mesma obra. Justifique.

"O medo diz respeito sempre a algo futuro e encadeia-se como um saber poder estar em conjunção com algo disfórico e não querer estar."[2]

:: Nível fundamental ou profundo: quadrado semiótico

15. Tomemos uma oposição básica de sentido, geral e abstrata: *identidade* (domínio do *eu*) *vs. alteridade* (domínio do *outro*). A enunciação no discurso dos *Mandamentos do gaffeur* faz o leitor tender para um desses termos.

   a) Identifique-o e justifique.

Para pensar
Ao primeiro termo da oposição *identidade vs. alteridade* chamemos S1 e ao segundo, S2. Supondo a negação de cada um desses termos, teremos *não identidade* ($\overline{S1}$) e *não alteridade* ($\overline{S2}$). Para que $\overline{S2}$ e S1, bem como $\overline{S1}$ e S2 possam constituir um eixo baseado na complementaridade, assim se representam essas relações abstratas de sentido:

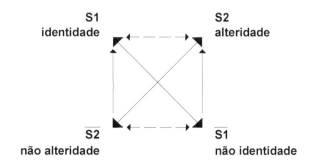

   b) Reescreva, completando adequadamente:
   $\overline{S2}$ e $\overline{S1}$, cada um, por sua vez, acaba por confirmar um dos termos postos em relação contrária na primeira oposição. Dessa maneira, a não alteridade confirma a ...; a não identidade confirma a ... .

16. a) Transcreva, entre os polos, os tipos de relação que constituem o quadrado do nível fundamental da geração do sentido do texto *Mandamentos do Gaffeur*.

Entre S1 e S2 é estabelecida uma relação de contrariedade; entre S1 e S̄1 e S2 e S̄2 uma relação de contradição; entre S̄2 e S1 e S̄1 e S2 uma relação de complementaridade.

b) Identifique o eixo valorizado com o valor do Bem e por isso chamado eufórico, num discurso que constrói o mundo pautado por preocupações com *gafe, rata, saia justa, furo, mancada.*
c) Relacione o eixo selecionado como eufórico com:
o valor oferecido como ideal a ser partilhado entre destinador-manipulador e entre destinatário-manipulado no nível narrativo;
o tema que sustenta as figuras do discurso.

· Para responder, pense nesse eixo eufórico como aquele que reúne as forças de atração que determinam todos os níveis de leitura do texto *Mandamentos do Gaffeur.*
· O eixo apontado, que se configura como desejável por esse discurso, sustenta a proposição de um modo próprio de presença no mundo, para o sujeito, no que diz respeito às coerções sociais.

d) Comente se o discurso mantém ou desestabiliza a proposta do nível fundamental. Justifique.

Não é o humor restaurador, o construído pelo texto *Mandamantos do gaffeur.* É, sim, o humor sarcástico.

:: A junção do plano do conteúdo com o plano de expressão

17. Faça a relação do enunciado dos *Mandamentos do gaffeur* com o gênero *manual* (de etiqueta), visto o texto como junção do plano da expressão com o plano do conteúdo. Comente se a cena enunciativa ratifica ou desestabiliza as coerções genéricas.

MANUAL
Manual significa: 1. obra de formato pequeno que contém noções ou diretrizes relativas a uma disciplina, técnica, programa escolar etc. (*manual de redação*

e estilo, manual de química); 2. livro que orienta a execução ou o aperfeiçoamento de determinada tarefa; guia prático (*manual de corte e costura*); 3. livreto descritivo e explicativo que acompanha determinados produtos, orientando acerca do uso, conservação, instalação etc. (*manual do videocassete*); 4. Livro de ofícios religiosos e orações; breviário. ETIMOLOGIA: *manuale, is* – livro pequeno, portátil, manual.[3]

DESCRIÇÃO DO PLANO DE EXPRESSÃO
Observe o segmento verbal, atentando para:
o modo de ocupação do espaço da página;
o tipo das letras;
a extensão e simetria (ou dissimetria) dos parágrafos,
a composição do título;
o emprego de notações gráficas e de sinais de pontuação;
a organização sintática das orações;
a relação do léxico escolhido em função de determinada norma linguística.
Observe a relação do verbal com o visual, atentando para o tipo caricatural dos traços do desenho.

MANUAL E REGRAS GENÉRICAS
O manual configura-se como:

· conjunto de noções práticas sobre procedimentos a ser cumpridos para a boa realização de uma tarefa;

· feixe de diretrizes dadas explícita ou implicitamente como ordens;

· reunião de orientações que transmitem um saber fazer ao leitor, também manipulado para querer e dever agir segundo o estabelecido;

· elenco de mandamentos que fazem o leitor fazer algo nos moldes propostos;

· discurso que se afasta de ambiguidades como a da ironia e de sentidos segundos dados conotativamente por meio de recursos como metáfora, metonímia, entre outros;

· discurso que doa deveres e saberes, investidos todos pela crença em uma imagem ideal;

· discurso que legitima aspirações vinculadas a épocas e a classes sociais;

· discurso que, enquanto construção de significado pelo leitor, supõe um manipulador, o enunciador, que manipula o enunciatário-leitor, para que este entre em conjunção com um determinado valor, como, por exemplo, a aceitação social;

· discurso do qual se depreende a cena enunciativa de aconselhamento e, portanto, voltada primordialmente para o sujeito deôntico (do dever ser e fazer).

· texto que firma como previsível o plano da expressão, dado predominantemente como veículo do sentido e não como construtor de novos sentidos;

· texto que evita um léxico que possa ser tido como hermético pelo leitor instituído;

· texto que se pauta por verbos no modo imperativo (*Fale em voz baixa! Não agite os braços!*) ou por orações subordinadas substantivas subjetivas (*É preciso falar em voz baixa. Não fica bem agitar os braços.*);

· texto que evita longos períodos no encadeamento das orações, bem como extensos parágrafos com número reduzido de períodos, o que restringe o uso do encadeamento subordinativo (hipotaxe);

· texto que se utiliza parcimoniosamente de anaforização por meio de pronomes relativos, para atenuar esforço de reconhecimento dos antecedentes recuperados.

:: Produção de texto I

:: Ensaio analítico: *O que é ser civilizado?* (Análise discursiva de um manual de comportamento)

Faça uma análise dos mecanismos de construção do sentido do texto que segue, extraído da obra *A civilidade pueril*, de Erasmo de Rotterdam, publicada no ano de 1530.[4]

Segue o texto para análise.

A CIVILIDADE PUERIL[5]

Em relação aos mais velhos há que falar com respeito e em poucas palavras; com os da mesma idade, afetuosamente e de boa vontade. Quando se fala com alguém, deve-se pegar no chapéu com a mão esquerda, deixando a direita pousar suavemente sobre o estômago; é ainda mais aconselhável segurar no chapéu com as duas mãos, deixando os polegares de fora, de maneira a tapar a parte do abdômen. Apertar um livro ou a boina debaixo do braço é próprio de uma criança mal educada. Um decoro tímido fica bem; o que dá cor ao rosto, não o que faz parecer estúpido.

O olhar deve estar voltado para a pessoa com quem se fala, mas este deve ser calmo, franco e não deve denotar nem descaramento nem maldade. Fixar os olhos no chão, como faz o catoblepas,[6] leva a supor uma má consciência; fitar alguém de viés é testemunhar-lhe aversão.

Virar a cabeça para um lado e outro é prova de leviandade. Também é pouco próprio dar toda a espécie de expressões ao rosto, como frizar o nariz, enrugar a fronte soerguer as sobrancelhas, torcer os lábios ou abrir e fechar bruscamente a boca; todas essas caretas são prova de um espírito tão inconstante como o de Proteu.

Também é pouco decente levantar os cabelos abanando a cabeça, tossir, escarrar sem necessidade, coçar a cabeça, limpar as orelhas, assoar-se à mão ou passá-la pelo rosto, como se se quisesse apagar a sua vermelhidão, esfregar o occiput ou encolher os ombros, o que é um costume comum dos italianos. Dizer "não", abanando a cabeça, ou chamar alguém puxando-o para trás ou, para não dizer tudo, falar por gestos ou sinais, são coisas que dificilmente ficam bem a um homem, e ainda menos a uma criança.

Não fica bem a uma criança bem educada agitar os braços, gesticular com os dedos, mexer os pés ou falar mais com o corpo do que com a língua; fazem-no as rolas e as alvéolas, e até as pegas têm esse hábito.

A voz da criança deve ser suave e bem colocada; não forte, como a dos camponeses, nem tão fraca, que não se ouça.

A fala não deve ser precipitada ou solta sem reflexão; deve ser calma e clara. Esta maneira de falar corrige mesmo, ou atenua em grande parte – se os não chegar a fazer desaparecer por completo – o gaguejar e a hesitação; uma fala rápida, pelo contrário, traz-nos defeitos com que a natureza não nos dotou.

Quando se fala é sinal de educação recordar de vez em quando os títulos honoríficos da pessoa a quem nos dirigimos. Mas nenhum título é mais digno de respeito e doce do que o de pai ou mãe – ou mais simpático do que os de irmão e irmã. Se tu desconheces os títulos em concreto da pessoa a quem te diriges, lembra-te de que todos os professores devem ser tratados por sábios, os padres e os monges por reverendos-pais, e os teus camaradas por irmãos ou amigos; todos aqueles ou aquelas que tu não conheces, por senhores ou senhoras.

Na boca de uma criança uma praga soa sempre mal, seja esta dita de brincadeira ou a sério. O que há de mais desagradável do que esse costume, em vigor em vários países, segundo o qual mesmo as raparigas ainda jovens não conseguem dizer três palavras sem praguejarem – em nome do pão, do vinho, de uma vela ou seja lá do que for?

Uma criança de boa condição não deve conspurcar a língua com palavras obscenas, nem prestar-lhes atenção. O nome das coisas que conspurcam o olhar também contamina a boca. Se for absolutamente necessário designar alguma parte pudenda deve-se utilizar uma perífrase conveniente. Se se tiver de falar de algo que possa provocar repugnância – por exemplo de vômitos, de latrinas ou excrementos – deve-se pedir desculpa antecipadamente.

Se for o caso de desmentir alguém, deve-se evitar dizer: "Não é verdade!", sobretudo se se tratar de uma pessoa mais velha; pedindo antes desculpa, dir-se-á: "Isso me foi contado de outra maneira por fulano".

Uma criança de boa condição não deve discutir com ninguém, nem mesmo com os camaradas; deve antes ceder a sua razão à dos outros, se a coisa parecer prestes a degenerar em querela, ou então remetê-la para o juízo de um terceiro. Deve também evitar ostentar qualquer superioridade, envaidecer-se consigo próprio, criticar a maneira de ser dos outros, troçar dos costumes e da moral de estrangeiros, divulgar o que lhe foi dito como segredo, espalhar notícias fantasiosas, ferir a reputação de quem quer que seja ou fazer notar a deformidade de outrem. Trata-se não só de uma ofensa e de uma crueldade, mas também de um disparate chamar zarolho a um zarolho, coxo a um coxo, vesgo a um vesgo e bastardo a um bastardo! Se seguir estes conselhos, uma criança receberá elogios, não suscitará invejas e conquistará amizades.

É indelicado iterromper alguém antes que essa pessoa tenha acabado de falar.

Uma criança não deve ter discussões com ninguém, mostrar-se receptiva a todos, mas dar-se apenas com um número reduzido de camaradas, que deve escolher com cuidado entre os que lhe são íntimos. Não deve confessar a ninguém o que deseja manter secreto. É ridículo, com efeito, esperar dos outros uma discrição que não tem sequer o próprio interessado. Mas não há ninguém que consiga conter a língua de forma a não desvendar a um amigo o seu segredo. Mais vale portanto evitar qualquer confidência de cujo conhecimento público depois nos envergonharemos.

Não se deve ser curioso em relação aos segredos dos outros; e se os teus olhos ou orelhas surpreenderem algum, procura ignorar o que ficaste a saber.

É pouco civil ler pelo canto do olho uma carta que não nos é dirigida.

Se por acaso for aberta uma escrivaninha na tua presença, afasta-te. É indelicado olhar insistentemente e mais ainda tocar seja no que for.

Do mesmo modo, se te aperceberes de que uma conversa toma um cunho privado, deves-te afastar discretamente; só regressarás para nela te envolveres, se a isso fores convidado.[7]

A análise a ser feita deverá observar os níveis de leitura do texto. Para isso, o texto será examinado como produto de relações: a) do plano da expressão com o plano do conteúdo; b) entre os próprios níveis de leitura, dados no plano do conteúdo: nível fundamental, narrativo e discursivo.

Com apoio em exemplos do próprio texto, demonstre que:

· os níveis partem do sentido mais simples e abstrato, o nível fundamental (Como se apresenta o quadrado das relações de sentido?);

· os níveis vão do fundamental, estabelecido pelas relações categoriais e gerais, até o discursivo, em que atores, tempo e espaço discursivizam a cena de aconselhamento por meio de figuras radicadas em temas (Que tempo e espaço são construídos em relação ao ato de dizer?);

· os valores narrativos, como a civilização, são discursivizados por meio de temas, como a refinamento de maneiras segundo determinados parâmetros (Que parâmetros?);

· os temas se ancoram em figuras como *agitar os braços, escarrar sem necessidade* (Quais outras figuras são nomeadas?);

· certas figuras sofrem uma condenação discursiva, que reúne apreciações moralizantes negativas (Que figuras?);

· as figuras dadas com investimento disfórico, desqualificante, remetem ao lugar social do sujeito (Que lugar?);

· certas figuras são apreciadas positivamente, remetendo à confirmação de determinados sentimentos que devem imperar nas relações humanas e, portanto, na sociedade (Que sentimentos?);

· temas e figuras priorizam um modelo civilizatório confirmador de hábitos e gostos vinculados a determinado grupo social (Que tipo de hábitos? Que grupo social?);

· o modo de interpretar atos dos meninos remete a uma estratificação social definida (Definida como?);

· o nível narrativo representa um destinador, o enunciador, que manipula o enunciatário (Quem é o enunciatário, dado como o *tu*?);

· o sujeito manipulado deve querer entrar em conjunção com um objeto de desejo, a civilização, o qual remete ao ideal de comportamento (Que ideal?);

· a performance esperada do sujeito é dada como programação de receita, para construir a competência desse sujeito (Que instruções são dadas?);

· uma sanção permanece como ameaça ou premiação implícitas ao menino (Que ameaça? Que premiação?);

· no nível profundo, as relações categoriais partem da oposição *identidade vs. alteridade* e o termo eufórico sustenta os valores desejáveis socialmente (Qual é o termo eufórico?);

· o modo de instalação da categoria de pessoa no discurso produz um efeito de objetividade (afastamento do *eu*) ou de subjetividade (presença do *eu*) (Como se apresentam esses efeitos no texto?);

· o lugar ocupado pelo sujeito no mundo está representado no modo próprio com que o discurso responde à pergunta: *O que é ser civilizado?*

Pense finalmente que, para construir a imagem ideal do sujeito, o discurso:
propõe um indivíduo definido por que tipo de paixões?
articula-se de que maneira às contradições do estar no mundo?
supõe como maximamente desejável que tipo de medida?

Interdiscursividade

Em algum ponto do ensaio analítico, traga argumentos da ordem da interdiscursividade, que é a relação estabelecida constitutivamente entre discursos, sem que haja intenção de imitação mútua. Para o cotejo, segue parte de uma reportagem do encarte Folhinha, do jornal *Folha de S.Paulo* (04.09.2004, p. F4-F5). A reportagem, que parte dos parâmetros discursivos de um manual, tem como entrada a rubrica Comportamento, o título *Lições de convivência*, o subtítulo *Crianças contam histórias da vida em grupo*. Com assinatura de Kátia Calsavara, *da Redação*, abre-se por meio de perguntas retóricas. Permeada de ilustrações caricaturais de crianças, alterna a apresentação feita pela redação do jornal, com dicas dadas por uma psicóloga e por uma professora e, ainda, com depoimento das próprias crianças.

lições de convivência

Crianças contam histórias da vida em grupo

KATIA CALSAVARA
DA REDAÇÃO

Se alguém puxa seu cabelo com toda a força, você revida? E se alguém o xinga ou lhe dá um apelido de-tes-tá-vel?

"Há situações em que é preciso ter um setocômetro", diz Daniel Limongi, 11. Calma, vamos à explicação. "Setocômetro" seria um aparelho imaginário que acenderia uma luzinha para a gente se tocar quando está sendo muito "mala" ou quando há uma necessidade no ar que indica que devemos ser mais "adultos". Seria uma beleza se todo mundo tivesse um desses.

ALGUMAS DICAS PARA VIVER BEM COM OS OUTROS

Tenho o direito de expressar minhas opiniões e o dever de ouvir a opinião dos outros

Tenho o direito de discordar de opiniões diferentes da minha e o dever de expressar isso de modo civilizado

Tenho o direito de ter horas para brincar e o dever de me esforçar nos estudos

Tenho o direito de ter adultos que se responsabilizem por mim e o dever de respeitá-los

Tenho o direito de ser como sou, desde que isso não interfira no bem-estar dos outros, e o dever de respeitar as diferenças dos outros

Tenho o direito de freqüentar espaços públicos que permitam a entrada de crianças e o dever de respeitar as regras desses espaços

Fontes: Rosely Sayão, psicóloga e consultora em educação, e também colunista da Folha, e Rita de Cássia Fraga, professora e diretora do Sindicato dos Professores de São Paulo

BOTA FORA

Luiza Zaterka, 11, e Júlia Nachim, 11, são amigas, mas vivem de briga. Quando Luiza foi eleita representante de sala, Júlia achava que ela esquecia de "levar a pastinha para os professores". Juntando-se a outros colegas, decidiu iniciar um abaixo-assinado para tirar a amiga do "posto". "Ficamos sem nos falar por duas semanas. Depois ficou tudo bem", disse Júlia. Alguns dos colegas, como João Collor, 11, "amarelaram" na hora de assumir que assinaram o documento. Arrependidos da atitude, os colegas resumiram: "Ela estava fazendo um trabalho que merecia mais nosso respeito".

MANHÊÊÊ...

As crianças concordam em respeitar as pessoas mais velhas, desde que não sejam SÓ as mais velhas. "Isso de ter que respeitar os mais velhos é um 'ditado' muito errado. Acho que todo mundo deveria respeitar todo mundo", disse Camila Caiuby, 11. "É bom ter um responsável pela gente, desde que não seja um irmão mais velho que se sente o dono do mundo", disse Lucas Alves, 11. Os pequenos estão de acordo. "Na hora da briga eu chamo a minha mãe", diz Vitória Moribe, 6.

MANUAL DE ETIQUETA: VARIAÇÕES DO GÊNERO AO LONGO DO TEMPO

· Na verdade, todos os manuais de etiqueta determinam como valor uma convivência agradável.

· O que varia no tempo e no espaço é a concretização do que seja essa convivência.

Para descrever o cotejo entre os manuais projetados por Erasmo de Rotterdam e pelo jornal *Folha de S.Paulo*, pense:

· em como o suporte (caderno especializado de um jornal contemporâneo de circulação nacional e livro do início da história da imprensa) constrói o discurso;

· na tendência a viabilizar ou abafar a amostragem de várias vozes e o consequente efeito de polifonia e monofonia, articulados por sua vez a um modo próprio de presença no mundo;

· na simetria/dissimetria da relação enunciador/enunciatário, como desdobramento de um modo próprio de organizar socialmente discurso e mundo;

· na variação do uso da língua, no que diz respeito a um modo mais coloquial ou mais formal de dizer, com maior ou menor índice de incorporação da oralidade;

> · na convergência/divergência entre os textos ao promover o atrelamento de representações a uma determinada classe social;
> · no maior ou menor grau do detalhamento figurativo, o que enriquece ou empobrece a concretude da própria receita, com explicitação do modo de fazer e ser;
> · no maior ou menor grau do desvelamento das contradições sociais.

Observe ainda, a título de curiosidade, esta outra passagem do próprio livro *A civilidade pueril*.[8]

> Rir de tudo o que se faz ou se diz é próprio de um idiota; nada dizer, de um estúpido. Rir de uma expressão ou de um ato obscenos é testemunho de uma natureza viciosa. A gargalhada, esse riso imoderado que percorre todo o corpo, e a que os Gregos, por isso, davam o nome de *o agitador*, não fica bem a nenhuma idade, e ainda menos à infância. Há quem, ao rir, mais pareça relinchar – o que é indecente. Diremos o mesmo daqueles que riem abrindo horrivelmente a boca, enrugando as faces e descobrindo toda a queixada: é o riso de um cão, ou um riso sardônico. O rosto deve exprimir a hilaridade sem sofrer deformações ou manifestar um fundo corrompido. Só os idiotas dizem: Rebento de rir! Desfaleço de riso! Ou morro de riso! Se sucede algo de tão risível que não seja possível contê-lo, deve-se cobrir o rosto com o lenço ou a mão. Rir quando se está só e sem causa aparente é atribuído, por quem nos vir, à parvoíce ou à loucura. No entanto isso pode suceder; a educação aconselha, então, a que se diga a razão de nossa hilaridade e no caso de não o podermos fazer, há que inventar qualquer pretexto – para que nenhum dos presentes julgue que é dele que ríamos.

Comente, por fim, no seu ensaio, a relação *cultura vs. natureza*, também depreensível do nível fundamental de *A civilidade pueril*. Pense nessa relação homologada à outra, *alteridade vs. identidade*. Pense ainda na *cultura* como da ordem das coerções sociais e na *natureza* como da ordem das pulsões individuais. Transforme essa oposição num quadrado semiótico. Para maior apoio nessa identificação, segue parágrafo elucidador desses movimentos do sentido no nível fundamental.

> É indigno de um homem bem educado descobrir, sem necessidade, as partes do corpo que o pudor natural leva a esconder. Quando a necessidade forçar a fazê-lo, devemos dar mostras de um decente recato – ainda que ninguém nos observe. Não há lugar onde os anjos não se encontrem! E o que mais lhes apraz numa criança é o pudor – companheiro e vigilante dos bons costumes. Por outro lado, se a decência nos ordena que escondamos essas partes dos olhares dos outros, menos ainda as devemos tocar com as mãos.[9]

Verifique, a título de conclusão, invariâncias genéricas nos manuais de diferentes épocas. Depois, verifique as variações correspondentes a diferentes modos de tratar as próprias coerções genéricas. Observe assim semelhanças e diferenças que emergem do gênero *manual de comportamento humano*, no que se refere a diferentes situações de comunicação e a diferentes ideais de adestramento ou condicionamento civilizatório. Para expandir seus argumentos, cite as diferentes maneiras de construir proibições, as quais significam por reproduzir sanções sociais.

Não deixe, finalmente, de pensar no grau de previsibilidade do comportamento previsto nesse tipo de manual. Encerre seu ensaio com considerações a respeito da passagem que segue, que ensina modos à refeição, no próprio livro comentado de Erasmo de Rotterdam.[10] Relacione a esta afirmação, atribuída a Freud: *Quanto mais aumenta* [a civilização], *mais cresce a infelicidade.*[11]

> Bambolear-se na cadeira e sentar-se umas vezes sobre uma nádega outras vezes sobre a outra é adotar a atitude de alguém que solta vapores, ou que se esforça por o fazer. Mantém por isso o corpo direito, num equilíbrio estável.

Segue transcrito, para remate de suas reflexões, o parágrafo dado como conclusão da obra.[12]

> Se esta modesta obra te puder ser de alguma utilidade, meu tão caro filho, gostaria que a oferecesses a todas as crianças da tua idade. Graças a essa liberalidade conquistarás desde logo a amizade dos teus jovens companheiros de estudo, ao mesmo tempo que lhes recomendarás a aplicação às belas letras e aos bons costumes. Que a bondade de Jesus se digne a conservar as tuas boas inclinações e, se tal for possível, as desenvolva mais ainda. Escrito em Fribourg, Brisgau, no mês de março, do ano de MDXXX.

:: Teoria

:: Níveis de leitura de um texto

:: Para além da aparência

O sentido dos textos pode ser buscado para além da aparência. Para isso contribui a semiótica que, examinando os textos na relação da aparência (plano da expressão), com a imanência (plano do conteúdo), observa o sentido como construção e processo e, ao fazê-lo, também considera o dito, o enunciado, em relação com a enunciação, instância sempre pressuposta. Assim sendo, a análise semiótica supõe a descrição, não de um referente dado *a priori*, relativo a um mundo independente e anterior ao discurso, mas de um referente construído pelo texto. Algirdas Julien Greimas, teórico da semiótica de linha francesa, chegou a formular: *Fora do texto não há saída*. Para esse olhar analítico, o próprio mundo é então considerado um enunciado construído e decifrável pelo homem: mundo linguageiro, sujeito linguageiro, já que dados ambos *na* e *pela* linguagem.

Sob tal perspectiva procura-se reconstruir as condições de produção e apreensão do sentido. Para isso, é oferecido, como instrumento de análise, o percurso gerativo do sentido, que procura refazer o próprio sentido como processo e construção. Debasta-se então o texto de sua manifestação, de sua materialidade significante, quer seja verbal, como um poema, quer seja visual, como um quadro, entre outras possibilidades de expressão. Isso feito, o interesse se volta para o plano do conteúdo, tripartido em níveis: fundamental, narrativo e discursivo. Esses são os níveis de leitura de um texto, por meio dos quais o sentido é reconstruído, desde as relações mais abstratas e simples, dadas no nível fundamental, até as mais concretas e complexas, dadas no nível discursivo.

Entre os níveis fundamental e discursivo, está a narratividade que, subjacente a todo e qualquer texto, supõe, na manipulação, o programa narrativo de base: um destinador manipula um destinatário para que este queira e deva entrar em conjunção com um valor, apresentado como objeto de desejo. Para exemplo de manipulação enunciativa, temos, num manual de boas maneiras, a ordem ditada ao leitor, para que este deva não fazer algo; no caso, deva não rir à toa, a fim de entrar em conjunção com a civilização, dada como objeto de desejo: "Não ria de qualquer coisa". Essa é a ordem pressuposta à afirmação feita por Erasmo de Rotterdam, no seu manual didático intitulado *A civilidade pueril*: "Rir de tudo o que se faz ou se diz é próprio de um idiota."[13]

Entretanto, o destinador e o destinatário da manipulação, se pertencentes ao enunciado, ao dito, remetem à narratividade do próprio enunciado, como no exemplo que segue:

> Tendo de escrever uma composição no colégio sobre uma família pobre, a filha de um milionário assim se expressou: "Era uma vez uma família pobre. A mãe era pobre. O pai era pobre. Os filhos eram pobres. O mordomo era pobre. O chofer era pobre. A criada era pobre. O jardineiro era pobre. Todos eram pobres."[14]

Nesse caso, o destinador (a escola, a professora) manipula o destinatário (a garota) para dever escrever "uma composição sobre uma família pobre". A menina faz a composição, atribuindo recorrentemente a cada elemento, que ela percebe como de um circuito familiar, a característica de *pobre*, sejam os pais, sejam os filhos, sejam os vários empregados da mesma casa. Redação escolar feita, performance realizada, a garota será sancionada positivamente: receberá nota pelo cumprimento da tarefa, passará de ano. Eis a narratividade do enunciado.

Mas devemos voltar à enunciação pressuposta à historieta. Pelo modo de dizer, a enunciação alerta para a mentira do enunciado. Aquela família criada na composição escolar parece pobre, mas não é. Montando sob o mesmo teto a reunião das figuras dos serviçais como o mordomo, o chofer, a criada, o jardineiro, a enunciação alerta para o fato de que tanto o teto como os donos do teto não eram pobres. Aquela família, que mantinha tais empregados, dada como pobre no relato da menina, na verdade era rica. A garota, entretanto, acreditava no que dizia, tamanho era seu desconhecimento seja sobre as relações entre patrão e empregado mascaradas como familiares, seja sobre o que é ser pobre. No nível fundamental do mesmo enunciado, o termo euforizado *identidade*, da oposição *identidade vs. alteridade*, sustenta o olhar solipsista da "filha do milionário". Com tais recursos, o discurso constrói o humor em simultaneidade à crítica social.

O exercício de reconstrução do sentido no plano do conteúdo desenvolve-se concomitantemente ao cotejo entre o plano do conteúdo e o plano da expressão. Importa destacar que o plano da expressão é veículo do plano do conteúdo. A materialidade textual pode, entretanto, não se restringir a veículo do sentido dado no plano do conteúdo. Como exemplo, temos a reprodução de um anúncio de sandálias Havaiana.[15] Observa-se nesse anúncio que a integração do verbal com o visual, no plano da expressão do texto, enfatiza a cena marítima, para fazer crer que a sandália evoca as delícias do mar, jogada, como está, entre conchas e sob a água. As frases, escritas de modo ondulado, confirmam no plano da expressão o movimento das próprias ondas, associadas definitivamente às Havaianas.

:: Uma cartilha

Se tomarmos agora a cartilha *Ser travesti*, publicada pelo Programa Nacional de DST e Aids, no início de 2004, pelo Ministério da Saúde, sob o *slogan* "Brasil, um país para todos", poderemos desenvolver esta análise que, tratando o texto para além da aparência, examina-o na relação do plano da expressão com o plano do conteúdo. Do plano do conteúdo é que podem ser depreendidos os níveis de leitura do texto, não esqueçamos.[16] Vejamos a capa da cartilha.

Essa capa explora, entre os recursos de textualização, o sincretismo entre o visual e o verbal, para instituir o leitor compatível com o discurso dessa cartilha. A propósito, a própria escolha do gênero *cartilha* está subordinada à exigência semântica constituidora do discurso. Esse gênero, por sua vez, tal como o manual, compreende textos voltados prioritariamente para a doação de determinada competência ao leitor. O discurso se utilizará desse recurso. Por ora voltemos à capa. Notamos nela, a princípio, a integração da figura do travesti sorridente, na faixa da direita, com o título em caixa-alta, SER TRAVESTI.[17] Simultaneamente, outra integração entre o verbal e o visual: o corpo fotografado em inclinação frontal, em que os músculos fortes e masculinos contrastam com as vestimentas femininas, ratifica o título, enquanto ladeia os itens verbais de curta extensão, que se abrem em rubricas desencadeadas verticalmente, na faixa da esquerda. Tal sincretismo entre o verbal e o visual anuncia e confirma, no plano da expressão, a coerção do sentido dado ao travesti (diversidade sexual). Tal sincretismo consolida também o didatismo próprio a qualquer cartilha. Por isso cuida do apelo reiterado entre imagem e palavra e, também por isso, pauta-se pela clareza e facilitação. O leitor instituído pelas coerções genéricas não é, na cartilha, um sujeito que busca prolongadas elucubrações, previsão esta para gêneros da esfera científica. O sincretismo de linguagens do plano da expressão reforça, na cartilha, recursos persuasivos que, em função do gênero, confirmam a expectativa de leitura aligeirada: poucas palavras; visual fotográfico que não cobra volteios do olhar.

Por se tratar do gênero *cartilha*, importa prioritariamente narrativizar a enunciação. Abstraindo, portanto, tal narratividade, depreende-se da capa o programa narrativo de base: o enunciador, projeção do autor da cartilha, manipula o enunciatário, projeção do leitor-travesti, para que este queira e deva entrar em conjunção com um valor, dado como objeto de desejo: o valor da *autopreservação*. O travesti sorridente, com o queixo apoiado numa das mãos, figurativiza o leitor instituído, que, além de ser o destinatário da manipulação, é também o sujeito a quem é doado um poder e um saber agir adequadamente no mundo; *adequadamente*, aliás, supõe em consonância com a autopreservação física e social propugnada. Assim, na cartilha, a competência do sujeito-travesti se constitui pela doação de um poder e de um saber, detalhados figurativamente: *Guarde a camisinha em local seco e sem luminosidade e nunca no bolso de trás da calça ou na carteira, onde pode estragar-se facilmente* – eis uma das instruções.

A propósito, tal competência orienta-se para a autoproteção diante de doenças sexualmente transmissíveis e para a prática da cidadania, de acordo com o que está proposto na capa, tanto nas perguntas retóricas, como nas asserções de alerta e imperativas: *DST – Saiba como evitar* (p. 05). *Aids – Você sabe o que é? Você já fez o teste?* (p. 07). *Camisinha – Use sempre* (p. 09). *Silicone – Não é só a beleza que está em jogo. Sua saúde também* (p. 11). *Direitos – Não abra mão de sua cidadania* (p. 13).

A indicação, na capa, do número das páginas entre parênteses, no final de cada uma das chamadas, concretiza, no plano da expressão, o movimento narrativo imanente: cada página indicada detalhará passos a ser dados para a construção de um poder e de um saber estar no mundo. Assim se configura, na capa, como motor de leitura, a promessa de construção da competência do travesti. A propósito, segundo mecanismos discursivos de instalação da pessoa no enunciado, enquanto se constrói a competência desse leitor, fala-se *com ele* e *para ele*. Não esqueçamos que é usado recorrentemente o pronome de tratamento *você*.

Tal promessa, aliás, assentada em temas como o o *do cultivo da autoestima* e o *do direito à cidadania*, define um modo próprio de persuasão. Alavancada pelas figuras da camisinha e do silicone, dadas verbalmente, e da figura do próprio destinatário da manipulação (o travesti), dada visualmente, tal promessa remete a um modo incluidor de presença no mundo, do sujeito enunciador. Por isso é confirmado um mundo naturalmente habitado por travestis, figura de aceitação polêmica nos meios sociais.[18] O discurso assim legitima a figura humana ambivalente e sem lugar social definido. Não é à toa que o programa do Ministério da Saúde do Governo Federal se dá sob *o slogan* Brasil, um país de todos. Verdadeiramente a cartilha, ao viabilizar a discursivização do ator travesti, anteriormente ao alerta para recursos de preservação da saúde e de respeito à cidadania, faz crer no simulacro de *um país para todos* e, portanto, sem discriminação.

:: Nível narrativo e discurso

Voltando aos procedimentos de análise, lembramos que os três níveis de leitura do texto, fundamental, narrativo e discursivo, longe de ser concebidos como compartimentos estanques, firmam-se como interdependentes. Lembremos também dois fatos do nível narrativo: a) a manipulação entre o destinador-manipulador, o enunciador-autor da cartilha, e o destinatário-leitor, o travesti; b) a construção da competência do leitor. Tais fatos examinados na articulação com o nível discursivo, apresentam-se ancorados num determinado *tempo*, concomitante ao *agora* do ato de dizer, e num determinado *espaço*, concomitante ao *aqui* do ato de dizer. Assim se apresenta ao leitor da capa da cartilha a presentificação do problema, trazido para bem perto da cena enunciativa. É, portanto, recurso de argumentação a instalação do leitor como o *tu* com quem se fala, já na capa.

206 :: A comunicação nos textos

A cartilha, então, enfatiza já na capa a presentificação temporal, por meio tanto das ordens quanto das perguntas retóricas, realizadas todas em concomitância com o ato de dizer. Depreende-se um *agora* implícito, por exemplo, na chamada: DST – *saiba como evitar (agora)*. Esse *agora*, por sua vez, passa a ser tão extenso, que perde os próprios limites, passando a constituir um presente omnitemporal, ou seja, de todos os tempos. O advérbio *sempre*, dado na sequência das chamadas, o comprova: *Camisinha – use sempre*. O *sempre*, aliado ao *agora* em *Saiba* [*agora* e *sempre*] *como evitar* DST, desdobra-se como negação no *nunca*, para que se consolide o presente omnitemporal: *Não abra* [*nunca*] *a mão de sua cidadania*. Com tais mecanismos de temporalização, a cena didática, compatível com o gênero *cartilha*, robustece o corpo do enunciador como um destinador que enuncia verdades irreversíveis, já que de todos os tempos. A manipulação dada no nível narrativo ampara as estratégias do discurso.

:: Nível fundamental e discurso

O valor da *autopreservação*, considerado o objeto de desejo em função do qual o sujeito foi manipulado e em função do qual o sujeito constrói a própria competência, funda-se em outro valor, com o qual é mantida afinidade, o valor da *identidade*, dado no nível fundamental. É do nível fundamental, primeira etapa do percurso, que emerge a oposição semântica mínima, *identidade vs. alteridade*, vista, aquela, como domínio do *eu* e, esta, como domínio do *outro*.

Essa oposição semântica mínima, dada nas profundezas da imanência textual, articula-se por sua vez com a transcendência histórico-cultural. Se o discurso escolhe, por exemplo, o polo da *identidade*, homologado, em outros níveis, à *liberdade*, ou o polo da *alteridade*, homologado, em outros níveis, à *submissão*, a fim de estabelecer a imagem-fim do sujeito-travesti, reproduz aspirações, ideais e crenças ditadas socialmente. A cartilha escolheu negar a alteridade para poder afirmar a identidade, no que diz respeito ao estabelecimento da imagem-fim, a imagem a ser atingida, para o travesti.

A oposição *identidade vs. alteridade*, tal como foi tratada pela cartilha, refaz então, no nível fundamental, conflitos sociais, já que reverbera na legitimação da própria identidade social do travesti. Confirmando interpretações e representações, essa oposição, uma vez realizada no discurso, sustenta temas como o *do direito à cidadania* que, atrelado à figura do travesti, desvela não apenas costumes da cotidianidade contemporânea, abafados, aliás, por segmentos dessa mesma sociedade, mas desvela principalmente a desestabilização de tabus comportamentais. Essa desestabilização é fortalecida ao longo do texto e do discurso da cartilha. Por curiosidade, lembremos o verbete *travestir*, que apresenta no dicionário como primeira acepção para esse verbo, *falsificar*, remetendo à impregnação de sentimentos de aversão e hostilidade que sofre essa figura. Como vemos, a transcedência histórico-social é construída por meio da imanência discursiva e não apesar dela.

Para melhor entender o rendimento semântico da oposição mínima de sentido do nível fundamental, *identidade vs. alteridade*, observemos seus desdobramentos. Tal oposição radica-se numa relação de contrariedade entre os termos. Tomando cada um dos polos, *identidade* (designado como S1) e *alteridade* (designado como S2) e aplicando a cada um deles uma operação de negação, obtêm-se, por uma relação de contradição, os polos *não identidade* (designado como $\overline{S1}$) e *não alteridade* (designado como $\overline{S2}$). $\overline{S1}$ e $\overline{S2}$, por sua vez, acabam por confirmar o termo contrário daquele que o gerou, com o qual é estabelecida uma relação de complementaridade. Assim, $\overline{S1}$ será complementar a S2; $\overline{S2}$ será complementar a S1.

Tais relações mínimas, visualizadas num quadrado, demonstram, enquanto estrutura elementar, o ponto de partida da geração do sentido. Ratificam-se, aliás, desde a oposição S1 *vs*. S2, as relações de diferença que, fundadas sobre semelhanças, constituem o sentido. Como exemplo, lembremos que masculinidade se opõe a feminilidade, pois entre ambos os polos há um traço comum (a sexualidade).

Eis o quadrado demonstrativo do nível fundamental de leitura da cartilha *Ser Travesti*, quadrado de relações que sustentam o encaminhamento ideológico do discurso:

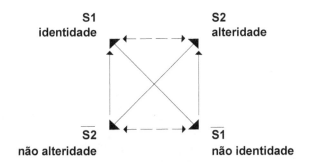

Interessante é observar que as categorias semânticas *identidade vs. alteridade* e os respectivos desdobramentos direcionam-se, na cartilha, segundo afetividades e julgamento moral dados como elemento propulsor da construção do sentido de todo o texto. A propósito, chama-se orientação tímica essa valorização: eufórica, positiva, ou disfórica, negativa, dos valores distribuídos nesses dois eixos do nível fundamental: S1 /$\overline{S2}$ (euforia); S2/$\overline{S1}$ (disforia).

Assim o eixo S1 / S̄2, *identidade / não alteridade*, define-se axiologicamente por ser investido com valores da euforia, daquilo que é considerado em conformidade ou em harmonia com o mundo construído pelo discurso. Como S1 e S̄2 constituem um eixo que reúne termos complementares, constituem uma dêixis que, positiva, sustenta a valorização positiva dos valores *identidade / não alteridade*. Por sua vez o eixo *alteridade /não identidade* se afasta da proposição moral da cartilha, constituindo a dêixis da disforia. Não é a imagem de um travesti esvaziado de si, esta que se figurativiza neste alerta: *Você tem o direito de estudar, de pegar um cineminha, de ter uma conta no banco, de trabalhar e de frequentar o serviço de saúde. Você também tem o direito a ter informação, e esta cartilha foi feita justamente para isso: manter você informada* (p.3). O que vale é que a *identidade* euforizada sustenta, no nível fundamental, a imagem do sujeito tida como a ideal: um sujeito soberano, figurativizado como aquele que tanto denuncia injustiças, como se esmera na elegância para andar de salto alto.[20]

SALTO!
Não esqueça: para manter um andar elegante, é sempre o salto que deve encostar primeiro no chão – nunca a ponta dos pés.

Direitos
Todo cidadão merece respeito.

• Por mais que sejam fortes as incompreensões e o preconceito, é importante que você não abra mão de sua cidadania.

• **Denuncie se você for vítima de violência. Em caso de violência policial, procure saber o nome do agressor e lembre-se da hora em que o fato aconteceu. Denuncie o ocorrido na Corregedoria de Polícia ou procure orientação junto a uma instituição amiga.**

• Não abra mão de tirar sua identidade, CPF, título de eleitor e certificado de reservista. Você pode não estar mais usando o nome que está nesses documentos no seu dia-a-dia, mas eles são uma importante ferramenta na hora de garantir seus direitos e também para conseguir um emprego.

Os valores axiologizados como valor do Bem, *identidade / não alteridade*, no nível fundamental, são causa e consequência do valor *da autopreservação*, homologado ao valor da *liberdade*. Dessa maneira o ator do enunciado, o travesti, com quem se fala, por isso o narratário, figurativizado como aquele que, à revelia de todas as pressões, quer, deve, sabe e pode tirar documentos tais como identidade, CPF, título de eleitor e certificado de reservista, representa um sujeito avaliado com acolhimento moral pela enunciação. Tal avaliação, aliás, se estende no alerta para a responsabilidade pela própria pessoa, bem como na assunção da própria identidade.

:: Imanência, sujeito, história

Um pacto de confiança entre enunciador e enunciatário é então estabelecido e confirmado. Ler o texto concebido na tripartição do plano do conteúdo em níveis de geração do sentido, fundamental, narrativo e discursivo, contribui para que se descreva, pela reconstrução, esse pacto de confiança. Importa identificar a enunciação, quer seja na figura do enunciador, Ministério da Saúde do Governo Federal, do ano de 2004, quer seja na figura do leitor, o travesti, com o próprio movimento de ir e vir do sujeito; ir e vir entre os níveis dados em relação de interdependência; ir e vir da aparência (plano da expressão), para a imanência (plano do conteúdo); ir e vir, por fim, da imanência, para a transcendência social, histórica e cultural.

Lembramos que, assumindo a responsabilidade pelas lições dadas, e por meio de um modo de dizer compatível com as coerções genéricas da cartilha e, ainda, por meio de um dizer genérico análogo ao sujeito pressuposto ao manual de comportamento, um sujeito se referencializa de maneira própria no enunciado da cartilha. Aliás, cumpre ratificar que a escolha do gênero se subordina às exigências do discurso. Enfim, é para cumprir tais exigências que se diz *tu* nas perguntas retóricas e nas frases imperativas: *Como proceder?* [no caso das doenças sexualmente transmissíveis, a DST]: *Não use remédios caseiros. Nada de se consultar no balcão da farmácia.*

Confirma-se no nível discursivo a cena de ensinamento didático, proje-tada com um tom de voz de cumplicidade, exacerbado, aliás, na orientação quanto a maneiras de proceder na vida privada: *Como pega* [Aids]*? Transando sem camisinha. Depois da transa, tire a camisinha com as mãos para evitar o vazamento do esperma.* Tal cumplicidade acontece sem que se perca o acento lúdico da voz. A ludicidade, aliás, reforça a própria cumplicidade. É só atentar para o cognome *Chuchu* dado ao narratário, nas dicas para depilação (p. 4).

Pelo exame dos níveis de leitura, obtêm-se, portanto, elementos não apenas para ler o enunciado naquilo que ele diz, mas para reconstruir o enunciado como rede de relações imanentes, o que viabiliza a depreensão do *como* e do *porquê* do dito. O texto observado por meio dos níveis de leitura acaba também por permitir que se delineie o perfil de quem diz pela observação do modo de dizer. No caso da cartilha *Ser travesti*, um sujeito é dado como modo de presença não circunscrito a expectativas de silenciamento e ocultamento das diferenças; um sujeito é identificado como aquele que alerta: sujeito robustecido na imagem de cúmplice e não afeito, aliás, a determinados interditos sociais. Dessa maneira é apresentado o corpo, voz, tom de voz e caráter próprios do enunciador, na confirmação de um *ethos* atrelado não a crenças de triagem, mas de mistura de valores. Dessa maneira ainda é confirmado o sujeito no pertencimento ao espaço institucionalizado, a nação brasileira. Realiza-se o simulacro de que este país é "de todos".

Por tais meios reconhecem-se estratégias argumentativas, que balizam o *ethos*, tal como proposto na retórica aristotélica (século IV a.C.): o "ar" dado *do* sujeito, *pelo* sujeito, por meio de um modo próprio de dizer. Da cartilha *Ser travesti* depreende-se então um sujeito com caráter includente, até em questões de norma linguística, as quais entram como recurso de que se vale o enunciador para realizar a persuasão. Que se observe o recorrente uso do morfema de gênero feminino, para o adjetivo *atenta*, em *fique atenta*, o que confirma o simulacro daquele que assume com naturalidade o modo feminino de designação para o travesti. Consolida-se dessas maneira a crença no poder ser de outro sexo. Além disso, temos o uso da expressão pronominal *a gente* que, além de sugerir um *nós* de inclusão (*eu* + *tu* = *nós*), confirma um falar coloquial, pouco fletido às exigências da formalidade:

· *Fique atenta a todo tipo de sinal visível* [de DST]: *feridas, mesmo sem dor, vermelhidão ou irritação nos órgãos genitais, corrimentos, verrugas ou pequenas bolhas.*
· *Também fique atenta aos sintomas, que são o que a gente sente, mas não pode ver. Dor na hora de urinar, febre, coceiras etc.* (p. 5).

Como recurso de consolidação do pacto de confiança, firma-se, como dissemos, o tom lúdico da voz, com o uso de vocativos como *Chuchu* e com a inserção de dicas como a que segue. Vamos a ela.

DST - DOENÇAS SEXUALMENTE TRANSMISSÍVEIS

Como proceder?
· Nada de consultar no balcão da farmácia.
· É um profissional de saúde que deve detectar exatamente o problema e indicar o tratamento adequado.

Ao legitimar figuras, temas e valores do universo dos travestis, essa dica, como as outras, discursiviza como possíveis determinadas práticas sociais. A enunciação assim faz ser: mundo e sujeito no mundo. É o que importa, para essa cartilha, que se cumpre em resposta ao *slogan* da contracapa: TRAVESTI E RESPEITO. *Já está na hora dos dois serem vistos juntos. Em casa. Na boate. Na escola. No trabalho.* Na vida.

Destaca-se que a legitimação simultânea do enunciatário e do enunciador, da cena enunciativa, enfim, dá-se no nível discursivo, último patamar dos níveis de leitura de um texto. Cabe entretanto uma observação: que não se circunscreva a determinado nível a práxis enunciativa, que é esse ir e vir do sujeito entre o texto e a História. Separar o Bem do Mal para investir as dêixis do nível fundamental, como eufóricas e disfóricas; orientar o valor dado aos valores, para definir crenças, subsidiar deveres, quereres, poderes e saberes; abstrair a narratividade subjacente e, com ela, um sujeito que se constitui pela busca do objeto – todos esses movimentos dos três níveis de leitura de um texto radicam, em cada um dos próprios níveis e em todos conjuntamente, a cena enunciativa, como arquitetura do mundo. A instância enunciativa, considerada lugar de convocação da própria História, permeia verdadeiramente todos os níveis de leitura de um texto.

· Cada um dos níveis de leitura aqui apresentados terá seu desenvolvimento na sequência das lições.
· Que fique por ora, da leitura da cartilha *Ser travesti*, um esquema da depreensão dos níveis de leitura:

Nível Fundamental
Quadrado semiótico:

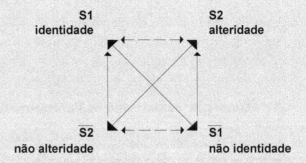

Nível Narrativo
Programa narrativo de base (manipulação)
   S1 » S2 ^ Ov
   S1 – destinador (enunciador / autor)
   S2 – destinatário (enunciatário / leitor-travesti)
   Ov – autopreservação

Nível Discursivo
Relação enunciado/enunciação: atores
                                        tempo
                                        espaço
                                        tema
                                        figuras
                                        ideologia

:: Produção de texto II

:: Ensaio analítico II

:: Identificação dos níveis de leitura de um texto

Temos um excerto de cartilha doutrinária.[20] Depreenda as relações do sentido estabelecidas nos níveis fundamental, narrativo e discursivo. Comente a orientação argumentativa dada pela enunciação, para fazer crer num mundo construído discursivamente. Depreenda o *ethos*.

3. COMO DESENVOLVER A COOPERAÇÃO NO MST

3.1. A cooperação nos acampamentos

A luta pela terra já é uma forma de cooperação. Mas a cooperação pode ainda ser desenvolvida nas frentes de trabalho, em chapas ou cozinhas coletivas, em todas as oportunidades possíveis.

Além dos exercícios de cooperação se faz necessário a discussão de como será a organização do assentamento, o que o MST entende por cooperação e quais as suas vantagens e os seus limites, o nível de cooperação que será possível desenvolver para massificar, as formas de cooperação que o MST desenvolve, os créditos que serão repassados e como melhor utilizá-los.

É importante que a cada área conquistada se discuta a melhor forma de viabilizar os que serão assentados e a partir daí se defina os critérios para os sorteios.

3.2. A organização do assentamento

Os assentados precisam conseguir, o quanto antes, algumas informações sobre o assentamento, tais como:

a) Ver o mapa da área e o levantamento dos recursos naturais realizados pelo INCRA. Também percorrer a área e reconhecer todas as divisas.

b) Ver o que se produz na região (em volta do assentamento).

c) Ver o que a região consome (alimentos) e que não é produzido ali. Tentar descobrir porque estes produtos não são produzidos ali.

d) Conseguir a análise da terra.

e) Fazer um levantamento do patrimônio existente (benfeitorias, etc).

f) Fazer o planejamento de produção, solicitar ajuda de um técnico.

Ao mesmo tempo precisam ir organizando o assentamento, se dando conta da importância de:

a) Ir organizando uma comunidade, por exemplo:

√ Decidir em conjunto o que o assentamento precisa: escola. igreja, posto de saúde, campo de futebol, etc.

√ Definir qual a área para a comunidade e colocar os marcos.

√ Definir o local para se hastear a bandeira do MST.

√ Decidir como vai funcionar a comunicação: correio. etc.

√ Decidir como será a locomoção (ver a possibilidade de se conseguir uma linha de ônibus que passe pelo local, se ainda não tem).

b) Ir garantindo a organicidade

√ Escolhendo o nome do assentamento (antes definir os critérios) e fazer uma bonita placa para colocar na entrada do assentamento.

√ Organizar o assentamento em núcleos de base e escolher a co-

✓ ordenação do assentamento (representantes dos núcleos).

✓ Escolher a direção do assentamento (três ou cinco). Garantir o princípio da direção coletiva.

✓ Escolher quem será o tesoureiro (se precisar) e o secretário (fazer as atas de todas as reuniões):

✓ Procurar a Regional dos assentados e participar dela;

✓ Criar um grupo de mulheres e um grupo de jovens;.

✓ Combinar quando serão as assembléias do assentamento e em que lugar e quando se passarão as informações da organização.

✓ Discutir como continuar ajudando o MST, a luta pela reforma agrária.

✓ Definir quem será o zelador do Jornal Sem Terra.

c) Discutir a possibilidade de surgir uma ou mais agrovilas

✓ Morar em uma agrovila não quer dizer que tem que trabalhar juntos

✓ É para facilitar o acesso a benfeitorias sociais: água, luz, telefone, escola, posto de saúde, etc

Outro passo é refletir como será as relações com as outras entidades e com as organizações dos trabalhadores existentes na região:

a) Relação com os vizinhos do assentamento;

b) Relação com as organizações da roça;

c) Relação com as organizações na área urbana: Igrejas, Sindicatos Urbanos, Rádio, Prefeitura, Partidos;

d) Relações com a população em geral.

Finalmente, deve-se discutir também as questões mais ideológicas, como:

a) Definir como será feito o trabalho político-ideológico dentro do assentamento

✓ Cursos de formação das lideranças;

✓ Curso massivo para todos os assentados;

✓ Curso de capacitação técnica: na área de produção etc... principalmente quando a região é desconhecida.

✓ Discutir a aparência do assentamento para mostrar o lado bonito da Reforma Agrária

✓ Ter uma morada (casa) bem ajeitada, mesmo que ainda não seja pintada;

✓ Fazer um jardim em frente da casa;

✓ Plantar um pomar.

b) Definir quais as datas e como o assentamento vai celebrar ou comemorar

✓ Inicio do assentamento (aniversário do assentamento)

✓ Datas dos trabalhadores (25 de julho, 1º de maio etc)

✓ Datas Religiosas (Natal, Páscoa, Reis, São João,etc)

3.3. A organização da produção

Cada assentamento e no assentamento cada núcleo de produção deverá discutir a produção: o que produzir, onde produzir, quando e quanto produzir, como produzir, como comercializar, ...

Na organização da produção precisamos levar em conta:

a) Garantir o básico

Logo que chegarmos na área precisamos garantir pelo menos uma horta e a roça de subsistência para os assentados e a alimentação para os animais.

b) Obedecer ou ter claro a realidade concreta da área

Não podemos mais cair mais no erro de achar que na terra conquistada, que normalmente fica em outra região, se planta a mesma coisa e do mesmo jeito que estávamos acostumados a fazer.

Precisamos levar em conta a localização da área, a distancia do mercado, a infra-estrutura existente, as vias de transporte existente e a sua condição, se existe energia elétrica. Enfim, devemos levar em conta, segundo Lenin e Mao Tse Tung, "o nível de desenvolvimento das forças produtivas e as relações sociais de produção existentes naquela região".

Para apoio, segue esboço da organização do plano de conteúdo em três níveis de leitura. Ao plano do conteúdo, junta-se o plano de expressão, para que resulte o texto. Na análise, considere a práxis enunciativa, que permeia todos os níveis de produção e leitura do texto.

NÍVEIS DE LEITURA DE UM TEXTO

PLANO DO CONTEÚDO

Nível discursivo
tempo, espaço, atores
enunciador / enunciatário
argumentação / persuasão
cena enunciativa
voz, tom de voz, caráter, *ethos*

Nível narrativo
sujeito e objeto de valor
destinador / destinatário
manipulação, competência, performance, sanção

Nível fundamental
quadrado semiótico
termos em relação de contrariedade, contradição e complementaridade dêixis eufórica *vs.* dêixis disfórica

A fim de atentar para a junção do plano do conteúdo com o plano a expressão na manifestação textual, seguem elencados alguns fatos do plano da expressão.

PLANO DA EXPRESSÃO
paragrafação
tipo de letra
recursos de coesão textual
sinais de pontuação

escolha lexical
fatos da sintaxe da frase
integração de elementos visuais com verbais

:: Produção de texto III

:: Produção de um manual de comportamento

Crie um manual de comportamento, propondo determinado modo de presença no mundo para o leitor. Como exemplo, seguem mandamentos da etiqueta empresarial, publicados na *Folha de S.Paulo*, 04.04.2004, p. E2, caderno Ilustrada. Segundo nota do próprio jornal, "A coluna elaborou uma lista de dicas [de comportamento], a partir de aulas de Claudia Matarazzo." O exemplo dado pela colunista do jornal pode ser ratificado, negado ou simplesmente esquecido pelo manual a ser criado.

10 MANDAMENTOS DA ETIQUETA EMPRESARIAL

A coluna elaborou uma lista de dicas, a partir das aulas de Claudia Matarazzo

NÃO ABUSARÁS DO CASUAL DAY

Escolha uma roupa que o deixe à vontade, mas não incomode os colegas. Nada de transparências, decotes, minissaias, chinelos ou bermudas. Pode aparecer uma reunião de última hora.

SERÁS PONTUAL

Chegar mais de 15 minutos depois do horário mostra que você é incapaz de administrar o próprio tempo.

NÃO USARÁS ESTAMPAS DE BICHINHOS

"Nem os mais lindos" pegam bem para quem tem mais de 20 anos de idade, seja em gravatas ou em vestidos.

SEPARARÁS VIDA PESSOAL DOS NEGÓCIOS

Em reuniões, fale sobre esportes, televisão ou política. Assuntos como doenças, fofoca e intimidades em geral devem ficar fora do papo.

DESLIGARÁS O CELULAR

Em reuniões profissionais, sua atenção é toda da pessoa que está com você. Atender um telefonema é extrema falta de consideração.

NÃO ABUSARÁS DE BEIJOS E ABRAÇOS

Apertos de mão são o ideal. Mas se a pessoa fizer menção de abraçar ou beijar você, retribua. E não esqueça: tapinhas nas costas, jamais!

NÃO COMERÁS ESPAGUETE

Ou qualquer tipo de comida que precise mais da sua atenção do que a pessoa com quem você divide a mesa, como tomate-cereja, que "pode voar longe".

NÃO USARÁS JEANS NO TRABALHO

A não ser que seja comum em sua empresa ou em festas de fim de ano. No caso das mulheres, "só se estiverem muito em forma".

ESCOLHERÁS BEM O PRETINHO BÁSICO

Existem tonalidades de preto completamente diferentes, e elas não andam juntas. O tom de preto certo pode fazer você chique. O errado, pode deixar você um "trapo escuro e comum".

RESPEITARÁS DIFERENÇAS CULTURAIS

Ao viajar a trabalho, informe-se sobre costumes locais. No Japão, por exemplo, janta-se às 18h30. Nos EUA, mais de dois drinques podem dar impressão de falta de controle.

Para a redação do manual, pense também que os valores estabelecidos em cada nível de leitura testemunham a representação de mundo à qual se submete o sujeito da enunciação;

do nível narrativo, bem como os do nível fundamental transformam-se no discurso em valores assumidos por uma enunciação;

são valorizados segundo sistemas de crenças que refletem interesses sociais conflitantes;

são tematizados e figurativizados e, de acordo com o tratamento dado aos temas e figuras, encaminha-se ideologicamente a construção de mundo.

É preciso, portanto, atentar para a filiação de seu manual aos ideais de determinado grupo social, posto em confronto com outro, na relação de poder estabelecida na cena a ser criada.

:: Notas

[1] Claudia Mattarazzo, Gafe não é pecado, São Paulo, Melhoramentos, 1996, pp. 13 e 23.

[2] José Luiz Fiorin, "Algumas considerações sobre o medo e a vergonha", Cruzeiro Semiótico, Porto: Portugal, n.16, pp.55-63.

[3] Antônio Houaiss, Dicionário Houaiss da língua portuguesa, Rio de Janeiro, Objetiva, 2001.

[4] Erasmo de Rotterdam, A civilidade pueril, Lisboa, Estampa, 1978. (Esse livro apresenta uma dedicatória feita pelo autor na página de rosto: *Ao muito nobre Henri de Bourgogne, filho de Adolphi, príncipe de Veeri, criança de quem muito se espera, salve.* No livro, entre as apreciações introdutórias, consta a que segue, da parte de um estudioso da obra: *O livro de Erasmo se tornou um modelo incontestado do gênero literatura de civilidade* [manual de boas maneiras] *a ponto de fazer esquecer seus precursores.*)

[5] A obra *A civilidade pueril*, de Erasmo de Rotterdam, é manual didático celebrizado como modelo pedagógico na Europa, desde a publicação, em 1530, até o século XIX. Foi escrito para a educação do filho de um príncipe, do qual Erasmo era o preceptor.

[6] *Catoblepas* é um touro da África, cuja cabeça contém uma grande quantidade de veneno e que se vê obrigado a deixá-la pender constantemente para o solo – o que é uma sorte para aqueles que com ele cruzam, porque um só dos seus olhares bastaria para matar um homem. Esse terrível animal, no entanto, só existiu na viva imaginação dos antigos (op. cit., p. 100).

[7] Op. cit., pp. 100-4.

[8] Idem, pp.74-5.

[9] Idem, p. 78.

[10] Idem, p. 88.

[11] Apud Renato Janine Ribeiro, "Apresentação a Norbert Elias", em N. Elias, O processo civilizador, Rio de Janeiro, Jorge Zahar, 1994, v.1, p. 10.

[12] Erasmo de Rotterdam, op. cit, p. 109.

[13] Idem, op. cit., p.74.

[14] Max Nunes, Uma pulga na camisola: o máximo de Max Nunes, seleção e organização Ruy Castro. São Paulo, Companhia das Letras, 1996, p. 67.

[15] Diretor de arte: Marcello Serpa; Valdir Bianchi; Rodrigo Almeida; Redator: Eugênio Mohallem; diretor de criação: Marcello Serpa; fotógrafo: Maurício Nahas; agência: Almap/BBDO; Anunciante: São Paulo, Alpargatas. 23º Anuário de Publicidade (op. cit., p. 279).

[16] No site www.aids.gov.br encontram-se mais observações sobre a cartilha em questão.

[17] No original, o título *Ser travesti* apresenta, para a primeira palavra, a cor salmão, tal qual a saia das vestes da modelo. *Travesti* é colorido de verde e, na coluna da esquerda, DST é de cor púrpura; Aids, salmão; camisinha, cor-de-rosa choque; silicone, verde; direitos, azul. A modelo está sobre um fundo retangular azul-petróleo, que se destaca do fundo geral, que é em negro. Na proliferação de cores, está enfatizado no próprio plano da expressão da capa o universo dos *gays*, transexuais, travestis, definido pelo policromatismo das vestes, sapatos e maquiagem.

[18] *Travesti* entra no dicionário (Antônio Houaiss, op. cit., p. 2758) como: 1. Artista que, em espetáculos, se veste com roupa do sexo oposto; 2. Homossexual que se veste e que se conduz como se fosse do sexo oposto. *Transexual*, por sua vez, apresenta estas acepções (idem, p. 2750): 1. que ou aquele que tem a convicção de pertencer ao sexo oposto, cujas características fisiológicas aspira ter ou já adquiriu por meio de cirurgia.

[19] Duas observações: 1. Quando se fala em "proposição moral da cartilha", fala-se a respeito de moral e de moralização como construção axiológica do texto a qual, por sua vez, reproduz grades culturais. A moralização, no caso da cartilha em pauta, apoia-se no julgamento ético promovido pelo discurso sobre a figura do travesti. Assim entendida, a moralização envolve as apreciações moralizantes do próprio texto, as quais são da responsabilidade da enunciação. 2. A designação *eixo*, aqui empregada

para fins didáticos em sentido lato, corresponde às duas dêixis (a eufórica e a disfórica), as quais representam a relação $S1/\overline{S2}$ e $S2/\overline{S1}$, investida com o encaminhamento tímico (dos humores e do afeto) dado ao sentido no quadrado do nível fundamental. "Com a ajuda da categoria tímica, procura-se formular, muito sumariamente, a maneira como todo ser vivo, inscrito num meio, se sente e reage a seu mundo, um ser vivo que é considerado um sistema de atrações e repulsões", diz Greimas. (Algirdas Julien Greimas, Du sens II, Essais sémiotiques, Paris, Éditions du Seuil, 1983, p. 93.)

[20] Paulo Cerioli e Adalberto Martins (orgs.), Caderno de Cooperação Agrícola, *Sistemas cooperativistas dos assentados*, Confederação das Cooperativas de Reforma Agrária do Brasil – CONCRAB, São Paulo, 1008, n. 5, 2. ed., pp. 34-7.

:: Lição 6

:: Organização fundamental do texto

O texto considerado:
nas relações mínimas de oposição do sentido;
na euforia e na disforia, base da valorização ética;
na sustentação de um quadrado lógico;
no mínimo de significação, que radica outros níveis.

:: Leitura do texto[1]

:: Carta-testamento de Getúlio Vargas[2]

Mais uma vez as forças e os interesses contra o povo coordenaram-se e novamente se desencadeiam sobre mim. Não me acusam, insultam; não me combatem, caluniam, e não me dão o direito de defesa.

Precisam sufocar a minha voz e impedir a minha ação, para que eu não continue a defender, como sempre defendi, o povo e principalmente os humildes. Sigo o destino que me é imposto. Depois de decênios de domínio e espoliação dos grupos econômicos e financeiros internacionais, fiz-me chefe de uma revolução e venci. Iniciei o trabalho de libertação e instaurei o regime de liberdade social. Tive de renunciar. Voltei ao governo nos braços do povo. A campanha subterrânea dos grupos internacionais aliou-se à dos grupos nacionais revoltados contra o regime de garantia de trabalho. A lei de lucros extraordinários foi detida no Congresso. Contra a justiça da revisão do salário mínimo se desencadearam os ódios. Quis criar liberdade nacional na potencialização das nossas riquezas através da Petrobrás e, mal começa esta a funcionar, a onda de agitação se avoluma. A Eletrobrás foi obstaculada até o desespero. Não querem que o trabalhador seja livre.

Não querem que o povo seja independente. Assumi o Governo dentro da espiral inflacionária que destruía os valores do trabalho. Os lucros das empresas estrangeiras alcançavam até 500% ao ano. Nas declarações de valores do que importávamos existiam fraudes constatadas de mais de 100 milhões de dólares por ano. Veio a crise do café, valorizou-se o nosso principal produto. Tentamos defender seu preço e a resposta foi uma violenta pressão sobre a nossa economia, a ponto de sermos obrigados a ceder. Tenho lutado mês a mês, dia a dia, hora a hora, resistindo a uma pressão constante, incessante, tudo suportando em silêncio, tudo esquecendo, renunciando a mim mesmo, para defender o povo, que agora se queda desamparado. Nada mais vos posso dar, a não ser meu sangue. Se as aves de rapina querem o sangue de alguém, querem continuar sugando o povo brasileiro, eu ofereço em holocausto a minha vida.

Escolho este meio de estar sempre convosco. Quando vos humilharem, sentireis minha alma sofrendo ao vosso lado. Quando a fome bater à vossa porta, sentireis em vosso peito a energia para a luta por vós e vossos filhos. Quando vos vilipendiarem, sentireis no pensamento a força para a reação. Meu sacrifício vos manterá unidos e meu nome será a vossa bandeira de luta. Cada gota de meu sangue será uma chama imortal na vossa consciência e manterá a vibração sagrada para a resistência. Ao ódio respondo com o perdão. E aos que pensam que me derrotaram respondo com a minha vitória. Era escravo do povo e hoje me liberto para a vida eterna. Mas esse povo de quem fui escravo não mais será escravo de ninguém. Meu sacrifício ficará para sempre em sua alma e meu sangue será o preço do seu resgate. Lutei contra a espoliação do Brasil. Lutei contra a espoliação do povo. Tenho lutado de peito aberto. O ódio, as infâmias, a calúnia não abateram meu ânimo. Eu vos dei a minha vida. Agora vos ofereço a minha morte. Nada receio. Serenamente dou o primeiro passo no caminho da eternidade e saio da vida para entrar na História.

Rio de Janeiro, 23 de agosto de 1954
Getúlio Vargas

:: Carta aberta e gênero

· A carta aberta institui um enunciador que se dirige publicamente a um enunciatário, seja sujeito individual ou coletivo. Supõe, portanto, espaço público de circulação, como a divulgação por órgãos da imprensa.

· O enunciador Getúlio Vargas instala-se como determinado *ethos* na carta.

· Serão examinados mecanismos por meio dos quais se depreende a imagem de quem diz, pela observação do modo de dizer (o *ethos*).

1. Comente, justificando como a carta:

a) insere-se na esfera de atividades sociais (institucionalizadas ou cotidianas);
b) relaciona-se com
   a esfera de atividades em que se insere;
   a estrutura composicional do próprio gênero *carta*;
   a figura do leitor;
   as coerções genéricas de *carta-testamento*.

> · Para a relação com a esfera de atividades, atente para os temas depreensíveis do texto.
> · Para a estrutura composicional, pense em como a carta se organiza na:
> construção da temporalização e da espacialização;
> distribuição das referências dêiticas – que remetem à enunciação.
> · observe figuras:
> do local e da data da escrita;
> da assinatura para encerramento;
> da instalação do leitor (narratário) no enunciado.
> · Para a definição de carta-testamento, pense no tipo de declaração prevista.

2. Identifique, entre os que seguem, o tipo textual compatível com as características predominantes da carta: texto narrativo; descritivo; expositivo; opinativo; injuntivo. Justifique, com apoio em temas, figuras e lugar enunciativo depreensíveis da própria carta.

> Tipos textuais[3]
> · Os tipos textuais são dados em função de predominância, não de excludência de características.
> · O tipo narrativo relata um acontecimento depois do outro, de acordo com a progressão no tempo (anterioridade, posterioridade). Exemplo: reportagem sobre prefeito eleito e empossado, com o relato:
> do antes (a infância, a juventude, a campanha eleitoral);
> do durante (o momento da gestão, concomitante ao momento da reportagem);
> do depois (as metas estabelecidas para o futuro).
> · O tipo descritivo retrata situações e seres concretos, sem apoio em uma progressão temporal (tudo é dado simultaneamente, sem mudança no tempo). Exemplo: Mapa indicativo dos redutos partidários em São Paulo, publicado na *Folha de S.Paulo*, 01.10.2004, caderno especial Eleições 2004, p. E1, com as indicações verbo-visuais que seguem:

224 :: A comunicação nos textos

> reduto petista (mancha vermelha) – Área de melhor desempenho petista. Piores indicadores sociais;
> reduto tucano (mancha amarela) – Zona dos melhores indicadores sociais – mais rica;
> reduto disputado (mancha azul) – Fronteira entre os redutos. Área de intensa disputa entre os partidos. Segundo melhor conjunto de indicadores sociais.

· O tipo expositivo serve para construir e transmitir um saber sobre um tema e, sem entrar em polêmica, costuma estabelecer a causalidade entre fenômenos, ao explicar o problema identificado. Exemplo: reportagem que expõe o andamento das eleições na cidade de São Paulo, expondo razões para a derrota de determinados candidatos.

· O texto opinativo visa a expressar uma dada opinião, consistentemente argumentada, sobre determinada questão, sustentando determinada posição e refutando outras sobre um assunto controvertido. Exemplo: Artigo jornalístico, publicado na *Folha de S.Paulo*, 02.10.2004, p. A3, de autoria de Roberto Romano, que responde à pergunta dada pela seção *Tendências e debates*: *Deve haver fundo público para financiar as campanhas eleitorais?* Para responder afirmativamente, o artigo assim se inicia:

> A corrupção raramente é punida nas urnas. Indivíduos vulgívagos e seus agrupamentos são premiados, o que ameaça qualquer República democrática. Tal realidade não é privilégio do Brasil. A licença ética deve-se em grande parte ao financiamento dos partidos. Norberto Bobbio aponta a base dos malefícios eleitorais: todos os candidatos agem para conquistar o poder, mas boa parte deles, quando nos cargos, adquire vantagens privadas. No mercado político o domínio se consegue com votos.

· O texto injuntivo é instrucional e programador, por isso é construído basicamente com o imperativo. Exemplo: reportagem *Saiba como votar*, do Guia do eleitor, *Folha de S.Paulo*, 02.10.2004, p. B1:

> NA URNA
> Digite o número do candidato [a vereador] (cinco dígitos) ou do partido (dois dígitos), caso queira votar na legenda. Se estiver errado, pressione "Corrige" e vote novamente. Se estiver certo, aperte "Confirma".

3. O enunciador na carta apresenta razões que fundamentam seu gesto. Para isso constrói o mundo de maneira própria. Afirma então: *Mais uma vez as forças e os interesses contra o povo coordenaram-se e novamente se desencadearam sobre mim.*

> Examine as figuras em destaque quanto ao grau de particularização. Relacione com o tom de voz do enunciador. Comente como se dá a recorrência de um modo de dizer, pensando no uso "sujeito indeterminado", tal como propõem os compêndios gramaticais.

Lição 6 :: 225

> "Algumas vezes o verbo não se refere a uma pessoa determinada, ou por se desconhecer quem executa a ação, ou por não haver interesse no seu conhecimento. Dizemos, então, que o sujeito é indeterminado. Nestes casos em que o sujeito não vem expresso na oração nem pode ser identificado, põe-se o verbo na 3ª pessoa do plural (*Reputavam-no o maior comilão da cidade*) ou na 3ª pessoa do singular, com o pronome *se* (*Precisa-se do carvalho; não se precisa do caniço.*)".[4]

4. O presidente, de modo compatível com o lugar ocupado na cena política, apresenta-se como o destinatário dos valores da Nação. Sua performance, no sentido de fazer cumprir os objetivos nacionais é, porém, obstaculizada por um antissujeito.
   a) Identifique, no segundo parágrafo, figuras representativas da ação do antissujeito.

> Antissujeito é aquele que impede a realização da performance, para a qual o sujeito foi destinado.

   b) Reconheça, no segundo parágrafo:
        um percurso de temas e figuras representantes da ação do sujeito-presidente;
        o modo como são construídas as contradições entre classes sociais;
        o simulacro de identificação do enunciador com determinadas classes sociais.

5. A oposição *povo independente vs. povo escravizado* permeia toda a carta.
   a) Depreenda, do terceiro parágrafo, as figuras homologadas a cada um desses polos.
   b) Explique como o paralelismo sintático auxilia a gradação no quarto parágrafo. Comente como a gradação conduz ao clímax do dito e do dizer. Identifique figuras que, no último período desse parágrafo, representam o clímax.

> · *Paralelismo* é a repetição de elementos similares, quer seja quanto à estrutura sintática da frase, quer seja quanto a fonemas das rimas, quer seja quanto a sinonímia de um texto etc. Exemplos: Fechei a janela não só *porque começou a ventar*, mas também *porque começou a chover* (repetição de orações subordinadas desenvolvidas). Fechei a janela não só *por estar ventando*, mas também *por estar chovendo* (repetição de orações subordinadas reduzidas).
>
> · *Gradação* é a sucessão de termos sintaticamente equivalentes, que possuem traços de significado em comum, os quais se repetem com alterações quantitativas. Exemplo: Vejo *vultos, fantasmas, monstros ameaçadores* em torno de minha pessoa.

226 :: A comunicação nos textos

c) Identifique, no quarto parágrafo, marcas de instalação da enunciação (enunciador e enunciatário) no próprio enunciado. Comente o efeito de sentido resultante. Faça a relação com um modo de fazer crer na própria imagem.

> · Entre as marcas de presença da enunciação no enunciado citam-se: pronomes pessoais de primeira e de segunda pessoa (eu, meu, tu etc.); advérbios que remetem a uma concomitância com o ato de dizer (aqui, agora); desinência número-pessoal dos verbos, indicativa de primeira pessoa.
> · A presença de tais marcas constrói um efeito de subjetividade e de aproximação do enunciador em relação ao enunciatário; a ausência (uso da não pessoa, *ele*, por exemplo) constrói um efeito de objetividade e de distanciamento do enunciador.

6. a) O discurso político, se definido pela busca do poder, e o poder, se definido como a conquista de um cargo de mando ou como a manutenção desse cargo, encontram, no poder buscado pelo enunciador da carta, um certo contraste. Explique.

   b) Depreenda a imagem do enunciador da carta, como o sujeito convicto e competente ou hesitante e incompetente.

> Convicto » efeito de certeza. » crer dever fazer
> Hesitante » efeito de incerteza » não crer dever fazer
> Competente » crer poder fazer.
> Incompetente » não crer poder fazer.[5]

Relacione a imagem do enunciador com a ausência (ou presença) no texto dos fatos gramaticais que seguem:
advérbios de dúvida (talvez, certamente);
expressões modalizadoras (parece que, tudo indica que);
verbos no modo subjuntivo (se eu pudesse, quando eu puder).
Comente o efeito de sentido resultante.

7. *Não me acusam, insultam; não me combatem, caluniam, e não me dão direito de defesa.*
   a) Acusar e insultar, combater e caluniar compõem dois blocos semânticos homogêneos. Por quê?
   Como se justifica a primeira negação de cada bloco?
   Como se configura argumentativamente a oração coordenada sindética aditiva, posta em sequência a esses blocos homogêneos?

b) Relacione o modo de dizer em tais blocos com o *ethos* (beligerante; recolhido; outros). Remeta a um tema-chave.

:: Organização fundamental do texto

8. Pensando na oposição mínima de sentido, *liberdade vs. submissão*, e pensando que cada termo pode ser negado como *não liberdade* e *não submissão*, podemos visualizar as relações gerais e abstratas sobre as quais se constrói o discurso da carta, no quadrado que segue:

a) Explique por que a relação de sentido estabelecida entre os termos $\overline{S2}/S1$ e $\overline{S1}/S2$ é diferente daquela estabelecida entre todos os outros termos.

> Entre os termos *liberdade* (S1) e *submissão* (S2), a relação estabelecida é de contrariedade. Entre os termos negados ($\overline{S1}/S1$ e $S2/\overline{S2}$), a relação estabelecida é de contradição. Entre os termos $\overline{S2}/S1$ e $\overline{S1}/S2$, a relação estabelecida é de complementaridade. Entre os termos não submissão ($\overline{S2}$) e não liberdade ($\overline{S1}$) a relação estabelecida é de contrariedade (termos subcontrários).

b) Entre os termos S1 e S2, identifique aquele que na carta é dado como o compatível com:
a ação das *forças e interesses contra o povo*;
a ação do sujeito gestor do Poder Executivo;
o investimento com o valor do Bem (euforia);
o investimento com o valor do Mal (disforia).

c) O discurso afirma o polo da *submissão* (figuras das forças contrárias), para negar esse polo, na *não submissão* (figuras da luta contra as forças contrárias), e, enfim, atingir que polo? Como? Trace, entre os polos citados, uma linha indicativa desse movimento do sentido.

d) Entre os eixos S1 / $\overline{S2}$ e S2 / $\overline{S1}$ há aquele que reúne os valores dados como os desejáveis e aquele que reúne os valores dados como os repudiáveis por esse discurso. Relacione eixo e valores.

:: Nível profundo, narrativo e discursivo

9. *Escolho este meio para estar sempre convosco. Quando vos humilharem, sentireis minha alma sofrendo ao vosso lado. Quando a fome bater à vossa porta, sentireis em vosso peito a energia para a luta por vós e vossos filhos. Quando vos vilipendiarem, sentireis no pensamento a força para a reação. Meu sacrifício vos manterá unidos e meu nome será a vossa bandeira de luta. Cada gota do meu sangue será uma chama imortal na vossa consciência e manterá a vibração sagrada para a resistência. Ao ódio respondo com o perdão.*

Identifique e explique:
a) o referente textual do anafórico *este meio*;
b) o paralelismo sintático e o efeito de sentido;
c) as metáforas dadas pela intersecção semântica entre figuras;
d) a união de sentimentos opostos;
e) o paradoxo *ausência presente*.
Comente os efeitos de sentido dessa organização discursiva, no que diz respeito à confirmação do *ethos*.

> Paradoxo (ou oxímoro) é a reunião de "significados contrários ou contraditórios numa mesma unidade de sentido". Exemplo: Obscura claridade. "O que distingue o oxímoro da antítese é que nesta os elementos contrários não são simultâneos, naquele o são."[6]

10. *E aos que pensam que me derrotaram respondo com a minha vitória. Era escravo do povo e hoje me liberto para a vida eterna. Mas esse povo de quem fui escravo não mais será escravo de ninguém. Meu sacrifício ficará para sempre em sua alma e meu sangue será o preço do seu resgate. Lutei contra a espoliação do Brasil. Lutei contra a espoliação do meu povo. Tenho lutado de peito aberto. O ódio, as infâmias, a calúnia não abateram meu ânimo. Eu vos dei a minha vida. Agora vos ofereço a minha morte.*
a) Comente a funcionalidade das antíteses nesse parágrafo, após identificar algumas entre elas.

Lição 6 :: 229

Antítese é a oposição entre temas e figuras do texto. Exemplo: "Ontem, plena liberdade,/a vontade por poder./ Hoje, cúmulo da maldade,/ nem são livres pra morrer."[7] (anterioridade – ontem vs. concomitância – hoje – ao momento da enunciação; liberdade (ontem) vs. escravidão (hoje).

b) Comente a definição semântica de *vitória* e *liberdade* no contexto da carta.

11. *Nada receio. Serenamente dou o primeiro passo no caminho da eternidade e saio da vida para entrar na História.*
  a) Explicite o implícito do primeiro período.
  b) Explique por que o advérbio *serenamente* firma uma homogeneidade passional em relação ao primeiro período.

12. Observe estas reflexões:
Morrer pelo povo para dar vida a ele. Morrer pelo povo para viver junto dele.
  a) Represente a oposição *vida vs. morte* e seus desdobramentos no quadrado semiótico.
  b) Observe se Getúlio Vargas, como sujeito construído pelo discurso da carta, está radicado:
    exclusivamente em um dos polos da oposição *vida vs. morte*;
    na junção entre ambos os polos.
    Justifique a opção selecionada.

· "Os discursos míticos manifestam predileção particular pela utilização de termos categoriais complexos."
· Ajunção (S1 + S2) resulta num termo complexo, o que remete ao sujeito mítico
· "O mito é o nada que é tudo", diz Fernando Pessoa.[8]

:: Plano da expressão

13. No primeiro parágrafo é intensificada a ação do algoz. Para isso contribui certa pausa no segundo período. Explique.

14. Comente a importância do plano da expressão, no que diz respeito à extensão do último parágrafo.

15. *Lutei contra a espoliação do Brasil. Lutei contra a espoliação do povo.*

230 :: A comunicação nos textos

a) Esses períodos compõem, cada qual, um verso decassílabo, dada a flexibilidade de escansão da palavra *espoliação* (4 sílabas, no primeiro período; 5 sílabas, no segundo). Tal recurso constrói no plano da expressão um ritmo compatível com o *ethos*. Explique.

> O verso decassílabo, de dez sílabas, imprime um ritmo heroico ao texto.

b) A repetição do nome *espoliação* reforça o testemunho de um modo de estar no mundo. Explique.

:: Produção de texto I

:: Ensaio analítico: A carta-renúncia de Jânio Quadros

:: A sustentação dos mecanismos de construção do sentido, na organização fundamental do texto: exame de estratégias janistas de dizer

Fui vencido pela reação e, assim, deixo o governo. Nestes seis meses cumpri o meu dever. Tenho-o cumprido dia e noite, trabalhando infatigavelmente, sem prevenções nem rancores. Mas baldaram-se os meus esforços para conduzir esta nação pelo caminho da sua verdadeira libertação política e econômica, o único que possibilitaria o progresso efetivo e a justiça social, a que tem direito o seu generoso povo. Desejei um Brasil para os brasileiros, afrontando, nesse sonho, a corrupção, a mentira e a covardia que subordinam os interesses gerais aos apetites e às ambições de grupos ou indivíduos, inclusive do exterior. Sinto-me, porém, esmagado. Forças terríveis levantam-se contra mim e me intrigam ou infamam, até com desculpa da colaboração. Se permanecesse, não manteria a confiança e a tranquilidade, ora quebradas, indispensáveis ao exercício da minha autoridade. Creio, mesmo, que não manteria a própria paz pública. Encerro, assim, com o pensamento voltado para a nossa gente, para os estudantes, para os operários, para a grande família do Brasil, esta página da minha vida e da vida nacional. A mim, não falta a coragem da renúncia.

Saio com agradecimento e um apelo. O agradecimento é aos companheiros que comigo lutaram e me sustentaram, dentro e fora do governo, de forma especial às Forças Armadas, cuja conduta exemplar, em todos os instantes, proclamo nesta oportunidade. O apelo é no sentido da ordem, do congraçamento, do respeito e da estima de cada um dos meus patrícios para todos e de todos para cada um. Somente assim seremos dignos deste país e do mundo. Somente assim seremos dignos da nossa herança e da nossa predestinação cristã. Retorno, agora, ao meu trabalho de advogado e professor. Trabalhemos, todos. Há muitas formas de servir a Pátria.[9]

Jânio Quadros
Brasília, 25 de agosto de 1961

· Examine a carta quanto:
> à esfera de circulação;
> ao tipo textual;
> aos critérios composicionais de *carta aberta*;
> aos mecanismos sintáticos de instalação da enunciação no enunciado;
> ao efeito de subjetividade ou de objetividade;
> ao uso de temas e figuras;
> à imagem construída do sujeito pelo sujeito;
> ao emprego de determinada norma linguística;
> ao modo de manipulação exercida sobre o leitor;
> à natureza do pacto de confiança estabelecido.

· Verifique a sustentação desses mecanismos na organização fundamental do texto.
· Atente para a oposição *liberdade vs. submissão* e seus desdobramentos.
· Comente o modo estratégico de definir figurativamente *submissão* e *liberdade*.
· Procure semelhanças e diferenças na construção do sentido, em relação à carta-testamento de Getúlio Vargas.

:: Teoria

:: Organização fundamental do texto

:: *Ethos* e organização fundamental

A imagem do enunciador, dada pelo modo de dizer depreensível do próprio dito, é o que se entende por *ethos*. Os mecanismos de construção do texto contribuem para a definição do *ethos*. Entre tais mecanismos está a organização fundamental que, como primeira etapa do percurso da geração do sentido, remete a uma estrutura elementar, baseada na categoria semântica *S1 vs. S2*. Entre S1 e S2 há uma relação de semelhança, da qual se destaca uma diferença. A fim de exemplificar o fundo de semelhança, do qual salta a diferença, tomemos exemplos de figuras que, concretas, não pertencem ao nível profundo e, sim, ao discurso: *gordo vs. magro* (peso); *rico vs. pobre* (poder aquisitivo). São, entretanto, termos abstratos, os considerados na depreensão das relações mínimas de sentido do nível fundamental.

Examinemos então a organização fundamental do sentido na charge que segue, publicada na *Folha de S.Paulo*, em 04.10.2004, p. A2, dois dias após o primeiro turno de eleição para prefeito e vereadores da cidade de São Paulo. Observemos como a oposição categorial *natureza vs. cultura* orienta a construção do sentido nesse nível profundo. O termo *natureza* será pensado como do domínio das pulsões individuais; o termo *cultura*, como do domínio das coerções sociais.

Antes, porém, atentemos, para o que está mais na superfície do próprio texto, o nível discursivo, de onde se observam atores, tempo e espaço. Comecemos pelos atores, apresentados em situação de conversa. Não perdendo de vista o plano da expressão, notamos que, no primeiro turno de fala, à pergunta em tom de camaradagem, aberta pela interjeição *Ei!*, junta-se o desenho da boca arqueada para cima, escancarada no sorriso de muitos dentes à mostra. É o cidadão que, como interlocutor, manifesta contentamento por ter reconhecido o político, candidato à eleição. O político foi construído imaginariamente pelo leitor como "bom camarada". Em extensão ao sorriso e na mesma altura dele, o dedo indicador aponta para o homem que ronda o poder, não por acaso desenhado como mais alto e mais forte do que o cidadão comum. Com a inadequação do gesto de aproximação espontânea, o discurso denuncia a inadequação da expectativa de cumplicidade do cidadão em relação ao político em campanha. Ter sido *supersimpático* foi um simulacro mentiroso: parecia *supersimpático*, mas não era.

A inesperada reação mal-humorada do candidato é enfatizada pelo traçado para baixo da boca cerrada, da qual despontam os dentes caninos. É ainda confirmada, tal reação, com o traçado da larga linha curva, representativa do movimento brusco e descendente do tapa estatelado. Confirma-se a violência no ruído onomatopaico, *PRÁ!* O rosto do eleitor desaparece por trás da mancha estrelada, tamanho o impacto sofrido. Ressurge, depois, na prancha inferior, com hematomas nos olhos e no nariz, do qual pinga sangue. O tamanho das letras em caixa-alta para a onomatopeia enfatiza a força da agressão. Com expressão de dor e os braços jogados para trás na busca de algum equílibrio, o eleitor completa a fala encetada inicialmente: *Ei! Você não é aquele candidato supersimpático? ... Que não foi eleito!* Nuvenzinhas desenhadas no solo figurativizam o rastro dos passos daquele que se afasta de boca cerrada, caninos ainda à mostra. Como podem ser tão atrevidos esses eleitores, depois da eleição?

Por meio de tais mecanismos, o discurso critica a sedução eleiçoeira, da parte de políticos que, em busca de voto, firmam ilusória cumplicidade com o eleitorado. Rejeitando a cooptação oportunista, a enunciação repudia e faz repudiar comportamentos pautados pela hipocrisia social. Para isso, no enunciado, apresenta o crédulo eleitor sancionado negativamente. Se considerarmos a oposição mínima de sentido, *natureza vs. cultura*, atribuindo, como foi dito, àquele termo, o domínio das pulsões individuais e, a este, o domínio das coerções sociais, podemos depreender um movimento próprio para a construção do sentido no nível fundamental desse enunciado. Se, ainda, a hipocrisa social for vinculada às coerções sociais, constatamos que se afirma inicialmente o polo da *cultura*, com o comportamento mentirosamente afável que, sem dúvida, foi convincente. Para se beneficiar com o voto do eleitor, o político fez crer numa disponibilidade afetiva que não existia.

Nega-se a seguir o termo *cultura*. Aliás, isso se dá já na primeira cena apresentada, quando o político avança com os caninos à mostra, em direção ao eleitor contente pelo reencontro. Ao avançar desse modo, o político está em discrepância com a vívida lembrança que esse mesmo eleitor mantinha dos tempos de campanha. Na demonstração da raiva concentrada, essa, sim, a emoção verdadeira, começa a ser desvelada a hipocrisia social e, com isso, entramos no polo da *não cultura*. Com a sequência das cenas narradas, temos a performance da agressão física e, com ela, afirma-se definitivamente o polo da *natureza*, ou o domínio das pulsões individuais. É por meio desse movimento do sentido dado no nível fundamental do enunciado da charge, que se sustenta o desvelamento da hipocrisia social proposto pelo discurso.

Para entender a organização fundamental do sentido dos textos, devemos então observar, como foi dito, a oposição básica *S1 vs. S2*, apoiada numa relação de contrariedade. Uma operação de negação, realizada sobre cada um dos termos dessa oposição mínima de sentido, resulta nos novos termos, $\overline{S1}$ e $\overline{S2}$. No caso em questão, S1 (*natureza*) e S2 (*cultura*), apresentam, após a operação de negação, os dois novos termos, $\overline{S1}$ (*não natureza*) e $\overline{S2}$ (*não cultura*). Entre S1 (*natureza*) e $\overline{S1}$ (*não natureza*) e S2 (*cultura*) e $\overline{S2}$ (*não cultura*), há uma relação de contradição. Cada termo resultante da relação de contradição ($\overline{S1}, \overline{S2}$) implica, por sua vez, um dos termos contrários. Essa implicação resulta numa relação de complementaridade. *Não cultura* implica *natureza*; *não natureza* implica *cultura*.

A representação dessas relações, por meio de um quadrado, permite que se visualize a organização fundamental do sentido no enunciado da charge.

O polo da *cultura* fundamenta temas como o da vocação enganadora de determinados políticos. Mas o discurso quer fazer o leitor repudiar esse modo de presença. Por conseguinte, a enunciação, por meio da derrisão humorística, constrói a denúncia. Fazendo rir, enquanto critica, como é próprio ao gênero *charge*, a enunciação torna alvo da ironia aquele que, ao disputar as eleições, visa tão somente ao sucesso e à satisfação pessoais; aquele que não quer e não sabe suportar a dor de não ser eleito; aquele cuja noção de cidadania é um blefe. É ele o ator punido pela enunciação. Por meio da ironia, a que se junta a hipérbole, é assim promovida a sátira. O leitor, instituído como previsão genérica da charge, ri. A organização fundamental do sentido do texto ampara, assim, o julgamento pejorativo da enunciação, em relação a esse tipo de político. No discurso, o agressor é agredido pela zombaria dilacerante, que é como se define o sarcasmo.

Por conseguinte temos, na enunciação, a *cultura* moralizada como algo disfórico. Assim a linha do sentido se encaminha não gratuitamente, tanto na enunciação como no enunciado, para o polo da *não cultura*, até que, enfim, "o bobo seja sagrado rei" (o cidadão enganado seja redimido). Confirma-se verdadeiramente o polo da *natureza*. Vemos que pender para uma ou outra dêixis do nível fundamental, tornada, cada qual, eufórica (valor do Bem) ou disfórica (valor do Mal), é axiologizar valores. É investir valores com juízos que consolidam classificações sociais. É refazer linguageira e discursivamente o mundo.

Os movimentos da organização fundamental do sentido são, portanto, escolha do sujeito. Por isso remetem ao *ethos*, que é o caráter de quem diz, dado pelo modo de dizer. Seduzir o leitor para um modo próprio de valorizar valores confirma grades culturais. Ao valorizar euforicamente (valor do Bem), ou disforicamente (valor do Mal), os valores enfeixados nas dêixis, o sujeito confirma a chamada categoria tímica. A timia supõe afetividade, emoção, humor, disposição do sujeito em relação àquilo que é dado como o que é. A timia supõe julgamento daquilo que parece que há. A timia, enfim, ao instituir o que é eufórico ou disfórico, consolida a fé em determinada fé, subsidiando os valores buscados pelo sujeito. A euforia remete àquilo que está em conformidade com o mundo; a disforia remete àquilo que está em desconformidade com o mundo; o mundo, por sua vez, é examinado como simulacro discursivo. Representações, como vemos, ocorrem desde a organização fundamental do texto.

:: Produção de texto II

:: Sátira política: criação

1. Produza uma sátira (charge, modinha) que ironize um destes componentes do universo da política: a) adversário político; b) resultado de eleição; c) gestão de políticos; d) depoimentos de políticos.

2. Crie *jingles* de campanha política, com um tom satírico.

Seguem exemplares de sátira política.[10]

· *Papagaio louro* (1920) – samba[11]
Autor. Sinhô; cantor: Francisco Alves; gravadora: Popular

A Bahia não dá mais coco
Para botar na tapioca;
Pra fazer um bom mingau
Para embrulhar o carioca.

Papagaio louro,
Do bico dourado,
Tu falavas tanto
Qual a razão que vives calado?

Não tenhas medo,
Coco de respeito,
Quem quer se fazer não pode
Quem é bom já nasceu feito.

· *Brasil já vai à guerra* (1958) - modinha[12]

Brasil já vai à guerra,
Comprou porta-aviões
Um viva pra Inglaterra
De 82 bilhões.
(Mas que ladrões!)

Pergunta o Zé Povinho,
Governo varonil,
Coitado, coitadinho
Do Banco do Brasil.
(Ah, ah, quase faliu.)

A classe proletária
Na certa comeria
Com a verba gasta diária
Em tal quinquilharia.
(Sem serventia.)

Alguns bons idiotas
Aplaudem a medida.
O povo, sem comida,
Escuta as tais lorotas.
(Dos patriotas.)

Porém há uma peninha.
De quem é o porta-avião?
É meu, diz a Marinha.
É meu, diz a Aviação.
(Ah, revolução!)
Brasil, terra adorada,
Comprou porta-aviões.
82 bilhões.
Brasil, ó pátria amada.
(Que palhaça!)

· *Presidente bossa nova* (1959) – modinha[13]

Bossa nova mesmo é ser presidente
Desta terra descoberta por Cabral.
Para tanto basta ser tão simplesmente
Simpático, risonho, original.
E depois defrutar da maravilha
De ser o presidente do Brasil.
Voar da Velhacap pra Brasília,
Ver a alvorada e voar de volta ao Rio.

Voar, voar, voar
Voar, voar pra bem distante
Até Versailles, onde duas mineirinhas,
Valsinhas dançam como debutantes
Interessante.

Mandar parente a jato pro dentista
Almoçar com tenista campeã
Também ser um bom artista
Exclusivista,
Tomando com o Dilermando
Umas aulinhas de violão.
Isso é viver como se aprova
É ser um presidente bossa nova,
Bossa nova, muito nova
Nova mesmo, ultranova.

· *Varre, varre vassourinha* – *jingle* de campanha de Jânio Quadros (1960)

Varre, varre, varre, varre,
Varre, varre vassourinha,
Varre, varre a bandalheira
Que o povo já está cansado
De sofrer dessa maneira
Jânio Quadros é esperança
Desse povo abandonado.

:: Paráfrase de depoimento de político

:: Da subjetividade para a objetividade, no jogo do efeito de sentido

Faça uma reprodução parafrástica de depoimento de algum político. Esse depoimento pode ter sido dado na mídia impressa ou eletrônica. Como depoimento, o enunciador se instala no enunciado, o que produz o efeito de subjetividade. Faça valer, no texto a ser criado, o efeito de objetividade, dado por um narrador implícito, que não diz *eu*. Teremos, portanto, a não pessoa, *ele*. Serão apagadas, por conseguinte, as marcas da enunciação no enunciado. Só dirá *eu* o ator do enunciado, o *ele*, de quem se fala. O *depoimento* será transformado em um exercício lúdico e ligeiro, que é como deve resultar essa paráfrase. Caso fosse subvertido, o dizer e o dito do texto de base, teríamos uma paródia. Será feita aqui tão somente uma paráfrase, imitando e captando o depoimento de um político. Seu texto poderá ainda ser feito com versos rimados, confirmando o simples exercício sem grandes pretensões. Segue exemplo, elaborado a partir da carta-testamento de Getúlio Vargas.

· Ele disse (1956) – baião[14]
Autor: Edgard Ferreira; cantor: Jackson do Pandeiro; gravadora: Continental

Ele disse muito bem
"O povo de quem fui escravo
Não será mais escravo
De ninguém."
(Bis)

Para todo operário do Brasil
Ele disse uma frase que conforta
"Quando a fome bater na vossa porta
O meu nome é capaz de vos unir
Meus amigos por certo vão sentir
Que na hora precisa eu estou presente
Sou o guia eterno dessa gente
Com meu sangue irei vos defender."

Ele disse com toda consciência
"Quando o povo opôs a resistência
O meu sangue é uma remissão
A (ininteligível) ... tiveram reação

Eu desejo o futuro cheio de glória
Minha morte é bandeira da vitória
Deixo a vida para entrar na História
E ao ódio respondo com perdão."

Ele disse muito bem
"O povo de quem fui escravo
Não será mais escravo
De ninguém."

:: Coluna de jornal[15]

:: Campanha política: o corpo que explode

Faça, como se fosse destinado a uma coluna de jornal de grande circulação um pequeno artigo que discuta, analise e interprete o espetáculo visual, sonoro e gestual, dado em tempos que antecedem eleições a cargos do governo federal, estadual ou municipal. Direcione seu olhar para o conjunto de pichações, cartazes, *outdoors, jingles* radiofônicos, depoimentos de políticos, anúncios televisivos, debates, visitas de políticos, como um corpo que explode a favor do *marketing* eleiçoeiro. Analise também o corpo do "auditório", em explosão simultânea ao do enunciador. Observe a direção, convergente ou divergente, desses corpos, na ocupação do espaço. Pense em relações de poder.

Segue transcrição de texto do colunista da *Folha de S.Paulo* Jânio de Freitas, sobre o tema das alianças político-partidárias. Temos a demonstração de um tom de voz, dado na crítica feita sem a subversão do humor. A coluna, publicada no dia 10.10.2004 (p. A5), após o primeiro turno de eleição para prefeito da cidade de São Paulo, discursiviza, por meio de figuras próprias, um *corpo que explode.*

Enriqueça a argumentação do seu texto, pensando na oposição mínima de sentido, *identidade* (domínio do *eu*) vs. *alteridade* (domínio do *outro*) e seus desdobramentos no quadrado da organização fundamental. Para qual desses polos o discurso deverá seduzir o leitor? Qual será o termo valorizado euforicamente? Resta saber ainda qual será o tom próprio de sua voz: gritante, hiperbólico, aliado à paixão da revolta, que exacerba a falta? Ou sem excessos, de justa medida, aliado à paixão da resignação, que procura compensar a falta? O modo de dizer, lembremos, dá a imagem de quem diz.

JANIO DE FREITAS

A orgia eleitoral

A BAGUNÇA *que o segundo turno instalou é uma exposição importante da face atual do Brasil. Ou, o que dá quase no mesmo, de uma das causas mais determinantes do muito que há de pior, em todas as direções, no Brasil atual.*

O PFL que ali diz horrores do PT é o mesmo que acolá se abraça ao PT. O PSDB que aqui se enlaça com o PDT é o PSDB que ali adiante se alia a qualquer um contra o PDT, enquanto ali se acasala com o PT contra o PMDB e logo ali cá dá as mãos ao PMDB para bater o PT. O PT que, em um lugar, acusa moralmente o competidor malufista é o PT que aí transa à vista de todos, ao som de um tango, com Maluf e os malufistas.

E na mesma promiscuidade vão PCdoB, PCB, PTB, PV, falsas esquerdas e verdadeiras direitas, todas as siglas postas sob uma interrogação comum: trata-se de um segundo turno eleitoral ou de uma bacanal política?

Nenhum partido tem princípios, nenhum tem programa, nenhum tem identidade. São uns iguais aos outros, a mesma massa politicamente amorfa e eticamente oca. E como os partidos se compõem de políticos e políticos são pessoas, dispensemo-nos de dizer o óbvio.

Será talvez suficiente lembrar a relação entre a falta orgíaca de qualquer limite partidário (em quase todos os casos, também pessoal) e, de outra parte, a corrupção nas câmaras de vereadores, nas assembléias estaduais, e o compra-e-vende de apoios tornado norma no Congresso, de dez anos para cá, a cada votação de interesse do governo.

A conclusão — parece ser a única possível — é de que a reforma primordial, a reforma para reformas verdadeiras, é a reforma política, tão falada e nunca antevista. Mas é claro que a reforma primordial, dignificante da política, jamais será feita pela classe política que se nutre das indignidades da politicagem.

É o impasse. A pretensa solução do arbítrio é a continuidade do problema com o acréscimo de uma espada homicida na cinta. A solução necessária, se um dia vier, virá da sociedade. Mas o sono dos instrumentos da sociedade — as OABs, ABIs e seus inúmeros similares — lembra uma hibernação polar em inverno infinito.

:: Notas

[1] Esta lição privilegia textos vinculados ao discurso político, respeitada a acepção tradicional do termo político: relativo ou pertencente à política: "arte ou ciência de governar; organização, direção e administração de nações ou Estados; aplicação desta arte aos negócios internos da nação (política interna) ou aos negócios externos (política externa); arte de guiar ou influenciar o modo de governo pela organização de um partido, pela influência da opinião pública, pela aliciação de eleitores etc." Em Antônio Houaiss, Dicionário Houaiss da língua portuguesa, Rio de Janeiro, Objetiva, 2001.

[2] Getúlio Vargas, presidente do Brasil, ficou no poder de 1930 a 1945, sendo que de 1937 a 1945 como ditador. Em 1951 foi eleito presidente, permanecendo no cargo até 1954, quando, em agosto, cometeu o suicídio.

[3] As definições de tipos textuais, com exceção dos exemplos dados, são reprodução, ora integral, ora parcial, de estudo feito por José Luiz Fiorin, em artigo intitulado "Gêneros e tipos textuais" (2004, cópia xerog.). Optou-se pela dispensa das aspas indicativas de citação para viabilizar a fluência da leitura. Esse estudo é apoio para as reflexões sobre gênero feitas ao longo deste livro.

[4] Celso Cunha e Lindley Cintra, Nova gramática do português contemporâneo, Rio de Janeiro, Nova Fronteira, 1985, p. 125.

[5] As combinações das modalidades e o efeito de sentido, que contribui para a construção da imagem do enunciador (o *ethos*) partem da obra de Algirdas Julien Greimas e Joseph Courtés, Dictionnaire raisonné de la théorie du langage, Paris, Hachette, 1986, v. II, p. 143.

[6] As definições foram extraídas da obra de Platão e Fiorin, Para entender o texto, São Paulo, Ática, 1990, p. 130.

[7] Versos do poema "O navio negreiro", de Castro Alves.

[8] A primeira citação foi extraída da obra de Algirdas Julien Greimas e Joseph Courtés, Dicionário de Semiótica, São Paulo, Cultrix, 1989, do verbete quadrado semiótico. A segunda citação foi extraída do livro de Fernando Pessoa, Obra poética (Mensagem), Rio de Janeiro, Aguilar, 1965, p. 72.

[9] O presidente Jânio Quadros renunciou no dia 25.08.1961. A carta-renúncia foi transcrita da obra de Ricardo Arnt, Jânio Quadros, o Prometeu de Vila Maria, Rio de Janeiro, Ediouro, 2004, pp. 190-1.

[10] As letras de samba, baião, modinha, os *jingles*, bem como os comentários feitos por Franklin Martins, tudo foi extraído do endereço: http://redeglobo.globo.com/cgi-bin/franklinmartins/somnacaixa.cgi?ID=00069&PG=1

[11] "Este samba também é conhecido como 'Fala, meu louro'. O papagaio da música é Rui Barbosa, [duas vezes] derrotado para a Presidência da República – desta vez pelo paraibano Epitácio Pessoa. Como Rui era baiano, o samba faz referência ao coco; por ser tido como um grande orador, debocha-se de seu bico dourado."

[12] "Em fins de 1956, o governo federal comprou da Grã Bretanha um porta-aviões de segunda mão, que recebeu o nome de "Minas Gerais". O navio, julgado essencial pelos estrategistas militares para a proteção das costas brasileiras, detonou uma intensa disputa entre a Marinha e a Aeronáutica, para saber quem controlaria o porta-aviões. Além disso, houve fortes críticas ao preço do navio, considerado altíssimo pela oposição ao governo do presidente Juscelino Kubitschek."

[13] "A modinha retrata bem o clima dos anos JK e o estilo moderno, descontraído e simpático de Juscelino Kubitschek na presidência da República (1955-1960), um intermezzo de distensão política entre o dramático governo de Getúlio Vargas [...] e os tempos tresloucados de Jânio Quadros, que levariam à sua renúncia e quase jogariam o país na guerra civil. Juca Chaves [...] mostra com bom humor o marketing do presidente para parecer sintonizado com o Brasil que se modernizava rapidamente, seja ao receber em palácio a tenista Maria Ester Bueno, campeã do torneio de Wimbledon, na Inglaterra, seja ao tomar aulas com o grande Dilermando Reis, um dos maiores violonistas brasileiros de todos os tempos."

[14] "Infelizmente a gravação original [do baião] apresenta muitas falhas e, em alguns momentos, é quase impossível entender a letra."

[15] O termo *coluna* está empregado na acepção dada por Carlos A. Rabaça e Gustavo G. Barbosa, Dicionário de comunicação, 2. ed., Rio de Janeiro, Campus, 2001, p. 148: "seção especializada de jornal ou revista, publicada com regularidade e geralmente assinada [...]. Compõe-se de notas, sueltos, crônicas, artigos, textos-legenda, podendo adotar, lado a lado, várias dessas formas. As colunas mantêm um título ou cabeçalho constante e são diagramadas costumeiramente em posição fixa e sempre na mesma página, o que facilita sua localização imediata pelos leitores habituais".

:: Lição 7

:: Organização narrativa do texto

> · O sentido dos textos pode ser reconstruído por meio de uma abstração do que é dado em superfície.
> · A abstração permite que se depreendam relações de sentido no segundo patamar do percurso gerativo, em que se encontra a narratividade.
> · Para abstrair a narratividade dos textos, é considerado um programa narrativo de base, em que um sujeito manipula outro, para que este *queira* e *deva* entrar em conjunção com um objeto investido de valor, correspondente a aspirações e crenças.

PENSE GRANDE. ENTRE NA FACULDADE.[1]

Tenha sucesso. Entre na Faculdade x.

Se entrar na Faculdade x, terá um bom preparo para obter sucesso.

Da frase do *outdoor*, abstrai-se o programa narrativo de base: a manipulação, ora designada manipulação A.

MANIPULAÇÃO A

Um destinador (a sociedade) manipula o destinatário (o cidadão) para que este queira ter sucesso na vida.

O sucesso passa a ser o fim último a que visa o sujeito.

O sucesso passa a ser objeto de valor.

O sucesso é definido pelo discurso por temas como:
aumento de riquezas materiais;
vitória a ser atingida em competição;
vitória dos melhores, dados como os que "pensam grande".

COMPETÊNCIA A

Para atingir o sucesso, tematizado por ganhar dinheiro, comprar coisas preciosas, ter aplauso garantido etc., o sujeito precisa poder e saber, ou seja, ter a competência necessária.

COMO CONSTRUIR A COMPETÊNCIA DE UM SUJEITO?

A competência, no caso apresentado pelo *outdoor*, liga-se ao bom preparo profissional a ser adquirido pelo sujeito. Como obter o preparo profissional? Cursando a Faculdade x.

PARA CONSTRUIR A COMPETÊNCIA DO SUJEITO

MANIPULAÇÃO B

Outra manipulação é portanto abstraída: o destinador (a Faculdade x, via *outdoor*) manipula o destinatário (o candidato) para que este queira cursar a Faculdade x, a fim de obter um bom preparo profissional. "Se cursar a Faculdade x, terá um bom preparo profissional."

COMPETÊNCIA B

Fica pressuposto que o sujeito pode e sabe cursar a faculdade. (Ele pode pagar a taxa de inscrição e as mensalidades; pode passar no vestibular; pode estudar quanto quiser, pois não haverá limites para nada. Ele também tudo sabe. Essa competência o discurso do *outdoor* considera conquistada e oculta as contradições de sua composição.)

PERFORMANCE B

O sujeito cursa a Faculdade x (performance prevista e realizada).

SANÇÃO B

O sujeito é sancionado positivamente com o diploma, figura emblemática do preparo profissional conquistado. A competência A, para obter sucesso, está construída.

PERFORMANCE A

Com o preparo profissional obtido e, portanto, com o diploma da Faculdade X, o sujeito entra em conjunção com o sucesso.

SANÇÃO A

O destinador primeiro (a sociedade), que manipulou, agora julga favoravelmente o sujeito. A sociedade sanciona positivamente o sujeito bem sucedido, por meio do reconhecimento.

· O valor oferecido no nível narrativo orienta valores ideológicos do discurso.
· O programa narrativo da manipulação é uma etapa da organização narrativa dos textos.
· A manipulação supõe dois sujeitos, o destinador-manipulador e o destinatário-manipulado, entre os quais circula um objeto de valor.
· O destinador propõe ao destinatário um objeto de valor, que supõe crenças partilhadas.

No *outdoor*, o destinador procura fazer o destinatário *querer* obter sucesso, dado como objeto de valor desejável.

· *Querer* e *dever* são objetos de valor modal, necessários para que o destinatário entre em conjunção com o fim último a ser visado.
· *Querer* e *dever* podem reger o *fazer*, resultando em combinações como estas: *querer fazer; dever fazer; querer não fazer; dever não fazer.*
· Manipulado, o sujeito adquire competência para a ação, para a performance.

> Para obter sucesso, não basta apenas *querer* e *dever*: o cidadão tem de *poder*. Aí entrou o preparo profissional oferecido pela Faculdade x.

· A competência supõe *poder* e *saber*.
· Tendo adquirido o preparo profissional, o sujeito tornou-se competente para obter o sucesso.
· Tendo entrado em conjunção com o sucesso, o sujeito é sancionado positivamente pela sociedade.
· Sanção supõe castigo, se a performance não se realizou a contento; recompensa em prêmio, se a performance for compatível com o que foi contratado na manipulação.

> O sujeito adquiriu o preparo, recebeu o diploma. É promovido de cargo no trabalho; ganha mais dinheiro; é reconhecido socialmente como um vencedor. Esses são percursos narrativos que, implícitos à sanção, firmam o reconhecimento compatível com a ética do "pensar grande".

· O percurso do sujeito, que supõe competência e performance, é sempre enquadrado pela manipulação e pela sanção.
· Manipulação, competência, performance e sanção são etapas inerentes à organização narrativa dos textos, mesmo que o discurso oculte algumas delas.
· Tornar-se um sujeito competente para obter sucesso, segundo o *outdoor*, cobrou programas narrativos hierarquizados.
· A complexidade do programa narrativo supõe programas de uso (cursar a faculdade para adquirir um bom preparo), a fim de que se cumpra o programa de base (obter sucesso na vida). "É o caso, por exemplo, do macaco que, para alcançar a banana [programa de base], deve primeiro procurar uma vara [programa de uso]."
· O percurso do sujeito, enquadrado por manipulações e por sanções, fica representado espetacularmente na organização narrativa de todos os textos.
· Na organização narrativa, o sentido é recuperado segundo a trajetória de um sujeito constituído tanto pela falta em relação a um objeto como pela busca desse objeto.
· A organização narrativa dos textos é concebida como modelo de previsibilidade das relações imanentes do sentido.
· Tal instrumento de análise contribui para o exame do sentido dado na relação aparência / imanência dos textos, tomando como prioridade as estruturas imanentes.

:: Leitura do texto[2]

:: Organização narrativa e competência do leitor

· Temos à mão o *Catecismo da Igreja Católica*.[3]
· Trata-se de documento papal, denominado *Fides depositum* (Depósito da Fé).
· Esse documento, na introdução assinada pelo papa, apresenta a "distribuição da matéria" assim explicitada:[4]

> Um catecismo deve apresentar, com fidelidade e de modo orgânico, o ensinamento da Sagrada Escritura, da Tradição viva na Igreja e do Magistério autêntico, bem como a herança espiritual dos Padres, dos Santos e das Santas da Igreja, para permitir conhecer melhor o mistério cristão e reavivar a fé do povo de Deus. Deve ter em conta as explicitações da doutrina que, no decurso dos tempos, o Espírito Santo sugeriu à Igreja. É também necessário que ajude a iluminar, com a luz da fé, as novas situações e os problemas que ainda não tinham surgido no passado.
>
> O Catecismo incluirá, portanto, coisas novas e velhas (cf. Mt 13, 52), porque a fé é sempre a mesma e simultaneamente é fonte de luzes sempre novas.
>
> [...]
>
> Este Catecismo não se destina a substituir os Catecismos locais devidamente aprovados pelas autoridades eclesiásticas, os Bispos diocesanos e as Conferências Episcopais, sobretudo se receberam a aprovação da Sé Apostólica. Destina-se a encorajar e ajudar a redação de novos catecismos locais, que tenham em conta as diversas situações e culturas, mas que conservam cuidadosamente a unidade da fé e a fidelidade doutrinária.

1. O Catecismo também é apresentado como " 'texto de referência' para uma catequese renovada nas fontes da fé".[5] Pode então ser definido como texto instrucional.

    a) Depreenda a manipulação exercida sobre o leitor. Atente para um *querer* e *dever saber* (O quê?).

    b) Comente a especificidade do saber a ser buscado em se tratando de discurso religioso, cristão e católico. Pense no saber:

        segundo os temas consagrados da fé católica;

        voltado para a crença nos mistérios dessa mesma fé.

    c) Identifique o que é dado ao leitor como fonte imediata do saber. Relacione essa fonte com a construção da competência do leitor (poder e saber). Explicite a performance esperada, a partir de um *dever fazer*. Considere o sujeito que deve fazer algo no mundo.

    d) Explique por que o Catecismo formula um programa de ação (dever fazer).

2. Na abertura, o texto prevê como dever a fidelidade em relação a uma fonte primeira. Identifique a fonte referida, relacionando-a com:

    a) a figura dada como síntese da Revelação;

    b) a legitimidade do dito (o enunciado) e do dizer (a enunciação) no Catecismo.

Para a figura-síntese da Revelação, considere o 2º período do 1º parágrafo do Catecismo.

:: Prescrição e argumentação

3. *A fé é sempre a mesma e simultaneamente é fonte de luzes sempre novas.*
Observe o parágrafo em que está inserido esse período e identifique:
   a) ambas as figuras que, antecipando o sentido da asserção ora transcrita, tornam homogênea a definição da fé; justifique;
   b) a orientação temática dada ao texto, consideradas as oposições: *unidade vs. diversidade; permanência vs. mudança.*
   Para este último item:
      destaque o polo para o qual o discurso seduz o leitor;
      enfatize figuras que confirmam a escolha desse polo;
      comente a condição imposta aos catecismos locais;
      explique a função do *mas* em
      [O Catecismo] destina-se a encorajar e ajudar a redação de novos catecismos locais, que tenham em conta as diversas situações e culturas, mas que conservem cuidadosamente a unidade da fé e a fidelidade doutrinária.

4. Comente os procedimentos argumentativos do enunciador, no que diz respeito ao estabelecimento de regras para o próprio modo de dizer do Catecismo, nessa introdução.

Argumentos são recursos de que se serve o produtor do texto para fazer o leitor não apenas saber algo, mas principalmente para fazer o leitor crer em algo, além de fazer o leitor fazer algo. Crer em quê? Crer no universo de valores enfeixados, desde a organização fundamental, na linha eufórica. Fazer o quê? Fazer o que o texto propugna como sustentado pelo valor do Bem.

   a) Detalhe o conjunto de tais regras, dado como *prescrição* (dever fazer). Ligue-as ao gênero *prefácio* e à economia de leitura.[6]
   b) Observe como o *dever* sustenta um programa de ação metaenunciativa (dever escrever de modo determinado). Conclua pela euforização ou disforização do próprio dever.

5. Explique por que o tema da *explicitação da doutrina*, dado no Catecismo, diz respeito a um lugar de mediação, tanto do enunciador do Catecismo, como do saber lá enunciado. Pense na transação estabelecida entre "A Palavra Revelada", os agentes religiosos (Papa e clero) e os leigos.

:: Da interdição

6. Examinemos trechos do Catecismo da Igreja Católica, cada qual considerado parte que abriga o todo. Iniciemos pelas reflexões sobre o quinto mandamento, *Não matarás*.[7]

> *Quinto Mandamento.*
>
> Não matarás (Ex 20,13).
>
> Ouvistes o que foi dito aos antigos: "Não matarás. Aquele que matar terá de responder ao tribunal". Eu, porém, vos digo: todo aquele que se encolerizar contra seu irmão terá de responder no tribunal (Mt 5, 21-22).

"A vida humana é sagrada, porque desde a sua origem ela encerra a ação criadora de Deus, e permanece para sempre numa relação especial com o Criador, seu único fim. Só Deus é o dono da vida, do começo ao fim; ninguém em nenhuma circunstância pode reivindicar para si o direito de destruir diretamente um ser humano inocente."[8]

a) A imagem do enunciador e do enunciatário projeta-se nesse trecho segundo a modalidade deôntica. Justifique, pensando no *dever não fazer*.

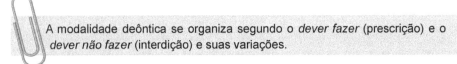

A modalidade deôntica se organiza segundo o *dever fazer* (prescrição) e o *dever não fazer* (interdição) e suas variações.

b) *Não matarás*. Ao destinatário-leitor é dada uma orientação explícita para sua performance.
   Identifique o programa de manipulação pressuposto (destinador/destinatário).
   Enfatize o uso de determinado tempo verbal e o efeito de sentido (futuro/ordem).
   Explicite a competência prevista para o sujeito (poder e saber).

7. Considere a oposição mínima de sentido, *vida vs. morte*, e seus desdobramentos no quadrado do nível fundamental.
   a) Identifique o termo considerado eufórico por esse discurso. Justifique.
   b) Descreva a conexão do termo euforizado com o programa narrativo de base (manipulação), que segue representado.
   S1 » S2 ∧ dever não matar
   S1 – destinador
   S2 – destinatário

8. Examinemos o texto *O aborto*,[9] posto em sequência com outros, de tema afim, como *A eutanásia* e *O suicídio*, no mesmo artigo do Catecismo.

O aborto

A vida humana deve ser respeitada e protegida de maneira absoluta a partir do momento da concepção. Desde o primeiro momento de sua existência, o ser humano deve ver reconhecidos os seus direitos de pessoa, entre os quais o direito inviolável de todo ser inocente à vida. **2270** **1703** 357

> Antes mesmo de te formares no ventre materno eu te conheci; antes que saísses do seio, eu te consagrei (Jr 1, 5).[10]

> Meus ossos não te foram escondidos quando eu era feito, em segredo, tecido na terra mais profunda (SL 139, 15).

Desde o primeiro século a Igreja afirmou a maldade moral de todo aborto provocado. Este ensinamento não mudou. Continua invariável. O aborto direto, quer dizer, querido como um fim ou como um meio, é gravemente contrário à lei moral: **2271**

> Não matarás o embrião por aborto e não farás perecer o recém-nascido.[11]

> Deus, senhor da vida, confiou aos homens o nobre encargo de preservar a vida para ser exercido de maneira condigna ao homem. Por isso a vida deve ser protegida com o máximo cuidado desde a concepção. O aborto e o infanticídio são crimes nefandos.[12]

A cooperação formal para um aborto constitui uma falta grave. A Igreja sanciona com uma pena canônica de excomunhão este delito contra a vida humana. "Quem provoca aborto, seguindo-se o efeito, incorre em excomunhão latae sententiae"[13] "pelo próprio fato de cometer o delito"[14] e nas condições previstas pelo Direito.[15] Com isso a Igreja não quer restringir o campo da misericórdia. Manifesta, sim, a gravidade do crime cometido, o prejuízo irreparável causado ao inocente morto, a seus pais e a toda a sociedade.

a) Justifique a afirmação que segue, remetendo ao percurso do sujeito, que supõe a competência (poder e saber fazer algo) e a performance (a ação propriamente dita).

> · A narratividade, depreensível da enunciação do texto *O aborto*, leva a reconhecer um leitor que quer e deve permanecer em conjunção com a própria natureza divina / imagem de Deus.
> · A natureza divina (no homem) supõe a aliança com o Criador; se o homem transgredir, Deus retira essa aliança.

Destaque:

a automanipulação prévia (manipulação do leitor sobre si mesmo);
o objeto de valor (a natureza divina / a imagem de Deus);
o enunciado elementar de conjunção com o objeto de valor;
a relação estabelecida entre a natureza divina e a interdição (dever não fazer).

Relacione essa organização narrativa com a estratégia argumentativa do discurso para fazer crer em determinado universo de fé.

- O enunciado elementar da organização narrativa dos textos coloca em relação sujeito e objeto.
- A relação é de junção: conjunção (S ^ Ov) ou disjunção (S v Ov).
S: sujeito; ^ conjunção; v disjunção; Ov objeto de valor.

b) Demonstre esquematicamente o programa narrativo de base, como uma automanipulação do leitor, para querer e dever entrar em conjunção com a natureza divina.

- O sujeito da ação, como sujeito manipulado, é destinatário dos valores. Quem propõe o valor a ser partilhado é o destinador.

c) Explique como se sustenta a argumentação, para fazer crer na interdição. Pense agora em aquisição ou perda do objeto de valor, *natureza divina*.

- O sujeito pode entrar em conjunção com o objeto de desejo (S ^ Ov). Nesse caso, passa a ter alguma coisa que não tinha.
- O sujeito pode entrar em disjunção com o objeto de desejo (S v Ov). Nesse caso, perde o que tinha.
- O sujeito, para agir, é antes manipulado para querer e dever fazer algo.
- O manipulador procura investir o sujeito manipulado de um *querer* e de um *dever*.
- Aquilo que passa a ser visto sob a perspectiva de um querer e de um dever torna-se objeto de valor.

9. Identifique a importância do suporte genérico (gênero-catecismo) e material (diagramação, distribuição da matéria) para a definição ética do tema, dada resumidamente nesta afirmação constante do Catecismo: "Desde o primeiro momento de sua existência, o ser humano deve ver reconhecidos os seus direitos de pessoa, entre os quais o direito inviolável de todo ser inocente à vida".

Pense no suporte genérico e material aliado ao efeito de prescrição e interdição.

Acrescente, por fim, observações sobre o saber construído nesse catecismo, em relação com o dever.

10. Por abstração depreende-se do texto um sujeito que, manipulado pela Igreja, para dever não fazer o aborto, transgride a lei.

a) Identifique temas e figuras que apresentam:
a performance (de fazer aborto) dada como abominável;
a sanção negativa exercida pela Igreja sobre o sujeito transgressor.
b) Explique por que a sanção apresentada se torna intimidação para o leitor.

Manipulação por meio de:	Tipo de manipulação:
· recompensa positiva;	· tentação;
· avaliação positiva do manipulado;	· sedução;
· avaliação negativa do manipulado;	· provocação;
· ameaça.	· intimidação.

11. Observe o texto *O aborto*, em cotejo com o *Quinto Mandamento*.
a) Descreva a paixão do medo, prevista para o leitor, em função da sanção negativa exemplar.

· Paixão é entendida como efeito de sentido, dado pela combinação de modalidades do ser.
· *Não querer ser conjunto* com algo considerado disfórico e saber poder estar conjunto com ele projeta o sujeito o medroso.

b) Explique como a paixão do medo se sustenta por meio do contrato de confiança estabelecido entre o destinador-enunciador e o destinatário-enunciatário (leitor). Pense na ideia do pecado, relacionada à graça divina.

· O destinador pretende que o destinatário creia na verdade do que lhe é oferecido.
· A graça divina é uma doação feita por Deus ao homem.
· Pela graça, o homem está em aliança (em conjunção) com o Criador.

:: Destinador, destinatário e argumento de autoridade

Retomemos o texto *O aborto*, juntamente com a apresentação do *Quinto Mandamento*.

12. a) Comente a frequência de citações em ambos os textos. Identifique-as. Relacione-as com o efeito de polifonia (várias vozes) ou de monofonia (uma única voz).
    b) Descreva as citações quanto:
        ao efeito de subjetividade e de objetividade;
        à densidade figurativa.
    Dê exemplos do texto.

13. a) Relacione as citações com o poder de persuasão do texto (fazer o leitor aceitar o que foi dito). Comente o uso do argumento de autoridade, em função da própria Revelação.
    Dê destaque:
        ao destinador primeiro, Deus;
        ao contrato de confiança (Deus/homem).

> · Designa-se argumento de autoridade a citação de outro texto que, versada sobre o mesmo tema do texto citante, contribui para aumentar a legitimidade do dizer e do dito.
> · O argumento de autoridade dá respaldo para o enunciador fazer crer na verdade construída e para consolidar o próprio lugar enunciativo.

    b) Relacione as citações com o modo de ser do enunciador e do enunciatário, dados pelo modo recorrente de dizer.
    Apoie-se no efeito de: comprometimento; indiferença; certeza; incerteza.

> · Comprometimento: crer dever fazer.
> · Indiferença: não crer dever fazer.
> · Certeza: crer dever ser.
> · Incerteza: não crer dever ser.

14. Em ambos os textos, como temos visto, o enunciador é considerado o destinador de valores; o leitor, o destinatário.
    a) Comente a troca de papel do destinador em função da fonte primeira de valores. Observe esse fato como característica de um discurso específico.
    b) Identifique a recorrência da conexão temática *instante da concepção/direitos de pessoa*. Relacione a argumentação com o modo de apresentar a polêmica.
    Observe a importância do uso de presente omnitemporal, transcrevendo exemplos do uso desse tempo.

> O presente verbal, tido como omnitemporal ou gnômico, é o presente de todos os tempos, dado como ilimitado, portanto.[16]

15. Considere os números colocados na margem direita do primeiro parágrafo do texto *O aborto*. O primeiro número, impresso em tamanho maior, é identificação do parágrafo. Os outros, impressos com numeração de tamanho reduzido, referem-se a parágrafos remissivos do próprio catecismo. Segue a explicitação de cada um desses números indicados.

1703
> Dotada de alma "espiritual e imortal", a pessoa humana é "a única criatura na terra que Deus quis por si mesma". Desde sua concepção, é destinada à bem-aventurança eterna.[17]

357
> Por ser à imagem de Deus, o indivíduo humano tem a dignidade de *pessoa*: ele não é apenas alguma coisa, mas alguém. É capaz de conhecer-se, de possuir-se e de doar-se livremente e entrar em comunhão com outras pessoas, e é chamado, por graça, a uma aliança com seu Criador, a oferecer-lhe uma resposta de fé e de amor, que ninguém mais pode dar em seu lugar.

a) Comente tais desdobramentos citativos em função:
dos efeitos de sentido dados para o dito e para o dizer:
consistência/rarefação;
concentração/dispersão;
da finalidade da persuasão ou convencimento estabelecido;
da coerência da imagem do enunciador;
do fortalecimento do sentimento de competência/incompetência. Justifique.

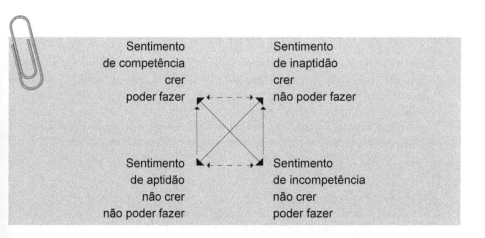

b) Tomando o dever fazer, proposto na introdução feita pelo papa, juntamente com o dever não fazer, proposto pelos textos *Quinto Mandamento* e *O aborto*, deduza dois pilares modais em que se sustenta o discurso religioso examinado.

:: Produção de texto I

:: Ensaio teórico-analítico
:: Discurso religioso e demanda social

Seu texto será predominantemente expositivo. Pode, entretanto, ser organizado em duas partes: a primeira, com tendência analítica; a segunda, com tendência a enfatizar a polêmica. Na segunda parte ocorrerão segmentos predominantemente opinativos.

:: Primeira parte

Como ponto de partida, serão cotejados dois textos de diferentes esferas de circulação: um, já examinado, pertencente ao Catecismo da Igreja Católica; outro, um artigo de jornal da imprensa dita séria. Os textos postos em confronto serão *O aborto*, do Catecismo católico (discurso religioso), e o artigo jornalístico, do advogado Ives Gandra da Silva Martins, publicado na *Folha de S.Paulo* (19.10.2004, p. A3), sob o título *O direito do anencéfalo à vida* (discurso jurídico). Ambos os textos estão apoiados no tema-núcleo *o aborto*.

Sobre o artigo adianta-se que, com a argumentação direcionada para reprovar e fazer reprovar a proposta apresentada pela Confederação Nacional dos Trabalhadores na Saúde, "objetivando o direito de seus integrantes abortarem anencéfalos", o jurista cita o procurador-geral da República, Claudio Fonteles, "que entende, corretamente, que a ação não é cabível":

> Estou com o eminente procurador-geral da República, que entende não ser adequado o veículo escolhido. A própria pretensão é também, a meu ver, inviável – mesmo que lei autorizando o "aborto eugênico" viesse a ser produzida pelo Congresso – por violentar o "direito à vida", assegurado na Constituição Federal (art. 5º, caput) e garantido "desde a concepção" pelo Código Civil (art. 2º) e pelo tratado sobre direitos fundamentais de que o Brasil é signatário (art. 4º do Pacto de São José).

O CONFRONTO INTERDISCURSIVO
· Ao ser desenvolvida a argumentação para reprovar e fazer reprovar a proposta apresentada pela Confederação Nacional dos Trabalhadores na Saúde, "objetivando o direito de seus integrantes abortarem anencéfalos", ficam configuradas no artigo jornalístico duas posições distintas a respeito do aborto; fica confirmado o interdiscurso.
· O confronto interdiscursivo se dá entre duas posições distintas: contra e pró-aborto.

O jurista ainda destaca: "O Código Civil brasileiro, no artigo 2º, declara que 'a lei põe a salvo desde a concepção os direitos do nascituro'". Desenvolve, com procedimentos afins aos do catecismo, um ponto de vista sobre o mesmo tema lá trabalhado: o aborto. Tal afinidade é depreensível da organização narrativa do texto e do modo de discursivizar ideias. Mas das semelhanças emergem diferenças, que dizem respeito à esfera de circulação.

Apresentam-se ora transcritos outros parágrafos do artigo jornalístico, a que segue a identificação do autor, tal como dada pelo jornal.

> Ora, o que se pretende na ação ajuizada pela Conferência Nacional dos Trabalhadores na Saúde é descumprir o preceito fundamental do direito à vida (antecipação de morte do anencéfalo), considerando-o menos importante que a autonomia de vontade da mulher de abortar e a liberdade de o fazer, visto que a saúde da mulher não corre, na gravidez do anencéfalo, risco maior do que em qualquer gravidez. Em outros termos, o direito objetivo do anencéfalo à vida, mesmo que curta, é afastado pelo aborto (antecipação da morte) por força da autonomia da vontade e liberdade da mãe, que são critérios meramente subjetivos. Aliás, o Código Civil brasileiro, no artigo 2º, declara que "a lei põe a salvo desde a concepção os direitos do nascituro". Seria fantasticamente curioso que essa disposição preservasse todos os direitos menos o direito à vida.
>
> [...]
>
> Como disse sua Excelência [o procurador-geral da República, Claudio Fonteles], o anencéfalo ou é "ser humano" ou é "uma coisa". Se não for "uma coisa", mas um ser humano, deve-se aplicar a ele o mesmo princípio legal que se aplica aos casos de transplante de órgãos após a morte – vale dizer, desde que não haja nenhum sinal de vida cerebral ou vital no ser de quem o órgão será retirado. Nos anencéfalos, apesar da inexistência total ou parcial de cérebro, todos os demais órgãos funcionam, devendo-se esperar, pois, que a morte, em seu devido tempo, aconteça, e não que se interrompa a vida, como pretende a referida ação, proposta por servidores da saúde, que, pelo juramento de Hipócrates, que fazem, deveriam lutar para preservá-la sempre, desde a concepção.
>
> Ives Gandra da Silva Martins, 69, advogado tributarista, professor emérito da Universidade Mackenzie e da Escola de Comando do Estado-Maior do Exército, é presidente do Conselho de Estudos Jurídicos da Federação do Comércio do Estado de São Paulo.

Para cotejar ambos os textos, o do Catecismo e o do jornal, pense em tópicos da organização narrativa e do discurso.

Quanto à organização narrativa, procure verificar recorrências:

da manipulação;

da modalidade deôntica;

do objeto tido como de valor desejável;

do tipo de sanção;

das modalidades da certeza /dúvida / incerteza;

256 :: A comunicação nos textos

Quanto ao discurso, procure verificar recorrências:
do tratamento dado ao tema nuclear;
do argumento de autoridade;
de parâmetros históricos oferecidos;
do acento normativo da voz.

A partir das observações das semelhanças entre o Catecismo e o artigo de jornal, atente para as diferenças. Considere que um texto apoia-se em argumentos religiosos e o outro, nos jurídicos. Entretanto é bom notar que mesmo os argumentos jurídicos estão fundados numa concepção religiosa.

:: Segunda parte

Passe então a desenvolver, na organização geral do seu ensaio, segmentos textuais predominantemente opinativos. Essa é a segunda parte do ensaio a ser construído. Em tais segmentos passará a ser exposto um ponto de vista sobre a questão: *O discurso religioso se constitui em resposta a uma demanda social?* Seu texto passará a apresentar um pronunciamento sobre uma questão polêmica.

Por que é polêmica tal questão? Que o discurso religioso (da Igreja, do clero) supõe um destinador primeiro, Deus, onipotente e onisciente, cujo discurso fundador é tido como o que cria o mundo, não há dúvida. Que o discurso religioso (da Igreja, do clero) pretende constituir-se como mediador entre Deus e o homem também não há dúvida. A polêmica, entretanto, é esta: *a palavra tida como de Deus deve ser vista como a verdade ou como uma posição que responde a uma demanda social localizada num tempo e num espaço?*

Algumas questões podem expandir a argumentação a ser desenvolvida:
há entre o discurso religioso e a sociedade alguma reciprocidade de interesses e expectativas?
os leigos, entendidos como ocupantes de determinada posição na estratificação social, representam alguma expectativa a ser cumprida pelo discurso religioso?

Lembre que, sob tal perspectiva, será comentada a hipótese de:
cotejar a palavra sagrada como voltada para seu exterior, a sociedade;
examinar como dialógico o discurso do enunciador primeiro.

Ainda para subsidiar a discussão sobre a possibilidade de a Palavra poder ser considerada *voz respondente* a uma sociedade fincada em contradições, seguem trechos de outro artigo jornalístico, intitulado *Magistrado do nosso tempo*. Esse artigo, publicado na *Tribuna da Imprensa on-line* (Rio de Janeiro, 05.07.2004), tem como autor Osiris de Azevedo Lopes Filho, assim apresentado pelo jornal: advogado, professor de Direito da Universidade de Brasília, UnB, e Fundação

Getúlio Vargas – FGV e ex-secretário da Receita Federal. Qualificando de sábia e humanitária a "construção judicial (do ministro Marco Aurélio de Mello] que supera insuficiência no Código Penal, libertando gestantes do adicional fardo torturante de processo penal agravador de sua situação infeliz", o articulista assim se expressa em alguns parágrafos:[18]

> Os jornais noticiaram a decisão do Supremo Tribunal Federal, adotada pelo ministro Marco Aurélio de Mello, por liminar, de autorizar a interrupção da gravidez quando houver laudo médico comprovando a anencefalia do feto, independentemente de a gestante dispor de ordem judicial destinada a permitir se faça a interrupção.
> Por anencefalia entenda-se a ausência de um hemisfério cerebral ou de ambos, o que impossibilitará a sobrevivência do feto após o nascimento. Tal decisão provocará obviamente polêmica no país. Já foram divulgadas opiniões de entidades que, apoiadas no direito à vida, essencial à existência do ser humano, criticam a decisão por considerá-la favorável ao aborto, sob o argumento de que "ninguém tem o direito de antecipar a morte de outra pessoa". Está, portanto, voltando a ser introduzida na ordem do dia das questões importantes na nossa sociedade a problemática do aborto, considerada pelo art. 124 do Código Penal de 1940, como crime, no capítulo relativo aos crimes contra a vida. [...]
> O caso propicia se verifique a tensão entre princípios consagrados do nosso sistema jurídico – o direito à vida, à integridade física, à vedação à tortura a que é submetida a mãe sabedora da existência do feto anômalo e a proteção à personalidade da condição humana. Agiu sábia e humanitariamente o ministro Marco Aurélio como autor de decisões polêmicas. Essa seria uma delas. A história está cheia de exemplos de estigmatização dos inovadores e dos que ousam criar. O ministro mostrou que é um magistrado contemporâneo dos desafios da modernidade. E cumpre sua missão com competência, coragem e independência.

Vejamos desdobramentos dessa polêmica na imprensa. Seguem trechos da reportagem do jornal *Folha de S.Paulo*, caderno Cotidiano (21.10.2004, p. C1) que, sob o título *Cai liminar do aborto de feto sem cérebro*, se apresenta sob a rubrica JUSTIÇA, com o supertítulo: *Ministros do STF derrubaram a decisão provisória que autorizava interrupção de gravidez em casos de anencefalia.*

> O plenário do STF (Supremo Tribunal Federal) derrubou a liminar do ministro Marco Aurélio de Mello que havia liberado a interrupção da gravidez nos casos de fetos com anencefalia (ausência de cérebro) sem autorização judicial específica.
> Houve sete votos contrários à liminar e quatro favoráveis. Além de Marco Aurélio, Carlos Ayres Britto, Celso de Mello e Sepúlveda Pertence foram a favor de manter a decisão. [...]
> Marco Aurélio entende que a interrupção da gravidez no caso de feto anencefálico não caracteriza aborto, porque não há expectativa de vida fora do útero.
> Crítico ferrenho dessa tese e católico praticante, Fonteles disse que a legislação protege a vida desde a concepção, não do nascituro, e negou influência da religião no seu pensamento. "A minha posição é estritamente jurídica, não teológica."

O Código Penal, de 1940, inclui o aborto entre os crimes contra a vida e só prevê duas exceções: risco de morte da mulher e gravidez resultante de estupro. A mulher pode ser condenada a até três anos de prisão. O profissional de saúde, a até quatro. Na mesma linha, Cezar Paluso afirmou: "Não me convence a circunstância de que o feto anecefálico é condenado à morte. Todos o somos. Nascemos para morrer". Ellen Gracie Northfleet, única mulher no STF, também votou contra a liminar. A sua indicação para o tribunal, em 2000, foi apoiada por entidades feministas. O advogado Barroso, autor da ação, disse que o voto dela foi técnico, contrário apenas à liminar, não à tese, sobre o direito de interromper a gravidez.
Na corrente oposta, Carlos Ayres Britto disse: "O útero é um casulo, e o feto, uma crisálida que jamais chegará a borboleta. Estamos discutindo o direito de viver ou de nascer para morrer?"

Seguem, por fim, como amparo teórico para seu ensaio, citações da obra de Mikhail Bakhtin, que apresentam bases da concepção dialógica da linguagem.

- Um signo não existe como parte de uma realidade; ele também reflete e refrata uma outra.

- Todo signo está sujeito aos critérios de avaliação ideológica.

- Um signo é um fenômeno do mundo exterior. O próprio signo e todos os seus efeitos (todas as ações, reações e novos signos que ele gera no meio social circundante) aparecem na experiência exterior.

- A consciência só se torna consciência quando se impregna de conteúdo ideológico e, consequentemente, somente no processo de interação social.

- As leis da refração ideológica da existência em signos e em consciência, suas formas e seus mecanismos, devem ser estudados, antes de mais nada, a partir deste material, que é a palavra.[19]

:: Teoria

:: Organização narrativa do texto

:: Um conto maravilhoso

A boa menina, obediente e dedicada e, por isso, muito amada, era chamada *Chapeuzinho Vermelho*, devido ao adereço que usava e que tinha sido presente da mãe e da avó. A mando da mãe, saiu a menina de casa a fim de levar pãezinhos para avó, que morava do outro lado da floresta. A mãe lhe havia pedido que não desse atenção a desconhecidos e que não se afastasse do caminho reto e curto, por onde elas sempre andavam. Quantos perigos rondavam o bosque! A menina, entretanto, ao passar pela floresta, encontrou o lobo e, conversando com ele, relatou onde era a casa da avó. O lobo, muito esperto, por sua vez, revelou que havia margaridinhas e borboletas lindas, com que brincar sossegadamente entre as árvores. A menina, então, abandonou o caminho familiar. Entrou bosque adentro e lá permaneceu distraída entre as asas das borboletas. Lá ficou, por muitas horas, perdida com as miudezas das cores. Quando chegou à casa da avó, esbaforida e tendo já perdido o chapeuzinho vermelho, deparou com a voz medonha e má, que a saudou de modo estranho. Com a boca escancarada, o lobo-avó devorou a menina.[20]

Temos aí um resumo de um conto maravilhoso. Procedimentos analíticos de abstração contribuem para a reconstrução das relações de um nível com outro da geração do sentido. Falemos do nível narrativo. A organização narrativa, tal como um mapa, reproduz o sentido desbastado tanto das concretudes discursivas como da materialidade do plano da expressão que, no caso, é verbal. A organização narrativa permite que se refaça o percurso da ação e da existência do sujeito humano, movido por quereres, deveres, poderes e saberes. Permite ainda o cotejo de textos variados, como, por exemplo, o conto maravilhoso *Chapeuzinho Vermelho* e o mito bíblico da queda do homem. A propósito, perguntamos: Não há entre o conto e o mito, além da figura do animal sedutor, lobo e serpente, dados ambos como antidestinador, outras semelhanças? Para responder, basta pensar na performance de transgressão do sujeito da ação, seja a menina, seja a mulher; ou basta pensar na configuração do *fruto proibido*, definida como a aventura do sujeito da ação, a partir da submissão e para a liberdade. A micronarrativa, que supõe o *fruto proibido*, realiza-se por meio de diversos percursos figurativos que concretizam a transgressão: ouvir o lobo e entrar no bosque, ouvir a serpente e comer a maçã.

Voltaremos a esse cotejo entre o mito e o conto. Por ora, observemos melhor o próprio conto, cuja organização narrativa indica quatro fases articuladas entre si: a) manipulação; b) competência; c) performance; d) sanção. Tais fases se sustentam num sujeito em relação de junção (conjunção ou disjunção) com o objeto, que é como se compõe o enunciado elementar da narratividade: conjunção (S $\wedge$ Ov); disjunção (S v Ov).[21] No caso do conto *Chapeuzinho Vermelho*, temos, a princípio, um sujeito conjunto com o objeto. A menina, figurativizada como *obediente e dedicada,* já estava conjunta com o objeto de valor, a *submissão*, e já havia sido sancionada positivamente pelo reconhecimento (sanção cognitiva) e pelo próprio adereço que usava, com que fora presenteada (sanção pragmática). Por conseguinte, o conto supõe uma manipulação prévia bem sucedida.

Outra manipulação prévia se apresenta. A mãe, sujeito manipulador, destina valores à menina, o sujeito destinatário e manipulado: *querer e dever manter-se obediente.* A mãe espera que a menina queira e deva *manter-se obediente*, para continuar a amá-la. Isso o discurso concretiza com a relação causal, dada entre figuras emblemáticas: *menina muito amada, porque obediente.*

Prossigamos, remetendo a esta passagem:

> A mando da mãe, saiu a menina de casa a fim de levar pãezinhos para a avó, que morava do outro lado da floresta. A mãe lhe havia pedido que não desse atenção a desconhecidos e que não se afastasse do caminho reto e curto, por onde elas sempre andavam.

Três ordens estão pressupostas, partindo da mãe para a menina: a) sair de casa a fim de levar pãezinhos para a avó; b) não dar atenção a desconhecidos; c) não sair do caminho reto e curto. Todas as ordens se pautam pelo dever prioritariamente. Na primeira, o dever fazer (prescrição); nas duas últimas, o dever não fazer (interdição). *Quantos perigos rondavam o bosque!* A manipulação da mãe em relação à menina evolui para a intimidação, já que são apontados como ameaça os perigos que rondam o bosque. A intimidação firma-se, portanto, paralelamente à prescrição (dever fazer) e à interdição (dever não fazer). A menina deve fazer (sair para levar os pãezinhos para a avó) e deve não fazer: não se afastar do caminho certo, não falar com desconhecidos. Mas toda essa manipulação não se cumpriu.

A menina, sujeito prestes a fazer algo, sujeito prestes a cumprir as ordens da mãe, indo direto à casa da avó, sujeito competente, pois podia e sabia ir pelo caminho mais curto, abandona esse poder e saber. Então, perguntamos: se a menina podia e sabia ir direto à casa da avó, se competência é o que não faltava, o que faltou então? Faltou *querer* continuar no partilhamento dos mesmos valores com a mãe. A menina deixou-se manipular por outros valores, aliados a outros quereres. Entrou em disjunção com a *submissão*, passou à conjunção com a *liberdade*. Esses novos quereres, aliás, são interpretados como nefastos pelo discurso do conto maravilhoso.

A menina então adquire uma competência que ainda não possuía; competência para agir de modo inesperado: deliciar-se no bosque com as coisinhas miúdas. Foi o lobo quem lhe revelou que havia margaridinhas e borboletas lindas, com que brincar sossegadamente entre árvores, não esqueçamos. Assentindo à manipulação do lobo, adquirindo o saber e o poder que embasam a nova competência preparatória para a ação transgressora diante da manipulação materna, a menina age: tem a performance amaldiçoada pelo discurso. De nada adiantou, portanto, a intimidação sofrida, a prescrição e a interdição explicitadas.

Permitindo-se encantar por *coisinhas miúdas*, a menina, como ator do enunciado, firma a ética repudiada por esse discurso: ficar à toa, com prazer devotado a coisas "inúteis". O sujeito deixou-se então verdadeiramente manipular pelo antidestinador, o lobo. O animal tentou a menina com a *liberdade*, discursivizada como o ócio condenado. Dá-se a performance de ruptura, em relação ao contrato estabelecido com a mãe. Tal ruptura acontece devido à assunção, pela menina, desses outros e diferentes valores, dados como desejáveis pelo poder de persuasão do lobo e confirmados como desejáveis pelo fazer interpretativo da menina, diante do lobo.

Rompe-se um contrato de confiança (mãe/menina), para estabelecimento de outro contrato de confiança (lobo/menina). A performance da menina (sair do caminho reto) responde compativelmente à manipulação feita pelo lobo. Mas aquela ruptura em relação à mãe tinha de ser punida, de acordo com a orientação ideológica do discurso. Sofrendo a inevitável sanção negativa (ficar esbaforida, perder o chapeuzinho, deparar com a voz medonha e má e sendo, por fim, devorada), *Chapeuzinho Vermelho*, o sujeito da ação, faz firmar no conto a advertência para o leitor.

:: A narratividade da enunciação: a advertência

Passamos então a falar da narratividade da enunciação. Agora interessa o enunciador (autor), como destinador, e o enunciatário (leitor), como destinatário da manipulação. O leitor do conto passa a querer e a dever ser obediente, a não querer ser segundo a própria *soberania*. Passa portanto a ter medo de errar irreversivelmente, tal como *Chapeuzinho Vermelho,* o ator do enunciado punido exemplarmente com a própria morte. O discurso se utiliza da organização narrativa do enunciado para fazer o leitor crer em valores como o da *submissão*, firmado no eixo *alteridade/não identidade* do nível fundamental. No enunciado, a menina, irreversivelmente punida, contribui para que, na enunciação, seja construída a advertência.

Tal advertência, partindo da organização narrativa do enunciado, respalda-se pela manipulação do enunciador em relação ao enunciatário. Tal advertência faz o leitor não querer ser segundo as próprias pulsões. Vencem as coerções sociais, vence o rebanho, vence a cultura: no enunciado do conto e, concomitantemente, na enunciação. Assim o leitor nega o valor da *soberania* e entra em conjunção com a *submissão*. Tal transformação, que sustenta a narratividade da enunciação, remete à imagem ideal, dada pelo discurso, para o sujeito: um homem flexionado ao *outro*; um homem esvaziado do próprio desejo de liberdade; um sujeito, cuja competência é definida pelo não querer ser segundo seus próprios anseios, o que respalda o medo; um homem, cujo não querer fazer qualquer coisa que diga respeito à própria soberania, faz robustecer o temor, esse não querer ser segundo o que ainda pode acontecer; no caso, futuras performances de ruptura.

Na enunciação, temos então este programa narrativo, que representa a manipulação do enunciador exercida sobre o enunciatário, para que este queira e deva entrar em conjunção com a própria submissão: *S1 » S2 ∧ Ov submissão*. O leitor sabe e pode ser submisso? O conto maravilhoso lhe dá essa competência; ensina-o a ser submisso. Não à toa Chapeuzinho Vermelho morre devorada pelo lobo, transformado este antidestinador de valores, em mero sujeito auxiliar, adjuvante do destinador-julgador-mãe, esta que é o destinador manipulador e o destinador julgador que importa para o discurso da advertência; esta que, simbolicamente, em nome de todas as instituições, julga e castiga irreversivelmente na sanção final. O leitor se vê diante de um não poder não ser submisso; de um não saber não ser submisso. O leitor sabe e pode ser submisso, depois do conto.

:: O esquema narrativo canônico (de todo e qualquer texto)

Pode ser sintetizada a articulação das quatro fases da organização narrativa dos textos por meio da demonstração do esquema narrativo, que supõe o encadeamento de programas, os quais implicam enunciados de estado. Um programa narrativo supõe a ação do sujeito 1 sobre o sujeito 2, para que este tenha seu estado, de conjunção ou de disjunção com o objeto, transformado. Do esquema, que encadeia programas narrativos, depreendem-se três percursos: o do destinador-manipulador, na fase da manipulação; o do sujeito da ação, nas fases da competência e da performance; o do destinador-julgador, na fase da sanção.[22] Tais percursos, encadeados no dito esquema narrativo canônico, amparam-se na pressuposição lógica entre os programas. O esquema, por sua vez, tal como segue, está pressuposto a qualquer texto, sem necessariamente apresentar na superfície todas as fases.

Percurso do destinador manipulador	Percurso do sujeito da ação		Percurso do destinador julgador
Manipulação O destinador manipulador dota o destinatário manipulado de um querer e de um dever (fazer algo)	*Competência* O sujeito do fazer adquire um saber e um poder.	*Performance* O sujeito do fazer executa a ação.	*Sanção* O destinador passa a julgar o sujeito da ação. O julgamento é calcado na expectativa criada pelos valores estabelecidos na manipulação.

Interessante é enfatizar que esse esquema narrativo canônico, dado pela articulação das quatro fases, manipulação, competência, performance e sanção:

a) pode apresentar fases pressupostas e não explicitadas em determinados textos; nesse caso, a análise reconstruirá a fase pressuposta (se o lobo devorou a menina, ele tinha competência para isso: sabia e podia fazê-lo, isso não está explicitado);

b) pode apresentar um mesmo sujeito manipulado por destinadores distintos, com proposição de valores antagônicos (mãe/submissão e lobo/liberdade);

c) pode apresentar um desarranjo aparente; o texto começará, por exemplo, pela sanção, ou sugerirá uma sanção prévia (a menina já havia sido sancionada positivamente com o presente, que era o adereço dado como um chapeuzinho vermelho);

d) apresenta, nas narrativas conservadoras, a necessária recompensa (sanção positiva) para o sujeito realizado segundo os ideais impostos socialmente; sanção positiva, portanto, para o sujeito que se cumpre como o do querer e do dever (manipulação efetuada); como o do poder e do saber (competência adquirida); o sujeito, enfim, da performance realizada, segundo os valores propostos na manipulação;

e) contribui para entender a transformação de estados e de sujeitos no exame tanto do enunciado quanto da enunciação.

:: O conto e o mito

Voltemos ao cotejo do conto com o mito.[23] Consideremos a configuração discursiva que, como unidade virtual, enfeixa ambos os textos num conjunto de percursos figurativos afins: a configuração do *fruto proibido*. Aliás, assim vista, a configuração discursiva se apresenta com o *status* e com a mobilidade do motivo, tal qual considerado nos estudos literários. Observamos, entre o mito e o conto assim enfeixados, a recorrência de papéis narrativos: um destinador que intimida – Deus, mãe; um antidestinador que seduz – serpente, lobo; um sujeito que tem uma performance de ruptura ou de troca de valores – Eva, menina – e que é punido.

Eis a transcrição do mito da queda, extraído da Bíblia Sagrada:[24]

A queda do homem

A serpente, mais sagaz que todos os animais selváticos que o Senhor Deus tinha feito, disse à mulher: É assim que Deus disse: Não comereis de toda árvore do jardim? Respondeu-lhe a mulher: Do fruto das árvores do jardim podemos comer, mas do fruto da árvore que está no meio do jardim, disse Deus: Dele não comereis, nem tocareis nele, para que não morrais. Então a serpente disse à mulher: É certo que não morrereis. Porque Deus sabe que no dia em que dele comerdes se vos abrirão os olhos e, como Deus, sereis conhecedores do bem e do mal. Vendo a mulher que a árvore era boa para se comer, agradável aos olhos e árvore desejável para dar entendimento, tomou-lhe do fruto e comeu e deu também ao marido e ele comeu. Abriram-se, então, os olhos de ambos; e, percebendo que estavam nus, coseram folhas de figueira e fizeram cintas para si.

Quando ouviram a voz do Senhor Deus, que andava no jardim pela viração do dia, esconderam-se da presença do Senhor Deus, o homem e sua mulher, por entre as árvores do jardim. E chamou o Senhor ao homem e lhe perguntou: Onde estás? Ele respondeu: Ouvi a tua voz no jardim, e, porque estava nu, tive medo e me escondi. Perguntou-lhe Deus: Quem te fez saber que estavas nu? Comeste da árvore de que te ordenei que não comesses? Então disse o homem: A mulher que me deste por esposa, ela me deu da árvore, e eu comi. Disse o Senhor Deus à mulher: Que é isso que fizeste? Respondeu a mulher: A serpente me enganou, e eu comi.

Então, o Senhor Deus disse à serpente: Visto que isso fizeste, maldita és entre todos os animais domésticos e o és entre todos os animais selváticos; rastejarás sobre o teu ventre e comerás pó todos os dias da tua vida.[25]

Conto e mito constituem duas invariantes discursivas, mas que apresentam um fundo comum, em cujo interior evoluem. Esse fundo comum constitui o núcleo figurativo, com a figura invariante da transgressão, dada pelo animal mitológico que seduz a figura feminina para a liberdade. Soma-se aí, também, o alimento como figura da interação entre os sujeitos. Cercando o núcleo figurativo invariante, estão as variações figurativas: no mito da queda, o jardim, a serpente, Eva, Deus; no conto *Chapeuzinho Vermelho*, o bosque, o lobo, a menina, a mãe, a avó; lá o fruto proibido liga-se metaforicamente à maçã; aqui, os pãezinhos constituem apenas um dos meios figurativos da prova exemplar, que era escolher, ou não, o caminho mais comprido, este, sim, o fruto proibido.

Na base, as variações temático-narrativas. No mito bíblico, a desobediência que leva à morte, já que a vida passa a ter a morte como termo. Em *Chapeuzinho Vermelho,* a desobediência que leva à morte, já que o transgressor é morto. No mito bíblico, a intencionalidade enunciativa de explicar o confronto fundamental *vida/morte*, de entender a gênese do mundo e de seus elementos. Em *Chapeuzinho Vermelho*, a programação de uma receita, isto é, de uma antirreceita, levando o enunciatário a aceitar, pelo medo, um modo de vida definido pela alienação. O fruto proibido, figurativizado na maçã, ou no caminho mais comprido, no divertir-se, nas borboletas e margaridinhas, longe de ser aleatoriamente projetado pela enunciação, constitui-se da força ideológica da imposição do medo, do esfacelamento do *eu* diante do outro, da confirmação do *status quo*, do pavor à mudança. Nesse sentido, o conto recupera tematicamente o mito.

:: Produção de texto II

:: Ensaio teórico-analítico
:: Mito da queda: a relevância da sanção

Tome o capítulo 3 do livro do Gênesis, da Bíblia Sagrada (v.1-19), *A queda do homem*. Observe a organização narrativa do texto para enfatizar como e por que se dá a sanção do sujeito. Pense que o tema da queda do homem é figurativizado numa narração ancorada nos atores: Deus, Eva, Adão, serpente. Esses atores são sustentados, todos eles e cada qual a seu modo, por papéis narrativos, como o do destinador-manipulador, o do destinatário-manipulado, o do sujeito da ação, o do destinador-julgador.

Considere a oposição fundamental *natureza vs. cultura*, sendo aquela do domínio das pulsões individuais e, esta, do domínio das coerções sociais. Examine o trânsito de Adão e Eva pelos polos da oposição citada e pelo desdobramento das relações no quadrado fundamental. Atente para o entendimento, acompanhado da vergonha da própria nudez, que passou a constituir tais atores. Assim será identificado o destino dado a eles, segundo o movimento do sentido do nível fundamental. Verifique, portanto, se, com a queda, tais sujeitos se confirmam como do âmbito da *natureza* (estado natural) ou como do âmbito da *cultura* (estado de coerção social).

Relacione o polo selecionado do nível fundamental com o *dever obedecer* (prescrição), que supõe o *dever não transgredir* (interdição), fundamentos do contrato de confiança estabelecido entre Deus e o homem instalado no paraíso. Recorra à performance de ruptura, base da noção de pecado e do sentimento de culpa. Verifique como a prescrição e a interdição dadas no enunciado para Adão e Eva se sustentam na enunciação (para o leitor).

Consolide, por fim, tal passagem bíblica, como uma narrativa mítica, dando destaque à função aliviadora que ela possibilita. O mito da queda explica a origem do homem, dando sentido aos limites humanos, como sofrer, adoecer e morrer.

Após encarar finalmente o mito, tal como está apresentado nas citações que seguem, reflita, para concluir, na viabilização de outro alívio contido na sanção dada a Adão e Eva: a esperança de anular essa primeira queda, com a qual o discurso religioso cristão acena.[26]

> O mito é
> indispensável a qualquer cultura;
> acompanhamento constante da fé viva, que precisa de milagres;

acompanhamento constante da norma moral, que exige sanção;
a representação generalizada de fatos que recorrem com uniformidade na
vida dos homens: nascimento e morte, luta contra a fome e as forças da
natureza, derrota e vitória, relacionamento entre os sexos;
a representação embelezada, corrigida e aperfeiçoada, expressando assim
as aspirações a que a situação real dá origem.

:: Notas

[1] *Outdoor* exposto na rua Heitor Penteado, cidade de São Paulo, no dia 21 de outubro de 2004, época de inscrição para vestibular. Optou-se aqui por omitir o nome da faculdade anunciante.

[2] Esta lição toma como *corpus* de análise o discurso religioso, no recorte cristão e católico.

[3] *Catecismo* é tomado na acepção de texto que se apresenta como "um conjunto de instruções sobre os principais dogmas e preceitos de doutrina religiosa, especialmente a cristã" (Antônio Houaiss, Dicionário Houaiss da língua portuguesa, Rio de Janeiro, Objetiva, 2001).

[4] O Catecismo da Igreja Católica, "redigido depois do Concílio Vaticano II", como consta da apresentação, denominado *Fidei depositum* (Depósito da Fé), foi aprovado e autorizado para publicação pelo Papa João Paulo II, no dia 11 de outubro de 1992. No Brasil, foi publicado pouco tempo depois (São Paulo, Vozes/Paulinas/Loyola/Ave Maria, 1993, pp. 10-1).

[5] Idem, p. 8.

[6] O prefácio, colocado no início de uma obra, supõe comentários condensados sobre a própria obra.

[7] Artigo 5, em O Catecismo da Igreja Católica, op. cit., p. 512.

[8] CDF, instr. "Donum vitae", instr.5. (Observações: 1. CDF significa *Congregação da Doutrina da Fé*. É uma instituição do Vaticano que examina todas as questões relativas à fé, cuidando da exatidão das formulações no assunto. Possui um cardeal à frente. 2. A nota de rodapé é reprodução da citação feita no próprio catecismo, respeitada, entretanto, a numeração corrida desta lição. Esse procedimento se repete em outras citações da mesma natureza, aqui transcritas.)

[9] O Catecismo da Igreja Católica, op. cit., pp.515-6

[10] Cf. CDF, instr. "Donum vitae" 1,1.

[11] Didaqué [catecismo cristão escrito entre 60 e 90 d.C] 2, 2; cf. Barnabé, ep. 19,5 [Epístola de São Barnabé]; Epist. a Diogneto 5,5; Tertuliano [um dos apologetas], apol 9.

[12] GS [*Gaudium et Spes* – Alegria e esperança – Constituição Pastoral, Concílio Vaticano II).

[13] CIC [Codex Iuris Canonici – Código de Direito Canônico], cân. 1398. (A expressão latina significa "de sentença plena".)

[14] CIC, cân. 1314.

[15] Cf. CIC, cân. 1323-1324.

[16] Cf. José Luiz Fiorin, As astúcias da enunciação, São Paulo, Ática, 1996, pp. 150-1: "O presente [omnitemporal ou gnômico] é utilizado para enunciar verdades eternas ou que se pretendem como tais. Por isso é a forma mais utilizada pela ciência, pela religião, pela sabedoria popular (máximas e provérbios)."

[17] As expressões entre aspas são apresentadas como citações do documento pontifício *Gaudium et Spes*.

[18] http://www.tribuna.inf.br/anteriores/2004/julho/05/coluna.asp?coluna=opinião

[19] Mikhail Bakhtin, Marxismo e filosofia da linguagem, São Paulo, Hucitec, 1988, pp. 31-8.

[20] *Chapeuzinho Vermelho*, recuperado da tradição oral por Charles Perrault, no século XVII. (O resumo foi feito especialmente para esta lição.)

[21] S = sujeito; ∧ = conjunção; v = disjunção; Ov = objeto de valor.

[22] Tais demonstrações da organização narrativa dos textos se apoiam em duas obras-chave, que divulgam os fundamentos teóricos da semiótica narrativa e discursiva. Estas são as obras que, de autoria de Diana Luz Pessoa de Barros, permitem o aprofundamento das noções aqui apresentadas: Teoria do discurso: fundamentos semióticos, 3. ed., São Paulo, Humanitas /FFLCH/USP, 2002; Teoria semiótica do texto. São Paulo, Ática, 1990.

[23] Esse estudo comparativo *mito/conto maravilhoso* encontra-se desenvolvido na obra de Norma Discini, *Intertextualidade e conto maravilhoso*, 2. ed., São Paulo, Humanitas / FFLCH/USP, 2004. A descrição aqui registrada reproduz parcialmente a análise do conto *Chapeuzinho Vermelho*, de Perrault, relacionado às variantes intertextuais: *Fita verde no cabelo*, de Guimarães Rosa; *Chapeuzinho Vermelho e o lobo torturador*, de Alberto Berquó; *Chapeuzinho Amarelo*, de Chico Buarque.

[24] Bíblia Sagrada, Gênesis 3, 1-19

[25] Bíblia de Estudo de Genebra, São Paulo, Cultura Cristã, Sociedade Bíblica do Brasil, 1999, p. 13.

[26] As citações sobre o mito foram extraídas de Nicola Abbagnano, Dicionário de filosofia, São Paulo, Martins Fontes, 1998, p. 675. Optou-se por recortar a terceira entre as concepções dadas do mito, aquela tida como da "moderna teoria sociológica", da qual desponta o pensamento de Lévi-Strauss.

:: Lição 8

:: Tematização e figurativização

Fonte: *Folha de S.Paulo*, 04.04.2004, p. E12.

270 :: A comunicação nos textos

TEMAS E FIGURAS
· A charge é um texto cujo plano da expressão junta o verbal com o visual para veicular um conteúdo.

· Do conteúdo pode ser depreendido o percurso gerativo do sentido, tripartido em níveis: profundo, narrativo e discursivo.

· O nível discursivo, examinado na dimensão semântica, apresenta temas e figuras.

· Temas reconstroem o mundo, dado como representação conceitual e simbólica: o mundo visto como um enunciado construído pelo próprio homem; o mundo feito de discursos e no discurso.

· Os temas subentendem categorizações de mundo, que geram conceitos por meio de oposições (*x vs. y*).

· Os temas sustentam conceitualmente as figuras. Por isso as figuras reproduzem a categorização estabelecida pelos temas. Exemplo extraído da charge de Maitena: o conceito de *gosto fino e raro*, depreendido da *griffe* LV (Louis Vuitton), figura visual estampada na bolsa de uma das mulheres, é gerado pelo fato de ele se opor a outro conceito, o de *gosto grosseiro e vulgar*. Temos aí a avaliação positiva do gosto do luxo e avaliação negativa do gosto da simplicidade, segundo julgamentos sociais.

· Ainda da charge de Maitena:

a figura do *marido bom*, que significa por oposição à figura do *marido ruim*, apresenta o conceito de *marido bom* associado àquele que dá ricos presentes e *marido ruim*, associado àquele que não dá ricos presentes;

esposa-rainha, associada àquela que recebe ricos presentes do marido, significa por oposição à *esposa comum,* associada àquela que não recebe ricos presentes do marido.

· Os temas:

apresentam-se como conceitos, que recortam simbolicamente a realidade;

reconstroem o mundo, sob a interpretação de um sujeito submetido ao ideário de formações sociais;

lexicalizam-se por meio de um grau maior de abstração, se comparados às figuras;

são investidos, pela enunciação, de valor eufórico ou disfórico, consolidando visões de mundo.

· A charge

O enunciado – o ponto de vista sobre o mundo, dado pelos atores do enunciado

Temas:

a felicidade proprocionada pelo dinheiro;

a "tesauridade" como traço definitório de maridos "generosos";[1]

o requinte do gosto do luxo;

a realização da mulher em decorrência de agrados concedidos;

a intimidade partilhada entre amigas;

as conquistas amorosas.

· A relação *enunciado/enunciação* – o ponto de vista contrário da enunciação em relação ao enunciado; a crítica feita pelo enunciador em relação aos valores assumidos pelos atores do enunciado

Temas (valorizados negativamente pela enunciação):

a importância obsessiva dada a bens materiais;

a naturalização de papéis sociais estereotipados (homem sustenta mulher);

a dependência de determinadas mulheres em relação aos homens;

a superficialidade das aspirações femininas em determinados segmentos sociais;

a venalidade, que assujeita o sujeito;

o interesse, que corrompe relações interpessoais;

a sujeição aos prazeres do consumo;

a importância do poder econômico como base de prestígio pessoal e social;

a imposição do "alto astral" como regra de vida;

o fetichismo do gosto do luxo;

a alienação do sujeito diante de contradições.

· As figuras se distinguem dos temas devido ao maior grau de concretude: *tesouro; tratar como rainha; te diria; marido; patrocinador* remetem ao mundo natural. Figuras são unidades semânticas que acionam a percepção tátil, auditiva, olfativa, visual, do sujeito.

· Há discursos predominantemente temáticos, como uma definição filosófica sobre a vaidade.

· Há discursos predominantemente figurativos, como a charge apresentada.

· A charge é um discurso predominantemente figurativo, já que os temas se concretizam nas falas do interlocutor (esposa-rainha) e do interlocutário (amiga que assente, ao sorrir), em sincretismo com figuras visuais.

:: Figuras visuais

· Entre as figuras visuais sustentadas conceitualmente pela exacerbação eufórica do gosto do luxo, citam-se: as luvas usadas pela interlocutora; o desenho da reunião de duas letras *c*, uma das quais em posição invertida, resultando em ꓛc, homologado, por sua vez, à sigla Coco Chanel (*griffe* internacional) sobreposta à camiseta de uma das mulheres; os óculos chamativos; a bolsa LV (Louis Vuitton), outra *griffe* internacional.

· Entre as figuras visuais sustentadas pelo tema do "alto astral" obrigatório, citam-se: o sorriso largo desenhado para a expressão facial de ambas as protagonistas; o gesto da mão e dos dedos, na orientação de verticalidade para o alto, representando o entusiasmo da interlocutora.

:: Redefinição semântica de temas e figuras

· As figuras sofrem uma redefinição semântica segundo diferentes pontos de vista.

· Figuras como *tesouro, patrocinador* (tesouro, porque patrocinador), euforizadas na voz da mulher como grandes virtudes do marido, são redefinidas como vício pela enunciação da charge.

· A acepção mercadológica e empresarial, própria ao léxico *patrocinador*, é repugnada pela enunciação da charge. O enunciador repudia e faz repudiar, pela crítica irônica, o conceito de *patrocinador*, aliado ao conceito de bom marido.

· *Tesouro* e *patrocinador*, figuras representativas da avaliação eufórica feita no enunciado pela mulher em relação ao marido, são redefinidas pejorativamente pela enunciação. As mesmas figuras, *tesouro e patrocinador*, dadas como atributo elogioso, são ressemantizadas para a interpretação do marido como um perverso social.

· *Marido-tesouro*, se fosse figura articulada a temas como *solidariedade na adversidade*, seria elemento de construção de outro mundo feito discurso;

· Mobilização conceitual e ressemantização figurativa promovidas pelo discurso constituem o fundamento ideológico do próprio discurso.

:: Ironia e bi-isotopia

· Na charge, devido à ironia, o que o enunciado afirma, a enunciação nega: *marido tesouro, concebido como patrocinador do gosto do luxo* é negado pela enunciação. Louis Vuitton e Coco Chanel, figuras emblemáticas do refinamento, que alia o gosto do luxo ao bom gosto e, portanto, o gosto da simplicidade ao mau gosto, são negados pela enunciação. A inscrição numa das bolsas confirma essa negação: Louis Vuitton não é mais Louis Vuitton, metamorfoseia-se em Mosquito.

· A ironia produz figuras bi-isotópicas, com dupla leitura. A bi-isotopia (dupla leitura) de figuras, como no caso da charge, relativiza o que é afirmado no enunciado.

· O sujeito da enunciação da charge usa argumentativamente os atores do enunciado para fazer crer na crítica social.

· Os temas dados como ponto de vista dos atores do enunciado são invertidos à luz da derrisão irônica, que os toma como alvo:

> a tesauridade dos maridos "generosos";
> a gratidão pelo requinte material proporcionado por outrem;
> a realização da mulher no casamento, como decorrência dos agrados de luxo concedidos pelo marido;
> a intimidade partilhada entre amigas na confidência sobre "conquistas amorosas".

:: Leitura do texto[2]

BIG BROTHER: transatlântico da mediocridade

Já faz algum tempo que a maré está muito baixa e o tempo é sombrio. No meio do gigantesco lodaçal que se forma, vários barcos, vaporetos, navios e barcaças estão encalhados, sem a menor possibilidade de chegar a qualquer porto seguro. No meio desse verdadeiro jardim de sucatas marinhas jaz reluzente um enorme transatlântico tripulado por poucos, mas com milhões de passageiros a bordo. O enorme estaleiro natural formado pelo lodo que detém as embarcações é a nossa malfadada programação televisiva, e o transatlântico em questão, um bólido que representa a nossa própria sociedade de consumo, leva no casco três letras: BBB, ou *Big Brother Brasil*. Quase caio no trocadilho mais fácil que se apresenta nas circunstâncias e chamo *Big Brother Brasil* de *Big Bosta Brasil*. Mas isso não combinaria nem com o bom gosto literário do apresentador Mr. Bial e seria uma grosseria com os companheiros que fazem *Caros Amigos*; sempre cuidadosos com a elegância que deve permear um bom texto. Mas por que essas minhas mãos quarentonas calejadas de tantos teclados não resistem ao trocadilho e teimam com o nome *Big Bosta*? Ora, senhores e senhoras leitores a quem devo satisfações, não resisto ao trocadilho, pois nesse meu vocabulário limitado não encontro outras palavras para definir o zoológico humano onde se confinam espécies limítrofes da raça em busca de celebridade instantânea ou de sacos de moedas que lhes abasteçam a mediocridade e o consumismo pelos anos vindouros. Não encontro outra forma mais sutil para protestar contra o repugnante desfile de gente sem ética, sem educação, sem modos, sem vocabulário, sem humanismo, sem elegância, sem leitura e sem higiene que mostra sua torpeza e falta de princípios a cada nova safra do programa que já rendeu quatro edições. A julgar pela qualidade e densidade dos vencedores, vê-se que BBB é uma tosca gincana que leva anônimos do zero à fama e enterra as âncoras no fétido lodo ao qual me referi acima. É bom lembrar que tudo isso é feito com alarde pela emissora que promove a tranqueira e é acompanhado pelos milhões de passageiros *voyeurs*, que jogam amendoim para os semelhantes confinados, sonhando em, talvez, tomar parte dessa patuscada. Me recuso a crer que a boa aceitação do público ao formato, que o beneplácito e a condescendência da crítica (??) ao BBB sejam sinais de normalidade. Aceitar essa aberração patética sem protestar, ver nessa gente marombada no corpo e raquítica na mente exemplo do que quer que seja me parece, isso sim, um mau sinal. Algo vai muito mal e não nos dá mos conta. Os críticos (???) que enxergam no programa um novo formato televisivo ou uma válvula de escape social nessa droga podem sair em defesa da Rede Globo (como na maioria das vezes fazem) dizendo que o formato não é deles, mas da tal Endemol holandesa. Podem dizer também que essa aberração não existe só no Brasil, mas em muitos países do mundo. Como se isso justificasse que no nosso enorme jardim de sucatas televisivas devêssemos aceitar esse transatlântico como parte da paisagem porque em outros lugares do mundo ele também existe. Em suma, haverá sempre alguém de dedo em riste para dizer que nós que execramos *Big Brother* somos defasados, antiquados, saudosos do tempo da delicadeza perdida.

Sim, sim, sim... devemos aceitar com naturalidade os arrivistas, carreiristas, individualistas, os ignorantes e alienados, as patricinhas argentinas e os *pit bulls* gaúchos e toda uma seleção de participantes que parece ter como ponto em comum e pré-requisito básico a ambição desmesurada, o desejo de chegar ao pódio, ao holofote, ao estrelato custe o que custar. Essa não é a terra de Marlboro. Essa é a terra de ninguém, ou melhor, a casa de ninguém. Nesse caso, prefiro *A Casa dos Artistas* do Sílvio Santos, que, de tão brega e fajuta que era, tinha um imenso potencial humorístico embutido. O negócio tá tão feio, que até o festejado Boni – agora elevado à condição de santo –, um dos inventores do padrão Globo de qualidade, acha que *Big Brother* é osso duro de roer. A névoa baixa, o lodo cresce e o vento não sopra. Pouquíssimas naus conseguem se mover em direções seguras, criativas ou inusitadas nesse triste mar da televisão brasileira. E, enquanto os críticos brincam de professor Raimundo, dando notinhas para os programas, zoológicos bizarros como o *BBB* abrem-se aos olhos da multidão. Poucos cães ladram contra. E a caravana da mediocridade passa, passa, vai passando e vai ficando como se todos nós devêssemos achar uma enorme graça e sentir orgulho de nossa própria burrice. Já fomos orgulhosos de qualidades mais edificantes.[3]

:: Manipulação e isotopia

A manipulação entre enunciador e enunciatário diz respeito à narratividade da enunciação.

1. Depreende-se do texto um enunciador que, como destinador de valores, manipula o enunciatário-leitor, o destinatário, para que este *queira* e *deva* entrar em conjunção com um objeto dado como desejável, a *lucidez crítica*.

   a) Identifique figuras que concretizam o tema no título.

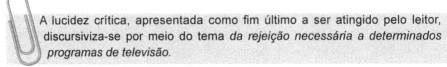

A lucidez crítica, apresentada como fim último a ser atingido pelo leitor, discursiviza-se por meio do tema *da rejeição necessária a determinados programas de televisão*.

   b) Responda a esta pergunta: *Sob a perspectiva da Análise do Discurso, quem é Ricardo Soares, o autor que assina a crítica?*
   Além da informação solicitada e para definir o mesmo sujeito, acrescente observações que dizem respeito:

à programação de TV idealizada pela enunciação;
à imagem da programação de TV idealizada, relacionada, tal imagem, com a avaliação feita em relação ao *BBB*. Concentre-se no terceiro parágrafo.

Ricardo Soares, o autor.
a) Não é considerado o autor real, biográfico, Ricardo Soares, indivíduo "de carne e osso", que assina a crítica, mas o sujeito da enunciação.
b) O sujeito da enunciação é um efeito de sujeito, construído no enunciado, pelo modo de dizer, depreensível do próprio dito.
c) Os autores de programas de televisão, bem como as próprias Redes de TV, são todos examinados não como entidades do mundo real, mas como referencial construído pelo discurso.
d) A semiótica cuida do que é dado na relação entre plano da expressão e plano do conteúdo dos textos, por isso a análise não busca o ser em si, mas o ser dado como construção discursiva.

2. Considere, na crítica ao *BBB*, a isotopia figurativa das *coisas marítimas*.
a) Identifique, nessa isotopia, figuras encadeadas em percursos, para representar o programa de TV, *BBB*, e as programações televisivas em geral. Concentre-se no primeiro parágrafo.
b) Explique como a crítica evolui, ao longo do texto, da isotopia das coisas marítimas para a isotopia zoológica.
c) Explique por que a crítica é considerada um texto predominantemente temático.

:: Isotopia

Isotopia é a reiteração, num discurso, dos mesmos traços semânticos, o que sustenta a coerência temática e figurativa.
A isotopia funda a homogeneidade de leitura.

:: Texto predominantemente temático

O texto será predominantemente temático:
se selecionar um modo de dizer que apresenta a categorização do mundo como prioridade;
se não se circunscrever a concretizações figurativas;
se comentar, analisar, discutir dados da realidade;
se esparsamente se utilizar de figuras, para fazer crer nos próprios argumentos.
Na crítica apresentada, temos exemplos de:
segmento predominantemente temático: *Aceitar essa aberração patética sem protestar [...] me parece um mau sinal.*

uso de figuras:
apresentador Mr. Bial; companheiros que fazem Caros Amigos; o lodo cresce; o vento não sopra.

3. *O enorme estaleiro natural formado pelo lodo que detém as embarcações é a nossa malfadada programação televisiva* (§1).

   a) Identifique como se salta de uma leitura (isotopia) para outra, destacando o elemento desencadeador da segunda leitura (segunda isotopia).

Observe a associação *estaleiro natural/ programação televisiva.*
Considere a leitura uma homogeneidade semântica (repetição dos mesmos traços semânticos) depreendida pelo leitor.
Passa-se de uma isotopia (uma leitura) a outra, por meio de indicações dadas pelo próprio texto, que passa a ser bi-isotópico (passa a apresentar duas leituras). O elemento que desencadeia uma segunda leitura chama-se desencadeador de isotopia.
Exemplo: Uma tira de história em quadrinhos, de Adão Iturrusgarai (*Folha de S.Paulo*, 15.10.2004, p. E19).

LA VIE EN ROSE - Adão Iturrusgarai

Até o segundo quadro, instaura-se a isotopia temática *da insegurança do cidadão, diante de um Estado* que não se impõe, tomando para *Estado* a acepção de poder institucionalizado, de Estado de direito, em que a lei impera.
O último quadrinho:
   é elemento desencadeador da segunda isotopia;
   obriga a releitura do texto todo.
Na segunda leitura:
   a primeira fala passa a apresentar um lamento diante de uma ruptura de contrato de confiança, não mais entre o poder oficial constituído e o cidadão, mas entre organizações criminosas e o cidadão;
   a segunda fala passa a apresentar para *Estado* a acepção de Estado paralelo, sob o comando do crime organizado;
   fica construído o efeito de humor.

b) Comente a importância da dupla leitura, da bi-isotopia, para fazer crer no tema proposto.

4. O título, *Big Brother: transatlântico da mediocridade*, antecipa a leitura metafórica de todo o texto. Explique, destacando a intersecção de sentido.

> Intersecção é o traço de sentido comum entre duas figuras. Exemplo: "Poucos cães ladram contra [o *BBB*]" (§7). Cães ladram. Críticos criticam. Segundo o provérbio, *os cães ladram enquanto a caravana passa*. Os cães fazem alarde, mas não impedem a passagem da caravana. Os críticos fazem alarde, mas não impedem que coisas ruins sejam produzidas. Críticos e cães se reúnem sob um traço comum: aquele que faz alarde, muitas vezes em vão. Cães deixam de ser apenas cães. Passam a ser uma metáfora pejorativa usada para desqualificar os críticos de TV.

:: Temas, figuras e *ethos*

5. Explique como o querer fazer ver do enunciador se relaciona com a falta instituída para o leitor.

Comente:
o "estado de alma" (paixão) provocado no leitor-telespectador;
o *ethos* crítico, fundamentado em certa tensividade do dizer.

> Pelo modo de dizer, depreende-se um sujeito com corpo, voz, tom de voz, caráter, um *ethos*, enfim.
>
> "ESTADO DE ALMA"
>
> "Estado de alma", visto como paixão, é considerado construção do discurso. Um sujeito, para se constituir passionalmente, altera-se de acordo com combinações de quereres, poderes e saberes. Exemplo:
> a paixão da satisfação supõe: saber poder ser / querer ser (segundo os ideais propostos);
> a paixão da insatisfação supõe: saber não poder ser / querer ser (segundo os ideais propostos).
>
> :: Tensividade
>
> A tensividade (tensão/relaxamento) do dizer pode ser demonstrada a partir da relação *retensivo* (tensão) / *distensivo* (relaxamento).[4]

6. *No meio do gigantesco lodaçal... Espécies limítrofes da raça... Repugnante desfile de gente sem ética, sem educação, sem modos, sem vocabulário, sem humanismo, sem elegância, sem leitura e sem higiene... Tosca gincana... Fétido lodo... Aberração patética...*

a) Comente o uso:
de adjetivos, segundo a carga de subjetividade (justifique);
do paralelismo, segundo a recorrência de termos com a mesma função sintática (exemplique).
b) Relacione o uso desses recursos com um modo próprio de ser crítico.

7. Observe como a isotopia *do demérito dos atores do* BBB, firmada nos primeiros parágafos, consolida-se por meio de figuras dadas no quarto e sexto parágrafos.

8. Identifique a direção do olhar do sujeito da enunciação, pensando na topologia *alto/baixo* e respectiva euforização/disforização.

> · Da maneira de construir o fato criticado, depreende-se um modo próprio de olhar para o mesmo fato.
> · A categoria *alto/baixo* e respectivo investimento de euforia ou disforia caracteriza o olhar como o que pode:
> partir de uma superioridade eufórica, em direção de uma inferioridade disfórica;
> partir de uma inferioridade disfórica, em direção de uma superioridade eufórica.
> · Exemplos:
> Num metadiscurso crítico, o alvo pode ser o baixo disforizado.
> Numa oração religiosa de súplica, o alvo pode ser o alto euforizado.[5]

9. *Me recuso a crer.*
A Casa dos Artistas do Sílvio Santos (...) de tão brega e fajuta que era...
O negócio tá tão feio...
Explique o uso de determinada variante linguística, em função do suporte, revista semanal *Caros Amigos*.

Variante linguística

Variantes linguísticas são as diversas formas de expressão usadas pelos falantes de uma mesma língua, para dizer a mesma coisa.
As variantes se diversificam de acordo com a divisão da sociedade em grupos diversos, os quais supõem diversas comunidades de falantes. Exemplo: O *r* de *porta, carta*, é pronunciado de maneira diferente pelos cariocas e pelos paulistas.

Variantes estigmatizadas

Determinadas variantes costumam ser estigmatizadas, como o *r* retroflexo (língua dobrada para trás) da pronúncia dita caipira, em palavras como *carta, morte*.

Exemplo citado por Sírio Possenti: "Ronaldinho, o jogador de futebol, declarou, quando seu filho estava para nascer, que um dia vai morar no Rio para que seu filho não fale com sotaque paulista – especialmente o *r* caipira. Prefere o *r* carioca."[6]
A variante linguística de maior prestígio é a da norma culta.
A norma culta apresentará alterações, se usada em situação de formalidade ou de informalidade.

Olhar prescritivo

O olhar prescritivo e normativo sobre o uso da língua preocupa-se prioritariamente em discriminar erros e acertos.
Um exemplo de "erro" é começar frases com pronome oblíquo: *Me dá um cigarro.*

Revista Caros Amigos

A revista semanal *Caros Amigos*, na edição consultada (edição de aniversário, sete anos) faz, na página de rosto, a autoapresentação com uma remissão à capa, enfatizando Zé Celso Martinez Corrêa, figura emblemática do teatro brasileiro. A entrevista "explosiva" com o artista, tal como foi anunciada na própria capa, é carro-chefe dessa edição. Segue a autoapresentação da revista no seu aniversário de sete anos.

Às vacas gordas, pois

Foram-se sete anos, os anos das vacas magras, mas enfim atravessamos e vamos confiantes – se a Bíblia tem razão – aos próximos sete.

Comemoramos com dois meninos na capa, um de 7 e outro de 67 anos. Gabriel, nossa figura-símbolo, e Zé Celso, cheio de vigor e alegria em sua luta permanente em favor da cultura.

Para ele, "a arma para combater a violência, a pobreza, a desigualdade é a cultura". Só que ele pretende convencer disso o poderoso Sílvio Santos, tarefa ingrata, mais ou menos parecida com a de *Caros Amigos* em relação aos poderosos empresários e agências de propaganda ao longo desses sete anos. Porque uma revista – assim como qualquer veículo de comunicação – que não seja sustentada por alguma instituição ou algum mecenas depende principalmente de anúncios, é a regra do jogo. A nossa venda em bancas e de assinaturas, como acontece com todas as revistas, não cobre os custos.

Mas, como Zé Celso, acreditamos no que estamos fazendo, esperamos que se confirme a chegada das vacas gordas, e vamos torcer pela vitória dele, Zé Celso, em sua luta contra o Baú da Felicidade.

Não é fácil, mas às vezes os pequenos vencem."

10. Identifique o *ethos* depreensível da crítica, como de justa medida ou hiperbólico.

Relacione tal *ethos* com:
o tom hesitante ou convicto de voz;
a imagem do sujeito como a do suspeitoso ou a do denunciador.
Relacione a imagem do sujeito com o tratamento bi-isotópico dado às figuras.

> O sujeito:
> crê não poder saber: suspeitoso (faz suspeitar e se sustenta na dúvida);
> crê poder saber: denunciante (faz denunciar e se sustenta na certeza).

11. Comente a relação construída com outros críticos. Apoie-se na noção de um *antiethos*, um *ethos* antagônico. Observe o uso:
das figuras dos atores em confronto (§5);
de sinais de pontuação (§4, §5).
Destaque a réplica.

12. Explique como o modo de avaliar o ator do enunciado, os participantes do *BBB*, constrói, para o enunciador, o simulacro da (im)permeabilidade crítica. Relacione com o tom alto (ou baixo) da voz, dada como mais (ou menos) complacente no ato de julgar.
Destaque a importância:
a) do efeito de subjetividade, dado pela marcas da enunciação no enunciado,
b) da imagem do sujeito, relacionada com o efeito de: certeza; incerteza; comprometimento; indiferença; competência; incompetência; verossimilhança; inverossimilhança.

> crer dever ser = certeza
> não crer dever ser = incerteza
> crer poder fazer = competência
> não crer poder fazer = incompetência
> crer dever fazer = comprometimento
> não crer dever fazer = indiferença
> crer poder ser = verossímil
> não crer poder ser = inverossímil

13. Comente o emprego da preterição, ao longo do segundo parágrafo, e a progressão, efetuada no parágrafo seguinte. Faça a relação com a consolidação do tema.

> Preterição é um recurso discursivo segundo o qual o enunciador simula não querer dizer o que disse. Exemplo: "Eu não quero falar mal de meu sobrinho, mas de que ele tem habilidade para falsear verdades íntimas, não há dúvida."

14. Comente o modo ideal de ser, proposto ao leitor da própria crítica, como a negação dos atores do BBB. Pense em valores dados como desejáveis e indispensáveis. Identifique tais valores, em função:
    da negação dos atores do BBB;
    do querer e do dever ser do leitor-telespectador.

> Valores desejáveis: o sujeito quer ser segundo eles.
> Valores indispensáveis: o sujeito deve ser segundo eles.

15. Reflita sobre a relação da crítica com a formação de opinião.[7]
Pense na manipulação do sujeito-leitor, levado a querer e a dever fazer algo. Pense também na competência do leitor, levado a adquirir um poder e um saber.

:: Produção de texto I

:: Criação de uma "narração-relâmpago"

:: Bi-isotopia: uma historinha engraçada

Construa uma narração-relâmpago. Nela, os episódios serão dados: a) com apenas dois atores; b) num único espaço interno a uma casa. O tempo será um presente, concomitante à fala dos interculotores. Sua narração será organizada tão somente por meio de um diálogo entre dois personagens (os interlocutores).

Será, portanto, um texto predominantemente figurativo, com personagens-atores que "abrem a boca e falam", num espaço e tempo determinado.

O efeito de humor: a) trará desestabilização para a estereotipia dos julgamentos sociais; b) será dado pela bi-isotopia.

Determinados temas e figuras constituirão, portanto, uma expectativa de sentido, negada em seguida. Na última fala de um dos atores será desencadeada a segunda leitura. Uma expressão, dita pela personagem, constituirá então um desencadeador de isotopia.

Se for considerado oportuno, junte o verbal com o visual numa tira de história em quadrinhos, tal como o exemplo que segue (*Folha de S.Paulo*, 23.08.2004, p. E7).[8]

LA VIE EN ROSE - Adão Iturrusgarai

Para subsidiar a construção do efeito de humor no texto a ser construído, examine um pouco mais a tira dada como exemplo. Observe que, nessa tira, o humor se deu por meio:

· da expressão *esta noite,* desencadeadora de uma segunda isotopia;

· da cor alterada do rosto do homem, no último quadrinho, acompanhada do olhar que se volta para o vazio, na manifestação de espanto da personagem;

· da expressão corporal e facial da interlocutora, que visualmente confirma a espontaneidade do dizer verbal: boca com arqueamento para cima, em sorriso largo, braços cruzados por trás da nuca, configurando o corpo relaxado, visualizações estas que contradizem a ansiedade e a culpa, geradas pela punição e pela autopunição, compatíveis com determinada formação ideológica;

· do tema da desenfreada troca de parceiro sexual;

· da discursivização de um comportamento tido como aberração, por determinados segmentos da população;

· da desestabilização da estereotipia dos papéis sociais (é a mulher e não o homem o sujeito da ação tida como "promíscua" por determinada valoração social);

· da inadequação entre a figura da mulher dada na primeira e na segunda leitura (uma mulher "sincera, honesta", que confessa já ter tido outro homem em algum momento da vida – primeira leitura; uma mulher "atrevida, destrambelhada", que confessa ter tido outro homem na mesma noite – segunda leitura);

· da superposição de temas contraditórios: a confissão de um comportamento previsto e aceito socialmente (ter tido um dia um outro parceiro) *vs.* a confissão de um comportamento não previsto e não aceito socialmente (ter tido mais de um parceiro na mesma noite);

· da relativização dos valores culturais, prática fundante do riso.

:: Teoria

:: Tematização e figurativização

:: Competência simbólica

O percurso do sujeito no mundo supõe uma consciência individual, que é social, já que construída por meio da interação com o *outro*. Eis a intersubjetividade, que é dada simbólica, polêmica e não linearmente. A intersubjetividade, que é o simulacro construído entre sujeitos, é dada simbolicamente, já que o próprio sujeito é construção *da* linguagem e feita *na* linguagem, atributo humano com poder simbólico por excelência. A intersubjetividade é dada polemicamente, já que são as diferenças em relação à alteridade que fundam a noção de identidade, estando tais diferenças radicadas em semelhanças. A intersubjetividade é dada não linearmente, já que não há irreversibilidade, transparência e relação de causa/efeito na construção dos próprios simulacros intersubjetivos: o que eu penso de ti; o que tu pensas de mim; o que tu pensas que penso de ti; o que eu penso que tu pensa de mim, considerados *eu* e *tu*, cada qual, como efeito de sujeito, cada qual como um feixe de aspirações e crenças sociais, cada qual como um indivíduo construído discursivamente.

O embate de inter(in)compreensões, inerente ao (con)viver, compreende a assimilação lenta, gradual e inconsciente de simulacros, que são imagens ditadas pela crença. Essas imagens, que governam o sujeito, são resultantes de diferentes modos de pensar o mundo. Essas imagens respondem a interesses de grupos sociais postos em confronto. De acordo com o momento histórico e social e de acordo com aspirações sociais, são criados os pontos de vista que, subsidiados pelo imaginário social, passam a ser assimilados como naturais e omnitemporais.

Os diferentes modos de pensar o mundo, fundamentados em categorizações classificatórias e resultantes da percepção humana, constroem conceitualmente o própro mundo. Tal construção de mundo não se dá, por sua vez, de maneira aleatória e caótica, pois é apoiada em representações, interpretações e julgamentos acerca do que parece que há, obedecendo a uma organização firmada em recorrências interpretativas. Tal construção de mundo remete então a uma rede conceitual de relações imanentes, a uma estrutura conceitual, a que se dá o nome de formação ideológica. A formação ideológica dita, ao aprendiz social, o que pensar, ao se materializar por meio de formações discursivas, estas que reúnem temas e figuras encadeados nos textos.

:: Temas, figuras e *ethos*

A formação discursiva supõe a escolha de temas, que reproduzem conceitos dados por meio de categorizações; supõe também figuras, representantes de elementos do mundo natural. Temas e figuras, observados como componentes da semânatica discursiva, reproduzem nos textos o imaginário social. Descrever mecanismos imanentes de construção do sentido supõe, entretanto, não apenas identificar temas e figuras, mas examinar o modo próprio de tratar temas e figuras, fundante de um modo próprio de presença no mundo, para o sujeito, o que confirma o *ethos*.

Descrever o *ethos* é examinar moralizações dadas discursivamente; é recuperar o sujeito no exame da relação do enunciado com a enunciação; é dar atenção a um sujeito não construído previamente ao discurso, mas dado pelo modo de dizer. Descrever o *ethos* é viabilizar a identificação dos temas e figuras do discurso, em função de valorizações de valores, próprias a determinadas formações sociais, que orientam o modo de presença do sujeito no mundo.

O discurso do senso comum, modalizado por um crer poder ser, um crer dever ser, um crer querer ser segundo valores tidos como inquestionáveis, constitui bom exemplo para a cristalização de temas e figuras que fundamentam sistemas de preconceitos. Sustentado pelo princípio de que a realidade existe, *tal qual é*, uma realidade, portanto, sem contradições e mantida afastada da relação entre o *ser* e o *parecer,* o discurso do senso comum sedimenta, por meio da certeza, tematizações e figurativizações que, ao recortar o mundo, fazem parecer universal a verdade construída.

Transmitidos de geração a geração, determinados temas, articulados às figuras que os concretizam, constituem um campo de manipulação inconsciente. A consolidação de um tema, como, por exemplo, o da mensurabilidade do tempo, dada como não passível de questionamentos, provoca perplexidade diante de afirmações como esta: "A linguagem [...] é o que propicia ao homem a experiência temporal, na medida em que só quando o tempo é semiotizado pode o ser humano apreendê-lo e medi-lo."[9] Semiotizar o tempo é pensá-lo a partir de um momento da enunciação; é dizê-lo e, então, observá-lo como efeito de sentido do discurso. Tais noções, que supõem a não existência da divisão *passado, presente e futuro,* fora dos quadros da linguagem, contrapõem-se a um olhar que teme a dúvida e o desconhecido, como é olhar do senso comum.

Importa que temas e figuras, uma vez cristalizados, testemunham não apenas sistemas conceituais, mas também sistemas de preconceitos. Ambos os sistemas dizem respeito ao capital simbólico da própria língua, posto em xeque no discurso, que mobiliza o significado em função da ideologia. A propósito, os sistemas de preconceitos legitimam "a ideia preconcebida, anterior, portanto, ao trabalho de concepções ou conceitualizações realizado pelo pensamento", tal como o comprova Marilena Chauí, que cita os casos que seguem:[10]

> a mulher é um ser sensível, intuitivo e frágil, destinado à maternidade e à casa, o homem é um ser racional, forte, destinado ao trabalho e à vida pública, o trabalho honesto é uma virtude, mas a preguiça e o roubo são imorais e crimes, os ricos são imorais e infelizes, mas os pobres são virtuosos e felizes com o pouco que lhes foi dado (*quem tudo quer, tudo perde*), os instruídos são competentes e devem dirigir os demais no trabalho e na política, os não instruídos são incompetentes e devem ser dirigidos, só é pobre quem quer, pois há trabalho honesto para todo mundo, mas os ricos são espertalhões e sem vergonha, por isso *dize-me com quem andas e te direi quem és.*

:: A polêmica silenciada

"Certo ou errado?" Eis uma pergunta que permite o exame da tematização e da figurativização de determinados discursos, fundados numa atitude prescritiva diante de fenômenos linguísticos. Essa atitude costuma redundar em preconceitos. A propósito, tomemos a obra intitulada *Inculta e bela*, de Pasquale Cipro Neto, em cuja página de abertura é trazida a citação destes versos de Olavo Bilac:[11]

> Última flor do Lácio, inculta e bela,
> És, a um tempo, esplendor e sepultura.

A obra é coletânea de artigos semanais de Pasquale, "presença constante nas páginas da *Folha de S.Paulo*, desde novembro de 1997", segundo os próprios editores, que acrescentam, a título de apresentação:

> Seus artigos [do Prof. Pasquale] são uma eficiente ferramenta de discussão da língua portuguesa dentro do jornal. Reunidos nesta coletânea, adquirem ainda mais força. Ao longo de 61 textos curtos e diretos, este *Inculta e bela* se propõe a ser um auxílio a você, leitor, para trafegar sem tropeços pelo prazeroso e ao mesmo tempo complexo universo da língua portuguesa. Bom divertimento.

Na "orelha" da primeira capa, o escritor Carlos Heitor Cony, cronista da *Folha de S. Paulo*, discorre sobre o valor da obra, por meio de afirmações como esta:

> Seu livro [de Pasquale Cipro Neto], *Inculta e bela*, é uma homenagem ao nosso idioma naquilo que ele tem de mais comovente: a capacidade de nos fazer solidários na expressão cada vez mais correta da língua que nos torna irmãos.

Vejamos um desses artigos, intitulado *Não pude estar comparecendo*, em que o Prof. Pasquale comenta "a esquisita mania de usar o verbo *estar* seguido de outro verbo no gerúndio". Destaca o professor:

> O fato é que de repente surgiu no Brasil a esquisita mania de usar o verbo estar seguido de outro verbo no gerúndio. Essa dupla na verdade é um trio, porque sempre vem outro verbo. Algo como "o economista vai estar realizando uma série de palestras". O que já poderia ser dito com apenas um verbo ("realizará"), ou com dois ("vai realizar"), acaba se transformando numa perífrase (rodeio de palavras) enfadonha. O grande problema é que isso parece chique, tem uma cara de língua formal, culta, mas não passa de uma grande chatice.[12]

Prossegue o professor, com relatos sobre esse uso, para encerrar o artigo com o julgamento definitivo sobre tal "cacoete":

> Uma amiga telefonou para a central de atendimento a clientes de um cartão de crédito. Depois de intermináveis "a gente vai estar tentando resolver seu problema", "a senhora vai estar recebendo um extrato", "uma funcionária vai estar verificando", "a gente vai estar mandando uma cópia para a senhora", a funcionária perguntou: "A senhora pode estar enviando uma cópia do último pagamento?" Irônica, mordaz, minha amiga respondeu: "Estar enviando eu não posso, mas enviar eu posso". Inútil. Pelo que disse em seguida, parece que a funcionária não entendeu a ironia.
> Há alguns dias, um jogador do Santos deu entrevista à rádio Jovem Pan. Trata-se de rapaz letrado, bem-falante, de classe média alta, que estudou em bons colégios. Feliz com sua atuação, o jovem atleta ofereceu os gols à mãe. "Mande-lhe uma mensagem", propôs o radialista. O jogador declarou seu amor à genitora e disse: "Desculpe-me, mãe. Seu aniversário foi ontem, mas eu não pude estar comparecendo à festa".
> "Não pude estar comparecendo" é de lascar. Que tal "Não pude comparecer"? Simples e indolor, não? É isso. Cuidado com modismos linguísticos. Esse cacoete já passou da fala e já frequenta a língua escrita, com ares de coisa boa. Fuja disso!

Não é difícil identificar figuras como amiga inteligente, capaz de ironizar, que se opõe a funcionária "burra", incapaz de entender a ironia; rapaz letrado, bem-falante, de classe média alta, que frequentou bons colégios, que se opõe a rapaz não letrado, malfalante, de classe baixa, que não frequentou bons colégios; bons colégios, pagos, que se opõem a maus colégios, públicos. Também não é difícil identificar temas como: a formação especial, de ótima qualidade, dada a estudantes dos bons colégios, oposta à formação comum e falha, dada a estudantes dos maus colégios; a competência, oposta à incompetência, na dimensão intelectual, dada, aquela, como traço naturalmente constituinte do sujeito socialmente privilegiado e, esta, como traço naturalmente constituinte do sujeito sem privilégios sociais; a burrice de quem fala errado, oposta à inteligência de quem fala correto; a conspurcação da língua, que sofre um processo de degeneração junto aos maus falantes, oposta à manutenção da pureza da língua, que se mantém *culta e bela* junto aos bons falantes. Eis um sistema de preconceitos subsidiado pelo modo próprio de tratar temas e figuras.

Para além do olhar prescritivo, que engessa o uso linguístico por meio de regras ditadas pela gramática normativa, as quais estipulam o que é certo e o que é errado, tomando a modalidade escrita e não a falada como parâmetro, temos a concepção homogênea e estática da língua, que não atenta para a variação linguística, desdobramento necessário da própria divisão da sociedade em diferentes grupos, em diferentes comunidades de falantes.

O que vale é destacar no texto de Pasquale, bem como nas apresentações que o introduzem, a construção discursiva de um mundo pautado pelo simulacro do indubitável. Temos aí um modo de dizer que, ao silenciar a polêmica, confirma o acento único da voz, por meio do efeito de monofonia, tão caro ao discurso autoritário que, por sua vez, protege o sujeito contra a instabilidade das transformações.

Um *ethos* dado como senhor das normas prescritivas articula-se à imagem do bom falante do português, firmando o olhar que parte dos altos eufóricos, em direção aos baixos disfóricos, figurativizados pela camada da população que não sabe falar correto. Ponto final, não se discute mais nada, assim quer que pensemos o discurso de *Inculta e bela*.

:: A polêmica ressurgida

Veremos, entretanto, o ressurgimento da polêmica. Veremos discursos que, tematizados de maneira contraditória à apresentada pelo artigo de Pasquale, veiculam, com outra visão de mundo, outro sistema de valores, no que diz respeito à asserção generalizadora: a língua portuguesa é maltratada por maus falantes. Veremos desestabilizados estereótipos que, entranhados na consciência e considerados naturais, legitimam práticas sociais discriminatórias. Tal desestabilização se radica em percursos temáticos silenciados no discurso do Prof. Pasquale.

Primeiramente apresentamos o estudo intitulado *Notas sobre a língua na imprensa,* de autoria de Sírio Possenti. Foram selecionadas partes apresentadas pelo autor como *O acontecimento* e *Purismo.* Na sequência, são transcritos os estudos de José Luiz Fiorin, *Considerações em torno do projeto de lei de defesa, proteção, promoção e uso do idioma,* e as reflexões de Maurício Gnerre, na obra *Linguagem, escrita e poder.* É interessante pensar que, se o caráter do sujeito corresponde ao conjunto de traços "psicológicos" do enunciador, dados em função de um modo próprio de dizer, que remete a um modo próprio de habitar o espaço social, temos nos textos que seguem uma totalidade, da qual é possível depreender a representação do corpo de um único enunciador, porta-voz de uma mesma formação discursiva.

Vemos que esse corpo, depreensível dos enunciados, pelo modo afim de discursivizar o mundo temática e figurativamente, relaciona-se com as contradições sociais de maneira oposta ao corpo depreensível de *Inculta e bela*. Confirma-se um *ethos* e um *antiethos* entre o texto de Pasquale Cipro Neto e os textos que seguem. Importa destacar, com Dominique Maingueneau, que, entre outros recursos, "a formação discursiva [tematização e figurativização] confere 'corporalidade' à figura do enunciador e, correlativamente, àquela do destinatário; ela lhes 'dá corpo' textualmente". A seleção de temas e figuras subsidia a definição de um "ideal de entonação que acompanha seus lugares de enunciação", diz Maingueneau, ao discorrer sobre o discurso humanista devoto, ao qual é atribuído "um tom moderado, alegre, sem rupturas, variado", em contraposição ao discurso jansenista. A alusão ao corpo único, depreensível dos textos que seguem, encontra ainda respaldo no próprio Maingueneau: "Corpo que não é oferecido ao olhar, que não é uma presença plena, mas uma espécie de fantasma induzido pelo destinatário como correlato de sua leitura." [13]

Vamos aos textos, para entender o que é saber uma língua, sob concepção diferente daquela apresentada pelo discurso de Pasquale. Estaremos agora diante de uma atitude descritiva e explicativa diante do fenômeno linguístico. Essa atitude viabiliza outra forma de estudar as línguas, para além do prescritivismo. Vamos enfim aos textos, para verificar quanto a redefinição de temas aciona a redefinição de mundo e quanto a recíproca é verdadeira; no caso, o tema do erro ligado ao uso linguístico. Com a leitura dos textos que seguem, emparelhados aos de Pasquale, comprova-se a intersubjetividade dada polemicamente ou o embate das (inter)incompreensões inerentes ao (con)viver, como ainda afirma Maingueneau. Aliás, sem esse embate necrosam temas, figuras, discurso e sujeito, é bom lembrar.

NOTAS SOBRE A LÍNGUA NA IMPRENSA

O acontecimento

Nos últimos anos, no Brasil, vem acontecendo um curioso fenômeno (na verdade, parece estar já arrefecendo): a multiplicação de "aulas de português" pela mídia. Talvez o acontecimento tenha se iniciado, mas, principalmente popularizado fundamentalmente através do programa *Nossa Língua Portuguesa*, comandado (escrito, apresentado) pelo Professor Pasquale Cipro Neto, e levado ao ar pela TV Cultura de São Paulo, cujos programas são, em boa medida, transmitidos através de uma rede que atinge praticamente todo o país. O mesmo professor (não é casual que seja assim caracterizado – até porque esse título se aplica a "sábios", mas também a quem lê o futuro e resolve problemas complexos de natureza variada, pelo tarô ou pelo mapa astral), também escreve colunas em diversos jornais, através dos quais pode ser lido por praticamente todos os brasileiros que leem jornal.

O purismo

Os puristas defendem que as línguas não devem sofrer nenhuma ação que não venha deles mesmos. São inimigos da língua tanto o povo, com seus calões, os jovens (com suas gírias) os profissionais (com seus jargões, quando introduzem novidades), os estrangeiros (com suas palavras que poluem a língua), os metidos a besta (submetidos a modismos como o gerundismo). Só os que cultivam o passado (a língua de Camões) são, ao mesmo tempo, cultos, de bom gosto e patriotas. Um dos esportes prediletos dos puristas – que frequentemente escrevem mal, pelos seus próprios critérios – é organizar listas de erros. Essas listas, em geral, não devem nada ao "samba do crioulo doido".[14]

CONSIDERAÇÕES EM TORNO DO PROJETO DE LEI
DE DEFESA, PROTEÇÃO, PROMOÇÃO E USO DO IDIOMA

Saber uma língua é conhecer suas variedades. Um bom falante é 'poliglota' em sua própria língua. Saber português não é aprender regras que só existem numa língua artificial usada pela escola. As variantes não são feias ou bonitas, erradas ou certas, deselegantes ou elegantes, são simplesmente diferentes. Como as línguas são variáveis, elas mudam. [...]

As línguas não decaem, mudam. Se, assim, não fosse, deveríamos fazer uma lei de defesa do latim, contra esta decadência que se chama português.[15]

LINGUAGEM, ESCRITA E PODER

Se as pessoas podem ser discriminadas de forma explícita (e não encoberta) com base nas capacidades linguísticas medidas no metro da gramática normativa e da língua padrão, poderia parecer que a difusão da educação em geral e do conhecimento da variedade linguística de maior prestígio em particular é um projeto altamente democrático que visa a reduzir a distância entre grupos sociais para uma sociedade de "oportunidades iguais" para todos. Acontece, porém, que este virtual projeto democrático sustenta ao mesmo tempo o processo de constante redefinição de uma norma e de um novo consenso para ela. A própria norma é constantemente redefinida e recolocada na realidade sócio-histórica, acumulando assim ao mesmo tempo a própria razão de ser e o consenso. Os que passam através do processo são diferentes dos que não o conseguiram, e constituem um contingente social de apoio aos fundamentos da discriminação com base na legitimação do saber e da língua de que eles (formalmente) dispõem. Neste sentido, poderíamos dizer que a gramaticalização de muitas línguas europeias que aconteceu no século XVI, num contexto histórico específico, continua a se reproduzir de outra forma até nas sociedades "democráticas" com altos níveis de educação. Este processo é em parte devido ao fenômeno, bem conhecido por antropólogos, que Bourdieu e Boltanski (1975) chamam de "amnésia da gênese". A curta memória social e histórica permite um tipo de legitimação que não seria possível se a origem das instituições sociais e o seu significado e função fossem perfeitamente explícitos para todos. A amnésia da gênese, pelo contrário, permite que se aprenda a gramática normativa fora das condições políticas de sua instituição, "contribuindo, assim, para fundar a legitimidade da língua oficial (Bourdieu e Boltanski, 1975:6).[16] Esta amnésia leva a um tipo de "explicação" tautológico: já que existe uma norma para ser ensinada, é bom que todo mundo aprenda esta norma. Da mesma forma, muitos rituais são "explicados" pelos nativos de forma tautológica: "fazemos isso porque isso sempre foi feito". Esta ideia de continuidade e de necessidade é um traço fundamental do processo de legitimação.

:: Produção de texto II[17]

:: Ensaio analítico

:: Metadiscurso em torno de novela de televisão: vingança e sexo

O ensaio analítico a ser construído observará mecanismos de construção do sentido de uma reportagem e de uma coluna de revista, ambas produções enfeixadas sob o gênero *metadiscurso*, ou seja, um discurso que se volta para outro, para tecer comentários e críticas. O objetivo do ensaio a ser produzido será depreender, a partir da leitura da reportagem e da coluna, um modo próprio de dizer, pautado pela legitimação de determinadas paixões e identificado nos recortes temáticos e figurativos feitos em função do discurso de referência, a novela *Senhora do Destino*.

:: A reportagem

A reportagem da revista semanal *Isto é* situa-se na revista sob a rubrica *AR-TES & ESPETÁCULOS – TELEVISÃO* e aparece como chamada de capa, sob o título *Os segredos das senhoras (e dos senhores) do destino.*[18] A novela é designada, em depoimento do próprio autor, Aguinaldo Silva, como "a novela que o público pediu a Deus".[19]

Os comentários sobre a tal "novela das oito", dito horário nobre da Rede Globo de Televisão, apresentam-se sob o título SURRA EM HORÁRIO NOBRE, em texto orientado segundo o *making of.*[20] A justificativa dos 58 pontos, "o maior Ibope" alcançado até então, é o tema nuclear. Por que e quando atingiu a novela o maior Ibope? A resposta é dada no próprio texto:

> Briga entre a heroína e a vilã de *Senhora do destino* dá ao folhetim global um Ibope de 58 pontos, o maior na sua faixa em oito anos.
> Nos estúdios da Rede Globo, no Projac, zona oeste do Rio de Janeiro, uma corda separa o quarto de Nazaré (Renata Sorrah) do galpão empoeirado no qual a vilã se arrasta

alquebrada pela surra que acaba de levar. Alguns passos adiante, Maria do Carmo (Suzana Vieira) e Dirceu (José Mayer) sobem uma escada em direção a lugar algum, mas que, supostamente, desemboca na suíte armada para ser o ninho do reatamento amoroso do casal. E assim, entre cenários finamente decorados, colados a outros bem mundanos, desenvolve-se a novela *Senhora do destino,* o maior sucesso do horário nobre desde *O rei do gado,* em 1996. A cena em que Do Carmo bate em Nazaré por, entre outras coisas, ter roubado seu bebê na maternidade, deu à novela o maior Ibope até agora: atingiu 58 pontos de média e um *share* de 79%, ou seja, de cada 100 domicílios com tevê ligada, 79 estavam sintonizados na emissora [...]. O entusiasmo levou a própria emissora a reprisar a pancadaria na manhã do dia seguinte no *Mais você,* de Ana Maria Braga. Mesmo reconhecendo, segundo a Central Globo de Comunicação, que "a edição destas imagens no programa foi uma atitude inapropriada", [e] ainda pode sofrer um processo do Ministério da Justiça. Descontado este desvio, nada impede a comemoração. Com seu carrossel de emoções, o folhetim de Aguinaldo Silva traz de volta os tempos áureos da novela das oito, desbancando a crença de que a fórmula estava desgastada. De novo, o País se reconhece e se incorpora em um drama fictício. A identificação se completa no elenco de veteranos talentosos que aciona a memória familiar dos telespectadores, acostumados a ver José Wilker, Renata Sorrah, Raul Cortez, Glória Menezes, Suzana Vieira, Yoná Magalhães, Ítalo Rossi e José Mayer em suas salas há pelo menos duas décadas. Nas casas de papelão do Projac está o Brasil de verdade, na expressão de sua cultura e de seus dramas.

Por sua vez, a revista *Isto é,* suporte da reportagem, apresenta composição temático-figurativa própria, como segue explicitado:

Páginas iniciais
Entrevista – Marta Suplicy – Uma mulher de coragem
Título: "Serra é pseudo do bem"
Subtítulo: Candidata do PT diz que está sendo injustiçada pelo leitor e pela imprensa e denuncia manipulação e preconceito de campanha tucana
Cartas do Leitor
Editorial
Conhecer a história não é revanchismo, assinado por Hélio Campos Mello, Diretor de *Redação*
Índice geral (p. 19):[21]
    Guerrilha
    Isto é mostra os documentos que os militares insistem em esconder
    Congresso
    Luiz Antônio Medeiros, presidente da CPI da Pirataria, é acusado de extorsão
    Saúde
    As parteiras querem sair da clandestinidade e ter a profissão reconhecida
    EUA
    Os recursos dos presidenciáveis americanos para conquistar os votos dos jovens
    Espaço
    Pesquisadores descobrem que o Sol está explodindo
    Capa
    O Brasil se reconhece na novela *Senhora do destino* e em seus veteranos atores e atrizes

:: A coluna

A coluna *Fama no divã*, assinada por Dr. Haroldo Lopes da revista *Tititi*,[22] apresenta-se sob o título *A ansiedade da primeira vez,* para discorrer sobre as reações físicas e emocionais advindas da "primeira vez" de um encontro sexual entre um homem e uma mulher.

Encabeçada pelo próprio título e pela fotografia do Dr. Haroldo Lopes, que não apresenta designação específica de habilitação profissional (médico, psicólogo, psiquiatra, por exemplo), a coluna traz esta indicação, em linha vertical e na margem esquerda: "Haroldo Lopes está também no programa *Falando Francamente,* do SBT". No corpo do texto, ladeando a foto de Constantino, de cabelos grisalhos, e de Rita, encaixada nos braços do amado, o destaque superposto à foto orienta a leitura: *Maturidade – Constantino soube lidar com os traumas de Rita.* Vamos ao texto.

> *A ansiedade da primeira vez*
>
> Na primeira vez que se marca um encontro, ou que se tem uma relação sexual, é normal experimentar ansiedade. Em *Senhora do Destino*, Constantino (Nuno de Melo) dá carona a Rita (Adriana Lessa) e, no trajeto, declara-se apaixonado. Passado algum tempo, a jovem também revela seu amor, e o português não perde tempo, a leva para um motel. É a primeira transa dos dois. Na vida real, o primeiro encontro e a primeira vez geram ansiedade em ambos. [...] Quando um dos dois é mais amadurecido, como Constantino, percebe o outro tenso. No caso de Rita, uma mulher cheia de traumas sexuais por causa do marido violento, Cigano (Ronei Marruda), deve-se conversar, pedir para falar o que está sentindo ou temendo.
>
> Ignorar a parte emocional seria atestar a derrota do ato e do possível relacionamento. Constantino revelou-se catedrático, deixou Rita à vontade, e ambos desfrutaram a tarde inteira fazendo amor. Homens sensíveis, que se preocupam com o bem-estar da amada, que sabem esperar, discutem a relação de forma aberta e proporcionam um ambiente acolhedor, tranquilizam a companheira. E, daí pra frente, a ansiedade passa para o segundo plano, cedendo lugar ao prazer. Em *Senhora do Destino,* o destino cedeu à sabedoria de Constantino.

Tomando como ideal o comportamento de dois protagonistas da novela *Senhora do Destino*, a coluna confirma a tematização e a figurativização recorrentes na própria revista. Em *Tititi*, tanto a vida dos artistas de TV, como a trama das novelas, são construídas por meio de temas encadeados em torno do núcleo *vida amorosa dos casais*. Os títulos de reportagens da mesma edição consultada, que seguem transcritos, o comprovam. A propósito, a revista, mantendo-se fiel a esse núcleo, elimina temas relacionados à vida pública, como a política e a economia, nacional e internacional.

As seções assim se denominam: *Gente que é notícia* (notícias: Xuxa e Sasha em Los Angeles; Barraco entre Cláudia Mauro e Cláudia Alencar; Cissa Guimarães esbanjando sensualidade diante de Sérgio Marone, que não resistiu; Era só alegria – o casal Cíntia Hawlet e Eduardo Moscovis reunidos no clima de *alegria*); *Gente*; *Coluna do Dudu*, por Dudu Braga; *Paulo Barboza informa*, por Paulo Barboza; *Escrito nas estrelas* (casamento de Cicarelli com Ronaldo) e assim por diante.

Por conseguinte, a coluna do Dr. Haroldo firma a isotopia temática da própria revista, ao propor como naturais e irreversivelmente únicos temas como *a proteção dada pelo homem à mulher*, entre outros. Segue explicitação do elenco das seções principais da revista, organizadas segundo a "vida real" (vida dos artistas), depois segundo o metadiscurso sobre as novelas.

Vida de artistas
Apaixonado por Paola, Leandro defende-se: "Não era o mais paquerador da casa porque só cantei uma!" (Rubrica: Gente que é notícia / Artistas – sobre um dos participantes do programa Casa dos Artistas)

Contagem regressiva rumo ao altar (Rubrica: Fulminante – sobre o casamento do "craque" de futebol Ronaldo e a modelo Daniela Cicarelli)

Danielle e Bruno: o fim do casamento que não ocorreu (Rubrica: Fica para a próxima – sobre o cancelamento do enlace entre Danielle Winits e Bruno Gagliasso, ambos artistas de TV)

Novelas
(Rubrica: Novelas, Senhora do Destino, Globo, 20h55)

Viviane dopa a sogra e tenta levar Dirceu para a cama– sobre "a guerra entre Viviane (Letícia Spiller) e Do Carmo (Suzana Vieira)" – título e comentários em destaque)

Pinta um clima entre Aretuza e Rodolfo

Plínio fica noivo de Angélica

Apaixonada por Edgard, Isabel despreza Leandro

Daiane agarra Bruno e esnoba Shao Lin

:: O ensaio

O ensaio a ser criado deverá atentar para a diferença de construção de mundo em ambas as revistas cotejadas. Para isso será observada a relação da reportagem com a coluna, respeitado o suporte: *Isto é* e *Tititi*. Essas revistas são fundadas cada qual em diferentes: a) tematização e figurativização; b) esferas de circulação; c) expectativas de leitura, dadas como aspirações de "leitorados" distintos.

Será contemplado, no ensaio, o modo como *Tititi*, diferentemente de *Isto é*, recupera o universo das novelas e o investe de importância. Não custará enfatizar que em apenas uma das revistas é desconstruída, em *making of*, a cena ficcional, o que esboça características individulizadoras da enunciação de *Isto é*, diante de *Tititi*. Será interessante também examinar a fusão de simulacros feita apenas por *Tititi* e não por *Isto é*: a realidade (a vida dos artistas) e o universo ficcional (a vida nas novelas). Para tanto, pode ser realçado que *Tititi* estabelece como paradigma de notícia midiática, como um fato novo de um novo dia "real", um fato novo das próprias novelas, o que não acontece com *Isto é*.

A estabilidade de um modo de dizer, em cada revista, remete ao modo de ser do sujeito da enunciação que, com corpo, voz e caráter próprios, é entendido como o *ethos*. Deduza um *ethos* afim ou diferenciado, a partir de *Tititi* ante *Isto é*.

· Na revista *Isto é*, o *ethos* se compõe por meio da consolidação de determinado simulacro, dado como identidade, ante a *Tititi*.
Pense:
  em imagem da racionalidade ou da emotividade;
  na relação dessa imagem com o efeito de realidade.

· Na revista *Tititi*, com o recorte figurativo e temático circunscrito à TV, consolida-se a vertigem da ficção que traga a realidade.
Pense:
  no tom crítico da voz;
  no simulacro de espontaneísmo.

Especificamente nos comentários sobre a novela há semelhanças, sob as diferenças, resguardadas as coerções genéricas: uma reportagem e uma coluna. Tanto em *Isto é*, como em *Tititi*, o metadiscurso perpetua e exalta a categorização de mundo dada pela própria novela. Não se estabelece no metadiscurso um ponto de vista sobre o mundo, contrário àquele veiculado pela novela.

Em *Isto é*, a performance da vingança é realçada como sucesso do Ibope e testemunhada pela foto principal, que se apresenta com esta rubrica: SCARFACE – *Maquiada para a cena da sova, Renata recebe instruções do diretor Maya*. A foto mostra a atriz, já com a cicatriz no rosto, no ato de levantar a faca contra a vítima.

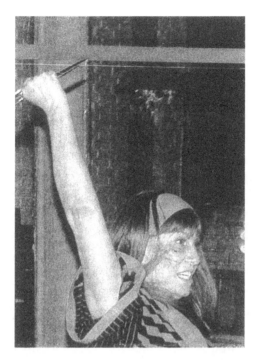

A *Folha de S.Paulo*,[23] comenta a mesma pancadaria, atentando para o recorde de audiência, em notícia que apresenta este supertítulo e título e que se sustenta na foto e legenda que seguem reproduzidas.

> Pancadaria de "Senhora do Destino" vai ao ar às 8h40 e pode gerar processo
> Globo reprisa surra pela manhã

Do Carmo se vinga de Nazaré dando-lhe uma surra; Nazaré se prepara para o revide, com a faca na mão levantada. A vingança, como reequilíbrio de sofrimentos, ou como saída para frustrações sofridas, apoiada no encadeamento dado como *frustar-se, sofrer, fazer sofrer, sentir prazer,* é a paixão supervalorizada na novela e na reportagem de *Isto é*. O simulacro da compensação da falta por meio da ação vingativa confirma um modo próprio de aliviar a frustração, que está no início do processo.

Em *Tititi*, o tema do bem-estar em função do encontro sexual prazeroso, o que supõe o encontro com o parceiro certo e, portanto, a felicidade atingida com o advento do príncipe encantado, permeia todas as seções. Fica assim constituído um encadeamento temático que realça a meta de vida estabelecida, tanto para o telespectador, como para o leitor da revista. Associa-se ainda aos temas citados, o dever fazer e o dever ser imposto ao homem, para suprir a falta afetiva da mulher (dever esperar, dever ser compreensível com a mulher na cama). Novamente é estabelecida a ilusão da necessária compensação da falta que, vinculada à realização sexual, confirma na mídia impressa e na eletrônica a imagem de um homem que se relaciona de maneira peculiar com o sentimento de frustração e, por conseguinte, com contratos intersubjetivos, que ofereçam o risco da frustração.

Vingança e satisfação sexual, que orientam a construção da imagem ideal do sujeito, na proposição de meios próprios para suprir a falta, subsidiam modos de presença legitimados pelo foco dado na novela de TV e no metadiscurso midiático. Os próprios jornais, aliás, reduplicam o exercício metadiscursivo da revista *Isto é*, em relação à mesma novela, ratificando um mesmo lugar no mundo para o sujeito.

Compete ao ensaísta identificar as (in)compatibidades de ponto de vista, entre a mídia impressa e eletrônica e um poema, no que diz respeito à tolerância à frustração e à dor; no que diz respeito à imagem do sujeito dada como ideal; no que diz respeito a modos de estar no mundo e às paixões que os respaldam, seja a vingança, seja a resignação, ambas passíveis da redefinição heroica, dependendo do discurso que as sustenta.

Seguem, para este cotejo, versos de Fernando Pessoa, extraídos do livro *Mensagem* e do poema Mar Portuguez:[24]

> Valeu a pena? Tudo vale a pena
> Se a alma não é pequena.
> Quem quer passar além do Bojador
> Tem que passar além da dor.
> Deus ao mar o perigo e o abismo deu,
> Mas nele é que espelhou o céu.[25]

Para sustentar a argumentação a ser desenvolvida no ensaio analítico, segue recorte do jornal *Folha de S.Paulo*, caderno Ilustrada: *Homens também brigam na novela das 21h* (31.10.2004, p. E12).

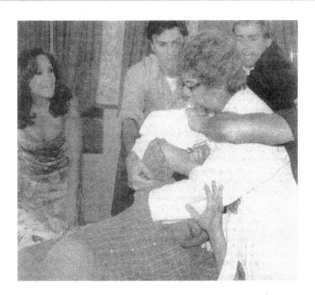

:: Notas

[1] Duas observações: 1. Tesauridade se refere ao sentido mínimo daquilo que é dado como um tesouro. 2. Generosos se destaca como um signficado que representa mobilizações conceituais. Nessa charge, generoso é o sujeito de alma magnânima, porque arca com os custos dos caprichos de consumo da mulher. Um conceito se junta a outro, para construir a cena narrada. Essa mobilização conceitual fundamenta ideologicamente a cena.

[2] Esta lição apresenta como *corpus* de análise textos reunidos sob o gênero metadiscurso: um discurso que se volta explícita e deliberadamente para outro, dado como referência para comentários, análise crítica.

[3] Ricardo Soares, em Caros Amigos, São Paulo, Casa Amarela, ano VII, n. 85, abr. 2004, p. 39.

[4] Cf. Claude Zilberberg, Tensividade, em A.J.Greimas e J. Courtés (orgs.), Sémiotique: dictionnaire raisonné de la théorie du langage, Paris, Hachette, 1986, p. 236.

[5] A partir de um exemplo de determinada toponímia enunciada em: (1) "A cidade [...] suspensa por praças acima do mar" ou em (2) "O mar [...] abaixo da cidade", Courtés afirma haver diferentes pontos de vista impostos pelo enunciador ao enunciatário-observador, para exprimir o mesmo dado. Tais pontos de vista, articulados no eixo alto/baixo que, por sua vez, homologa-se, nos discursos examinados pelo autor, à categoria tímica euforia/disforia, apontam para dois diferentes espaços de referência do olhar. O enunciatário, no caso examinado, é convidado a ver a cidade a partir de um baixo disfórico. (J. Courtés, Analyse sémiotique du discours – de l'énoncé à l'énonciation, Paris, Hachette, 1991, p. 274.

[6] Sírio Possenti, "Notas sobre a língua na imprensa", em Maria do Rosário Gregolin (org.), Discurso e mídia: a cultura do espetáculo, São Carlos, Claraluz, 2003, pp. 67-82.

[7] Lúcia Teixeira, estudiosa das questões relativas à crítica de arte, em interessante artigo intitulado "Crítica de arte e formação de opinião", discorre sobre os problemas aqui levantados, aprofundando as noções sobre o metadiscurso crítico. (Lucia Teixeira, Crítica de arte e formação de opinião, em Perfiles semióticos. Revista de Estudos Semiolinguísticos, Caracas, Universidad de los Andes, Ediciones del Rectorado, 2004, pp. 351-66.)

[8] No original, o último quadrinho altera a cor do rosto do homem, que passa a ser verde.

[9] José Luiz Fiorin, As astúcias da comunicação, São Paulo, Ática, 1996, p. 139.

[10] Marilena Chauí, "Senso comum e transparência", em Júlio Lerner, O preconceito, São Paulo, Imprensa Oficial do Estado, 1996/1997, pp. 115-32.

[11] Pasquale Cipro Neto, Inculta e bela, 3. ed., São Paulo, Publifolha, 2000.

[12] Idem, pp.42-3.

[13] Dominique Maingueneau, Novas tendências em análise do discurso, Campinas, Ponte/Ed. da Unicamp, 1989, p. 48.

[14] Sírio Possenti, op. cit, 2003, pp. 67-82.

[15] José Luiz Fiorin, "Considerações em torno do projeto de lei de defesa, proteção, promoção e uso do idioma, apresentado à Câmara dos Deputados pelo Deputado Aldo Rebelo", em Boletim da Associação Brasileira de Linguística (Abralin). Fortaleza: Imprensa Universitária/ufc, 2001, pp. 107-19.

[16] A obra citada por Gnerre é: P. Bourdieu e L. Boltanski, "Le fétichisme de la langue", em Actes de la recherche en sciences sociales, n. 4.

[17] Supõe-se que o estudo apresentado seja ponto de partida para a polêmica e que fundamente novos argumentos no ensaio a ser criado.

[18] Isto é, Editora 3, São Paulo, nov. 2004, n. 1830, pp. 84-9.

[19] Idem, p. 86.

[20] *Making of* .1. Registro, gravado em vídeo ou filmado, dos detalhes da produção de qualquer trabalho de comunicação, especialmente filme, vídeo, programa de tv, fonograma, espetáculo, evento ou campanha. Costuma incluir cenas de bastidores, reuniões, entrevistas, depoimentos, ensaios, trechos de material bruto e cenas da obra já editada. Pode ser concebido e usado como instrumento de *marketing*. 2. Por extensão, registro fotográfico, texto ou qualquer registro descritivo do processo de criação e produção de um determinado trabalho.

[21] Optou-se por omitir os números das páginas das revistas.

[22] Tititi, São Paulo, Abril, ano vii, n. 313, 10 set. 2004.

[23] Ilustrada, 28 out. 2004, p. E3.

[24] Fernando Pessoa, Obra poética, Rio de Janeiro, Aguilar, 1965, p. 82.

[25] Bojador – cabo formado por altas rochas, no Atlântico, descoberto por Gil Eanes no ano de 1434.

:: Lição 9

:: Modos de combinar figuras e temas

LA VIE EN ROSE - Adão Iturrusgarai

:: Combinação de figuras e temas

· Figuras e temas, encadeados em percursos, combinam-se para construir efeitos de sentido nos textos.
· Na tira de HQ *La vie en rose*, de Adão Iturrusgarai (*Folha de S.Paulo*, 18.08.2003, p. E7), temos o confronto entre percursos temáticos e figurativos, dados verbal e visualmente:

Quadro 1
Figuras visuais (as duas velhinhas)
   composição figurativa:
   cabelo preso em coque; rugas no rosto; pantufas com meias; corpos com movimentos contidos no ato de tricotar
   papel do sujeito – aquele que:
      faz trabalho manual;
      conversa sossegadamente;

senta-se com tranquilidade em cadeira alinhada à do interlocutário.
percursos temáticos:
a estaticidade dos corpos na velhice;
a familiaridade com o trabalho repetitivo na velhice;
a tranquilidade das relações entre velhos amigos;
a distância em relação à tensão causada pelos desafios da tecnologia.

Figuras verbais
a fala da interlocutora (salvar em MPEG-4, quicktime G, formato de compressão)
percurso temático:
o hermetismo da linguagem da informática;
a complexidade da prática refinada da informática;
o desafio e a tensão previstos para a assimilação das novas conquistas tecnológicas.

Combinação de percursos temáticos e figurativos, dada por meio:
do confronto entre o verbal e o visual;
da simultaneidade de elementos semânticos contrários entre si;
do paradoxo.

Efeito de sentido:
brincadeira com:
a previsibilidade dos papéis sociais (velhinhas tricoteiras e simultaneamente *experts* em informática);
o mundo indubitável (a dúvida é lançada sobre o próprio universo figurativo);
a mentira das figuras (parecem velhinhas sossegadas, distantes dos desafios da tecnologia, mas não são);
o paradoxo (coexistência de percursos temático-figurativos contrários);
nonsense, humor;
riso.

:: Observações

Verdade e mentira:
· são construções do texto (efeito de sentido);
· são noções que respaldam as figuras, quer sejam verdadeiras (parecem e são o que parecem), quer sejam mentirosas (parecem algo, mas não são o que parecem);
· são investimentos dados na relação do parecer com o ser, base da veridicção;
· são viabilizadas pelo fazer interpretativo do leitor.
A veridicção recobre o efeito de: verdade; mentira; segredo; falsidade:

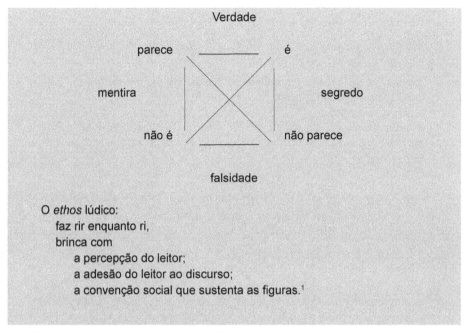

O *ethos* lúdico:
faz rir enquanto ri,
brinca com
a percepção do leitor;
a adesão do leitor ao discurso;
a convenção social que sustenta as figuras.[1]

:: Produção de texto I

:: Ensaio analítico: Paradoxo e *ethos* lúdico

A partir da observação da totalidade dos quadrinhos da HQ citada, depreenda o *ethos* lúdico. Explique o porquê de um modo próprio de dizer. Descreva os mecanismos de construção do humor, orientado pelo paradoxo estabelecido entre percursos temático-figurativos, dados verbal e visualmente.

:: Leitura do texto

NÍQUEL NÁUSEA - Fernando Gonsales

Fonte: *Folha de S.Paulo*, 26.09.2004, p. E11.

:: Prosopopeia

1. *Oba! Leite na minha ração! Hum... Aquecido no micro-ondas!! Que novidade é essa?*
   Explique os mecanismos segundo os quais o gato foi humanizado.
   Destaque e explique a função:
   do discurso direto;
   do pressuposto;
   das interjeições;
   da pontuação.

2. Relacione o emprego da prosopopeia com os "estados de alma" do sujeito e com o efeito de humor. Pense na sequência que se instala a partir da espera e da confiança de um sujeito em relação ao que ele crê que o outro deve fazer por ele. Enfatize o simulacro e a paixão resultante.

- A prosopopeia combina percursos temáticos e figurativos, juntando duas isotopias: a humana e a dos animais ou a das coisas.
- Por meio da prosopopeia, animais e coisas se humanizam e humanos se animalizam ou se reificam.
- Espera e confiança se fundem na espera fiduciária.
- A espera fiduciária:
  é exercida por um sujeito, em relação àquilo que supostamente o outro deve fazer por ele, o sujeito da espera;
  apoia-se num contrato imaginário (simulacro).
- No contrato imaginário:
  o outro passa a dever fazer algo, segundo as expectativas do sujeito;
  o sujeito da espera crê que o outro responderá a suas expectativas;
  o simulacro, apesar de não fundamentado intersubjetivamente, orienta a relação entre sujeitos;
  a espera pode evoluir para a decepção, se as expectativas do sujeito não se cumprirem e houver rompimento da confiança.[2]

3. Destaque como o visual se integra ao verbal para confirmar a prosopopeia. Observe:
   a transformação dos "estados de alma" do interlocutor;
   a movimentação dos atores na cena narrada.

4. Relacione o emprego da prosopopeia, na tira, com a consolidação de temas que dizem respeito à relação dos seres humanos entre si, bem como à relação dos humanos com animais.

5. Observe a charge de Augusto Rodrigues (1913-1993), publicada na última página de *Vamos Ler!*, no ano de 1938.[3]
Comente o uso da prosopopeia, como:
reificação da figura feminina;
mecanismo de construção do humor.

DIFERENTE DAS OUTRAS...

Suponho que a senhora não será dessas empregadas que passam o dia levantando a cabeça para olhar o relógio...

:: Produção de texto II

:: Ensaio analítico

:: Prosopopeia e "servidão voluntária"

A partir da leitura da fábula de La Fontaine (século XVII), *A cigarra e a formiga*, discorra como e por que a transferência de traços humanos aos animais contribui para que a enunciação faça o leitor crer em determinados valores, enquanto faz o leitor fazer: é ensinado ao leitor um comportamento ideal, por meio da advertência, que denuncia o comportamento repugnado. Os atores do enunciado, a cigarra e a formiga, representam cada um desses comportamentos.

A cigarra e a formiga

Tendo a Cigarra cantado
Durante todo o verão,
Viu-se ao chegar o inverno
Sem nenhuma provisão.

Foi à casa da Formiga,
Sua vizinha, e então
Lhe disse: – Querida amiga,
Podia emprestar-me um grão
Que seja, de arroz,
De farinha ou de feijão?
Estou morrendo de fome.

Faz tempo então que não come?
Lhe perguntou a Formiga,
Avara de profissão.
- Faz.
- E o que fez a senhora,
Durante todo o verão?
- Eu cantei – disse a Cigarra.
- Cantaste? Pois dança agora![4]

Enfatize o emprego, na fábula:

· da prosopopeia, como mecanismo de composição do tom didático da voz do sujeito da enunciação;

· da humanização de animais como recurso para que, na enunciação, um sujeito ensine a viver e, ao fazê-lo, dê uma receita de vida;

· da exemplaridade da punição desencadeada sobre um dos bichinhos, não por acaso dado como o sujeito que se realiza segundo o querer ter prazer e não segundo o dever,

· da euforização e da disforização de valores vinculados aos termos da oposição *cultura vs. natureza*, confirmado para a natureza o domínio das pulsões individuais e para a cultura o domínio das coerções sociais;

· do valor positivo dado ao trabalho, visto como dever fazer;

· do valor negativo dado à dança e ao canto, vistos como querer fazer;

· do tema da advertência, que sustenta frases emblemáticas como: *quem poupa tem; cantar é ficar à toa; cantar é ser à toa;*

- das associações conceituais feitas a partir da figura de cantar e dançar;
- da impregnação de sentimentos positivos para a figura do trabalhador e negativos para a figura do preguiçoso;
- da naturalização aparente das relações entre o homem e o trabalho e entre os próprios homens;
- das associações: formiga/trabalho/construção; cigarra/preguiça/destruição;
- de mecanismos enunciativos segundo os quais:
    a) um narrador simula a própria ausência;
    b) o espaço apresenta-se diluído, não marcado;
    c) o tempo, de *então*, não concomitante com o ato de narrar, apresenta-se ilimitado;
- da construção do tempo e do espaço como (i)limitados e dos atores como um sujeito específico ou como o sujeito de todos os lugares e de todos os tempos;
- da implicitação do ensinamento dado como desfecho e chamado *a moral da fábula;*
- da ratificação de temas como estes:
    a) a prioridade da obrigação, ante a diversão;
    b) o poder de quem acumula o capital;
    c) a vulnerabilidade do pedinte;
    d) a liberdade punida;
    e) o perigo do ócio.

Atente para a construção de um modo de dizer que, quanto à extensão ou condensação, pode ser identificado como prolixo ou conciso. Observe as consequências de tal modo de dizer, para a intensidade da própria advertência.

- Intertextualidade e interdiscursividade

A fim de expandir a argumentação do ensaio, faça o cotejo dessa fábula com os textos que seguem, dados nas relações de intertextualidade. Será considerada a intertextualidade quando se observar a imitação intencional de um texto por outro, caso em que o segundo mostra o primeiro. Depois cotejе a fábula de La Fontaine com outro texto, dado na relação apenas da interdiscursividade. Será considerada a interdiscursividade quando se observam as vozes que inevitavelmente constituem texto, discurso, sujeito. Vozes são pontos de vista depreensíveis dos próprios textos.

A retomada intertextual da fábula de La Fontaine será feita por outra fábula, escrita por Monteiro Lobato. A relação de interdiscursividade será examinada pelo confronto da fábula de La Fontaine com outro texto, um manifesto acerca do trabalho: a obra *O direito à preguiça*, de Paul Lafargue (1842-1911).

- Intertextualidade

Vamos à intertextualidade, que deve ser lembrada como a retomada consciente, intencional, da palavra do outro, mostrada mas não marcada no discurso da variante.

A CIGARRA E AS FORMIGAS
I - A FORMIGA BOA

Houve uma jovem cigarra que tinha o costume de chiar ao pé dum formigueiro. Só parava quando cansadinha; e seu divertimento então era observar as formigas na eterna faina de abastecer as tulhas.

Mas o bom tempo afinal passou e vieram as chuvas. Os animais todos, arrepiados, passavam o dia cochilando nas tocas.

A pobre cigarra, sem abrigo em seu galhinho seco e metida em grandes apuros, deliberou socorrer-se de alguém.

Manquitolando, com uma asa a arrastar, lá se dirigiu para o formigueiro. Bateu – *tique, tique, tique...*

Aparece uma formiga friorenta, embrulhada num xalinho de paina.

- Que quer? – perguntou, examinando a triste mendiga suja de lama e a tossir.

- Venho em busca de agasalho. O mau tempo não cessa e eu...

A formiga olhou-a de alto a baixo.

- E que fez durante todo o bom tempo, que não construiu sua casa?

A pobre cigarra, toda tremendo, respondeu depois dum acesso de tosse:

- Eu cantava, bem sabe...

- Ah!... – exclamou a formiga recordando-se. – Era você então que cantava nessa árvore enquanto nós labutávamos para encher as tulhas?

- Isso mesmo, era eu...

- Pois entre, amiguinha! Nunca poderemos esquecer as boas horas que sua cantoria nos proporcionou. Aquele chiado nos distraía e aliviava o trabalho. Dizíamos sempre: que felicidade ter como vizinha tão gentil cantora! Entre, amiga, que aqui terá cama e mesa durante todo o mau tempo.

A cigarra entrou, sarou da tosse e voltou a ser a alegre cantora dos dias de sol.

II - A FORMIGA MÁ

Já houve, entretanto, uma formiga má que não soube compreender a cigarra e com dureza a repeliu de sua porta.

Foi isso na Europa, em pleno inverno, quando a neve recobria o mundo com seu cruel manto de gelo.

A cigarra, como de costume, havia cantado sem parar o estio inteiro, e o inverno veio encontrá-la desprovida de tudo, sem casa onde abrigar-se, nem folhinhas que comesse. Desesperada, bateu à porta da formiga e implorou – emprestado, notem! – uns miseráveis restos de comida. Pagaria com juros altos aquela comida de empréstimo, logo que o tempo o permitisse.

Mas a formiga era uma usurária sem entranhas. Além disso, invejosa. Como não soubesse cantar, tinha ódio à cigarra por vê-la querida de todos os seres.

- Que fazia você durante o bom tempo?

- Eu... cantava!...

- Cantava? Pois dance agora, vagabunda! – e fechou-lhe a porta no nariz.

Resultado: a cigarra ali morreu entanguidinha; e quando voltou a primavera o mundo apresentava um aspecto mais triste. É que faltava na música do mundo o som estridente daquela cigarra morta por causa da avareza da formiga. Mas se a usurária morresse, quem daria pela falta dela?

Observe como a formiga de Monteiro Lobato imita e subverte aquela de La Fontaine: ou porque apresenta traços de exacerbada bondade, o que confirma a maldade e não a virtude da formiga de La Fontaine, ou porque parece e é usurária, o que supõe falta de piedade. Esta última concepção inexiste para a figura da trabalhadora incansável do texto de base.

Pense como a retomada intertextual constrói a humanização da formiga e da cigarra, em termos de gradação, para mais ou para menos: quais bichinhos são mais humanos, os de La Fontaine ou os de Lobato? Justifique.

Destaque a advertência ao leitor para a adequação obrigatória ao modo de vida proposto. No texto de La Fontaine ou no de Lobato ela se cumpre de maneira mais coercitiva?

Enfatize a interpretação dada, pelo sujeito enunciador, aos atos da cigarra e da formiga. Pense nessa interpretação, em função de pontos de vista diferentes, dados no texto de base e nas variantes intertextuais. Identifique a maior ou a menor veemência na voz que condena.

· Interdiscursividade

Passe ao cotejo da fábula de La Fontaine com o panfleto revolucionário. Atente para o fato de que deparamos com diferentes construções genéricas, a fábula e o manifesto, voltadas, cada qual e a seu modo, ao tema comum, o trabalho.[5] Verifique como e por que esse tema, segundo pontos de vista diferentes, subsidia a construção de diferentes mundos, que dialogam entre si na dimensão da interdiscursividade. Pense que o texto de Lafargue constitui o de La Fontaine e a recíproca é verdadeira, sem que haja imitação de um pelo outro. A fábula de um e o manifesto do outro dialogam entre si, como o fazem todos os textos no dialogismo que constitui o discurso. Comente a relação do texto de La Fontaine e do texto de Lafargue com a ética da produção e do consumo compulsivo; a ética do lucro e do mercado.

Observe um trecho da própria introdução de Chauí à obra de Lafargue:[6]

> Se a "servidão voluntária" é um enigma é porque servidão e vontade jamais poderiam estar juntas, toda servidão só podendo ser indesejada, imposta contra a natureza e a vontade de alguém ou de um povo. Como, então, explicar o desejo de servir?, indagara La Boétie.[7] Como explicar que os tiranizados vejam como *seu* bem a espoliação a que servem e a servidão em que vivem? Como explicar a insensatez dos que se obstinam em seu próprio mal? Não menos enigmático é o desejo de trabalhar. Como explicar que os proletários reivindiquem o trabalho como um direito?, indaga Lafargue. Como explicar que aquilo mesmo que os destrói lhes apareça como conquista revolucionária de um bem? É na resposta a essa interrogação que captamos o sentido profundo da escolha da preguiça: essa escolha não é uma irreverência "materialista" de um ateu empedernido e sim a crítica materialista do trabalho assalariado ou do trabalho alienado, pois é este o objeto de *O Direito à Preguiça*.

Após o cotejo interdiscursivo, conclua seu ensaio, fazendo rápidas considerações sobre eventuais convergências entre a humanização da cigarra e da formiga, dada pela prosopopeia na fábula de La Fontaine e o tema da "servidão voluntária" do homem.

Eis o texto de Lafargue.

O direito à preguiça

É da Alsácia manufatureira que fala o Dr. Villermé, da Alsácia dos Kestner, dos Dollfus, essas flores da filantropia e do republicanismo industrial. Mas que o doutor levante diante de nós o quadro das misérias proletárias, ouçamos um manufatureiro alsaciano, Th. Mieg, da firma Dollfus, Mieg e Cia., retratando a situação do artesão da antiga indústria:

"Em Mulhouse, há cinquenta anos (em 1813, quando nascia a moderna indústria mecânica), os operários eram todos filhos da terra, moravam na cidade e nas aldeias próximas e tinham quase todos uma casa e, frequentemente, alguma terra."

Era época áurea do trabalhador. Mas nessa época a indústria alsaciana não inundava o mundo com seus algodões e não enriquecia seus Dollfus e os seus Koechlin. Mas vinte e cinco anos depois, quando Villermé visitou a Alsácia, o minotauro moderno, a fábrica capitalista havia conquistado a região; na sua bulimia de trabalho humano, havia arrancado os operários dos seus lares a fim de melhor retorcê-los e espremer o trabalho neles contido. Era aos milhares que os operários acorriam ao chamado da máquina. "Um grande número", diz Villermé, "cinco em dezessete mil, era obrigado, pelo alto preço dos aluguéis, a morar nas aldeias vizinhas. Alguns moravam a duas léguas e um quarto da manufatura onde trabalhavam.

"Em Mulhouse, em Dornach, o trabalho começava às cinco da manhã e terminava às cinco da tarde, verão ou inverno. [...]. É preciso vê-los chegar pela manhã à cidade e partir toda tarde. Entre eles há uma multidão de mulheres pálidas, magras, caminhando descalças pela lama e que, à falta de guarda-chuva, quando chove ou neva, põem sobre as cabeças o avental ou a saia de baixo a fim de resguardar a cabeça e o pescoço. E uma quantidade ainda mais considerável de crianças não menos sujas, não menos macilentas, cobertas de trapos, sujas com o óleo das máquinas que cai sobre elas enquanto trabalham. Estas, mais protegidas da chuva graças à impermeabilidade de suas roupas, nem mesmo carregam, como as mulheres de que falamos, um cesto com os alimentos do dia; mas trazem nas mãos, ou escondem sob a roupa ou onde podem, o pedaço de pão que será todo seu alimento até a hora de voltarem para casa.

"Assim, ao cansaço de um dia desmedidamente longo, uma vez que dura pelo menos quinze horas, acrescenta-se, para esses infelizes, a fadiga das idas e vindas tão frequentes, tão penosas. Resulta que à noite chegam em casa assaltados por uma necessidade de dormir e que no dia seguinte saem antes de terem conseguido repousar completamente, a fim de estarem na fábrica no início do expediente."

:: Teoria

:: Modos de combinar figuras e temas

:: Carta e diário

Tomemos dois gêneros afins, o epistolar e o diário, para examinar modos de combinar figuras e temas nos textos. Para o epistolar, tomemos a carta familiar ou íntima. Tanto na carta como no diário preveem-se convergências para o modo de dizer, entre as quais está a explicitação da data do ato da escrita e a instalação, no enunciado, do *eu* "que fala". Esses mecanismos são respaldados por temas e figuras circunscritos à esfera do sentido dado segundo a cotidianidade e não segundo a institucionalização das relações humanas. Com a explicitação da data, temos o narrado construído em concomitância com o momento da enunciação, o que resulta na presentificação temporal, entendida como sistema temporal enunciativo. Nesse sistema, tanto a anterioridade (passado, ontem), como a posterioridade (futuro, amanhã) relacionam-se ao *agora* do ato de dizer, concretizado na data. Importa que o leitor, na carta e no diário, pode e sabe identificar com precisão a que dia do mês e do ano se refere o *hoje*.

Se tomarmos uma variação do gênero *carta*, o cartão postal, veremos, num cartão enviado por Tarsila do Amaral a Mário de Andrade, a data, 8 de setembro de 1924. Esse é o marco referencial presente, em função do qual se organiza o dito: *Mário,* [peço-lhe agora, 8 de setembro de 1924 e daqui de onde estou, que] *não se esqueça de mandar-me notícias suas.* A data explicitada figurativiza o marco referencial presente e ancora o *hoje* numa divisão do tempo crônico, esse dia 8 do mês de setembro, do ano de 1924, como está manuscrito à tinta, sobre o mar. A cena enunciativa prevista para o gênero *cartão postal,* tal como a carta íntima, permite, diferentemente de uma carta comercial ou administrativa, cobrar imperativamente a presença afetiva do outro: *Não se esqueça de mandar-me notícias suas e das brigas literárias d'ahi.* A propósito, ao usar o advérbio de lugar *aí*, confirma-se a importância dada ao destinatário, o *tu* com quem se fala, *Mário*, respeitado no seu próprio espaço, *aí*. A cena enunciativa permite ainda fortalecer a cumplicidade do tom da voz, diferentemente da carta comercial. Essa cumplicidade se fortalece no tema da troca de confidências sobre conflitos entre ideais estéticos, dados como *brigas literárias.* Essa cumplicidade orientará modos de combinar figuras e temas.

Segue o cartão.

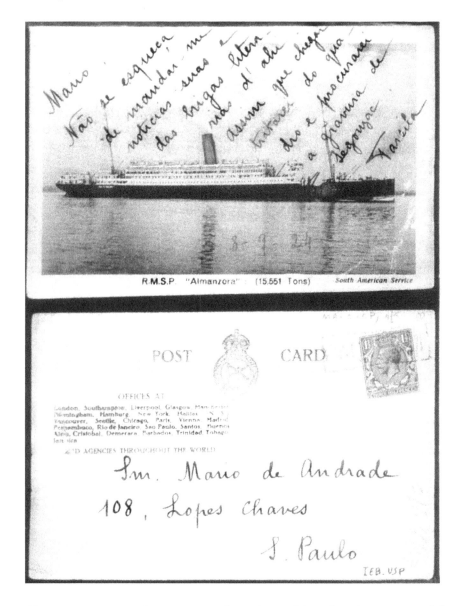

Para a carta, repetimos que será aqui considerada não a comercial, a administrativa, mas a trocada entre amigos e familiares, namorados, a carta íntima, enfim. Para o diário, gênero que cuida dos registro dos acontecimentos do dia a dia, organizados em progressão cronológica, será considerado o discurso orientado predominantemente não para aventuras ou acontecimentos relacionados a viagens e exploração de territórios e mares; esses diários que privilegiam a performance do sujeito e a descrição dos lugares visitados. Interessará o discurso voltado para o registro íntimo dos acontecimentos do dia a dia, organizados em tom confessional, o que supõe o simulacro de um mundo que, além de privado, é estabelecido por meio da prevalência dos "estados de alma".

Voltemos à carta. Concomitantemente à instalação obrigatória do *tu* no enunciado, consolida-se a presença do próprio *eu*, o sujeito "que fala". Exacerba-se ainda a presença daquele com quem é trocada a correspondência, o que contribui para o efeito de tom cúmplice da voz.

Na carta, o tom cúmplice se legitima ao ser dada a enunciação como presença redundantemente atestada por meio: da assinatura e da instalação do narrador dito de primeira pessoa; da designação onomástica do destinatário, feita no envelope e ratificada no vocativo de abertura. A confirmação da segunda pessoa do discurso manifesta-se, seja no próprio emprego do imperativo, como o exemplo do cartão, *não esqueças* (tu), *não esqueça* (você), seja por meio da desinência número-pessoal dos verbos, *sabias, saberás*, seja por meio do emprego dos pronomes (*tu, teu, você, seu*), seja ainda por meio do uso de advérbios que dizem respeito ao espaço do leitor, como *aí*.[8]

O simulacro de conversa encetada sob a modalidade escrita fica confirmado na carta. A cena da enunciação, dada no circuito das relações familiares ou de amizade e de amor e fincada no enunciado na relação narrador/narratário explicitados, robustece o próprio efeito de subjetividade. Para isso contribui a exacerbação da presença do destinatário. É ao *tu* instalado e figurativizado no enunciado que o narrador se dirige recorrentemente. O espaço enunciativo acaba por se fortalecer, dessa maneira, como previsão genérica.

No diário, a cena da enunciação, dada como confissão íntima com que se investe o registro de fatos, dilui o papel do *outro*, o narratário. No diário temos a imagem do sujeito como a daquele que escreve para si, ou daquele que "'se escreve' (reflexivamente), primeiro para si mesmo".[9] O *outro*, o narratário, permanecerá implícito, o que auxilia o efeito de solilóquio, como neste trecho dos *Diários de Sylvia Plath*:

> *Terça-feira de manhã: 20 de março:* Meu primeiro dia: páginas em branco: uma página em branco. Ainda cansada, mas quente e confortável. Decidida a não sair: lá fora, apenas o ruído sibilante e chocho dos carros passando no piso molhado.[10]

O narratário será ainda o próprio diário, investido da condição de sujeito, ouvinte e cúmplice, como segue exemplificado nesta tira de história em quadrinhos, de Angeli. Nesse caso, o *eu*, que fala para si mesmo, como compete ao gênero, humaniza o próprio diário.

CHICLETE COM BANANA - Angeli

Fonte: *Folha de S.Paulo*, 21.09.2004, p. E7.

O narratário será, por fim, o *tu* (o próprio diário), declaradamente ficcionalizado: *Querida Kitty*, como no diário de Anne Frank: *Quinta-feira, 1º de abril de 1943. Querida Kitty. Não estou com humor para contar mentiras (veja a data). Pelo contrário, hoje posso citar com segurança o ditado: "A desgraça nunca vem só*.[11] A propósito, é a própria Anne Frank, quem, no sábado, 20 de junho de 1942, ao justificar a prática de escrever diário, como compensação por não ter amigo, assim se expressa:

> Para melhorar a imagem do amigo [o diário], há muito tempo esperado em minha imaginação, não quero jogar os fatos neste diário do jeito que a maioria das pessoas faria; quero que o diário seja como uma amiga, e vou chamar esta amiga de *Kitty*.[12]

Importa que, no diário, o *eu* fala sempre para si mesmo. No entanto, para dar uma certa objetividade, considera o "si mesmo" como o próprio diário, chegando até a humanizá-lo, como vimos. O que vale ainda é que, mantida a regra da explicitação do narrador, tanto a carta como o diário, aqui considerados da cena íntima, viabilizam determinada esfera de sentido que prevê certa liberação de emoções. Temos a temática consoante ao gênero ("acontecimentos da nossa vida, mesmo íntima"), respaldada então por uma abertura no que diz respeito ao modo de combinar figuras e temas.[13] Uma carta íntima, diferentemente de uma carta comercial, permite certas liberdades para o dizer. Uma carta comercial não supõe o emprego de paradoxos e de sinestesias. Entre essas liberdades para o dizer, podemos também citar o uso da prosopopeia, que liga às rodas de um trem a ação de entoar canções de ninar:

> 31 de dezembro de 1955 – 1º de janeiro de 1956
> Véspera do Ano-Novo: 1956
>
> No trem: observando hipnotizada a escuridão através da janela, sentindo a incomparável linguagem rítmica das rodas a entoar canções de ninar, resumindo os impulsos da mente

Lição 9 :: 313

como a repetição de um disco riscado: repetindo sem parar: deus está morto, deus está morto, indo, indo, indo. e o puro regozizo com isso, o balanço erótico do vagão. A França se abre como um figo maduro em minha mente; estamos violentando a terra, não vamos parar.[14]

Firmada, então, na carta e no diário íntimos, a cena da cotidianidade, podemos observar, pelo modo próprio de associar temas e figuras, um modo de dizer que se pode voltar para a ruptura em relação à própria cotidianidade. Por conseguinte, nos gêneros *carta* e *diário íntimos*, a cena enunciativa, ajudada pela instalação do narrador participante dos acontecimentos narrados, ou seja, o narrador dito de primeira pessoa, respalda-se pela temática que assoberba a vida privada em detrimento da pública, a paixão em detrimento da ação. Fica ainda a cargo de diferentes modos de dizer, a partir do mesmo gênero, carta e diário íntimos, promover maiores ou menores rupturas, devido ao modo de combinar temas e figuras. É importante não perder de vista que são os discursos que escolhem os gêneros em função de suas coerções semânticas.

Mas é bom atentar para o outro tipo de carta, a comercial. Nesta, mesmo com o narrador dito de primeira pessoa e com a temporalização dada em função do presente da enunciação, confirma-se certa censura, que congela o dizer e o dito, devido à temática voltada às relações de negócios. Temos então um sujeito que se esconde sob as fórmulas protocolares. Assim sendo, não só a temática, mas também o modo de combinar temas e figuras são alterados entre uma carta comercial e uma carta íntima. Tomemos uma sinestesia, como "luz úmida e quente do seu corpo" e um paradoxo como "toquei a aspereza macia de seus ombros". Sinestesias e paradoxos tornam-se incompatíveis com as cartas comerciais e de emprego raro ou contingente nos diários de viagem. Deste último, seguem como exemplos dois registros dos *Diários de Langsdorff*.[15]

17/07 [1824]
Pela manhã, pouca neblina, + 12ºR.
Por volta das 9h, partimos e chegamos depois de um quarto de légua à Capela de São José, onde mora um padre. Havia poucas casas. Meia légua adiante, alcançamos a fazenda de Joaquim Souza, cuja fachada era muito convidativa. Já de fora percebe-se toda a organização e conservação da fazenda, e que ela é bem administrada. De lá chega-se, meia légua depois, à casa de Antônio Francisco, e, mais meia légua, até Sobradinho. Até a Capela de São Januário é um quarto de légua, também chamada de Aldeia d'Ubá. Percorremos mais meia légua até a fazenda do Capitão-Mor de Piranga, onde chegamos às 3h da tarde.
Todo o caminho percorrido hoje era bastante bom. Com exceção de algumas descidas por encostas de colinas, o caminho era geralmente plano, em vales ora amplos, ora estreitos. As florestas eram altas, a terra, muito fértil e um pouco úmida. Milho, arroz, cana-de-açúcar, café, etc., prosperam muito bem. O algodão nem tanto; é comercializado em pouca quantidade e trabalhado, fiado e tecido pelas mulheres.

[...]
Desde ontem, tivemos oportunidade de ver alguns índios Coroado. Frequentemente alguns são empregados na fazenda do Capitão-Mor. Eles se entregam à bebedeira de aguardente e vão sendo cada vez mais cercados e confinados pelos portugueses, até mesmo exterminados. Os poucos que ainda se veem são civilizados, pelo menos batizados, e a maioria, vestida. Como índios típicos veem-se muito poucos Coroado. Os Puri, que vivem mais na vizinhança e nas praias do rio Pardo, são mais reservados e procuram se distanciar tanto dos portugueses quanto de outros índios. Dizem que são muito traiçoeiros e maus.

03/11 [1824]
Hoje será um dia agradável e tranquilo: o Sr. Rugendas partiu. Que Deus o acompanhe![16] Hoje me trouxeram balsâmica, também sete-sangrias – *Mikania*, uma planta cujas folhas têm odor balsâmico e é, conforme me disseram, um antiescorbútico. A raiz de mil-homens (*Aristolochia*) dá um chá agradável, frequentemente usado contra a febre, picada de cobra e muitos outros casos.
Desde que estou na vizinhança do rio das Velhas, tenho visto novamente pessoas idosas e jovens com dentes bonitos, o que é raro na Província do Rio de Janeiro. Anciãos de 60-70 anos ainda exibem todos os dentes.
Desde que cheguei à Província de Minas Gerais, ainda não tive dor de dente, enquanto que, no Rio de Janeiro, eu sofria quase todos os dias.

Que se atente para o olhar que privilegia ora a performance do sujeito no ir e vir da expedição (*partimos e chegamos*) e ora se detém na descrição dos costumes. Esse olhar, se voltado sobre as coisas, não as humaniza. Se o fizesse, criaria a prosopopeia, da qual, aliás, temos mais um exemplo trazido por Sylvia Plath: *Quarta-feira, 16 de setembro de 1959: Caminho pela horta, as vagens pendem dos galhos, vejo abóboras amarelas e alaranjadas, engordando à sombra das folhas.*[17] *Engordar*, que supõe a presença do traço humano, combina-se no texto com a figura da abóbora, uma planta que dá fruto comestível. A associação humano/vegetal estabelece a prosopopeia.

Assim sendo, as escolhas de Sylvia Plath radicam um tom de voz mais intenso, que compõe um mundo mais impactante. Esse tom é diferente do depreeensível dos diários de Langsdorff. Nestes, um sujeito olha o mundo mais na sua extensão, como se o focalizasse por meio de uma câmera fotográfica para uma foto de vista aérea. Nestes, é oferecido, para o sujeito, um lugar de menor ansiedade, sem que sejam eliminadas as contradições do existir. Mas a dor se reveste, nos diários de Langsdorff, do traço do testemunhável, ou daquilo que deve, evidente e consensualmente ser, como uma dor de dente. Jamais é tematizada a dor de estar e de não estar, concomitantemente, no mesmo lugar, o que funda o paradoxo, como será visto em página do diário de Sylvia Plath: *Entro na classe* [sala de aula] *e não estou ali*. Temos então, a partir da utilização do gênero *diário* e de suas variações, a construção de dois estilos.

Na carta e no diário íntimos criam-se mecanismos para que o discurso possa movimentar-se segundo as multiplicidades das sensações, o que remete a diferente posição de leitura. Destaca-se o uso da sinestesia, que associa, no mesmo enunciado, figuras representativas de sensações advindas da visão, da audição, do tato, do olfato, paladar e, por isso, prevê um leitor sem pressa para o deleite da percepção simultânea. Do primeiro trecho aqui citado de Sylvia Plath, podemos recortar como exemplo de sinestesia *o ruído sibilante* (audição) *e chocho* (tato) *dos carros.*

O que vale é reconhecer que, para a consolidação da cena da cotidianidade, a carta e o diário íntimos contribuem para esse modo de combinar temas e figuras, o qual pode tangenciar o não cotidiano, por discursivizar o inusitado, como fica demonstrado na página que segue, dos mesmos *Diários de Sylvia Plath.*

> Sexta-feira à noite, 21 de fevereiro de 1958: Suponho que o simples fato de eu ser capaz de escrever aqui, segurando a caneta, prove minha capacidade de seguir vivendo. Por algum motivo a fadiga acumulou-se durante esta semana, como um lodo pesado no qual afundo. Lá fora, na débil luz verde espectral, gritos, gargalhadas e canções abortadas. "Se você não estiver ouvindo, vamos gritar mais alto ainda." E gritavam mais alto. O incessante e incômodo ruído dos pneus dos carrros, das marchas engatadas. Como anseio pela aurora, cinco, seis horas da manhã, quando a metrópole populosa emudece, mergulhada no torpor que antecede o raiar do dia. Aquelas auroras azuis e frescas do canto dos pássaros de Cambridge – aqui não há pássaros, apenas homens cansados e desanimados arrastando-se para o trabalho. Coragem, pessoal. E pessoas a entrar e sair da igreja de tijolo a qualquer hora. Hoje – a última etapa, graças a George Washington. Acordei após 9 horas de sono, ainda exausta e revoltada, sem vontade de conduzir meu corpo entorpecido à sala de aula: problema de identidade: Ted diz: "Em vinte e cinco minutos você estará falando aos alunos". Enrolei o quanto pude, tomando café na caneca de louça grossa marrom, esperando a revelação no café, que não ocorreu, vesti a roupa, rasguei a meia ao calçá-la, saí na manhã cinzenta fosca, opaca, lerda feito uma lesma, engatando a marcha com dificuldade para iniciar a jornada até o estacionamento da faculdade, o ponteiro dourado na torre da reitoria estava parado em cima do 9. Corri pela calçada coberta de gelo e areia, pronto, o sinal tocou, entro na classe meio zonza, os rostos se erguem, esperando que eu diga algo, e eu não estou ali de verdade, sinto-me vazia, entediada, ouço minha voz despejar com leveza a estrutura irônica de Édipo, que, percebo, nem eu mesma entendo: É loucura tentar iludir os deuses. Ou: somos todos predestinados – ou ainda: temos livre-arbítrio e precisamos ser responsáveis. Como fiquei contente quando o sinal tocou.[18]

:: Antítese, sinestesia, prosopopeia, paradoxo[19]

[Aqui dentro] *o lodo pesado no qual me afundo. Lá fora, na débil luz verde espectral, gritos, gargalhadas e canções abortadas.* Aqui dentro, lá fora; lodo pesado, débil luz. Temos aí a apresentação de temas e figuras que se opõem. São estabelecidas diferenças, portanto, entre dois termos: *aqui vs. lá* (proximidade *vs.* distância em relação ao enunciador); *pesado* [lodo] *vs. débil* [fraca, leve, luz]. Temos a antítese. Com tal oposição, a antítese combina ideias contrárias entre si. O efeito de sentido vale então mais como o choque dos contrários e menos como a informação veiculada por meio de cada escolha lexical em particular.[20]

A propósito, tal modo de combinar temas e figuras é retomado no final do texto de Sylvia Plath, no recorte dos pensamentos da narradora durante a aula que ministra sobre Édipo: *Ou: somos todos predestinados – ou ainda: temos livre-arbítrio e precisamos ser responsáveis.* Ser predestinado e ter livre-arbítrio são, cada qual, conceitos que carregam em si a negação de seu contrário. Ser predestinado é não ter livre-arbítrio, é não ter poder de decisão sobre o próprio destino; ter livre-arbítrio é poder efetivamente decidir sobre a própria vida, é não ser predestinado. Sylvia Plath constrói a antítese, opondo o livre-arbítrio à predestinação, para testemunhar principalmente não o mal-estar diante do *outro*, os alunos que a acompanham, mas as oposições conceituais que fundamentam justificativas do próprio existir humano. A antítese desvela, assim, diferenças, que emergem de semelhanças. No caso do peso do lodo e da leveza da luz, o elemento comum entre peso e leveza é a ponderabilidade, no sentido daquilo que se pode pesar; no caso da predestinação e do livre-arbítrio o elemento comum é o poder humano de decisão sobre a própria sorte.

Compete ainda uma pergunta sobre o mesmo trecho recém-citado de Sylvia Plath: Como são dadas as sensações advindas do mundo "lá fora"? *Lá fora, na débil luz espectral, gritos, gargalhadas e canções abortadas.* Constatamos que gritos, gargalhadas e canções se misturam com a débil luz verde espectral; aqueles associados a esta. Temos então a mistura das sensações auditivas com as visuais, o que resulta na sinestesia. É recorrente, aliás, no modo de dizer de Plath, o uso da sinestesia: *Acordei numa escuridão morna; Sinta o cheiro da neve; fedor acre infernal do piche,*[21] entre tantos outros.

Como anseio pela aurora, cinco, seis horas da manhã, quando a metrópole emudece. Tornar-se mudo, silenciar-se, remete à dimensão humana do sentido, até devido à oposição implícita, *emudecer vs. falar*, dada como antonímia. A combinação feita entre figuras atribui à metrópole o ato de emudecer, resultando nessa cidade que se cala e, portanto, fala. Assim se compõe a prosopopeia, segundo a qual a cidade foi personificada. A prosopopeia faz com que uma coisa, um fenômeno da natureza ou um animal possa e saiba falar, possa e saiba apresentar-se com características humanas. No mesmo texto, temos outra ocorrência da prosopopeia, dada agora de maneira dupla, pela humanização e pela reificação: *Ouço minha voz despejar com leveza a estrutura irônica de Édipo*, no relato das percepções da professora durante a própria aula. A voz, dada num recorte metonímico, é quem dá a aula, é quem "despeja" a matéria a ser lecionada. A voz é a pessoa. Por sua vez, a professora somente pode ouvir a própria voz. Está inerte, sem vida própria, coisificada ou reificada. Já dissera, aliás: *Entro na classe e não estou ali de verdade, sinto-me vazia, entediada*. A preparação para o humano transformar-se em coisa já estava feita no próprio texto. Consuma-se a reificação do sujeito, dado como incapaz de assumir a própria voz, esvaziado que está da própria humanidade.

Voltemos aos mesmos diários:

> Domingo à noite: 23 de fevereiro de 1958: Sinto que vivi o suficiente para passar a vida em recordações, refazendo encontros e desencontros com pessoas, sãs e insanas, estúpidas e brilhantes, lindas e grotescas, infantis e antiquadas, frias e calorosas, pragmáticas e sonhadoras, mortas e vivas.[22]

As pessoas, sãs e insanas, estúpidas e brilhantes, lindas e grotescas, infantis e antiquadas, frias e calorosas, pragmáticas e sonhadoras, mortas e vivas – eis um mundo dado segundo os contrastes que ele contém. Plath aproxima elementos contrários entre si para afinar o olhar na direção do inacabamento do próprio mundo, que a atravessa de maneira intensa. Esse arranjo dado pela oposição entre temas e figuras consolida a antítese. Se tivesse sido dito que as mesmas pessoas eram sãs e insanas ao mesmo tempo, teríamos um paradoxo.

Há, por conseguinte, diferença entre paradoxo e antítese. Enquanto o paradoxo reúne elementos contrários e simultâneos, a antítese os reúne, mantendo-os não simultâneos. Exemplos: Aqui, muitos escravos; lá, poucos senhores. Ontem, a riqueza; hoje, a miséria. Nesse caso, *aqui e lá, ontem e hoje*, contrários entre si como marcação de espaço e tempo, impedem a simultaneidade dos elementos contrários, dados nas figuras de *escravos e senhores, riqueza e miséria*. Temos a antítese. Diferente seria dizer: Eram escravos aqueles senhores. A riqueza miserável os sustentava. Nesse caso teríamos o paradoxo.

Interessante é notar que esse modo próprio de combinar temas e figuras, que resulta no paradoxo, foi considerado, por estudiosos do assunto, base para um efeito dito de aberração, termo que, no dicionário, apresenta a acepção daquilo "que se afasta do tipo normal, que se afasta da regra, que é contrário à razão". Uma ideia, um comportamento tido como aberrante, é considerado absurdo e insensato.[23] O antônimo de aberrante é normal, no mesmo dicionário consultado. Podemos aproveitar tal explicitação e dizer que a singularidade do estilo *Sylvia Plath*, a partir do modo próprio de utilizar o gênero *diário* e suas variações, e a partir de um modo próprio de combinar temas e figuras segundo sinestesias e paradoxos recorrentes, está nessa aberração, entendida como ruptura da cotidianidade do dizer. Essa ruptura promove a surpresa e o choque, ao confirmar o desmantelamento do mundo.

Não causa estranheza então, nos *Diários de Sylvia Plath*, um modo de combinar figuras e temas, que resulta no efeito do insólito, ao juntar um poema com um bolo, em: *Gosto de [...] como* [meu marido] *demonstra seu contentamento quando cozinho para ele e sua alegria quando faço algo, um poema ou um bolo.* Poema e bolo foram combinados, mas pertencem a percursos figurativos diferentes: aquele, é da criação poética; este, é do trabalho manual caseiro. Com tal combinação, Plath relativiza as próprias diferenças.

A manutenção desse efeito do insólito se dá também na reunião da filosofia e da religião com uma flor e na reunião de monstros com respostas, para que se consolide o aparente caos como cena fundante, dos diários e da vida. Vejamos então os comentários sobre o papel da literatura, em seção incluída nos diários de Sylvia Plath, como *Notas sobre as sessões com RB: sexta-feira, 12 de dezembro de* 1958:[24]

> As pessoas leem [o que é dado na literatura]: reagem como reagem a uma pessoa, uma filosofia, uma religião, uma flor: gostam ou não gostam. A literatura as ajuda, ou não ajuda. Serve para intensificar a vida: você se entrega, experimenta, pergunta, olha, aprende e dá forma a isso: consegue mais: monstros, respostas, cor e forma, conhecimento.[25]

Em outro exemplar de diário íntimo, uma página de *O diário de Anne Frank*, são enfatizadas as contradições vividas pela adolescente Anne Frank, enclausurada com a família e com vizinhos num gueto chamado Anexo, durante a Segunda Guerra. Vejamos uma página que se abre justamente a partir de brigas entre as famílias:[26]

> Sábado, 15 de janeiro de 1944
>
> Minha querida Kitty,
> Não há motivo para eu continuar descrevendo todas as nossas brigas e discussões até os mínimos detalhes. Basta dizer que dividimos muitas coisas, como carne, gordura e óleo, e que estamos fritando nossas próprias batatas. Ultimamente comemos um pouco mais de pão de centeio, porque às quatro horas já estamos com tanta fome que mal podemos controlar os roncos no estômago.
> O aniversário de mamãe se aproxima rapidamente. Ela ganhou um pouco de açúcar extra do Sr. Kugler, o que causou inveja nos van Daan, porque a Sra. van D. não recebeu nenhum no seu aniversário. Mas qual é o sentido de chateá-la com palavras agressivas, conversas lamentáveis e lágrimas quando sabe que isso chateia ainda mais?

Mamãe contou um desejo, que provavelmente não vai se realizar tão cedo: não precisar ver o rosto da Sra. van Daan durante duas semanas inteiras. Imagino se todo mundo que divide uma casa acaba cedo ou tarde se desentendendo com os outros moradores. Ou será que simplesmente tivemos azar? Nas horas das refeições, quando Dussel pega um quarto do molho e deixa o resto para todos nós, perco o apetite e tenho vontade de pular, derrubá-lo da cadeira e jogá-lo pela porta.

Será que a maioria das pessoas é tão pão-dura e egoísta? Desde que vim para cá aprendi alguma coisa sobre a natureza humana, e isso é bom, mas por enquanto já basta. Peter diz a mesma coisa.

A guerra vai continuar, independentemente das brigas e do desejo de liberdade e ar puro, por isso deveríamos tornar a nossa estada o mais agradável possível.

Estou fazendo sermão, mas também acredito que, se eu morar aqui durante muito mais tempo, vou me transformar num pé de feijão velho e seco. E na verdade só quero ser uma adolescente!

Sua Anne[27]

As contradições vividas pela adolescente confinada se sustentam nas oposições dadas em relação: ao alimento, *muita fome vs. pouca comida*; aos coabitantes do gueto, *desejo de paz vs. certeza de conflitos*; ao estar no mundo, *querer viver a liberdade vs. saber não poder viver a liberdade*. Mas essas oposições não chegam a produzir antíteses e paradoxos. No final, temos a metáfora, que remete à transformação futura a ser sofrida pela menina: ela será *um feijão velho e seco*, se permanecer por muito tempo presa naquele lugar.

"O mundo lá fora", partido entre guerra e paz, e o "o mundo cá dentro", impregnado pela convivência íntima forçada, apesar do desejo de "ar puro", são dados por um modo de dizer, que não permite a depreensão, pelo leitor, de um corpo curvado e de um caráter lamentativo e submisso. Não custa lembrar outra passagem, que retoma, aliás, a isotopia do alimento, brincando, em meio à tragédia, com a "dieta".

Terça-feira, 27 de abril de 1943
Querida Kitty
Nossa comida é terrível. O desjejum consiste de pão com manteiga e uma imitação de café. Nas duas últimas semanas o almoço foi espinafre ou alface cozida com batatas enormes que têm um gosto podre, adoçado. Se você está tentando fazer dieta, o Anexo é o lugar certo! No andar de cima eles reclamam muito, mas nós não achamos que seja uma tragédia tão grande.

Ressalta-se que é escolhido pela narradora o questionamento e não a asserção, para definir a "natureza humana" em relação aos traços morais de agressividade, egoísmo e avareza percebidos. Que o digam as perguntas retóricas: *Será que simplesmente tivemos azar* [devido às brigas com os coabitantes]?

Será que a maioria das pessoas é tão pão-dura e egoísta? O que se depreende é a esperança, baseada na manutenção da crença em relação ao *outro*. Tal cena é incompatível com a autovitimização, que sustentaria o corpo curvado.

Para destacar a combinação de temas e figuras, observamos que o olhar da adolescente mantém certa distância em relação aos fatos, o que lhe permite construir o mundo mais extensamente, o que significa com um recorte mais amplo e de menor impacto; o que significa com rarefação de figuras combinadas sob paradoxos e antíteses. Esta combinação em uso recorrente daria um acento mais emocional à voz. Por meio das distâncias estabelecidas pelo olhar judicioso, consolida-se o simulacro da sensatez, que sustenta o corpo ereto, a voz firme, nessa página de diário. Fica ratificada a imagem do sujeito como aquele menos delirante e mais propenso à racionalidade. É da própria Anne Frank, aliás, esta autodefinição:

> Até agora eu estava absolutamente convencida de que os van Daan eram totalmente culpados das brigas, mas agora tenho certeza de que a culpa também foi nossa. Tínhamos razão, mas pessoas inteligentes (como nós!) deveriam ter mais ideia de como lidar com os outros.[28]

Por fim, a ausência de sinestesia consolida o tom da voz, enquanto firma a diferença em relação aos *Diários de Sylvia Plath*. Nestes, um plano diferente de leitura se instala. A alta recorrência tanto da sinestesia como da prosopopeia e do paradoxo confirma, para o tom da voz, o acento de "aberração", associado à loucura, se utilizarmos as noções dadas pelos estudos comentados acerca do paradoxo. Acontece, porém, que Sylvia Plath, ao oferecer a exame esse modo de dizer afastado da dita normalidade, toca a poesia com a prosa. Eis a razão da ruptura da cotidianidade desse modo de dizer. Importa, entretanto, por ora, distinguir, a partir do gênero *diário* e de sua variação, *diário íntimo*, dois diferentes tons de voz, dois estilos, conectados cada qual a um modo próprio e recorrente de combinar temas e figuras: Sylvia Plath e Anne Frank.

Uma última palavra deve ser dita sobre a sinestesia recorrente nos *Diários de Sylvia Plath*. Que fique, dessa fusão da tatilidade com a audição, da visão com o olfato, do paladar com a visão e outras tantas combinações sensoriais promovidas por tais diários, o efeito de fratura da vida e do discurso. É essa fratura, aliás, que verdadeiramente faz a prosa encontrar a poesia.

O que ocorre nos diários ocorre nas cartas, no que diz respeito a modos de combinar temas e figuras. Não custa então lançar um olhar ligeiro sobre uma carta enviada por Manuel Bandeira a Mário de Andrade.

Rio de Janeiro, 2 de abril de 1925[29]

Mário.

Cheguei ontem aqui e encontrei sua última cartinha sem data. Vou demorar-me alguns dias, enquanto não subloco os quartos da casa. Depois pretendo passar umas três semanas numa sitioca do estado do Rio, casinha de teto de sapé, com varanda em roda, o mar na frente, a mata atrás. Estando assim indeterminada a partida, convém mandar desde logo a correspondência para o endereço já dado P.E.F. do Sr. Carlos Blank, rua de São Bento, 1 sobrado, Rio. [...]

Comovente o "Poema acreano". Mas a forma não me parece ainda bem madura. Sou mesmo rabugento com você! O que vale é que você compreende a minha intenção. Longe de querer bancar o superior, sinto-me inutilizado pela sua personalidade. É verdade. Você me fez um mal safado. Você descobriu o grande poema brasileiro. Todas essas coisas da terra que você diz tão amendoim-torradamente (a palavra brasileira é midubim, do tupi; em Pernambuco só se diz midubim; amendoim foi asneira erudita, que pegou no Sul, mas a palavra é bonita), eu sufocava dizer. Não sabia como. Você achou como. Que vontade tenho que você viaje ao Norte, veja os engenhos, o Pará e Amazonas, e depois, o Rio Grande do Sul. Sinto que há em você a possibilidade de mais uns 4 ou cinco longos poemas como o "Carnaval carioca" e o "Noturno de Belo Horizonte". Este carnaval, num baile do Bidge-Club de Petrópolis tive a sensação panorâmica do Brasil e que bruta emoção senti vendo aquele povo dançar tão brasileiramente! Passei uma semana trabalhando num longo poema que abandonei porque era mais seu do que meu. Escangalhei-o e conservei pedaços. Assim em pedaços é mais meu. Mandarei na carta seguinte. Diga-me com franqueza se podem passar por meus. Outra coisa em que você me fez mal, foi de chamar a atenção para os meus diminutivos. Agora só me parece que tudo é piquititinho. Quero tirar o diminutivo e fica sem graça. Então não sei o que fazer. Antigamente eu não tinha consciência e portanto não tinha escrúpulo. Você verá depois se ainda é qualidade do defeito ou se é só defeito. [...]
E ciao.

Manuel.

A carta, que confirma a confiança entre os dois velhos amigos, funda, devido ao modo de dizer, um tom ameno de voz. Apresenta então comentários sobre o próprio exercício da escrita, permeados pelo carinho mútuo entre ambos os artistas, mesmo com as "alfinetadas" aparentes. Em tal contexto é rarefeito, mas não ausente o paradoxo. Fala-se, aliás, em *qualidade do defeito*, ao fazer referência ao "defeito" por usar insistentemente o diminutivo. Entretanto, em função do sentido dado pela totalidade da mesma carta, tal combinação de temas e figuras consolida ali o tom lúdico da voz.

Vê-se que o emprego do paradoxo e de outros recursos, criados por um modo próprio de combinar figuras e temas, não apresenta um sentido "em si", fora do discurso ou previamente a ele. É a situação de comunicação que orienta a função de uma antítese, de um paradoxo, de uma sinestesia, de uma prosopopeia.

Para ainda um breve exame, temos uma das cartas enviadas por Clarice Lispector ao amigo Fernando Sabino.[30]

> Washington, 21 setembro 1956, sexta-feira
>
> Fernando,
> Recebi ontem, quinta-feira, sua carta, tendo antes recebido o telegrama que me emocionou muito – para dizer a verdade, parece que me emocionei ainda mais com a amizade que com a referência ao livro. Sua carta está ótima, Fernando. Li e reli. Você tem razão em todos os reparos que fez, e já comecei ontem mesmo a estudá-los e aplicá-los, menos os mais difíceis. Por exemplo, você tocou num ponto que desde o começo da escritura (!) do livro me afligiu: o tom conceituoso, dogmático. Vou tentar explicar, mas explicar não justifica.
>
> 1) Eu queria me pôr completamente fora do livro, e ficar de algum modo isenta dos personagens, não queria misturar "minha vida" com a deles. Isso era difícil. Por mais paradoxal que seja, o meio que achei de me pôr fora foi colocar-me dentro claramente. Como indivíduo à parte, foi "separar-me" com "eu" dos "outros". (Está confuso?) Hesitei muito em usar a primeira pessoa (apesar desse tipo de isenção me atrair), mas de repente me deu uma rebeldia e uma espécie de atitude de "todo mundo sabe que o rei está nu, por que então não dizer?" – que, na situação particular, se traduziu como: "Todo mundo sabe que 'alguém' está escrevendo o livro, por que então não admiti-lo?"
> 2) Outro motivo do tom conceituoso, esse motivo mais íntimo e puramente pessoal, foi (suponho) a necessidade de enfim não ter medo de, afirmando, errar. Foi uma coragem, se bem que trêmula, se bem que incrédula de si mesma. Como você está vendo, explicar não justifica. Resta uma pergunta a mim, mas sobretudo a você: cortar a primeira pessoa exigiria uma alteração profunda no livro? Tenho medo de, tirando a primeira pessoa, ter que mexer em muito mais. É preguiça minha, também. Se eu for um pouco bondosa comigo mesma, direi que é mais que preguiça: é exaustão de sentimentos, quanto ao livro e quanto em geral.
> Ultimamente, como você uma vez me escreveu citando Rubem, passaram-se muitos anos. Para modificar a estrutura do livro, eu teria que me pôr no clima dele de novo – o que me apavora, pelo menos neste instante. Foi um livro fascinante de escrever, aprendi muito com ele, me espantei com as surpresas que ele me deu – mas foi também um grande sofrimento.
> [...]
> Me escreva, sim? Escreva depressa mesmo. E me mande seu livro. Por Deus, Fernando, até parece que estou mesmo falando inutilmente e que você não tem a menor intenção de mandá-lo.
> Não sei como agradecer sua amizade, Fernando.
> Tanta saudade da
>
> Clarice

Observemos estes segmentos:
O meio que achei de me pôr fora [do livro] foi colocar-me dentro claramente.
Foi uma coragem trêmula.
Ultimamente passaram-se muitos anos.

Coragem (ausência de medo) e tremor (manifestação de medo); ultimamente (período curto de tempo) e muitos anos (longa extensão de tempo); estar fora e estar ao mesmo tempo dentro do mesmo livro: eis um modo de dizer dado a encadear em simultaneidade elementos contrários entre si. Eis um sujeito que, ao se utilizar do argumento de autoridade, escolhe justamente o paradoxo ou, ao criar paradoxos, chega a alertar para eles: "Por mais paradoxal que seja..."[31]

O tom questionador da voz em relação ao ato de escrever, que supõe o próprio estar no mundo, não se exime de declarações dos "estados de alma", que reafirmam o "elo existencial" entre remetente e destinatário, como é próprio à carta familiar, tomando para nós palavras de Landowski. Esse autor indica, aliás, para a carta administrativa, "o princípio de um intercâmbio estritamente instrumental".[32] Mas importa salientar, na carta de Clarice, como o modo de combinar temas e figuras se alia ao tom de não convencionalidade de um dizer, num discurso que constrói de modo próprio o referido elo entre sujeitos; num discurso que insiste em minimizar distâncias, seja a do narrador em relação ao narratário, seja a do narrador em relação ao ato de narrar. Para a despedida, não basta então confirmar a "saudade de Clarice", mas é preciso assegurar "tanta saudade de Clarice". Para as linhas finais, não basta um vocativo, "Fernando", mas foi preciso dois: "Por Deus, Fernando"; "Não sei como agradecer sua amizade, Fernando". Assim, o sujeito-remetente se afirma como mais apegado não só ao destinatário da carta, como dissemos, mas principalmente ao ato de dizer, enfatizado pelas próprias contradições. A propósito, o gosto por desentranhar contradições se ampara na recorrência de paradoxos como: "por não ter o que dizer, até livro já escrevi"; "talvez a vida seja a morte"; "quando a gente morre, acorda e vive com medo de morrer, quer dizer, de tornar a viver". Vejamos como ocorrem esses paradoxos nas cartas:

Washington, 25 outubro 1954[33]

Alô, Fernando,
estou escrevendo pra você mas também não tenho nada o que dizer. Acho que é assim que pouco a pouco os velhos honestos terminam por não dizer nada. Mas o engraçado é que não tendo nada o que dizer, dá uma vontade enorme de dizer. [...] E assim é que, por não ter absolutamente nada o que dizer, até livro já escrevi, e você também. Até que a dignidade do silêncio venha o que é frase muito bonitinha e me emociona civicamente.

> Berna, 8 fevereiro 1847[34]
> Fernando,
> quando recebi sua carta datada de 15 de dezembro, gostei tanto, respondi logo... e depois não sei onde a guardei, não achei mais. Foi pena.
> [...]
> 9 de fevereiro – várias coisas aconteceram de ontem para hoje: mudei de fita da máquina, mas parece que dá no mesmo; fui ver a Sinfonia Pastoral, que é muito bonita. (Recomendo La Belle et la Bête, de Cocteau, com Jean Marais); dormi; acordei num domingo com neve e sol; li pedaços do journal de Julien Green, onde encontrei coisas assim: "9 septembre. – Difficultés habituelles. [...] Encontrei isso também, que achei muito meu, porque sempre penso, com muita estranheza aliás, que talvez a vida seja a morte e quando a gente morre, acorda e vive, com medo de morrer, quer dizer, de tornar a viver – o que não está ligado a este pedaço de Julien Green, mas me lembra muito: "23 février – Souvent, en pensant à la mort, je me dis que ce sera comme un réveil".

Uma carta íntima pode, entretanto, isentar-se dessas combinações de temas e figuras aqui demonstradas. Um modo próprio de utilização do gênero pelo discurso contribuirá então para outra representação de mundo dada pelo discurso. É o que veremos em ambas as cartas que seguem. Nelas, se é relatada a neve, esta apenas existe como elemento da natureza: derrete, mas "não fala". (Se "falasse", resultaria numa prosopopeia.) Contrastes, se existirem, serão meramente informados, já que informar, explicar, responder constituem movimentos prioritários para o discurso das duas cartas que virão. A propósito, veremos que, nas cartas que seguem, diferentemente daquelas de Clarice, os elementos contrários não serão tão sensivelmente aproximados a ponto de provocar paradoxos.

Será a título de encerramento destas reflexões que serão apresentadas estas cartas, extraídas da obra *Cartas íntimas*, de Lenine.[35] Destaca-se do prólogo esta afirmação: "Nessas mesmas cartas, por último, vemos a aptidão de Vladimiro Ilitch para conservar-se sereno, equilibrado, tanto na prisão como fora dela". É à própria mãe, aliás, que Vladimir Illitch Ulianov, o revolucionário e estadista russo (1870-1924) se dirige.

> Munich, 9-II (27-1)-1901
>
> Querida mamãe: Como estás? Que novidades há por aí? Que é feito de Mitia? É de supor que agora, em vésperas de exames, esteja trabalhando mais do que nunca. De Maria, recebi há poucos dias os manuscritos antigos e os presentes de Viena. Muito grato por tudo. Aqui parece que voltou o inverno; isto é, tem nevado. Mas não faz frio, e durante o dia a neve se derrete.
> Estive na Opera onde ouvi, com grande prazer, *A hebrea*. Já a havia ouvido uma vez em Kazan (quando a cantava Zakyevski), há uns três anos; porém alguns trechos da

obra me ficaram na memória. A música e o canto foram excelentes. Também estive algumas vezes nos teatros alemães, e por sinal que entendo bastante o que dizem no palco. E vocês vão aos teatros de Moscou?

Aniuta escreveu-me dizendo que o trabalho a reteria, ainda, por algum tempo. Não pensas em pedir, querida mãe, autorização no sentido de que Nadia possa ver-te e passe contigo ainda que seja alguns dias? Ela haveria de gostar muito.

Muitos beijos, querida mamãe. Saudações a todos. – Teu V.U.

Munich, 26 (13)-XII-1900.[36]

Querida mamãe: Esta carta tu a receberás, certamente, pouco antes das festas. Desejo-te muitas felicidades. Se Mittia vier, estarão todos reunidos – pelos menos os que estão na Rússia. Também Anna e eu quiséramos passar as festas juntos; mas isso não é possível. Aqui estamos já em Weihnachteu;[37] em todas as partes veem-se Chrsthaune.[38] Nestes dias nota-se nas ruas uma animação extraordinária. Não há muito estive em Viena; depois de algumas semanas de vida sedentária a viagem para mim foi um grande prazer. A única coisa desagradável é o inverno, pois [não] há neve. Na realidade, não temos inverno, mas apenas um outono detestável e úmido. Mas é melhor que não faça frio, pois assim passo perfeitamente sem agasalho. Mas não nevando é que é desagradável. Esta umidade e pouca higiene fatigam e por isso recordo com prazer o verdadeiro inverno russo, com os sulcos de dos trenós e o ar gelado e puro. É o primeiro inverno que passo no estrangeiro, e devo confessar que não se parece em nada com o autêntico inverno nosso, e que não estou muito contente com ele, apesar de haver, às vezes, dias esplêndidos, parecidos aos que temos em nosso país nos bons outonos.

A minha vida não se modificou, bastante solitária e... desgraçadamente sem realizar qualquer coisa de proveitoso. Sempre penso em organizar metodicamente o meu trabalho; porém, não sei porque, não o consigo. Depois de haver percorrido a Rússia e a Europa, como reação contra a vida sedentária de Schuchenskoye, volto a sentir a nostalgia do contato tranquilo com os livros. Somente o fato de não estar habituado à vida no estrangeiro impede que me entregue a esse trabalho.

Estás inteiramente restabelecida, querida mamãe? Aborreces-te muito sem Aniuta? Como vai o caso de Maniascha? Esquecia-me de dizer-te que recebi o Puschkin; muito obrigado. Recebi também uma carta sua datada de 19 (6)-XII. Não a respondi até agora, porque estive em viagem e estive muito ocupado.

Um forte abraço, minha querida, e cordiais saudações a todos os nossos. – Teu V.U.

:: Notas

[1]   Cf. Denis Bertrand, Caminhos da semiótica literária, Bauru, EDUCS, 2003, pp. 233-61 (Figuratividade e percepção).

[2]   Para o estudo de tais paixões, ver: Algirdas Julien Greimas, Du Sens II. Paris, Seuil, 1983, pp. 225-33: Diana Luz Pessoa de Barros, Teoria do discurso: fundamentos semióticos, 3. ed., São Paulo, Humanitas/FFLHC/USP, 2002, pp. 60-9.

[3]   Em Pedro Corrêa do Lago (org.), Caricaturistas brasileiros (1836-2001), 2. ed., Rio de Janeiro, Marca d'Água, 2001, p. 137.

4   La Fontaine, Fábulas, Trad. Ferreira Gullar, Rio de Janeiro, Revan, 1997, p. 10.

5   Paul Lafargue, O direito à preguiça, São Paulo, Hucitec/Edusp, 1999, pp. 73-6.

6   Idem, pp. 29-30.

7   A filósofa se refere a La Boétie, autor da obra Discurso da servidão voluntária, São Paulo, Brasiliense, 1982.

8   Duas observações: 1. Não se esgotaram as ocorrências de manifestação da segunda pessoa do discurso. 2. Sobre o espaço, concebido como efeito de sentido do discurso, ver o estudo de José Luiz Fiorin, desenvolvido em Astúcias da enunciação, obra já citada (pp. 257-99).

9   Eric Landowski, Presenças do outro, São Paulo, Perspectiva, 2002, p. 174. (O autor apresenta nesta obra interessante estudo intitulado "A carta como ato de presença". Esse estudo ofereceu subsídios para as reflexões aqui desenvolvidas sobre o gênero carta.)

10   Sylvia Plath, Diários de Sylvia Plath; 1950-1962, editado por Karen V. Kukil, São Paulo, Globo, 2004, p. 410.

11   Anne Frank, O diário de Anne Frank, 3. ed., edição integral, Rio de Janeiro, Record, 1996, p. 98.

12   Idem, p. 16.

13   A citação entre parênteses foi extraída do estudo desenvolvido por José Luiz Fiorin, Gênero e tipos textuais, 2004, cópia xerog., p. 2.

14   Sylvia Plath, op. cit., p. 631.

15   Danúzio Gil Bernardino Silva (org.), Diários de Langsdorff, Vol. I, Rio de Janeiro e Minas Gerais, 8 de maio de 1824 a 17 de fevereiro de 1825. Campinas, Associação Internacional de Estudos Langsdorff, Rio de Janeiro, Fiocruz, 1997, pp. 208-15. Tais diários foram escritos por Georg Heinrich Langsdorff, chefe de uma expedição científica que veio ao Brasil, partindo da Rússia. Dessa expedição faziam parte o botânico Ludwig Riedel, o zoólogo Christian Hasse, o astrônomo Rubzoff e o desenhista Moritz Rugendas.

16   Essa expressão "Que Deus o acompanhe!" remete à ironia, se observarmos que, no dia 2 de novembro, na sequência cronológica dos registros, Langsdorff expõe como "anexos" a carta, que dá conta das "controvérsias" vividas com o Sr. Moritz Rugendas: "Considerando que o senhor, já algumas vezes, se comportou de forma profundamente imoral em relação a mim, chefe da Expedição de Sua Majestade o Imperador de todas as Rússias; e que ontem, dirigiu, contra a minha pessoa, os xingamentos mais grosseiros, esquecendo-se, portanto, da consideração que me deve pela minha idade, posição e dignidade, participo-lhe que o senhor está dispensado de todas as obrigações para comigo, pelo que devo lhe solicitar que entregue todo o material pertencente à expedição, bem como os desenhos feitos para a mesma. Ainda hoje lhe pagarei o dinheiro necessário para a viagem ao Rio de Janeiro, bem como o saldo da remuneração que lhe é devida."

17   Sylvia Plath, op. cit., p. 579.

18   Idem, p. 387. Esta página de diário está inserida no período dado no livro como de 28 de agosto de 1957 a 14 de outubro de 1958. Como se trata do mês de fevereiro, deduz-se que o ano é de 1958.

19   Há muitos outros modos de combinar temas e figuras, além desses aqui privilegiados.

20   Cf. Jean Mazaleyrat e Georges Molinié, Vocabulaire de la stylistique, Paris, Presses Universitaires de France, 1989, p. 25.

21   Sylvia Plath, op. cit., pp. 594, 508 e 177, respectivamente.

22   Idem, p. 390.

23   Duas observações. 1. Os estudos sobre o paradoxo foram desenvolvidos na página 9 da obra já citada, de Molinié, & Mazaleyrat. 2. Os verbetes de dicionário, aberração, aberrante, constam do

dicionário de autoria de Paul Robert, Le nouveau Petit Robert. Dictionnaire alphabétique et analogique de la langue française, Paris, Dictionnaires Le Robert, 1996, p. 4.

[24] RB se refere à Dra. Ruth Beuscher, a terapeuta de Sylvia Plath, como está registrado na página 495 dos diários e como está confirmado nesta fala de Sylvia: "Mas, embora eu me sinta bem para danar ao expressar a hostilidade por minha mãe, livrando-me do Pássaro do Pânico em meu coração e em minha máquina de escrever (por quê?), não posso seguir pela vida telefonando para RB de Paris, de Londres, do interior de Maine: 'Doutora, posso continuar odiando minha mãe?' 'Claro que pode: odeie odeie odeie.' 'Obrigada, doutora. Eu a odeio, sem dúvida alguma'" (Sylvia Plath, op. cit., p. 497).

[25] Idem, p. 505.

[26] Anne Frank, op. cit., pp. 161-2 "Anne Frank manteve um diário entre 12 de junho de 1942 e 1º de agosto de 1944", diz a apresentação da obra. "É comovente descobrir que, no contexto tenebroso do nazismo e da guerra, ela viveu problemas e conflitos de uma adolescente de qualquer tempo e lugar", diz a contracapa da edição consultada.

[27] Assim está dito no posfácio do diário (p. 313): "Na manhã de 4 de agosto de 1944, entre dez e dez e meia, um carro parou no Prinsengracht, 263. Dele saíram várias figuras: um sargento da SS uniformizado, Karl Josef Silberbauer, e pelo menos três membros holandeses da Polícia de Segurança, armados mas com roupas civis. Alguém deve ter delatado. Eles prenderam as oitos pessoas que estavam escondidas no Anexo [entre as quais estava Anne Frank]. [...] Depois de presos, os oito moradores do Anexo foram transferidos para Westerbork, campo de triagem para judeus no norte da Holanda. Em 3 de setembro de 1944 foram deportados e chegaram três dias depois em Auschwitz (Polônia). [...] Margot e Anne Frank foram transportadas de Auschwitz no fim de outubro e levada para Bergen-Belsen, campo de concentração perto de Hannover (Alemanha). A epidemia de tifo que irrompeu no inverno de 1944-45, em resultado das horríveis condições de higiene, matou milhares de prisioneiros, inclusive Margot e, alguns dias depois, Anne."

[28] Idem, p. 164

[29] Correspondência Mário de Andrade & Manuel Bandeira, organização, introdução e notas Marco Antonio de Moraes, 2. ed., São Paulo, Edusp Instituto de Estudos Brasileiros, Universidade de São Paulo, 2001, pp. 194-5. (Coleção Correspondência de Mário de Andrade; I). (Desta carta destacaram-se segmentos iniciais e finais.)

[30] Fernando Sabino, Clarice Lispector, Cartas perto do coração, 2. ed., Rio de Janeiro, Record, 2001, pp. 139-41.

[31] O argumento de autoridade referido se dá pela citação do próprio Fernando Sabino, o qual, por sua vez, cita Rubem Braga.

[32] Eric Landowski, Presenças do outro, São Paulo, Perpectiva, 2002, pp. 171-2.

[33] Fernando Sabino, Clarice Lispector, op. cit., p. 122.

[34] Idem, pp. 82-3.

[35] Lenine, Cartas íntimas, Rio de Janeiro, Atlantida, 1934, pp. 120-1. (Observações: 1. A ortografia foi atualizada para as transcrições efetuadas das cartas. 2. Na segunda carta, foi acrescentado o advérbio "não" na oração "pois [não] há neve", para contribuir com a coerência da tradução. 3. Ambas as cartas foram extraídas da parte intitulada Cartas de emigração. 4. A obra se divide em: Cartas da juventude; Cartas da prisão; Entre o desterro e a emigração; Cartas de emigração; Últimos anos.)

[36] Idem, pp. 114-5.

[37] Natal, segundo nota da edição.

[38] Árvores de natal, segundo nota da edição.

:: Lição 10

:: Denotação e conotação[1]

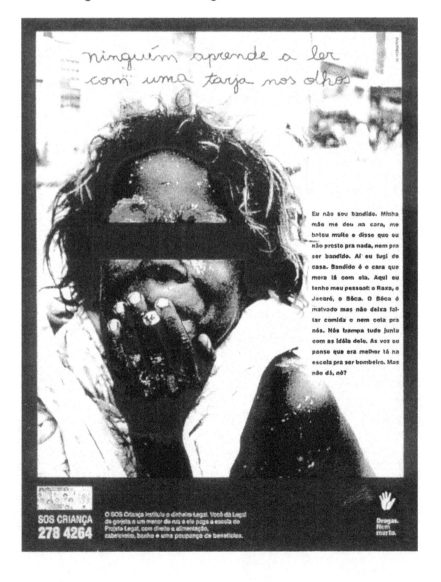

330 :: A comunicação nos textos

Denotação

A palavra *tarja*, no dicionário, é definida por meio de sentidos habituais ou denotativos:[2]
1. ornato (pintura, desenho etc.) no entorno de um claro; guarnição, orla. 2. cercadura (moldura) composta por fios grossos pretos; 3. listra escura que se coloca sobre trabalho já impresso, para encobrir erros ou trechos indesejáveis. 3.1 listra escura que se aplica sobre trecho que se deseja encobrir (por motivo de censura ou qualquer outro) em imagem impressa, fotográfica, cinematográfica etc.

A palavra *tarja*, no anúncio, tem a acepção de "listra escura" garantida visualmente pela figura da tira preta que recobre os olhos da criança.
Confirma-se o sentido habitual de *tarja*.

Conotação
Ninguém aprende a ler com uma tarja nos olhos
Esta frase, vista na organização geral do texto, remete ao segundo sentido estrategicamente acrescentado à palavra *tarja*.
Ao sentido denotado, *listra escura*, é então acrescentado um segundo sentido.
O sentido sobreposto ao primeiro é o conotado.
O emprego conotativo da palavra *tarja* denuncia os impedimentos sofridos por uma criança marginalizada, cujo estado de abandono tende a se perpetuar. Esses impedimentos são sociais e históricos.
Tarja passa a representar o circuito de pobreza, injustiças e agressões que, renovada e continuamente, exclui os já excluídos.
O tratamento conotativo dado a *tarja* se estende à ação de *ler*.
Ler passa a:
   representar não apenas letramento, escolaridade, competência cognitiva;
   implicar o ser no mundo, definido como ser pleno, com os direitos de cidadania preservados. *Ninguém aprende a ser pleno com uma tarja nos olhos.*

Metáfora
A conotação em *tarja* se dá pela intersecção (semelhança) de traços comuns entre *listra escura* (recurso gráfico, sentido primeiro) e *conjunto de injustiças* (abandono, sentido segundo):

listra escura,		*conjunto de*
impeditiva para		*obstruções sociais que*
a visualização	*e*	*se amarram à vida*
que se queira ter		*da criança miserável,*
de alguma coisa		*impedindo-a de "ver" o mundo.*

Os traços comuns se estendem a *coisa amarrada, constrangimento, visão obstaculizada.*
A intersecção de traços comuns funda a metáfora.

Metonímia
Ninguém aprende a ler com uma tarja nos olhos.
Ler a princípio remete à competência cognitiva a ser desenvolvida na escola. O próprio anúncio o confirma: *O sos Criança instituiu o dinheiro legal. Você dá Legal de gorjeta a um menor de rua e ele paga a escola do Projeto Legal* (rodapé).

Ler, na organização geral do texto, implica o teto de benefícios, ou todo o processo de integração social do menor de rua: *Ninguém aprende a ser inteiro no mundo com uma tarja nos olhos*. Ou, como faz supor o depoimento da própria criança: *Ninguém aprende a ser bombeiro com uma tarja nos olhos*.

A implicação de um termo por outro funda um mecanismo de conotação dado como metonímia.

Funções da conotação
O anunciante, *Associação Parceria Contra as Drogas,* e o programa SOS Criança, por meio do anúncio, que vende não um produto, mas uma ideia, usa os recursos da conotação para manipular o leitor, fazendo-o fazer: contribuir em dinheiro para o Projeto Legal do SOS Criança

Metáfora e metonímia têm a função de confirmar discursivamente a manipulação do nível narrativo: provocam o leitor para que ele não se acomode e não se feche nos ideais circunscritos apenas a seu umbigo.[3]

A conotação, instituindo a ambiguidade das próprias figuras, *tarja* e *ler*, prevê a leitura mais atenta ao próprio anúncio, o que supõe um leitor preso demoradamente ao texto. Assim se cumpre o discurso publicitário.

Sincretismo
Eu não sou bandido. [Fugi de casa.] *Aqui* [na rua] *tenho meu pessoal: o Raxa, o Jacaré, o Boca. O Boca é malvado, mas não deixa faltar comida nem cola para nós. Nós trampa tudo junto com as ideia dele. As vez eu penso que era melhor tá na escola pra ser bombeiro. Mas não dá, né?*

No anúncio:
· o sincretismo do verbal com o visual deixa à vista a distância entre dois universos: o do menor de rua e o do menino amparado socialmente;
· o verbal se junta ao visual para fazer crer na cena narrada : parece e é o universo dos meninos de rua;
· o visual (figura de cabelos desgrenhados em rolos de fios pesados e sujos, dorso semidesnudo coberto apenas pela camiseta torcida em volta do pesçoço, cigarro aceso ostensivamente mantido entre os dedos) em sincretismo com o verbal, constrói no discurso a denúncia e o alerta;
· o verbal se caracteriza pelo uso da variante linguística identificada com o grupo de falantes, meninos de rua; essa variante, manifestada por recursos como regras próprias para concordância verbal (*nós trampa*) e nominal (*às vez, as ideia*), também se utiliza da escolha lexical dada pela gíria (*trampar*);
· o verbal e o visual integrados contribuem para a coerência discursiva devido a recursos explorados no plano da expressão: *ninguém aprende a ler com uma tarja nos olhos*; frase em letra manuscrita, com a representação da hesitação motora própria de um aprendiz iniciante, o que confirma a isotopia do mundo infantil marginalizado, se entendida como extensão do depoimento da criança;
· a moldura, apresentada como espessa tarja negra a fechar o quadro, firma a isotopia do luto, se tomada a cor negra como símbolo desse estado de pranteamento e dor;
· a conotação, permeada pelos mecanismos sincréticos de construção do texto, legitima o ato de pedir ajuda para o menor de rua, ato desencadeado institucionalmente pelo SOS CRIANÇA e pelo DROGAS NEM MORTO

:: Produção de texto I

:: Anúncio publicitário com metáfora e metonímia

Crie um anúncio publicitário a fim de fazer o leitor querer adquirir determinado produto de beleza. Defina a faixa etária, sexo e classe social do leitor, prevendo a esfera de circulação do texto.

Para o visual: a metáfora
Dê um tratamento metafórico ao visual do produto a ser vendido. Para isso, o creme de limpeza, o perfume, o creme de tratamento antiacne, o xampu para os cabelos, o óleo protetor solar, a figura que for escolhida da isotopia *produto de beleza*, deverá remeter a outra figura visual do mundo, com a qual o produto de beleza anunciado mantém intersecções de sentido.

Para o verbal: a metonímia
Dê um tratamento metonímico a alguma figura verbal do anúncio. Para isso, alguma palavra que denota o produto terá o sentido habitual alterado. Assim, uma figura que representa determinado efeito da ação do produto de beleza poderá implicar a causa ou a fonte dessa mesma ação: *as rosas cheirosas encheram o espaço da sala* (para falar da loção após-barba usada por *A*). Uma figura que representa a parte de um todo poderá remeter a esse todo: *os pés da mulher A passaram a superar todos os limites, abismos, pântanos, desertos* (para falar do uso do creme corporal *X*).[4]

Como exemplo, segue o anúncio de Sundown, protetor solar.[5]

Observe a conotação dada nesse anúncio por meio:

do visual – pimentão e rosto queimado pelo sol;
(Considere a intersecção de sentido entre o pimentão vermelho e o rosto exposto demasiadamente ao sol [sem Sundown]; intersecção; resultado – metáfora.)

do verbal: *O sol na medida certa.*
(Considere a implicação *sol/queimadura da pele*. A ação prolongada do sol é causa da queimadura da pele. O sol é a fonte da queimadura da pele. A queimadura da pele é, portanto, efeito da ação prolongada do sol. *A queimadura na medida certa* [se usar Sundown]; implicação entre causa e efeito; a figura da causa ou da fonte, *sol*, foi usada no lugar da figura do efeito que sua ação provoca, *queimadura*; resultado – metonímia.)

:: Leitura do texto[6]

FANATISMO, FANATISMOS[7]

Fanático por caipirinha. Fanático por samba. Fanático por viagens. Há fanáticos para tudo. Ou melhor, há fanáticos e fanáticos. O problema é que, por ser empregada tão à vontade (aliás, como tantas outras), a palavra fanatismo banalizou-se, perdendo em força e conteúdo. Entretanto, parece óbvio que um "fanático por novela" é algo bem diferente (e bem menos perigoso) que um "nazista fanático".

Fanático é um termo cunhado no século XVIII para denominar pessoas que seriam partidárias extremistas, exaltadas e acríticas de uma causa religiosa ou política. O grande perigo do fanático consiste exatamente na certeza absoluta e incontestável que ele tem a respeito de suas verdades. Detentor de uma verdade supostamente revelada especialmente para ele pelo seu deus (portanto não uma verdade qualquer, mas A Verdade), o fanático não tem como aceitar discussões ou questionamentos racionais com relação àquilo que apresenta como sendo seu conhecimento: a origem divina de suas certezas não permite que argumentos apresentados por simples mortais se contraponham a elas: afinal, como colocar, lado a lado, dogmas divinos e argumentos humanos? Pode-se argumentar que as palavras de Hitler ou as de Mao mobilizaram fanáticos tão convictos como os religiosos e não tinham origem divina. Ora, de certa forma, eles eram cultuados como deuses e suas palavras não podiam ser objeto de contestação, do mesmo modo que ocorre com qualquer conhecimento de origem dogmática. É condição do fanático a irracionalidade. Veja-se o que aconteceu com o povo alemão, por exemplo. Acreditar que o mais imbecil dos "arianos puros" pudesse ser superior a Einstein, como pregava a cartilha hitlerista, não decorre de uma apreensão racional da realidade, mas de uma verdade revelada pela propaganda nazista. Aceitar e agir como se grandes cientistas e intelectuais, só pelo fato de terem origem judaica, pudessem pertencer a uma suposta raça inferior não é, decididamente, uma abordagem racional

334 :: A comunicação nos textos

e sim uma verdade revelada, da mesma categoria, portanto, das verdades religiosas. Um dogma da fé.

[...]

Num tempo de homens-bomba, atentados terroristas, manifestações racistas, ações extremistas, pensar o fanatismo é atual, relevante e urgente.

Nesse livro, chamamos fanatismo *a exaltação que leva indivíduos ou grupos a praticar atos violentos contra outras pessoas (prejudicando significativamente sua liberdade e atentando contra a vida), baseados na intolerância e na crença em verdades absolutas, para as quais não admitem contestação.*

Os fanáticos, como nos explica o escritor Amós Oz, são "aqueles que acreditam que o fim, qualquer fim, justifica os meios", que acham que a justiça – ou o que quer que queiram dizer com a palavra justiça –, seus valores, suas convicções e crenças são mais importantes do que a vida. São aqueles que, se julgam algo mau, consideram legítimo procurar eliminá-lo, junto com seus vizinhos.

[...]

O assunto é preocupante. Qualquer pessoa de bom senso sabe que o fanatismo já provocou muito estrago. É mais que hora de ser identificado, compreendido, combatido. Para tanto, é preciso saber reconhecê-lo em suas diversas manifestações. Saber até onde foi para se ter uma ideia de até onde poderá ir, se não for detido.

Ou ter o seu conceito definitivamente transformado, num mundo menos louco. Que tal fanático por livros? Ou fanático por chocolate? E, que Mozart nos perdoe, fanático por Beethoven?

:: Organização temporal[8]

1. O texto citado é a apresentação da obra *Faces do fanatismo*, obra "que trata do fanatismo baseado em quatro grandes tipos de justificativas ideológicas adotadas pelos fanáticos: as religiosas, as racistas, as políticas e as 'esportivas'", tal como consta da própria apresentação.[9]

a) Comente a organização temporal dominante no texto:

se em função do marco referencial presente (*agora*), concomitante ao ato de dizer (sistema enunciativo);

se em função de um marco referencial pretérito instalado no texto e não concomitante (anterior) ao ato de dizer (sistema enuncivo).

Comprove sua resposta, destacando o tempo verbal e transcrevendo até duas frases para cada parágrafo.

b) Identifique o tipo de anterioridade, se houver, entre os exemplos escolhidos, verbo no pretérito. Comente o efeito de sentido resultante da escolha do sistema temporal; se:

de presentificação da cena em função do *agora*;

de recuo temporal da cena para uma anterioridade dada em função de um tempo de *então*.

:: Sistema enunciativo

Para o sistema enunciativo, o narrado se desenvolverá em função do *agora*.

Presente

O presente é concomitante ao *agora*, marco referencial presente, por sua vez concomitante ao momento da enunciação.

Exemplo extraído da mesma apresentação, com destaque feito para os verbos no presente: *O machismo (misogenia, homofobia) – que também pode ser tomado* [agora] *como uma justificativa para violências específicas contra mulheres e homossexuais – está contemplado* [agora] *em vários exemplos mencionados no livro.*

Pretérito perfeito (1)

O pretérito 1, que representa a anterioridade ao *agora*, é o do *ontem*, do *anteontem*.
Exemplo: A palavra fanatismo é empregada com tanta banalidade (agora, nos dias atuais) *que se banalizou* (ontem, anteontem, na anterioridade ao *agora*.):

:: Sistema enuncivo

Para o sistema enuncivo, o narrado se ancorará num marco referencial pretérito: *no dia 22 de abril de 1945; naquela tarde ensolarada* etc. *No dia 22 de abril, o homem chegou, olhou para os lados, sorriu, enquanto lá fora a chuva caía. Na véspera, acertara na loteria.*

A anterioridade ao marco referencial pretérito é a da *véspera*, da *antevéspera* (pretérito mais que perfeito).

Pretérito perfeito (2)

chegou; olhou, sorriu, indica concomitância de um acontecimento acabado e pontual, em relação ao marco referencial pretérito, *no dia 22 de abril*;

Pretérito imperfeito

caía, indica concomitância de um acontecimento inacabado e durativo em relação ao mesmo marco referencial;

Pretérito mais-que-perfeito

acertara, indica não concomitância (anterioridade) em relação ao mesmo marco referencial.

Exemplo de trecho da obra citada (p. 63), com destaque feito para o verbo no pretérito imperfeito, que indica concomitância durativa e inacabada (*desejar apressar o advento do reino de Deus*), em relação ao marco referencial pretérito (*no século XIX*):

> *No século XIX* [naquele tempo de *então*] *os crentes desejavam apressar o advento do reino de Deus aperfeiçoando a vida humana na Terra* [*desejavam apressar*: acontecimento inacabado e durativo, concomitante ao século XIX].

O sistema enuncivo, do tempo de *então*, é não concomitante ao *agora* do ato de dizer.

c) Comente a função da organização temporal predominante (enunciativa ou enunciva) no texto, para que se crie o simulacro de determinado modo como a enunciação se relaciona com o enunciado (se por aproximação ou distanciamento do sujeito).

· Proximidade/distanciamento do sujeito
 · No sistema enunciativo, é construído o efeito de aproximação da instância enunciativa em relação ao enunciado.
 · No sistema enuncivo é construído o efeito de distanciamento da instância enunciativa em relação ao enunciado.

2. Depreende-se do texto "ares" de didatismo.
   a) Comente como contribui para esses "ares" o uso do presente omnitemporal ou gnômico. Dê exemplo. Pense em combinações do *crer*, com o *dever* e *poder* (ser e fazer).
   b) Observe como esses "ares" se relacionam com a cena genérica, *discurso de divulgação científica*.

Extensão do presente
"O presente será omnitemporal ou gnômico, quando o momento de referência é ilimitado."[10]

:: Heterogeneidade mostrada e marcada

3. a) Transcreva, do terceiro e quinto parágrafos, segmentos que reproduzem o pensamento do *outro*.
   Identifique:
   quem é o *outro*;
   a relação de divergência e de convergência com o ponto de vista do narrador.
   b) Relacione, entre os segmentos transcritos, aquele que remete ao fiador da verdade construída e aquele que remete ao oponente, como "advogado do diabo".
   Pense:
   no uso do argumento de autoridade em função do contrato de confiança estabelecido;
   no efeito de polifonia (várias vozes) ou de monofonia (uma única voz) e a relação com o gênero;
   na noção de adjuvante ou oponente do nível narrativo.

O argumento de autoridade:
 · refere-se à citação de pensamentos de autoridades no assunto estudado, para que se confirme o ponto de vista proposto pelo narrador;

> · confirma o *outro* como o adjuvante, do nível narrativo; aquele que colabora para a construção da competência do próprio narrador, no sentido de viabilizar o poder e saber defender um ponto de vista;
> · contribui para o efeito de tom criterioso da voz.
> O contra-argumento:
> · faz referência ao oponente e, portanto, ao ponto de vista antagônico ao do próprio narrador;
> · convoca o oponente, para exacerbar as contradições e orientar a própria persuasão para o ponto de vista defendido.[11]

4. Observe recursos de heterogeneidade mostrada e marcada, dados pelo uso das aspas.

    a) Transcreva as expressões colocadas entre aspas ao longo do texto, indicando o parágrafo.

    b) Justifique o uso de tal notação gráfica.

    c) Destaque em um dos parágrafos, o efeito de:
        (des)responsabilização do enunciador em função do conteúdo afirmado no segmento aspeado;
        avaliação pejorativa do *outro* circunscrito ao segmento aspeado;
        antiethos ou *ethos* de contraste.

:: Denotação e conotação

5. Sobre a metalinguagem presente no texto:

    a) Transcreva passagens que a comprovam, quer por dar informação definitória sobre os signos, quer por discorrer sobre o uso deles.

> · Metalinguagem é entendida como uma linguagem que versa sobre outra, dita linguagem-objeto.
>   · A metalinguagem pode servir para descrever fatos da língua. Exemplo: "Em *muito triste, muito* é advérbio." O trecho sublinhado é metalinguístico.
> · Os dicionários constituem obras metalinguísticas, ao dar definições e informações sobre os signos.
> · A função metalinguística da linguagem, segundo Roman Jakobson, é centrada no próprio código e, portanto, permite falar desse código.
> · A metalinguagem, na sua variação (chamada autonímia), discorre sobre o uso do signo, sem fazer tradução dele. Exemplo: "A palavra 'política' foi empregada com a acepção de busca de interesses da coletividade."
> · Na sequência "A palavra 'política'", *a palavra* é um "apresentador metalinguístico".[12]

    b) Relacione o uso da metalinguagem com:
        a ocorrência de denotação e de conotação;
        o gênero *divulgação científica*.

338 :: A comunicação nos textos

:: Polissemia

6. Há fanáticos e fanáticos.

a) Identifique a polissemia.

> · Se um mesmo termo tem vários significados, temos uma polissemia.
> · O uso conotado dos termos costuma ser fonte de polissemia. A palavra *olho* é um exemplo de polissemia, em: *olho do texto* (frase posta em destaque); *olho do furacão* (centro do furacão); *olho da fonte* (abertura através da qual jorra a água).
> · Os dicionários registram diferentes sentidos denotados de um mesmo termo. Exemplo, o adjetivo *extremo*: 1. situado no ponto mais afastado, remoto (*vivia em ponto extremo do território*); 2. que se manifesta com alto grau de intensidade (*o homem foi atingido por furor extremo*).[13]
> · A polissemia refere-se também às várias conotações discursivas dadas a uma mesma palavra. Exemplo: *fazer justiça*, para uns, é respeitar a diferença entre pessoas, o que supõe diferenças étnicas, de classe social, de uso da língua como falante pertencente a diferentes comunidades linguísticas, entre outras. Para outros, *fazer justiça* é proceder a esquemas de vingança, o que supõe a agressão ao sujeito desencadeador da ofensa sofrida.

b) Observe:

o encaminhamento dado no texto ao exemplar de polissemia citado;
a função de tal procedimento para a definição de um tom de voz;
o efeito de desambiguização.
Relacione tais mecanismos com a coerência da cena genérica.

:: Tipo de texto

7. Relacione o tipo predominante do texto (narrativo ou dissertativo) em que se apoia essa apresentação. Justifique.

> A narração é um texto predominantemente figurativo.
> Na narração, teremos:
> · transformações que ocorrem com os atores (personagens), num dado tempo (antes, durante e depois) e num determinado espaço;
> · organização temporal preferencialmente enunciva;
> · um sistema temporal organizado a partir de um *então*, marco referencial pretérito instalado no próprio texto;
> · episódios narrados, que se articulam em relação de anterioridade, concomitância e posterioridade em relação ao marco referencial pretérito.

· Exemplo de narração: início da reportagem dada sob a rubrica EXPRESSO DO SAMBA (FSP, 04.12.2004, p. C4) e sob o título e subtítulo:
"Pagode do Trem" viaja ao Rio em que havia só paz e alegria
Trem leva, há nove anos, famosos, anônimos, turistas e sambistas
Marco referencial pretérito: na noite de quinta-feira; progressão temporal: "O ritual começou às 17h." "Entre 19h30 e 20h50, partiram da Central cinco trens". "Durante toda a noite e madrugada, milhares de pessoas continuaram cantando e tocando (e bebendo) nos bares, nas esquinas e nas barracas de Oswaldo Cruz."

"Pagode do Trem" viaja ao Rio em que havia só paz e alegria

Trem leva, há nove anos, famosos, anônimos, turistas e sambistas

LUIZ FERNANDO VIANNA
DA SUCURSAL DO RIO

Na noite de quinta-feira, o Rio (ou uma parte dele) fingiu ser uma cidade pacífica, alegre, quase maravilhosa. O responsável pelo fenômeno foi o Pagode do Trem, um evento que comemora todo 2 de dezembro o Dia Nacional do Samba. A data foi escolhida por um motivo inusitado: nesse dia, Ary Barroso visitou Salvador pela primeira vez.

Com forte apoio federal (patrocínios de Eletrobrás, Petrobras, Caixa Econômica), a nona edição do Pagode do Trem foi a maior de todas, reunindo 400 sambistas e, segundo os organizadores, cerca de 50 mil pessoas de diversas áreas da cidade e classes sociais.

Os profissionais contratados fóram coadjuvantes. Chamavam mais a atenção anônimos pulando de alegria nas plataformas da Central do Brasil, sambando sem se preocupar com o aperto dos vagões e divertindo-se nas ruas seguras de Oswaldo Cruz (zona norte), última parada.

O ritual começou às 17h, com shows na Central de Nelson Sargento, Velha Guarda da Portela, Wilson Moreira e outros.

Entre 19h30 e 20h50, partiram da Central cinco trens com 28 vagões apinhados de sambistas conhecidos e anônimos, cantando e tocando. Durante toda a noite e a madrugada, milhares de pessoas continuaram cantando e tocando (e bebendo) nos bares, nas esquinas e nas barracas de Oswaldo Cruz.

Cadeiras na calçada
É simbólico que a festa termine em Oswaldo Cruz. Enclave da superpopulosa Madureira, o bairro é um dos poucos do Rio ainda imunes ao tráfico de drogas e à banalização da violência.

Os prédios são minoria e os moradores das casas costumam pôr cadeiras e televisões na calçada à noite.

Nos quintais, ainda se fazem rodas de samba como nos tempos de Paulo da Portela.

Era ele, Paulo Benjamin de Oliveira (1901-1949), fundador e nome maior da história da Portela, quem costumava organizar, nos anos 20, pagodes nos trens para evitar a perseguição da polícia, que não permitia o samba nos espaços públicos.

Para retomar essa tradição, o compositor Marquinhos de Oswaldo Cruz reinventou o Pagode

do Trem em 1996.

"Eu adoro o Pagode do Trem porque é a chance de gente de fora do bairro e até de fora do país ver como não há lugar melhor do que Oswaldo Cruz. Aqui não tem violência!", vibrou Nesi Noronha Dias, 57, no meio de uma das 20 rodas de samba realizadas no seu paraíso.

"O Pagode do Trem permite essa troca 'maneira' entre a zona sul e a zona norte. É assim que começa a aproximação. Depois as pessoas continuam vindo conhecer as 'paradas' daqui", disse a francesa Lily Sanfilippo, 29, que em três anos de Copacabana ficou íntima do samba e das gírias da cidade.

Muitos outros estrangeiros entraram no trem, entre eles o sueco Stefan Barnelius, ritmista de uma escola de samba em Estocolmo, e os franceses de uma equipe que filmava tudo para um documentário sobre a presença africana na música brasileira.

Não houve nenhum registro de violência. Mas vários de alegria incontida e integração entre pessoas aparentemente tão distantes quanto Oswaldo Cruz é de Copacabana. Por uma noite, o Rio (ou parte dele) foi uma cidade viável.

O texto dissertativo:
· é predominantemente temático: analisa, comenta e discute dados da realidade;
· opera prioritariamente com abstrações;
· não fala de um ator em particular, mas tende a generalizar;
· utiliza-se do presente omnitemporal, ilimitado, se tender a firmar o efeito de irreversibilidade para as verdades construídas.

:: Pergunta retórica

8. Transcreva a(s) pergunta(s) retórica(s) ocorrente(s) ao longo do texto, indicando:
   o parágrafo da ocorrência;
   o sujeito "que fala";
   o efeito resultante para o tom da voz, em função do gênero.

A pergunta retórica:
· é dirigida pelo narrador ao narratário-leitor;
· não deseja saber a resposta do leitor, pois a resposta é dada implicitamente no próprio texto;
· define-se como meio para a construção da imagem positiva do leitor: aquele que é e sabe que é o legítimo participante da cena enunciativa.

:: Função utilitária e função estética

9. Considere a função utilitária ou a função estética como a predominante do texto. Ligue a função dada como prevalecente à recorrência de mecanismos da denotação ou da conotação sígnica.

A função utilitária dos textos se fundamenta na exposição, desenvolvimento e elucidação de ideias que, manifestadas denotativamente, permitem ao leitor atravessar o plano da expressão e ir direto ao conteúdo. Na função utilitária, o plano da expressão serve apenas para veicular o conteúdo. Jornais, manual de instrução são textos com função utilitária.

Função estética
· A função estética diz respeito ao signo conotado que, por isso, tem acrescentado um segundo conteúdo.
· Com a função estética, o plano da expressão passa a ter relevância: ele recria em si o conteúdo.

Exemplo: propaganda que tem como anunciante o jornal *O Estado de S. Paulo*.
Atente para:

o slogan, *Estadão, muito mais jornal*, colocado no canto esquerdo;
o alerta, *Não adianta inventar. Classificado tem que ser no Estadão*, com o número de telefone;
a inscrição na parede, em letras irregulares e em linha diagonal, em local de exposição de obra de arte.

O efeito de inadequação para o anúncio da manicure e pedicure, fica enfatizado tanto pela precariedade da grafia, como pelo local em que foi colocado.
A precariedade e a diagonalidade da grafia reforçam, no plano da expressão, o efeito de inadequação.
A única saída, segundo o texto, está nos classificados do jornal referido.[14]

10. Relacione o gênero *divulgação científica* com:
as diferentes acepções da palavra *divulgação*;
os tópicos desta leitura do texto.

:: Produção de texto II

:: Ensaio teórico-analítico

:: Divulgação científica: conotação, denotação e modo de dizer

COERÇÕES GENÉRICAS / DENOTAÇÃO E CONOTAÇÃO

Para este ensaio, serão observados os mecanismos de construção do texto segundo a predominância de denotação e de conotação, considerados, tais recursos, em relação a outros expedientes da construção do texto que, devido à recorrência, constituem coerções genéricas.

A partir do cotejo do texto citado, *Fanatismo, fanatismos,* com o texto *No reino das trevas,* de Cláudio Camargo, ora transcrito e constante da mesma obra, serão depreendidas coerções do gênero *divulgação científica*, no que diz respeito a:
· organização temporal predominante;
· argumento de autoridade;
· heterogeneidade mostrada e marcada;

- tipo de texto;
- papel do plano da expressão;
- pergunta retórica;
- função estética e utilitária.

As noções de denotação e conotação serão cotejadas com esses expedientes elencados, para que se entenda a cena genérica do discurso de divulgação científica, como conjunto de regras que promovem a estabilidade do dito e do dizer.

Comparação e metáfora

Desenvolva reflexões sobre segmentos que, no texto de Cláudio Camargo, criam a conotação, por meio do uso da comparação entre *as seitas proliferadas e os cogumelos depois da chuva* (§ 2); *o Ovni e o anjo* (§ 3).

> Numa época em que a Igreja não podia tolerar heresias e o Estado funcionava como o seu braço armado, o resultado desse desafio costumava ser, invariavelmente, um grande massacre de "heréticos". Mesmo assim, durante muito tempo, essas seitas proliferaram como cogumelos depois da chuva.
>
> No fim do século xx, há a tendência de querer simplesmente abandonar a Terra, ser transportado (talvez a bordo de um Ovni, o moderno equivalente dos anjos) diretamente para o reino celestial.

Observe a importância do emprego da comparação no lugar da metáfora. Fazendo uso da metáfora, o autor poderia ter dito: *Os cogumelos proliferaram depois da chuva*, para referir-se às seitas que se espalharam. Poderia ainda ter dito: *No fim do século xx, há a tendência de querer ser transportado a bordo do anjo moderno*, para se referir ao desejo de abandonar a Terra.

Extensividade e intensividade

Destaque a diferença entre o uso da comparação e da metáfora, em termos de graus de intensidade (maior ou menor) do dizer. Onde houver maior compactação do sentido, haverá maior grau de intensidade do dizer.

Relacione o uso da comparação, ocorrente no texto, e o uso da metáfora, ausente do texto, com a extensidade e a intensidade do próprio olhar do sujeito sobre o mundo. Faça a conexão desse tipo de olhar com o gênero divulgação científica.

Na extensidade, pense que se ancora o inteligível, prevalecente sobre o sensível; na intensidade, o contrário; lá, o estado das coisas é prioritário; cá, vale prioritariamente a oscilação dos "estados de alma", o que significa construir o mundo mais emocional e menos racionalmente. Para tais reflexões faça cotejos com a prosa poética.

Segue, para exame, o texto de Cláudio Camargo.

No reino das trevas[15]

O fanatismo religioso causa horror à maioria das pessoas e costuma ser creditado ao primitivismo cultural dos "pobres de espírito" que se deixam levar por medíocres mercadores de ilusões. Afinal, quem já não teve que fugir de "missionários" que, com a *Bíblia* nas mãos e gestos tresloucados, vociferavam contra o demônio e acenavam com a danação do Inferno para os descrentes, e com a salvação eterna para os que seguissem Jesus? Não é muito difícil imaginarmos que tais manifestações fanáticas só vicejam plenamente em ambientes primitivos, geralmente castigados pela miséria crônica. Ora, mesmo em tempos politicamente corretos, é difícil para nós, brasileiros, não associarmos a ideia de fanatismo religioso aos fiéis de Antônio Conselheiro em Belo Monte, no arraial de Canudos, no final do século XIX, ou aos seguidores do monge José Maria, no Contestado catarinense, entre 1912-1916.

Em *A senda do milênio*, clássico estudo sobre o milenarismo medieval, o historiador Norman Cohn explica que, na busca da realização dessa utopia teológica, os crentes separam-se do resto da sociedade, hostilizam os que não os seguem, desafiam as autoridades, tornam-se autossuficientes, armam-se e acabam por entrar em choque com os poderes instituídos. Numa época em que a Igreja não podia tolerar heresias e o Estado funcionava como seu braço armado, o resultado desse desafio costumava ser, invariavelmente, um grande massacre dos "heréticos". Mesmo assim, durante muito tempo, essas seitas proliferaram como cogumelos depois da chuva. Não poucos estudiosos atribuíram a persistência dessas igrejas milenaristas e seu comportamento extremado às condições econômicas, sociais e até étnicas. Nunca é demais lembrar que o nosso grande Euclides da Cunha, na memorável obra *Os sertões*, épico da campanha de Canudos, credita às condições físicas e étnicas – no caso a mestiçagem – as causas profundas da superstição e do fanatismo dos caboclos seguidores de Conselheiro.

No entanto, se nos lembrarmos das décadas mais recentes, um profundo mal-estar se instala em nossa mente. Como explicar que, em plena era dos aviões a jato, das viagens ao espaço, dos computadores, da Medicina nuclear, do ciberespaço e da internet, volta e meia ressurjam seitas apocalípticas falando em danação eterna, demônios e coisas que tais? Mais ainda: ao contrário do que acontecia com os camponeses da Idade Média e com os jagunços de Canudos e do Contestado, os seguidores desses modernos "profetas" do Armagedon são muitas vezes pessoas ricas, qualificadas com boa bagagem cultural. De qualquer modo, há um dado assustador: quando comparamos as heresias medievais ou pré-modernas com as seitas contemporâneas, verificamos que as primeiras geralmente só apelavam para a violência quando eram atacadas pelos poderes constituídos ou seus sicários. Já as modernas seitas têm revelado um sinistro fascínio pelo suicído em massa. No século XIX, os crentes desejavam apressar o advento do reino de Deus aperfeiçoando a vida humana na Terra. No fim do século XX, há a tendência de querer simplesmente abandonar a Terra, ser transportado (talvez a bordo de um Ovni, o moderno equivalente dos anjos) diretamente para o reino celestial.

:: Teoria

:: Denotação e conotação[16]

:: Signo: significante e significado

As coisas e os seres passam a ser percebidos ao serem nomeados, ganham existência para os homens por meio de signos. O signo apresenta um conceito, que é o significado e, se pensarmos em palavras, uma imagem dos sons, que é o significante. O significante, que corresponde ao plano da expressão, veicula o significado, que corresponde ao plano do conteúdo. Se, no lugar da palavra, que é um signo verbal, pensarmos numa pintura, teremos a materialidade do significante dada pela cor, pelas formas, que preenchem o espaço de um suporte, o qual pode ser tela, madeira, placa de eucatex e tantas outras coisas e no qual é desenhado o mundo. No caso do significante verbal, temos o encadeamento dos sons dados em sequência linear. Um som vem depois de outro e jamais dois sons podem ser pronunciados ao mesmo tempo. Por isso, não se pode ter duas palavras ao mesmo tempo: uma deve vir depois da outra; o mesmo ocorre para as frases e para os parágrafos dentro da organização de um texto.

O significante e o significado são duas faces da mesma moeda: um não existe sem o outro. Um grupo de pessoas pode resolver, por brincadeira, criar significantes novos para ações corriqueiras. A ação de telefonar seria então designada por *relotar*. Antes de mais nada, nota-se que a criação desse significante não é novidade, pois obedece ao sistema da língua. É só olhar para a composição das sílabas: *re-lo-tar*. Nenhuma delas é composta por apenas duas consoantes: *rt-ls- pr*. Aliás, foi criado um verbo de primeira conjugação, que seria conjugado como o verbo *amar: eu relotei, tu relotaste, ele relotou.* Importa que, entre os membros daquele grupo, quando um amigo perguntasse a outro "Você já *relotou* quantas vezes para sua namorada hoje?" não haveria confusão nenhuma; isso porque teria sido convencionado entre aquelas pessoas que ao significante *relotar* corresponderia o significado *telefonar*. A relação *significante/ significado* é portanto convencional e arbitrária. O principal na arbitrariedade do signo é que não há vínculo necessário entre significado e significante; por isso se pode convencionar qualquer significante para qualquer significado.

Vejamos um caso de confronto entre exércitos, em que o signo convencionado igualmente entre tropas brasileiras e portuguesas acabou por ajudar os brasileiros a espantar os inimigos para longe. Qual será o signo-pivô de toda a confusão? Como se manifestará no plano da expressão esse signo?

Acredite, se quiser

Era o dia 8 de novembro de 1822. No alto das colinas, os brasileiros resistiram durante 5 horas, até que os portugueses começaram a romper ferozmente a linha de defesa. E aconteceu uma das passagens mais engraçadas da Guerra da Independência na Bahia. O comandante das tropas mandou o corneteiro Luís Lopes dar o toque de retirada. Por trapalhada, o corneteiro Lopes soprou o toque de "cavalaria, avançar". Imaginando que os brasileiros haviam recebido reforços, os portugueses vacilaram. Logo em seguida, aproveitando-se da confusão nas linhas inimigas, o corneteiro tocou "cavalaria, degolar". Apavorados, os portugueses fugiram em debandada pelas encostas, com os brasileiros em seu encalço, até serem forçados a embarcar nas praias de Itacaranha e Plataforma.[17]

Por trapalhada, o corneteiro Lopes soprou o toque de "cavalaria, avançar". Os portugueses entenderam e se apavoraram. A relação significante/significado poderia ter estabelecido arbitrariamente: um toque, avançar; dois toques, recuar. Avançar ou recuar seria o significado veiculado pelo significante dado como um ou como dois toques da corneta. Em guerra, tanto as tropas brasileiras como as portuguesas não poderiam ter dúvida alguma a respeito dos toques. Em guerra não há tempo a perder, o signo tem de ser *pão, pão, queijo, queijo.* Certo que o corneteiro se atrapalhou. No entanto ele não "soprou" toques ambíguos, com variações repentinas e livres daquilo que era convencionado. Os toques dados pelo corneteiro Luís Lopes eram habituais, apoiavam-se num significado estável. Os toques eram signos denotados.

:: Signo, texto, gênero

O texto é um signo. Como signo, o texto apresenta um plano da expressão e um plano do conteúdo: aquele veicula este. Não se concebe um texto, entretanto, fora da situação de comunicação. Do texto enunciado, depreende-se a enunciação: o sujeito-enunciador e o sujeito-enunciatário, autor e leitor implícitos. A situação de comunicação, depreensível do próprio texto e, portanto, não apriorística a ele, remete o texto à História, de onde, aliás, ele veio.

O texto, visto como unidade de sentido cravada num momento histórico, não se circunscreve à relação *significante/significado, plano da expressão/plano do conteúdo,* como a uma relação autocentrada, autossuficiente e descolada do mundo. Aliás, o próprio mundo é construído signicamente, bem sabemos. Um texto responde sempre a outros textos.

O plano do conteúdo, que enfeixa o significado dos textos, encerra vozes em diálogo. Essas vozes são sociais. Por isso o texto, longe de ser pensado como entidade abstraída de seu exterior, firma-se como concretude "no interior de uma dada esfera da realidade humana ou da vida cotidiana", como sugere Bakhtin.[18] As esferas da realidade humana, consideradas interação entre sujeitos, remetem a esferas de sentido, as quais, por sua vez, dizem respeito aos gêneros. Os gêneros são as "formas de enunciado relativamente estáveis e normativos", diz também Bakhtin na fonte citada.[19] Os gêneros sustentam os textos. Assim o texto se consolida não como uma combinação absolutamente livre, para o que alerta o mesmo autor, mas como manifestação de determinado gênero.

Entendendo a esfera de sentido de que trata o gênero como determinada temática, tomemos como exemplo o gênero *editorial jornalístico*. Veremos que ele apresenta como temática as próprias notícias do jornal, as quais são analisadas, comentadas e discutidas. Se tomarmos o gênero *artigo de divulgação científica*, veremos que ele apresenta como temática determinados conceitos teóricos próprios ao discurso científico, com a finalidade de divulgação e partilhamento junto ao grande público. A temática é então uma das balizas do gênero.

Outra baliza do gênero é a forma composicional, como esclarece Fiorin.[20] Se tomarmos o gênero *epistolar*, veremos que ele apresenta uma forma de composição, dada como a explicitação do local e data do ato da enunciação, a que segue a explicitação do destinatário-narratário, dada no vocativo de abertura e, para encerrar o texto, a assinatura explicitada do enunciador-narrador. Essas são regras da composição de qualquer carta. Se voltarmos, entretanto, à temática, veremos que, numa carta comercial, é o universo administrativo e empresarial que se impõe como esfera de sentido, diferentemente de uma carta íntima. Lá, define-se um gênero mais padronizado; cá, um gênero mais livre, segundo conceitos ainda do mesmo Bakhtin.[21] Na carta comercial, uma cena genérica não permite variações enunciativas, diferentemente de uma carta da intimidade familiar. A propósito, como um caso extremo de rigidez de temática e de estrutura composicional, pode ser lembrado aquele gênero que anula qualquer possiblidade de variações enunciativas: a lista telefônica. Quem espera novas temáticas ou surpreendentes estruturas composicionais numa lista telefônica? Casos menos severos, mas nem por isso menos rígidos são oferecidos pelos manuais de instrução, pelas bulas de remédio, pelas receitas culinárias, entre outros. Estes gêneros impõem um dizer orientado para a estabilidade da denotação. Outros, contrariamente, impõem um dizer orientado para as instabilidades da conotação. Explorar ou não a força extra da conotação do sentido, longe de mecanismo aleatório, é recurso compatível com determinada cena genérica; é elemento, para o analista, de depreensão da imagem do sujeito da enunciação.

:: Denotação e conotação

O gênero *toque de corneta em situação de guerra* supõe o signo denotado. Os soldados portugueses, ao ouvir o segundo toque, não viram obstáculos para a fuga. A função utilitária de *ordenar*, inerente ao gênero, não poderia supor alterações ocasionais superpostas ao significado denotativo convencionado, *cavalaria, degolar*. Os toques da corneta naquela situação não poderiam evocar sentidos acrescidos e diversos: não poderiam ser conotados. Por isso os soldados não hesitaram em ir direto ao conteúdo daquele toque e, com isso, acabaram por beneficiar os brasileiros, como vimos.

A conotação é um conjunto de traços semânticos que se sobrepõem aos traços denotativos, estes que são "diretamente ligados às propriedades do referente discursivo".[22] Para exemplificar o signo conotado, observemos esta primeira página (E1) do jornal *Folha de S.Paulo*, caderno Ilustrada (26.11.2004) que noticia documentários fílmicos, dos quais o presidente Lula se destaca como o personagem principal.

O holofote, aparelho que projeta intenso facho de luz sobre uma superfície, é usado para iluminar por inteiro objetos à distância (*holo*, inteiro; *foto*, luz). Entretanto, não foram os aparelhos que a produção lançou sobre o presidente. O termo *holofote* está conotado, evoca outro sentido. Holofote não é dado como mero aparelho que projeta facho de luz. A manchete, compatível com o gênero *caderno de amenidades*, confirma a cena genérica ao instalar-se por meio da conotação. Assim é confirmada, pelo sentido conotativo acrescido a *holofote*, a especificidade do caderno, Ilustrada, apoiado na temática recorrentemente voltada para comentários de filmes, de shows, de peças de teatro, e em cujas páginas está aquela das histórias em quadrinhos e do jornalismo "besteirol".

A expressão conotativa "jogar holofotes em Lula" sugere que as luzes é que foram jogadas, não os aparelhos. Entre os aparelhos, que jogam a luz, e a própria luz jogada pelos aparelhos existe uma relação de interdependência, de coexistência, o que prova a não gratuidade do uso da conotação. No caso da Ilustrada, temos um dizer dado sob o simulacro da leveza e da ludicidade. Em manchetes de primeira página de um jornal da imprensa dita séria tal ludicidade seria inadequada.

:: Metonímia

A frase *Produções* [cinematográficas] *jogam holofotes em Lula* constrói uma metonímia, já que o termo *holofotes* implica a luz emanada. Os estudos clássicos de estilística incluem a metonímia, juntamente com a metáfora, entre os *tropos* ou "operações retóricas de natureza *trópica* (substituição de termos)".[23] São também chamadas figuras de palavras. Como temos considerado figuras as representações do mundo natural, âncora concreta para os temas no discurso, mantemos tanto para a metonímia como para a metáfora a acepção de figura de retórica.

Voltando à manchete do caderno Ilustrada, observamos que ele promove a transferência do efeito, a luz, para a fonte do efeito, os próprios holofotes. Com isso condensa a informação, no rendimento previsto para a cena genérica englobante, mídia impressa. Mas o ato de condensar sofre a reorganização conotativa, compatível com o caderno de amenidades. Aliás, a retomada dos holofotes metonímicos, em outro dia e pelo mesmo jornal, dessa vez na seção denominada *Painel* (FSP, 01.12.2004, p. A4) confirma, para a seção, que faz parte do caderno Brasil e, por conseguinte, para o jornal como um todo, o simulacro da distensão de um modo de dizer. Em meio ao confronto provocado por declarações críticas do ex-presidente FHC ao governo Lula, a notícia do *Painel* firma o tratamento conotativo, que passa a ser visto não apenas como previsão, mas também como economia de leitura. Aliás, a própria coluna *Painel* prima pela distensão e não pela retensão do dizer, se for atribuído àquele termo o simulacro de informalidade e a este, o de formalidade.

A 4   quarta-feira, 1º de dezembro de 2004

PAINEL

Air Lula 1
O Tribunal de Contas da União considerou "procedente" a representação do PFL contra o fato de o governo ter empenhado R$ 92,1 mi para a compra do novo avião de Lula. A dotação autorizada era de R$ 30,5 mi.

Air Lula 2
Na decisão, o TCU faz apenas recomendações burocráticas ao governo para remediar o ocorrido. Mas o deputado pefelista José Carlos Machado (SE), autor da representação, usará o acórdão para entrar com uma ação popular contra o presidente.

Sem credencial
Do ministro Luiz Gushiken, sobre a retórica de FHC contra o governo: "Quem deixou o país quebrado não tem autoridade para falar em competência".

Só amém
Do deputado Geddel Vieira Lima, peemedebista de oposição, sobre a ira petista contra FHC: "O governo Lula só tolera ex-presidente que elogia, como o Sarney. Criticar não pode".

Ingressos esgotados
No que depender do governo Lula, FHC não ficará sem holofote. Os ministros foram orientados a não perder oportunidade de rebater o ex-presidente.

Outro desenho
A secretaria municipal do Trabalho, hoje ocupada pelo economista Márcio Pochman, será reformulada na gestão Serra. O gerenciamento de programas como o renda mínima passará à Assistência Social, que por sua vez deverá ganhar novo nome.

Outro nome
André Urani, companheiro de mesa de FHC no seminário em que o ex-presidente desancou o governo Lula, está cotado para a Assistência Social repaginada de Serra. O economista ocupou pasta semelhante na gestão de Luiz Paulo Conde no Rio.

Campo minado
Os tucanos identificaram duas bombas à espera de José Serra: os precatórios em atraso de Marta Suplicy, que já somariam R$ 500 mi, e a Previdência do funcionalismo municipal, ainda não ajustada às regras da reforma aprovada em 2003.

Pronta entrega 1
A reforma do secretariado do governador paulista, Geraldo Alckmin, só sairá após o governador paulista e o PSDB acertarem os ponteiros com sua base para a eleição da Mesa Diretora da Assembléia, o que poderá ocorrer somente em fevereiro.

Pronta entrega 2
Nas palavras de um aliado do governador tucano, Alckmin não quer correr o risco de entregar cargos antes de receber o apoio ao nome escolhido por ele para comandar a Assembléia na reta final de seu governo.

Já que falamos do jornal como um todo, estamos diante de um modo recorrente de dizer, que remete a um modo próprio de ser, com corpo, voz, tom de voz, caráter, *ethos*, enfim: o estilo *Folha de S.Paulo*. Não esqueçamos que, compondo a dita página de opinião e ao lado dos editoriais, a charge, texto paradístico por excelência, brinda diariamente o leitor com o humor e o riso. Por falar em efeito de humor, observemos agora a recorrência do uso da metonímia, apresentada na sua variação chamada sinédoque, no jornalismo "besteirol".

Vamos a uma amostra desse jornalismo que, metamidiático, recupera os fatos da própria mídia para subvertê-los pelo efeito do riso e por meio do movimento parodístico, tal como a charge. Via derrisão, o "besteirol" destrói o alvo, por meio da crítica bufona estabelecida sarcasticamente. Vejamos, então, o exercício do jornalista José Simão, que, ao usar a parte pelo todo, focaliza no *kit desgraça* as desgraças todas do Brasil (FSP, 26.11.2004, p. E15). Podemos afirmar que, não gratuitamente, o "besteirol" constrói a página composta por HQS e horóscopo; não gratuitamente, a página, assim composta, constrói o caderno Ilustrada; por sua vez, não gratuitamente, o próprio caderno constrói a página e cada uma das unidades citadas. Tudo é permeado pela totalidade *Folha de S.Paulo*.

> *E acaba de sair o kit desgraça: um boné do Barrichello, uma camiseta do Grêmio e uma bandeira do PT! Rarará!*

O *kit desgraça* tem como um dos componentes o boné do Barrichello. Esse acessório da vestimenta de Barrichello não se restringe entretanto ao significado denotativo: cobertura de cabeça, de copa redonda, sem abas. O boné do Barrichelo implica o próprio Barrichello, corredor brasileiro de automobilismo, especificamente da Fórmula 1.

Com o boné do Barrichello, temos uma sinédoque, como a representação do todo pela parte. É o homem inteiro que cabe no *kit desgraça*, devido ao uso da sinédoque. O mesmo mecanismo ocorre com a camiseta do Grêmio e com a bandeira do PT. O Grêmio é apresentado como time do futebol que foi rebaixado para a segunda divisão do futebol brasileiro, segundo o próprio Simão na mesma coluna: "E diz que torcedor do Grêmio tá com trauma de dirigir. Com medo de engatar a segunda". O PT, por sua vez, é trazido pela sintagmática da mídia que circunda essa edição do jornal, com o ônus da derrota da candidata petista à reeleição para a prefeitura de São Paulo, Marta Suplicy. O time é representado pela camiseta; o partido, pela bandeira.

Importa entender que a metonímia, com a variação dada por meio da sinédóque, supõe a inevitável relação de inclusão entre os termos. Confirma-se a interdependência ou a coexistência entre: o boné de Barrichello e Barrichello, a bandeira do PT e o PT, a camiseta do Grêmio e o Grêmio. Essa relação de interdependência ou de coexistência entre os termos também se dá entre a luz do holofote e o próprio aparelho.

A metonímia e a sinédoque entram como expediente que contribui para o rendimento da comunicação também nos textos de *divulgação científica*, gênero que se constitui prioritariamente pela função de informar, utilitária, portanto. Vejamos dois trechos do "curso prático e elementar, para trabalhadores, estudantes, políticos, donas de casa e o povo em geral", que é como se apresenta a obra *Política*, de João Ubaldo Ribeiro.[24] No primeiro trecho citado logo adiante, *a cabeça* conduz mais do que ao corpo físico por inteiro; conduz ao corpo moral do cidadão; no segundo, *um olho* conduz à visão que, para além de física, é ética. A cabeça é lembrada então mais como o sujeito por inteiro, o sujeito ético (com ou sem autonomia para pensar) do que como uma das divisões do corpo. O olho é lembrado mais como a percepção do mundo exterior feita pelos órgãos da vista, mais como a própria visão, do que como meramente órgão da vista. *Cabeça e sujeito por inteiro*, bem como *olho e visão* apresentam uma relação de contiguidade.

Vamos aos textos que, dados como materialização do gênero *divulgação científica*, acabam por confirmar as próprias coerções genéricas por meio do uso da metonímia/sinédoque. Essas figuras retóricas, em tal situação, constituem o feixe de estratégias que permite reconhecer o perfil do leitor destacado por João Ubaldo Ribeiro, na apresentação: *trabalhadores, estudantes, políticos, donas de casa e povo em geral*.[25] O uso da metonímia/sinédoque constitui então recurso de acesso aos conceitos científicos, que o texto se propõe divulgar. Aliás, ao explicar o que é política, um modo de dizer confirma a adequação às previsões de leitura: "Política, então, para traduzir em miúdos, tem a ver com quem manda, por que manda, como manda." Convergem, aliás, metonímia e comparação empregadas para tais fins na cena genérica *divulgação científica*. Dizer, como fez o texto *No reino das trevas*, recém-comentado, que seitas proliferam como cogumelos depois da chuva, verdadeiramente "troca em miúdos" a informação, ou confirma o tom didático da voz; no caso, como dissemos, por meio da comparação. Vamos à "cabeça" e ao "olho", tal como dados pelo texto de João Ubaldo:

Quando a nossa cabeça não tem autonomia, quando, mesmo que não notemos, pensam por nós, aí estamos dominados, seja pelo esquema interno a nosso próprio país, seja por economias e culturas que o colonizam, seja por ambos – como geralmente é. A resistência contra essa dominação, quando ela realmente nos toma conta da cabeça, é muito difícil, inclusive porque pensamos que somos nós que estamos a decidir.[26]

A educação não é dada com "um olho na ideologia". O processo se automatiza, se torna insensível, invisível às vezes.[27]

:: Metáfora

O escritor Rubem Alves, em artigo publicado no encarte semanal Sinapse, da *Folha* (30.11.2004, p. 13), intitulado *À dona Clotilde, modesta professora*, discorre inicialmente sobre "a pedagogia que se sabe antes de estudar pedagogia" e destaca "como as relações de aprendizagem e ensino se dão através das pontes poéticas que o amor constrói". Enfatiza o autor a função da metáfora, para desenvolver seu ponto de vista sobre tal pedagogia. É curioso seu texto:

> Uma dessas pontes [poéticas e construídas pelo amor] tem o nome de metáfora, que faz ligações entre coisas parecidas. No filme "O carteiro e o Poeta", o carteiro diz que se sente como um "barco batido pelas ondas". Essa metáfora liga sua alma a um barco. Quem vê um barco batido pelas ondas vê a alma do carteiro.

Mas, voltando às primeiras páginas do jornal, é interessante verificar como se organiza a *Folha de S.Paulo* do dia 30 de novembro de 2004, no que diz respeito ao uso da denotação e da conotação. Tomando apenas as manchetes da metade superior da página, acompanhada, a manchete principal, do supertítulo, notamos a denotação como meta prioritária do dizer, o que faz o jornal cumprir-se na sua função utilitária:

> *São 3,8 milhões de beneficiados, que têm saldo de até $ 1.000 e não utilizam cheque;* MP *tenta estimular crédito a pequenos empreendedores*
> Conta simplificada fica isenta de CPMF
>
> Chuva ameaça seis Estados e o DF, segundo a Defesa Civil
>
> Em debate, FHC chama a gestão Lula de incompetente

Os lides, ao resumir as notícias, seguem o mesmo teor denotativo. A exceção fica por conta daquele que se estende após a última manchete citada. Nele é reproduzido, com os recursos próprios da heterogeneidade mostrada e marcada, o discurso indireto e as aspas, o depoimento do próprio FHC. Assim, no discurso relatado do *outro*, ocorre na primeira página a metáfora, na composição da crítica que enfatiza a voz da oposição política ao governo Lula. Vejamos o depoimento relatado na primeira página, que se encerra com a metáfora "o rei está nu".

> Em debate em São Paulo, o ex-presidente Fernando Henrique Cardoso chamou de "incompetente" o governo de Luiz Inácio Lula da Silva e disse que seu partido, o PSDB, tem de mostrar que "o rei está nu".

A mesma notícia se desenvolve na página A4, sob a rubrica *NA POSIÇÃO*. É na manchete interna ao jornal, que a metáfora se aloja. No depoimento dirigido diretamente a seus correligionários, FHC apresenta o PT por meio de outra metáfora, *um tigre de papel*. Vejamos trechos da reportagem dada no caderno Brasil, atentando para o fato de que o primeiro parágrafo, como compete, é retomada parafrástica do que é dito na primeira página do dia:

> *Governo é 'incompetente' e o 'rei está nu', afirma FHC*
>
> No mais duro ataque feito ao presidente Luiz Inácio Lula da Silva, Fernando Henrique Cardoso (PSDB) disse, em São Paulo, que o governo Lula é "incompetente" – e que é preciso que os tucanos mostrem que "o rei está nu".
> [...]
> O ex-presidente exortou seus aliados a participarem da disputa política – "é preciso dizer claramente que o rei está nu" -, afirmando que seu governo perdeu a disputa ideológica contra o PT no final do segundo mandato por medo de debater – "ficamos com medo de um tigre de papel".
> "Política significa o seguinte: você tem um adversário. Não adianta ter um lado e ficar em casa. Você tem um adversário e você luta contra ele. É preciso entender isso", disse.
> [...]
> "Nós perdemos a batalha ideológica diante de um inimigo que era um tigre de papel. Nós ficamos com medo de um tigre de papel. Não podemos continuar com esse medo. É preciso dizer claramente o rei está nu, o rei está nu. Porque, se nós não dissermos isso, a população não vai entender", afirmou.

Dentro do relato do *outro*, reproduzido em discurso indireto ou em discurso direto, nada obsta, portanto, o surgimento da metáfora: *o rei está nu*; *tigre de papel*. Por que metáfora? Para responder, observemos a primeira delas. O rei a que se refere FHC não é mero rei, passa a ser o presidente Lula. Isso é possível porque entre *rei* e *presidente* há traços semânticos comuns, relativos ao cargo mais alto correspondente à ação de governar um país. *Nu*, por sua vez, não restrito ao sentido de *desprovido de vestimenta*, passa a significar *desprovido de quaisquer recursos, principalmente dos pré-requisitos para exercer um governo competente*. A intersecção entre o primeiro e o segundo sentidos da palavra *nu* está na precariedade ou no fato de estar desprovido de algo.

Entretanto, pressupondo um saber naturalmente partilhado entre todos que o escutam, é na alusão que FHC fundamenta o argumento da incompetência do governo a ser atacado. A metáfora *o rei está nu* remete ao conto maravilhoso *A roupa nova do imperador,* escrito em 1837 por Hans Christian Andersen.[28] Da leitura desse conto, depreende-se ainda outro sentido para *nu*. Nos tempos maravilhosos, ancorados no *era uma vez*, um rei ou imperador primou pela ingenuidade, ao dar ouvido a dois trapaceiros que chegaram a seu distante reinado. Esses larápios apresentaram-se como artesãos capacitados para fazer uma roupa especial para o rei. A roupa, uma vez vestida, somente poderia ser enxergada por quem não fosse "estúpido" ou por quem estivesse adequado para o cargo que exercia. Estúpido, aliás, como está no texto, opõe-se a sábio. Acontece que fica deflagrada a crença ingênua do imperador. O monarca acreditou nos trapaceiros, que o enganavam com a promessa de tecer um pano supostamente visível por quem fosse digno disso. Como todos, cortesãos, ministros, povo e mesmo o rei, tivessem medo da confirmação da pecha de estupidez ou incompetência, todos, sem exceção, passaram a elogiar o "traje" do rei. Até que o próprio rei, mesmo não conseguindo enxergar as vestes, desfila "vestido" com elas na procissão, diante de seus súditos, que não paravam de aclamar a magnificência do traje. Uma criança, porém, no exercício da lucidez, gritou: "O rei está nu!"

Como vemos, com a metáfora utilizada em sua fala crítica, o ex-presidente atribui a si e ao PSDB o saber clarividente para poder gritar que o rei estava nu. Assim denuncia a "verdade" para a multidão, que deverá repetir a frase tucana. Tal como a revelação feita pela criança do conto encantado, configura-se o grito de FHC. Estar *nu* passa a supor, então, estar numa grande enrascada, cujo início se deu devido à própria ingenuidade do sujeito envolvido. Na alusão intertextual, a metáfora de FHC ganha em astúcia.

Prossegue FHC e diz que seu partido, o PSDB, assustou-se com um tigre de papel. Promover a intersecção semântica de qualquer partido político com o grande felino asiático é viabilizar a "fusão de domínios semânticos diferentes", como diz Maingueneau, ao comentar a metáfora. Destaca Maingueneau o efeito de impropriedade em relação à isotopia do texto, no que diz respeito à eclosão de uma metáfora.[29]

Onde está a intersecção entre o tigre de papel e o PT, criada pelo político? Um tigre de papel, seja entendido como um tigre feito apenas de palavras escritas, seja entendido como um tigre desenhado no papel, no paradoxo e no *non-sense* é um *blefe* (felino perigoso/felino de brincadeira). Aí, no *blefe*, está a intersecção que fundamenta a metáfora. Segundo FHC, PT e tigre de papel têm em comum o *blefe*. A projeção da imagem do tigre de papel sobre o PT cria então similaridades pejorativas entre o felino de papel e o partido político e condensa a avaliação depreciativa.

Com tais recursos fica maximizada a própria manipulação de FHC, quer sobre o leitor do jornal, quer sobre o participante da interação ao vivo, o debate explicitado na página A4: "O ex-presidente participava do seminário Herança e Futuro da Construção do Desenvolvimento no Brasil – aberto só para convidados, no Instituto Sérgio Motta, ligado ao PSDB". Longe de ser gratuito, o emprego da metáfora verdadeiramente se cumpre na cena de agressão política, como recurso de analogia condensada, *Lula/rei nu*, *PT/tigre de papel*, como desqualificação do *outro* para a qualificação de si. Nada tão assustador, entretanto, segundo o próprio jornal FSP. No dia 3 de dezembro de 2004, na primeira página, a FSP noticia: *Lula e FHC trocam críticas pelo 4º dia consecutivo*, mas demonstra que tais embates podem atingir a solução dada pela charge (p. A2):

Metáfora e metonímia constituem, portanto, tipos de conotação. Importa entender que o signo assim conotado apresenta uma organização peculiar: à relação *expressão/conteúdo*, dada denotativamente, é acrescentado um segundo conteúdo, um segundo sentido, nem por isso secundário. Esse segundo sentido, o conotado, inaugura novas possibilidades de dizer, promovendo rupturas e estranhamentos, que remetem a uma certa liberdade de combinações e de associações do sentido. Mas nada confirma a liberdade absoluta, nem do dito, nem do dizer. Não há signo abstraído do seu exterior: o signo sempre responderá às crenças sociais e às coerções genéricas, por meio das quais se materializa. Para essa materialização, contribui o uso da denotação ou da conotação. Aquela cria o efeito de confirmação da ordem, por confirmar a relação convencionada entre significante e significado; esta, o efeito de desestabilização, que funda o novo.

Sem liberdade absoluta para o próprio dizer, resta ao sujeito enunciador o poder de utilizar-se da denotação e da conotação, confirmando ou negando coerções genéricas. Firmará então um modo próprio de dizer, usando metonímias ou metáforas para imprimir determinado tom à própria voz e para fazer crer no simulacro que constrói de si para si e de si para o *outro*; do outro para si e do outro para o outro. Assim, aqui a metonímia aprofundará um tom lúdico da voz, como no caso de José Simão, em função do gênero *jornalismo besteirol*; ali contribuirá para o tom didático da voz, como no caso de João Ubaldo Ribeiro, em função do *gênero discurso de divulgação científica.*

A metáfora, por sua vez, aprofundará o tom beligerante da voz, como no caso de FHC, em função do gênero *depoimento político,* ou aprofundará o rasgo em relação à cotidianidade do dizer, exacerbando a função estética do texto. Neste último caso, cumprindo-se em sua função primeira, a metáfora não se desaloja do lugar da arte e, permitindo que a denotação seja minimizada, pode falar, como veremos, das estações do ano para se referir às fases da vida do ser humano.

No poema que segue, de Fernando Pessoa, fala-se do outono, para dizer da idade adulta; do inverno, para dizer da velhice; da futura primavera, para dizer da futura juventude, que é de outrem; do estio, do verão passado, para dizer que o calor da juventude não voltará; finalmente, fala do amarelo atual que as folhas vivem, para confirmar o princípio da velhice com a perda do vigor da juventude. Da intersecção metafórica entre as estações do ano e as fases da vida humana fica patente que somente para estas não há circularidade: nós, que estamos no outono (idade madura) não voltamos para primavera (juventude) que passou. No entanto, justamente por meio da intersecção metafórica, que denuncia a perda humana diante das estações da natureza, o leitor preenche a própria falta. É a consciência dos limites que, discursivizada por meio de um texto com função estética, viabiliza o *carpe diem.*

Na arte, diferentemente de um texto feito com outras metas de comunicação, como o jornal, uma metáfora apresenta rendimento peculiar. Num poema e não num jornal a metáfora pode contribuir para que um plano de leitura metafórica se instale ao longo de todo o texto. No jornal, o uso da conotação, via metáfora ou metonímia, é necessariamente pontual, terminativo, conclusivo; circunscrito, portanto, ao segmento conotado, como compete à função utilitária do gênero.

Permitamo-nos o encontro com os versos de Fernando Pessoa:[30]

Quando, Lídia, vier o nosso outono
Com o inverno que há nele, reservemos
Um pensamento, não para a futura
Primavera, que é de outrem,
Nem para o estio, de quem somos mortos,
Senão para o que fica do que passa –
O amarelo atual que as folhas vivem
E as torna diferentes.

:: Notas

[1] O anúncio a ser examinado foi publicado no 23º Anuário de Publicidade, p. 260. Apresenta como diretor de arte: Verônica Roemer; redator: Marcos Sá; agência: De Carli Publicitas; anunciante: Associação Parceria Contra as Drogas.

[2] Antônio Houaiss, Dicionário Houaiss da língua portuguesa, Rio de Janeiro, Objetiva, 2001. Observação: Não foram transcritos todos os sentidos dados para a palavra "tarja" no dicionário.)

[3] Perguntas que articulam a provocação: Você permanecerá aí, alheio ao que se passa ao redor? Você se manterá indiferente ao fosso a que são remetidos os menores de rua? Você continuará de costas para as mazelas sociais que o circundam? (A provocação constrói para o destinatário da manipulação uma imagem negativa.)

[4] Considerou-se a sinédoque (implicação parte/todo) uma variação da metonímia.

[5] Anúncio publicado no 23º Anuário de Propaganda, p. 365. Diretor de arte: Isabel Petit; redator: Renato Konrath; fotógrafo: Cláudio Elizabetski; agência: DPZ; Anunciante: Johnson & Johnson.

[6] Para exercícios de Leitura do texto, bem como para a Produção de texto II, serão cotejados textos considerados de divulgação científica. Entende-se por divulgação científica um gênero textual que ocupa posição de mediação: de um lado, estão os discursos científicos fundadores, que o texto de divulgação recupera e que legitimam o próprio dizer divulgador; de outro, está o grande público, com o qual o conhecimento deve ser partilhado. No decorrer das seções supracitadas, serão depreendidas as coerções de tal gênero.

[7] Jaime Pinsky, Carla Bassanezi Pinsky, "Fanatismo, fanatismos", Jaime Pinsky e Carla Bassanezi Pinsky (orgs.), Faces do fanatismo, São Paulo, Contexto, 2004, pp. 9-13.

[8] Todos os exercícios sobre a categoria discursiva do tempo se baseiam no estudo sobre o tempo, da obra citada de José Luiz Fiorin (1996, pp. 148-60).

[9] Jaime Pinsky, Carla Bassanezi Pinsky, op. cit., p. 11.

[10] José Luiz Fiorin, op. cit., pp.150-1.

[11] Diana Luz Pessoa de Barros (2002, p. 111) amplia a noção de argumento de autoridade, considerado referência não só aos fiadores do discurso citante, mas também referência aos oponentes. As reflexões da autora permitem pensar na alusão ao discurso do oponente como recurso confirmador da argumentação por contraste. Diz a autora: "O argumento de autoridade, formulado em termos actanciais na sintaxe narrativa, deve ser considerado como a convocação de auxiliares do sujeito ou do antissujeito – adjuvantes ou oponentes." Em ambos os casos vale "a procura de adesão e confiança", tomando para nós a expressão da autora na mesma página citada.

[12] Para desenvolver esses estudos, no que diz respeito à noção de autonímia examinar o Dicionário de análise do discurso, de Dominique Maingueneau (São Paulo, Contexto, 2004, p. 83).

[13] Antônio Houaiss, op. cit.

[14] Diretor de arte: Celso Rausch; redator: Mauro Perez; diretor de criação: Ana Carmen Longobardi/ Rubens Galera; fotógrafo: Arquivo; agência: Talent; anunciante: s/A O ESTADO DE SÃO PAULO . 21º Anuário de Publicidade, p. 191.

[15] Cláudio Camargo, "No reino das trevas", em Jaime Pinsky e Carla Bassanezi Pinsky (orgs.), op. cit., pp. 61-3.

[16] A conotação pode ser entendida como valorização social do signo. Temos então as nuances avaliativas, que distanciam palavras aparentemente sinônimas. Exemplos: velho e decrépito, jovem e imaturo, lábio e beiço, face e cara, devoto e carola. Não ignoramos que um dos termos de cada par tem uma conotação depreciativa. Esse fato impede a existência de sinônimos perfeitos. Não é, entretanto, esse o tipo de fenômeno ora estudado como conotação.

[17] Marcelo Duarte, O guia dos curiosos – Brasil, São Paulo, Companhia das Letras, 1999, p. 644.

[18] Bakhtin, Mikhail, Estética da criação verbal, 2. ed., São Paulo, Martins Fontes, 1997, p. 307.

[19] Idem, p. 304.

[20] José Luiz Fiorin, Gêneros e tipos textuais, 2004, cópia xerog.

[21] Mikhail Bakhtin, op. cit., p. 303.

[22] Dominique Maingueneau, op. cit., p. 124.

[23] Idem, p. 331.

[24] João Ubaldo Ribeiro, Política, Rio de Janeiro, Nova Fronteira, 1981, p. 5.

[25] Na obra o termo político é empregado na acepção geral de elemento envolvido em qualquer relação de poder. Segundo o autor, a Política "tem a ver com quem manda, por que manda, como manda".

[26] João Ubaldo Ribeiro, op. cit., p. 170.

[27] Idem, p. 156.

[28] Hans Christian Andersen, A roupa nova do imperador, São Paulo, Brinque-Book, 1997.

[29] Dominique Maingueneau, op. cit., p. 329.

[30] Fernando Pessoa, Obra poética, Rio de Janeiro, Aguilar, 1965, p. 283.

:: Respostas

:: Lição 1

:: Leitura do texto

1. a) Há uma orientação predominantemente circular para as linhas. A designação da bebida é feita por meio do termo "whisquinho". O verbal traça um círculo fechado, que representa um giro contínuo e, consequentemente, provoca a sensação de tontura, dada por uma leitura contínua da frase.
    b) A ação de beber se apresenta por meio do instrumento usado para tal fim: o copo de bebida. A boca do copo representa o copo inteiro. Esses recursos de implicação entre sentidos fazem o leitor ficar detido no exame de um modo próprio de dizer, tornando a leitura mais especulativa, o que promove a intensificação do convencimento em relação ao leitor.

2. A circularidade das linhas, conectada com a ordem "Mexa o gelo", remete à mobilidade contínua. Essa mobilidade, aliada à sensação de soltura derivada do consumo de várias doses sucessivas de whisky, constrói o mundo a princípio como um lugar agradável. O efeito de delícia tátil do gesto acompanha o momento de relaxamento. O texto constrói assim uma tentação: faz o leitor desejar tomar doses consecutivas de uísque, para obter essas delícias e esse relaxamento. Essa tentação entretanto é substituída por uma ameaça, uma intimidação, que aponta para o perigo do excesso do consumo da bebida: "toma um whisky, mais outro". Para isso o círculo fechado, constituído pela integração do verbal com o visual, recria a falta de saída para o consumidor. Essa falta de saída, por sua vez, está ligada à insatisfação e à insegurança. O consumidor torna-se insatisfeito com a própria prática do alcoolismo e, ainda, torna-se inseguro: quer ser autocontrolado, mas sabe que pode não ser ou crê que não é. O leitor-alvo, aquele que quer abandonar o alcoolismo, identifica-se então com o serviço oferecido pelos AA, apresentado como a única saída.

3. O gênero é publicidade.
    a) O texto fala sobre as consequências do consumo abusivo do álcool.

b) Aquele que "emite" a mensagem: os AA; aquele que "recebe" a mensagem: o indivíduo que tem problemas com alcoolismo.

c) A finalidade específica é convencer o alcoólatra a usar o serviço do AA.

d) Privilegia a função conativa, pois é um texto centrado no destinatário, como todo texto publicitário; não deixa entretanto de construir sentido por meio da priorização também da função poética, já que o leitor fica preso no exame da "ressignificação" do código, se usarmos noção proposta por Jakobson a respeito das funções da linguagem.

4. a) O polo selecionado é o da dinamicidade.

b) Os traços semânticos utilizados do verbo *mexer*, articulados aos traços visuais da diagonalidade das linhas que constroem o líquido contido no copo, aliam-se à circularidade preponderante do texto verbal. Todos esses recursos ratificam o polo da dinamicidade como fundamento na construção do efeito de sentido de atordoamento, relacionado a sensações boas e a sensações ruins. No primeiro caso, o atordoamento é articulado à soltura; a soltura, por sua vez, é articulada ao desembaraço social. No segundo caso, o atordoamento, como conjunto de sensações boas, é usado para mostrar o perigo e as desgraças que estão por trás. Beber uma dose após outra torna-se portanto uma ameaça, da qual é preciso fugir.

5. O anúncio dos AA e o do vinho Cabo de Hornos são divergentes, já que cada qual estimula o leitor para hábitos opostos. O objeto de desejo oferecido vincula-se a aspirações contrárias no anúncio dos AA e no do Cabo de Hornos: naquele, é criada para o leitor, como imagem ideal, o sujeito que evita entregar-se à embriaguez; neste, é criada como imagem ideal a do desejante de bebida alcoólica (vinho de Cabo de Hornos). O anúncio do vinho, em cuja marca está o nome de um acidente geográfico, um cabo a ser ultrapassado por navegantes, seduz o leitor por meio da imagem do aventureiro bem-sucedido nas conquistas marítimas e tenta o leitor por meio do prêmio, que é a própria aventura épica: se você beber Cabo de Hornos, será tão poderoso como os heroicos nautas investidos do "indomável espírito do novo mundo". Cada anúncio, por sua vez, remete a outros textos do mesmo gênero *publicidade*. O anúncio dos AA converge para anúncios publicitários que veiculam como proposta não o consumo ou a aquisição de determinado produto, mas a utilização de serviços; no caso, serviços de preservação: do meio-ambiente, da cidadania, entre outros. O anúncio do vinho Cabo de Hornos converge para outras propagandas, como as de cigarro, no que diz respeito a incentivo não somente a hábitos de consumo afins, mas à construção de mundo afins.

6. Núcleo temático do texto – alcoolismo: riscos e superação.

7. a) Um texto que apresenta as viagens ao fundo do mar, realizadas por uma moça, tida como a heroína da história.

b) Um texto que apresenta a figura de uma mulher que, contrariando o que é esperado, não pode e não sabe dizer *não* à pessoa que a explora.

c) Na sequência imediata apresentada no anúncio dos AA, virar o centro das atenções relaciona-se com dar uma cantada na mulher do amigo; sentir depressão relaciona-se com tomar um whisky, depois outro.

d) Essas figuras passam a ser disfóricas, porque remetem a situações investidas pelo mal-estar. O discurso avalia negativamente o sujeito que, ao beber se sente inteligente; conta piada; vira o centro das atenções; dá uma cantada na mulher do amigo; toma outra dose. A disforização das figuras acontece a fim de manipular o leitor para usar o serviço dos AA.

8. a) A tentação e a sedução se dão da seguinte maneira: se você consumir Chivas, você terá todas as estrelas do céu (tentação: prêmio); se você consumir Chivas, você continuará a ser uma estrela (sedução – imagem positiva). Para explicar essa sedução podemos verificar que na imagem são cinco as pessoas e, implicitamente, são cinco as estrelas, já que está dito: *Quando 5 estrelas não são suficientes* (tome Chivas). Se cada elemento do grupo já é tido como uma estrela, configura-se uma sedução, pois é projetada a imagem positiva, de estrela, do consumidor potencial. Por sua vez a intimidação e a provocação se dão da seguinte maneira: Se você não consumir Chivas, você deixará de ter as estrelas do céu (intimidação – castigo); se você não consumir Chivas, deixará de ser você mesmo uma estrela, será alguém sem brilho (provocação – imagem negativa do destinatário).
    b) "Tomar um whisky, mais outro" concentra o investimento de valores repudiáveis, para afastar o leitor da própria cena de bebedeira evocada.
    c) O confronto entre sujeitos manipuladores pressupostos a ambos os anúncios se dá pelos valores opostos a ser buscados. Esse confronto remete a ideais e aspirações de agrupamentos de pessoas distribuídos em segmentos da sociedade.

9. "Você" resolve; "você" leva; "você" acorda; "você" conta piadas etc. Essas marcas instauram o leitor no próprio texto, por isso reafirmam a função conativa ou apelativa tida como predominante.

10. O nome próprio "Alcoólicos Anônimos", designação do serviço do qual é feita a publicidade, é dado como algo coletivo, grupal e anônimo. Mas esse nome próprio, acompanhado da sigla AA, que sintetiza graficamente a logomarca, contribui para que o serviço oferecido tenha a identidade reforçada. O nome do serviço, "Alcoólicos Anônimos", impresso logo abaixo da sigla, completa a linha que faz a representação estilizada de um copo cheio de bebida. A própria sigla recria, ainda, por meio dos cortes brancos e diagonais que a atravessam, o movimento da bebida, reforçado, aliás, pela faixa feita de traçados côncavos e convexos desenhada acima das letras, na representação da superfície da bebida contida no copo. Interessante é destacar que a própria logomarca se torna um copo com bebida.

11. O tema dos perigos do alcoolismo articula-se à posição física de leitura, que cobra um movimento circular do olhar. Essa posição de leitura ressemantiza a dinamicidade, a qual passa a ser dada no enunciado como um mal-estar a ser evitado (intimidação). Assim é recriado o sentido: no próprio plano da expressão do texto; ou na própria materialidade textual; ou na ressignificação do próprio código, se quisermos lembrar Jakobson. Faz-se o mundo rodar indesejavelmente por meio da função poética desencadeada no texto. A propósito, essa posição física de leitura, tornada insuportável, cobra a possibilidade do fim para o tormento. Por isso a expressão "ponto final", colocada no enunciado acima da sigla AA, antecipa o próprio sinal de pontuação que encerra o enunciado: *Se um dia desses você resolver colocar um ponto final nessa história ligue para nós.* A expressão *ponto final* antecipa e enfatiza a solução apresentada ao problema: o serviço dos AA. Não por acaso, portanto, o "ponto final", tanto o verbalizado como o representado graficamente, foi deixado para encabeçar a logomarca, que assim é enfatizada como a parada definitiva para o tormento.

12. Notamos que nesse gênero o leitor é intensamente manipulado. Na publicidade, o leitor é exacerbadamente seduzido, tentado, provocado, intimidado, com a finalidade específica de ser convencido a consumir: um serviço ou um produto. Para esse convencimento, o consumidor potencial é levado a partilhar valores oferecidos pelo destinador-anunciante: seja consumir bebidas alcoólicas de determinada marca, seja resistir ao consumo contínuo de bebidas alcoólicas em geral.

13. O texto é o produto do ato de dizer. É uma unidade de sentido, para a qual nada é gratuito ou aleatório. Materializando determinado gênero, o texto supõe estratégias do sujeito, organizadas como mecanismos de construção do sentido. Como enunciado, que pressupõe uma enunciação, o texto firma-se sobre a manipulação de um destinador (enunciador/autor) dirigida em relação a um destinatário (enunciatário/leitor). Entre destinador e destinatário circula o objeto de valor. Assim considerado, o texto é concebido como discurso.

14. O leitor, longe de um sujeito que permanece à espera da informação a ser recebida pronta e transparente e, portanto, mero decodificador, constitui-se como coautor ou coenunciador. É, portanto, aquele que ajuda a construir o próprio anúncio. Assim considerado, o leitor se apresenta como feixe de determinadas expectativas como: estar às voltas com questões de alcoolismo; querer e dever abandonar hábitos de consumo contínuo de álcool. Essas expectativas estão inscritas no próprio anúncio por meio daquilo que é dito (o enunciado) e por meio de um modo próprio de dizer (a enunciação).

:: Produção de texto I

1. Mecanismos de coesão textual empregados[1]
   Retomada por palavra gramatical
   a) Pronome relativo:
   > §1 O texto, *que* tem como anunciante; propaganda *que* vende serviço;
   > §3 a linearidade do signo verbal *que* [...] favorece;
   > §4 a sequência figurativa *que* confirma;
   > §5 como os *que* "vendem" bebida;
   > §6 Esse círculo, *que* não se interrompe; sem lembrar do *que* aconteceu;
   > §7 o leitor alvo, aquele *que* necessita; sujeito *que* crê; sujeito *que* quer, deve e sabe.

   b) Pronome indefinido e demonstrativo:
   > §4 *essa* dinamicidade;
   > §6 acontecerá *tudo isso* com você; *esse* círculo;
   > §7 *aquele* que necessita; *esses* valores.

   c) Advérbios e locuções adverbiais:
   > §1 o texto, *ora* considerado enunciado;
   > §6 bate aquela depressão e *aí* você resolve tomar um whisquinho.

   d) Artigo definido:
   > §7 *o* leitor-alvo; *no* (em+o) gênero publicidade.

Retomada por palavra lexical
a) Repetição de palavras e expressões:
§7 Apresenta-se *como sujeito que* crê; *como sujeito que* quer.

b) Uso de hiperônimo
§5 o anúncio "vende" um *serviço* [...]: *a cura terapêutica* dos alcoólatras.

Antecipação por expressão nominal
§6 intimida esse mesmo leitor por meio d*a ameaça* [...]: "Se você continuar bebendo desse modo, acontecerá tudo isso com você."

Emprego de elipse
§7 o leitor-alvo, aquele (*leitor*) que necessita do apoio; (o leitor) firma-se como feixe; (*o leitor*) apresenta-se.

Emprego de conectores
§1 *alertando/enquanto alerta* para os perigos; apresenta-se *como* propaganda; meio impresso *como* revistas e jornais;
§2 *firmando* um modo próprio de dizer/*enquanto firma/ à medida que firma* um modo próprio de dizer; faz com que a função conativa se junte à poética *para* fazer crer; *por conseguinte*, o núcleo temático; consumir álcool *para viver*;
§3 *desestabilizando* a linearidade do signo verbal [...] favorece a leitura /*porque* desestabiliza a linearidade do signo verbal [...] favorece a leitura; a posição de leitura, *rompendo* as expectativas, confirma o insólito / *porque* rompe as expectativas, confirma o insólito; Sensações [...] são (re)experimentadas pelo leitor, *como* efeito dado na própria materialidade do texto.
§5 *Consolidando* um lugar no mundo /*enquanto* consolida um lugar no mundo; um lugar *como* resposta divergente; outros textos, *como* os que "vendem" bebida; *Assim* o discurso ressemantiza;
§6 *Viabilizada* a participação corpo a corpo do leitor/ *depois que* viabilizou a participação corpo a corpo do leitor; "*Se* você continuar [...] acontecerá tudo isso com você";
§7 (o leitor) apresenta-se *outrossim*; comunicação, *como* vemos.

Emprego de sequenciadores:
§ 3 As figuras, *por sua vez*;
§ 5 *A propósito*, o nome da marca.

2. Os mecanismos de coesão empregados no ensaio são compatíveis com o gênero *divulgação científica,* que, ao prever a divulgação de conhecimento, privilegia não apenas a função referencial ou utilitária da linguagem, mas também determinada cena enunciativa, que representa determinada interação entre os sujeitos da comunicação. Na cena enunciativa do gênero *divulgação científica,* o sujeito da enunciação constrói para si e de si a imagem daquele que "tem os pés no chão"; ou na lógica. Por isso os conectores e sequenciadores utilizados no ensaio criam relações lógicas entre unidades textuais. Não se conceberia um texto como esse sem elementos coesivos. Uma regra constitutiva do gênero *divulgação científica* é então a obrigatoriedade do uso de elementos coesivos; isso, tanto para a garantia de legibilidade dos

próprios textos, como para a economia de leitura; mais que isso, porém, para a manutenção da imagem do sujeito da enunciação. Por sua vez, um texto vinculado ao discurso poético, como um soneto, apresentaria em princípio incompatibilidades com muitos dos conectores e sequenciadores depreendidos desse ensaio. Não é difícil, por fim, localizar poemas para os quais o uso de elementos coesivos fica demonstrado como facultativo:

OCIDENTAL[2]
a missa
a miss
o míssil

3. O título *Na boca do copo* antecipa a figura central dada tanto pelo segmento visual como pelo segmento verbal. A ênfase provocada por essa antecipação se justifica: a boca do copo é ponto de partida para a sedução, feita por meio de lembranças gostosas como o relaxamento após beber várias doses de whisky. Mas a boca do copo também é ponto de partida para a intimidação. É feita uma ameaça, por meio da discursivização de lembranças tidas como desagradáveis culturalmente: levar um soco, não lembrar nada etc.

4. a) O léxico não apenas reproduz o uso formal e culto da língua como desenvolve uma metalinguagem científica, que incorpora conhecimentos teóricos pressupostos.
b) O enunciador, para construir o efeito de objetividade, não usa pronome pessoal de primeira pessoa: *eu, nós,* nem de segunda pessoa *tu, vós*, nem tampouco pronome de tratamento que representa a segunda pessoa discursiva: *você, senhor, senhora* etc. Se o faz, coloca esses pronomes nos enunciados que estão entre aspas, pois reproduzem a fala do outro.
c) §1: identificação do tipo de texto sob análise; §2: destaque à função conativa ou apelativa predominante no texto; §3: conexão entre as figuras do discurso e os valores ideológicos; articulação entre a linearidade circular do signo verbal e o efeito de sentido de tontura; §4: comentário sobre a dinamicidade como sensação de mal-estar; §5: observação sobre o sujeito e seu lugar no mundo; §6: destaque à intimidação e à ameaça como manipulação; §7: conclusão com explicitações.

:: Notas

[1] Não foram recuperados nas respostas todos os exemplares de coesão dados pelo texto.

[2] José Paulo Paes, Os melhores poemas de José Paulo Paes, Seleção Davi Arrigucci Jr., 2. ed., São Paulo, Global, 2000, p. 119.

:: Lição 2

1. a) O visual e o verbal no sincretismo das HQS em tira jornalística e em revista

   Comecemos pela descrição do visual. Na tira nota-se: narrativa organizada em três quadros, o que define curta extensão para o texto; quadros simétricos quanto ao tamanho e quanto à forma geométrica: todos retangulares, com medida de 5 x 4cm, o que remete a um efeito de ordenação regular; representação de um espaço predominantemente circunscrito ao interior de um carro; representação em *close* da cabeça e tronco dos personagens; representação dos movimentos dos personagens restrita à cabeça e à face (olhos e boca). Nota-se ainda nas linhas que desenham os rostos um não mimetismo analógico em relação ao real: nariz e boca são apresentados em escala distorcida, remetendo a uma hipérbole visual. Na HQ *Spirit*, por sua vez, notam-se os seguintes traços visuais: proliferação de pequenos quadros, dados como retângulos dispostos verticalmente, o que define o texto, ante a tira, como o "que fala mais", já pela extensão textual mais longa, já por conter maior número de balões; quadros assimétricos: uns mais estreitos que outros o que remete a um efeito de atabalhoamento do narrado e do modo de narração; representação diversificada do espaço: o quarto, onde o homem veste o pijama e se deita na cama; o banheiro, onde pinga a torneira; o quarto escuro; o quarto, novamente, com perspectiva que focaliza em primeiro plano o assoalho sob objetos caídos e, no fundos, o homem espaventado. Temos, ainda, no 3º, 7º, 8º e 9º quadros, a sugestão do espaço externo, como direção dada ao olhar do personagem: a rua, observada através janela e sob o apanhado da cortina. Com mudanças abruptas do olhar de um observador onisciente que, tal qual câmera, "fotografa" em diferentes perspectivas o desenrolar dos fatos, é apresentado o personagem com movimentos corporais altamente diversificados. O homem é desenhado: ora ao vestir o pijama; ora, já sentado na cama, ao torcer o nariz para indicar algum mal-estar; ora em pé, ao voltar-se para a janela; ora deitado, ao tentar apagar a luz na tentativa de dormir, como demonstram os olhos de pálpebras fechadas no primeiro quadro da segunda sequência. O ritmo acelerado dos movimentos, dado por esse atabalhoamento do traços que delineiam a figura humana, confirma-se ainda pelo modo espremido como os quadros encadeiam as cenas. Esse ritmo é interrompido pelo vazio negro de ambos os quadros centrais da segunda sequência. Aí, a gota que cai da torneira, ao parecer regular o tempo, cronometrando as horas que passam, constrói uma metonímia: um instrumento de medir o tempo representa o tempo que passa. Com o segundo sentido trazido para a torneira, um cronômetro, o sentido figurado, firma-se o modo denso e impactante de dizer. Segue o quadro da torneira aquele do negro absoluto, sem imagem alguma, para que se configure a representação do sono no quarto escuro, onde nada se vê, apenas se escuta o ruído do colchão e os ruídos de quem dorme. Ao mostrar visualmente os únicos sons da escuridão encerrados no balão branco, a sinestesia confirma o maior impacto aliado à densidade do dizer. Essa parada, dada pelos quadrinhos citados, contribui para a construção de uma espera tensa. A ela segue a sequência dos quadrinhos finais: o homem torna a levantar-se, voltando a olhar pela janela do quarto, então imerso na escuridão; uma única luz é entrevista: aquela do espaço exterior contemplado, a rua, a calçada abaixo da janela, como indica a direção do olhar do homem no último quadro da segunda sequência. No primeiro quadro da última sequência, a claridade do luar ou de luzes é derramada na parede do prédio, numa tomada exterior do olhar do observador que, orientando o narrado, altera a perspectiva. Os dois quadros centrais da última sequência voltam a focalizar o interior escuro do quarto para que se derramem as trevas da noite desesperada da segunda para a terceira sequência. Finalmente escancara-se na claridade o último quadrinho. Neste, apresenta-se em todo o desespero a figura de mãos crispadas, de olhos esbugalhados: um homem em pânico, que se esgueira pela parede. Da pantomima assim representada, depreende-se o compromisso em fazer os personagens quanto mais "reais" e de quanto maior impacto possível. Para isso é que são incorporadas as complexas variações de expressões faciais e corporais que, aliadas ao monocromatismo, firmam o suspense, dado como efeito de sentido dessa HQS Acrescenta-se o tratamento visual dado às letras que, em *Spirit*, ora aparecem em negrito, ora além do negrito apresentam-se com inclinação à direita para representar a ênfase ou a potencialização emocional do que está sendo dito, como em *UAAH...* (primeiro quadro da segunda sequência – sonolência) e *IAAAUU!* (último quadro – susto). A escrita, nesses casos, reproduz, pela reduplicação das vogais, o suspiro e o grito prolongados.

Tanto na tira como em *Spirit*, o que é dito é encerrado em balões. Mas na tira fala-se menos (três balões ante nove na revista). Em *Spirit* há mais variação na apresentação gráfica dos balões: há aqueles, como na tira, flechados para quem está com o turno da fala, como há também aqueles desenhados em forma de nuvem, da qual saem bolinhas para representar o pensamento. Mas em *Spirit*, para representar as falas, há balões em círculo fechado, com acabamento por meio de linhas convexas. Dentro dos balões, nos segmentos verbais, há também em *Sprit* maior diversidade: ora predominam as expressões verbais convencionais, ora as onomatopeias, como: YAWN, HUM, MMM (balão central da segunda sequência), para aos ruídos do sono; PLOOP, para o ruído dos pingos d'água que caem; CREAK, REAK, para o ruído da cama que range; IAAAUU!!, para o grito final. Há, ainda, a representação do pesadelo durante o curto sono, por meio do desenho de símbolos: estrelas, disco voador, a que segue a palavra *céu*. O encadeamento aparentemente caótico do conteúdo desse balão é seguido de dois pontos de exclamação, o que sugere constituir uma frase. Falando um pouco mais sobre o sincretismo na construção da unidade de sentido, observa-se que, na tira, juntam-se o verbal e o visual para construir o efeito de conversa de um casal dentro de um carro, sem grande impacto para o leitor; na novela gráfica, os quadrinhos longos e estreitos, contíguos aos mais largos, reforçam, pelo efeito de amontoamento e pelo contraste das formas, o ritmo tenso, compatível com a narrativa de suspense. A pressão sofrida pelos próprios pensamentos, verbalizada nas exclamações *Vão pensar que eu o matei!... Se os tiras encontrarem alguma coisa no meu quarto, vão melevar em cana!*, é então reforçada no sincretismo entre o verbal e o visual nas HQS de revista.

b) A tira, que tem como suporte um jornal, apresenta a relação suporte/texto para confirmar as HQS como algo leve e rápido, um descanso para o leitor do jornal; a revista, que constrói uma ficção e por isso é chamada novela gráfica, apresenta um enunciado orientado pelo efeito de suspense. As estratégias de sincretização resultam portanto na construção de mundos diferentes nas HQS publicadas em tiras jornalísticas e em revistas. Lá, o efeito de humor, aliado à brincadeira relaxada; cá, o efeito de suspense, causa e consequência de um modo tenso de dizer. Essas estratégias se respaldam na relação suporte/texto que, assim considerada, se firma como constitutiva do enunciado e não periférica a ele.

2. Os temas eleitos pelo jornal e pelo caderno Ilustrada constroem o mundo diferentemente; no jornal, notícias, reportagens que reúnem fatos tidos como relevantes para história nacional; no caderno Ilustrada, amenidades. As tiras de HQS no jornal passam então a ter o *status* de amenidades.

3. O caderno Ilustrada ocupa no jornal o lugar de uma imprensa não priorizada pela mídia dita séria, já que é o último na sequência de cadernos. As tiras, por sua vez, ocupam um lugar não privilegiado pela diagramação do próprio caderno, já que a elas é oferecida a penúltima página. Pensando em sequência diagramática como hierarquização de leitura, temos todos os cadernos que antedecem a Ilustrada apresentados como precedência não apenas topológica na diagramação do jornal, mas discursiva, isto é, dizem respeito a temas dados como prioridade por essa mídia. Secundários, na ordenação das páginas, ficam tanto o caderno Ilustrada no contexto do jornal como os quadrinhos no contexto do próprio caderno. Essa hierarquização entretanto se desfaz no ato da leitura: se determinada página é que é a lida, é ela a unidade que, como recorte e como ponto de chegada, interessa ao leitor.

4. a) A tira de Angeli retrata o diálogo entre cônjuges ou entre namorados. A mulher faz perguntas sobre possíveis casos do marido com outras. Ele nega, ela fica brava diante da negação. Implícito: ela preferiria que ele tivesse caso com outras mulheres.
A tira de Galhardo retrata a mãe sentada no sofá, enquanto o filho, com metralhadora, mira o espaço da favela (Rocinha), dado a ver através da janela. A mãe diz: "Olha aí, ai o meu guri, olha aí", enquanto sorri satisfeita, muito à vontade na cadeira. Implícito: mãe sempre faz questão de não ver o que os filhos fazem. (A mãe ignora o envolvimento do filho na tragédia decorrente do confronto entre traficantes nas favelas do Rio de Janeiro, fato altamente noticiado pela mídia com datas circundantes à da publicação da tira.)
A tira de Iturrusgarai mostra um homem sozinho num penhasco, em meditação dada como muito longa, já que perdura nos três quadros, ou na tira inteira: imóvel na ponta do penhasco o homem desenvolve um monólogo: o que altera é apenas a perspectiva. O prolongamento da meditação ainda está marcado visualmente tanto pelas diferentes posições do sol, no alto, no primeiro quadro e abaixo do penhasco, no segundo, como pelo derramamento da cor preta no último quadro, com o sol tendo sido substituído pela lua (o que é distinguido com mais clareza no original, que é policromático). Na meditação, o homem diz: "Quem nunca errou" / "Nunca experimentou nada errado!". Implícito: nega-se a expectativa dada culturalmente, segundo a qual somente quem nunca errou merece prêmio: céu, medalha, notas boas, o respeito alheio etc.; segundo essa expectativa o erro supõe punição: desde a perda do paraíso, até todos os tipos de tormentos. Na tira, quem nunca errou fica em falta, deixa de provar a experiência do próprio erro, ressemantizado como algo não temível.

b) Tira 1: tema – a fidelidade entre cônjuges articulada ao reforço do papel masculino tradicional;

tira 2: tema – a incondicionalidade do amor materno ante envolvimentos criminosos dos filhos em contexto dos excluídos socialmente;

tira 3: a aceitação do erro humano, dado como algo necessário para adquirir experiência na vida.

c) Um único sujeito é depreensível das três tiras por meio de um tom de voz: lúdico; subversivo em relação a dogmas; desestabilizador de verdades tidas como inquestionáveis. Isso se justifica em Angeli, pelo modo de brincar com o tema da fidelidade conjugal articulado ao papel masculino tradicional (papel do conquistador, cobrado pela mulher e não assumido pelo homem, num mundo ao revés); em Galhardo, pelo modo de brincar com a incondicionalidade do amor materno, dado como cegueira em situação de envolvimento criminoso dos filhos (confronto entre traficantes); em Iturrusgarai, pelo modo de brincar com o erro, tema consolidado pelas instituições sociais como igreja, escola e família, como algo ruim, que deve ser evitado a todo custo. Segundo essas instituições, depois do erro vem o castigo.

d) Textos com temas afins às tiras, mas com um modo diferente de usar esses mesmos temas (impondo um tom sério à própria voz):

tira 1: sermão religioso que compara o adultério com coisa de Satanás;

tira 2: reportagem jornalística que inclui depoimento acusatório de mãe em relação a filho criminoso;

tira 3: normas escolares, catecismos religiosos, que ensinam o erro como algo repudiável e a ser evitado a todo custo. Desses textos é possível depreender uma voz discordante com as das tiras, porque remete a um modo diferente de interpretar os fatos.

5. O sujeito pressuposto às tiras é uno, porque procede da mesma maneira de utilização dos temas na interpretação dos fatos e, por isso, tem um único tom de voz. Mas esse sujeito também é dialógico, porque responde de maneira própria a crenças e aspirações dadas pelas instituições sociais, como religião, escola etc.

6. A relação página/tira mostra a integração entre os textos *besteirol*, tiras, palavras cruzadas, horóscopo, na construção de uma totalidade: a página E15 do jornal FSP. A conjunção do conteúdo, bem como a disposição das matérias na página promove uma economia de leitura, pois direcionam o tipo de realidade midiática a ser construída: uma realidade em princípio paralela e marginal, ante aquela dada pelas manchetes de primeira página. Importa que, no momento da leitura, a suposta marginalidade dessa página de amenidades passa para a centralidade. Destaca-se que, após o jornalismo dito besteirol, não se poderia esperar nada dado como sério, o que já prepara o leitor para a manutenção da ludicidade, do jogo do humor estabelecido nas tiras. Na matéria que segue as tiras, por sua vez, mantém-se o efeito de escapatória ante as notícias de projeção nacional e internacional dos cadernos antecendentes e até ante as notícias da própria Ilustrada, que, como a coluna social ou como os dados sobre shows e afins, mantêm a aparência de respaldo na realidade. A matéria que segue as tiras se ancora, lembremos, na aventura cósmica da astrologia e na ludicidade das palavras cruzadas.

7. O jornal FSP, no caderno Ilustrada, atende a três tipos de leitor: aquele que, depois de ler o jornal todo, encontra o esperado espaço de alento no referido caderno, tido como reunião de atividades de lazer; aquele que passa de modo ligeiro pelos outros cadernos e se detém na *Folha Ilustrada* como a um guia para seu programa de cinema, teatro e exposições; aquele que somente busca a ludicidade da página das tiras, especificamente para se divertir com o jornal. Na página das tiras concentram-se então as expectativas de: humor e riso (besteirol e tiras); ludicidade especulativa (palavras cruzadas); amparo transcendental com a leitura do destino escrito nos astros (horóscopo/astrologia).

8. a) O hábito de leitura faz o leitor identificar-se com o jornal que lê. O leitor se identifica com o jornal eleito, já pelo protocolo de leitura criado pela diagramação do jornal, como diz Lucia Teixeira, ou seja, a recorrência da diagramação cria e sustenta a mesma expectativa de leitura. O jornal por sua vez constrói sua identidade em função das expectativas do próprio leitor, cevado dia após dia com o mesmo recorte de mundo, com um modo recorrente de selecionar e usar temas. O hábito de leitura, dado pelo modo recorrente de um jornal construir o mundo, normatiza o leitor, fazendo com que se fixem gostos e costumes, favorecendo certa constância. O leitor fica fiel a seu jornal dado como totalidade e, dentro da totalidade FSP, por exemplo, podem ser consideradas outras totalidades, cada qual recorte do próprio leitor. Assim poderemos ter um leitor apenas do caderno Anúncios Classificados, outro apenas do caderno Esportes e assim por diante. Importa que, encontrando resposta a suas expectativas, o leitor se sente não apenas valorizado enquanto feixe de desejos, mas também legitimado enquanto *persona*. Amparado pela familiaridade necessária para que se mantenha fiel a *seu jornal*, o leitor não terá a própria imagem fragilizada nem a própria identidade ameaçada. b) O leitor de um jornal como FSP se constitui em sujeito homogêneo devido à seleção recorrente de temas e figuras feita pela mídia dita séria: notícias da política nacional e internacional, situação socioeconômica do país. O leitor também é homogêneo por habituar-se a um mesmo modo de recortar os temas e figuras no seu jornal eleito; dessa recorrência resulta o simulacro daquele que não só reflete sobre a História, mas faz a própria História. O leitor homogêneo, entretanto, é simultaneamente heterogêneo, devido aos temas e figuras reunidos em cadernos diversificados. Cada caderno, por constituir então um suporte diferente, dentro do suporte mídia impressa, jornal, constrói um leitor diferente. O suporte, como modo de circulação do texto, modela o próprio leitor.

9. Na tira, o diálogo é textualizado por meio de balões. Cada balão encerra um turno de fala. No texto verbal, por sua vez, o diálogo é transcrito por meio de troca de parágrafo, aberto cada qual para a troca de turno. A fala do personagem no texto verbal pode ser antecedida e sucedida por travessão, para separar a voz do narrador do turno de fala dos personagens. A fala pode também ser inserida no meio da voz do narrador e apresentada entre aspas. Passando a tira *Chiclete com banana*, de Angeli, para um texto verbal com a voz do narrador posposta às falas temos:
– Hélio, você tem um caso com a Verônica, mulher do Marcos? – perguntou a mulher ao marido, voltando o rosto para ele, que dirigia o carro sem encará-la.
– Claro que não! – exclamou o marido, ainda sem olhar para ela.

– Então tem um caso com a Ana, ou com a Marília, ex-mulher do seu irmão? – insistiu a mulher com os olhos e boca escacarados na direção do companheiro.

– Não, querida! Com nenhuma das duas! – confirmou o homem, revirando os olhos para a mulher, mas mantendo-se afastado dela, em sinal de desconfiança. Enquanto isso, a boca arqueada para baixo denunciava descontentamento.

– Hélio, você é mesmo um banana! Não tem caso com ninguém! – desabafou finalmente a mulher para o marido, que acabou por voltar-se para ela estupefato.

10. a) A mulher quer obter a resposta desejada, mas não pode. O homem deve dar a resposta desejada pela mulher, mas não quer.

b) O homem foi sancionado pela mulher pela alcunha de *banana*, que significa tolo e incompetente; também foi sancionado pelos traços da expressão facial da mulher, que indicam o mal-estar dela diante de um homem que não corresponde ao papel de "homem", papel este entendido como o do "garanhão"; também foi sancionado, o homem, pelo tom áspero de reprovação advindo da mulher e reforçado quer pelos pontos de exclamação recorrentes na última fala, quer pelo emprego do advérbio de intensidade *mesmo*: *Você é mesmo um banana!*, que sugere uma conclusão avaliativa amadurecida prévia e lentamente.

c) Estamos diante de paixões de incompletude, como a insatisfação, raiva, cólera, que caracterizam a mulher, e a desconfiança e o descontentamento, que caracterizam o homem. No último quadro, a surpresa também define o estado emocional do homem.

d) Quando a mulher pergunta e também quando não obtém a resposta desejada, a boca escancarada e os olhos muito abertos, voltados para o marido, confirmam a insatisfação, a raiva, a cólera. Quando o marido revira os olhos no segundo quadro é reforçada no visual a paixão da desconfiança em relação à mulher que o questiona e, no final, quando mantém os olhos esbugalhados na direção da mulher, o descontentamento se consuma, sendo que esse descontentamento também se orienta para a surpresa.

e) A recorrência do ponto de exclamação se junta ao visual para enfatizar paixões. O ponto de exclamação, integrado aos traços da boca e dos olhos dos atores, adensa as paixões depreendidas: ficam mais intensas tanto a insatisfação e a raiva da mulher como a desconfiança e a surpresa do homem, na definição dos atores: ela, a insatisfeita e raivosa; ele, o desconfiado e surpreso.

f) O sincretismo, ao juntar o verbal e o visual nas tiras de HQS, contribui para enfatizar os efeitos passionais na caracterização dos atores. Por meio do sincretismo, a enunciação completa com o visual o que falta para o verbal e vice-versa, para fazer crer na verdade do que diz, para seduzir o leitor na direção do universo apresentado: um universo que brinca com o tema da fidelidade conjugal e do papel do "homem".

11. Quanto à transformação dos atores, nota-se um crescendo das paixões da insatisfação e da desconfiança de quadro para quadro, para culminar no último quadro, com o olhar desconcertado que eles trocam entre si. Quanto à transformação do tempo, nota-se que a organização dos turnos da fala mostra o tempo evoluindo. A própria linearidade do texto verbal garante esse tempo que passa: um ator fala depois do outro, para que a comunicação se efetue. A cercadura de cada quadro por sua vez confirma o tempo que evolui numa anterioridade e numa posterioridade: durante a leitura do segundo quadro, por exemplo, o primeiro passa a pertencer a um antes e o segundo a um depois. Pelos deslocamentos do olhar

do observador, temos também um *antes*, um *durante* e um *depois*: primeiro quadro, tomada externa da perspectiva; segundo quadro, tomada interna, com focalização frontal em *close-up*; terceiro quadro, tomada interna com *close* dado a partir das costas dos atores. O espaço se transforma pelo deslocamento do olhar do observador, que cria diferentes perspectivas, mas se circunscreve no interior do veículo.

12. Na tira não está textualizada a voz do narrador, que apareceria nesse tipo de texto num retângulo, como está na tira de Galhardo "Enquanto isso, na Rocinha". Por sua vez, nos textos verbais, a voz do narrador tanto pode anteceder como suceder a fala dos personagens, como pode, ainda, com exclusividade, tomar parágrafos inteiros. Na tira de Angeli, a ausência da voz do narrador remete a um efeito de sentido de distanciamento do próprio narrador em relação à cena narrada. Com isso o que é narrado se investe de um efeito de independência em relação ao narrador. Uma maior delegação de voz do narrador para os atores faz com que a cena pareça narrar-se a si mesma, sem a intervenção de um narrador.

13. Já que o narrador nem aparece com a voz cercada em retângulo, não poderia dizer *eu, meu, nosso*. Assim a tira confirma o efeito de objetividade.

14. a) Entre o homem e a mulher há divergência de crenças, aspirações e projetos. Ela crê e faz crer num mundo que valoriza positivamente a imagem do "machão". Ele nega essa imagem, o que consolida um mundo às avessas. Ele, diferentemente dela, acaba por fazer crer num mundo que mantém a ordem cobrada pelas instituições sociais como família (casamento) e religião.
b) O diálogo entre a tira e o mandamento da bíblia é polêmico, já que apresenta divergência de pontos de vista sobre o mesmo tema: a tira brinca com a questão da fidelidade conjugal, ao apresentar a figura de uma mulher que se sente insatisfeita porque o marido não tem caso com outra. O mandamento prevê como um dever o comportamento monogâmico. A tira, ao brincar, remete a diferentes mundos possíveis; apresenta portanto uma voz menos autoritária e uma tendência de não impor uma verdade única. O mandamento, ao textualizar um futuro verbal com valor de imperativo, constrói no discurso a interdição: impede um tipo de comportamento e, ao fazê-lo, propõe um mundo estático e uma verdade tida como única. O gênero *tira jornalística* confirma o tom de voz menos autoritário, já pelo suporte apresentado: uma página de amenidades e de *besteirol*. O gênero *mandamento* confirma o tom de voz mais autoritário, já pelo contexto de sacralidade e de irreversibilidade construído na cena de revelação de grandes verdades e mantido pela ideia de circulação entre todos os homens e de todas as gerações.

15. O plano da expressão contribui para a constituição da página E15 como uma totalidade, já que coloca em relação de contiguidade matérias como *besteirol*, tiras de HQs, palavras cruzadas e horóscopo. Por sua vez, o diálogo de vozes convergentes nos enunciados da página se dá devido à recorrência de temas, os quais remetem a amenidades e à ludicidade. Tudo isso consolida uma afinidade de modo de presença do sujeito em todos os enunciados.

16. O diálogo entre uma página de HQS e as páginas do caderno A (Opinião) da FSP remete a um mesmo tipo de leitor: reflexivo, crítico, que lê implícitos. As tiras brincam, mas fazem refletir e são prolíficas em implícitos. O leitor é ratificado como "o leitor FSP", considerado pertencente a uma elite intelectual: o leitor da mídia dita séria.

17. Na tira de Galhardo o outro que a polemiza pode ser dado tanto como o sujeito do discurso policial ou de qualquer instituição de correção ou de imposição da ordem social, bem como a voz que propugna a figura materna como aquela que tudo sabe, que tudo prevê. Na tira de Iturrusgarai, o outro que a polemiza pode ser o sujeito do discurso familiar ou de qualquer outra instituição como escola e igreja, para as quais o erro é considerado irrecuperável e deve ser evitado como dano na vida de qualquer um.

18. Na fala da mãe, na tira de Galhardo, é lembrada e mostrada a canção de Chico Buarque, "Meu guri" (Seguem transcritas as duas estrofes finais da canção: *Chega no morro com o carregamento / Pulseira, cimento, relógio, pneu, gravador / Rezo até ele chegar cá no alto / Essa onda de assaltos tá um terror / Eu consolo ele, ele me consola / Boto ele no colo pra ele me ninar / De repente acordo, olho pro lado / E o danado já foi trabalhar, olha aí / Olha aí, ai o meu guri, olha aí / Olha aí, é o meu guri / E ele chega / Chega estampado, manchete, retrato / Com venda nos olhos, legenda e as iniciais / Eu não entendo essa gente, seu moço / Fazendo alvoroço demais / O guri no mato, acho que tá rindo / Acho que tá lindo, de papo pro ar / Desde o começo, eu não disse, seu moço / Ele disse que chegava lá / Olha aí, olha aí / Olha aí, ai o meu guri, olha aí / Olha aí, é o meu guri.*) A canção está mostrada na tira não somente pelo fato de a fala da mãe captar o refrão da canção, mas também por toda a cena recuperada sincreticamente: o "guri" com a metralhadora, a mãe sorrindo sentada na cadeira, ao contemplar o filho com satisfação.

No título da tira de Angeli, LOVESTORIAS, são lembradas e mostradas histórias de amor, já que "love stories", na língua inglesa, traduz-se por histórias de amor, num resgate dos filmes românticos "água com açúcar" ou dito piegas, de certa fase de Hollywood, sempre com final feliz. Mas essas histórias tradicionais de amor são subvertidas ideologicamente, pois um mundo às avessas é apresentado. A subversão se dá também linguisticamente, ao apresentar-se no título, a fusão inesperada entre dois códigos linguísticos: o inglês e o português. Da combinação do inglês, *love stories,* e do português, *histórias/estórias,* resulta *lovestorias.* Aparentemente desmancha-se a separação convencional entre as línguas, numa transgressão própria não somente ao humor das tiras, mas coerente com o jornalismo dito besteirol que as precede. A heterogeneidade nesses dois últimos casos não é apenas constitutiva das tiras; é uma heterogeneidade mostrada.

:: Lição 3

1. a) A página tem seis colunas.

b) O cabeçalho contém o título do jornal; à esquerda do título, Edição São Paulo/DF (Distrito Federal), bem como a expressão que se refere ao fechamento da edição, *concluída às 23h*; à direita do título, *80 anos*, que é o tempo de existência do jornal; abaixo, a data, 8 de setembro de 2001, seguida do nome do diretor de redação, Otávio Frias Filho e do *slogan*, *Um jornal a serviço do Brasil*, a que segue ainda o endereço, Alameda Limeira, 425, mais o ano contado a partir da primeira edição, 80, seguido do número da edição, 26.456 e, finalmente, o preço, R$1,70.

c) A primeira foto, colocada à esquerda na metade superior da primeira página, atrai o olhar para si em primeiro lugar, de modo a tornar prioritária a informação veiculada. Além disso essa primeira foto, se comparada à segunda, destaca-se em importância, pois ocupa mais espaço medido em colunas do que a segunda, colocada na metade inferior da página. O mesmo acontece com a manchete da metade superior da página que, pela diagramação e tamanho das letras, também constrói o efeito de prioridade à informação veiculada pelo jornal FSP nesse dia.[1]

2. A foto reúne em sequência Ruth Cardoso, Marco Maciel (Brasília) e Geraldo Alckmin (São Paulo) no mesmo flagrante, o que faz supor recorrente tomada da cena pela câmera, embora em diferentes lugares e com diferentes ângulos. O fotógrafo flagrou a primeira dama, o vice-presidente e o governador do Estado de São Paulo em momento de bocejo, durante as comemorações que, como está anunciado na rubrica, referem-se ao *Dia da Independência*. Trata-se do desfile de Sete de Setembro, ocasião em que o presidente teria sido vaiado, segundo a legenda. Manchete, sobretítulo, lide, notícia, por sua vez, não expandem a informação contida na foto, o que promove num primeiro momento um contraste absoluto entre o verbal e o visual, na integração das linguagens.[2] Mas esse contraste merece atenção, pois é relativo. Pode ser visto um ponto em comum entre foto e manchete, se se atentar para o recorte temático-figurativo voltado à esfera da administração pública e afins; a matéria jornalística da foto e da notícia é constituída pelas figuras do presidente e vice-presidente da nação, governador do Estado, Receita Federal, bem como pela demonstração do desempenho de cada um desses atores em determinada circunstância. Com isso o jornal eliminou temas e figuras que poderiam romper a homogeneidade, como notícias da vida privada de algum cidadão ou mesmo as pseudonotícias, que investem capítulos de novelas de TV com o

estatuto de relato de interesse geral. Se o jornal tivesse permitido tal rompimento, teria frustrado a expectativa do leitor, normatizado dia a dia com um mesmo modo de dizer. O contraste será novamente diminuído, se for observado outro ponto em comum entre a foto e a manchete: a mistura entre o público e o privado, que é tema da foto e da notícia. A notícia dá destaque aos " 'desvios' de conduta", das "pessoas físicas e de empresas", ou seja, remete àqueles cidadãos que lesam o patrimônio público por meio de sonegação de impostos, para benefício próprio. Em outra dimensão, temos a diluição entre o público e o privado também na foto, com a brincadeira da câmera. Na notícia, há a seriedade do relato sobre os "comportamentos atípicos", com indício de fraude, como diz o sobretítulo. Da composição da página, aliás, fica ainda a ironia da fotografia, creditada para Lula Marques / Folha Imagem e que se expande por toda essa primeira metade da página: enquanto verbalmente na rubrica se afirma o *Dia da Independência*, expressão que carrega os traços de vitória histórica, no visual são descontruídas as figuras públicas, num gesto de vida privada, o bocejo. A ironia da foto se atrela também à notícia: enquanto se supõe que possa ser revelado o "comportamento ilegal do fiscal que atua no caso [de sonegação]", as autoridades bocejam. Acrescenta-se que tanto foto e notícia constituem a chamada de primeira página por meio da indicação das páginas e do caderno em que a reportagem é desenvolvida: A4 e A5 para a foto, B4 para a notícia.

3. O termo aspeado na manchete é "desvios de conduta" (aspas simples). O termo é retomado por um sinônimo, "desvios de comportamento", também aspeado (aspas duplas) no corpo da notícia, primeiro parágrafo e, em aparente repetição, já no singular, o mesmo termo é retomado em *cada "desvio"*, terceiro parágrafo. A expressão *segundo a Receita* confirma quem é o outro enunciador, cujo ponto de vista é considerado e a quem o jornal faz menção explícita: a Receita Federal. O uso das aspas e a menção explícita feita à Receita Federal aliviam a responsabilidade do enunciador do jornal ante as informações veiculadas. Esses recursos concorrem para a construção da imagem do enunciador do jornal como aquele que é mais o mediador entre a fonte de informação e o público leitor e menos aquele que revela e que descobre o assunto noticiado. Se não tivessem ocorrido as aspas e a menção explícita ao *outro*, o jornal criaria para si a imagem de total responsabilidade sobre todas informações veiculadas.

4. A foto comentada é representação e não cópia da realidade. O flagrante do bocejo das autoridades, privilegiado pelo fotográfo e pela edição do jornal, confirma a realidade como construção do enunciador do jornal. Justifica-se essa resposta por várias razões. Primeiro, esse enunciado, com tal recorte, não existe solto no ar, mas está preso a uma situação de comunicação, está preso ao sujeito enunciador pressuposto. (A propósito, o sujeito da enunciação é único, embora ele seja constituído por diferentes sujeitos reais: a dobradinha *fotógrafo-repórter*, o diagramador, o editor e outros, cujo trabalho cria uma única enunciação. Aliás é esse sujeito que escolheu os ângulos da foto e os manteve para a edição do jornal.) Segundo, a interpretação que o fotógrafo faz do fato, entre brincalhona e crítica, foi aproveitada pelo jornal para refletir a realidade. A cena do bocejo ocorreu, não foi fotomontagem, não permitida para a grande imprensa. Mas a foto, além de refletir, também distorce a realidade, já que outros instantâneos da cena foram eliminados pelo sujeito enunciador do jornal. Terceiro, tais escolhas do jornal remetem a contradições de interesses e de pontos de vista entre classes sociais; no caso, a classe dos governantes, para quem não é bom o flagrante de um descuido protocolar tornado público, e a classe jornalística, para a qual a matéria que atiça a curiosidade e porventura o espírito crítico do leitor é o que interessa.

5. A foto desconstrói o *outro* enquanto pessoa pública, ao revelar um gesto íntimo incompatível com a participação nas comemorações dos desfiles do dia da Independência do Brasil.

6. a) Pela diagramação da página, observa-se que a notícia veiculada pela foto é dada como informação prioritária, já que foi colocada na metade superior e, ainda, no canto esquerdo, o que supõe a primazia do olhar do leitor. Além disso, temos a ocupação significativa do espaço: quatro das seis colunas da página. O efeito de reprodução verbo-visual do diálogo se tornou possível graças à sobreposição do diálogo à foto, numa espécie de tentativa de aproximação a um depoimento "ao vivo", nos moldes daqueles registrados pela televisão. Esse tratamento, não frequente em fotojornalismo, tenta promover o efeito de cena viva, reproduzida "tal como aconteceu". Por conseguinte, o sujeito do jornal parece afastar-se, para deixar que os atores Pitta e Paes de Barros falem livremente. Tais mecanismos fazem a foto beirar o espetáculo ou a espetacularização da própria notícia.
b) O pronome que comprova o efeito de polidez e formalidade no tratamento interpessoal é Vossa Excelência.
c) Paes de Barros, o inquiridor, fotografado com o dedo em riste, com os olhos baixos em direção a um suposto roteiro em que se apoia, tem o traço acusatório de sua fala reforçado. Ambos os atores, sem troca de olhar, mútuo e frontal, comprovam a formalidade da cena; pelo fato de serem mostrados sentados a uma mesa, sobre a qual há um copo de água, fica sugerido o longo tempo de depoimento.
d) A integração do verbal (as falas de Pitta e Paes de Barros) com o visual (a expressão corporal dada pela foto) aumenta a intensidade emocional da cena do debate.

7. a) Interlocutor é Pitta ou Paes de Barros a cada momento em que cada um deles "abre a boca" e fala, não como resposta, mas como inquirição ao outro. Interlocutário é cada um deles na situação de "ouvinte"; ao interlocutário é dirigida a palavra. Notamos que nenhum dos dois faz qualquer promessa ou assume publicamente qualquer erro; ao contrário, trocam insultos em forma de perguntas indiscretas. Se nos orientarmos pela teoria "das faces", podemos dizer que existe um efeito de sentido de ameaça no discurso reproduzido dos dois políticos: ameaça à face pública do ouvinte-interlocutário (insulto); ameaça à face íntima do ouvinte-interlocutário (perguntas indiscretas).
b) Esse diálogo, se transcrito apenas como segmento verbal, no corpo da notícia, poderia ser assim representado:
Antero Paes de Barros disse a Pitta:
– Se eu indagar a Vossa Excelência se vê essas afirmações como afirmações de que Vossa Excelência é corrupto, Vossa Excelência manterá o silêncio também?
O depoente respondeu com outra pergunta:
– E se eu indagasse a Vossa Excelência se o sr. continua batendo em sua mulher, o senhor responderia?
O inquiridor afirmou:
– Exijo respeito.
Pitta completou:
– Eu também.
Paes de Barros redarguiu:
– Nem bato em mulher nem sou assaltante de cofres públicos.

O efeito de verdade do texto verbal, se comparado ao dialógo reproduzido sincreticamente, cairia de intensidade. Seria perdido o impacto proporcionado pela imagem; o leitor seria abstraído do visual, o que faria com que decaísse a espetacularização da cena. O diálogo assim reproduzido faria ainda a notícia perder a concisão, o que a tornaria incompatível com as regras de redação jornalística.

c) Pelo modo de representar graficamente as vozes em discurso direto, é feita uma alusão ao gênero *história em quadrinhos*, já que a fala de cada um dos atores é colocada em balões. Essa alusão genérica implícita remete a uma ironia: os políticos e suas falas parecem constituir algo sério, mas na verdade constituem um *blefe*, já que beiram a ficção das histórias em quadrinhos.

d) A pauta, o projeto gráfico, a própria foto, o discurso direto sobreposto à foto remetem a escolhas do enunciador, para construir, de modo próprio, o universo noticioso. O olhar de um sujeito, o enunciador do jornal, confirma aspirações "individuais". Por isso não se pode afirmar que o jornal é objetivo e imparcial. Nenhum texto o é. Acrescenta-se que o que é individual é social, já que esse sujeito é dialógico, ou seja, é um *eu* que se constitui em resposta ao *outro*. Por isso foram aqui colocadas as aspas para a palavra "individuais".

8. a) A sequência em que o narrador, por meio de seu próprio relato, cita as perguntas trocadas entre os políticos é: "O tucano perguntou se Pitta, que depunha, era corrupto. O ex-prefeito perguntou se ele batia na mulher." A conjunção utilizada foi *se*.

b) A ideia de maior afastamento do sujeito citante, o repórter, dá-se no diálogo sobreposto à foto. Se as falas fossem introduzidas por verbos *de dizer*, teríamos prejudicado o efeito de dinamicidade entre as trocas enunciativas, que se dariam mais lentamente.

9. A teatralização na recuperação do diálogo, bem como a preservação do investimento emocional no confronto entre interlocutores se deu com o uso do discurso direto; a síntese e reformulação do discurso citado incorporado ao discurso citante se deu com o uso do discurso indireto. Não é gratuita, portanto, a maior extensão do espaço ocupado na primeira página para a sequência em discurso direto. Assim se confirmam estratégias do jornal para persuadir o leitor em função de uma notícia espetacularizada.

10. A notícia pode ficar assim:

Paes de Barros perguntou se Pitta manteria o silêncio, caso fosse interrogado sobre afirmações que envolveriam o ex-prefeito em corrupção. Pitta redarguiu, perguntando se Paes de Barros responderia, se ele, Pitta, lhe perguntasse sobre supostas surras dadas na mulher. O senador respondeu que exigia respeito, ao que Pitta completou que também o exigia. Finalmente, Paes de Barros replicou que nem batia em mulher e nem era assaltante de cofres públicos.

11. A troca do discurso direto pelo indireto altera completamente o que é dito e o modo de dizer, o que traz consequências para a composição da cena genérica. Um discurso indireto sobreposto à foto ou um discurso direto incorporado à notícia resultaria, cada qual, em inadequação ao gênero.

12. O enunciador único, que reúne fotógrafo, repórter, editor, diagramador e outros, orientou-se para a desconstrução da *persona*, que é a pessoa pública, pois foi demonstrada uma "briga de quintal", quando a expectativa é de rigor, já que se trata de Comissão Parlamentar de Inquérito, cena discursiva que remete a temas exclusivamente de interesse público.

13. *Também*, na primeira fala de Paes de Barros, sugere que Pitta já se mantinha em silêncio diante de perguntas anteriores. *Continua*, na primeira fala de Pitta, sugere que Paes de Barros sempre bateu na própria mulher. *Também* e *continua* são marcas linguísticas de informações pressupostas. *Exijo respeito*, na fala de Paes de Barros, subentende que Pitta estava faltando com o respeito a ele, Paes de Barros. *Também*, na segunda fala de Pitta, sugere que Paes de Barros também teria faltado com o respeito. Por fim, na última fala, quando Paes de Barros afirma que nem bate em mulher, nem é assaltante de cofres públicos, impinge maliciosamente ao interlocutário a pecha de assaltante de cofres públicos.

14. a) Pitta e Paes de Barros são apresentados com traços de astúcia, malícia, agressividade, que se ocultam sob polidez aparente.
b) O fato de ter sido mantida a enunciação de cada um em discurso direto permite que se depreendam os traços de caráter de cada um dos interlocutores com mais vivacidade, já que o que eles dizem foi reproduzido com ilusão de literalidade.

15. O enunciador do jornal *Folha* e o enunciador do jornal *O Estado* são diferentes. A *Folha*, diferentemente do *Estado*, incorpora a variante linguística usada em situação de informalidade, como fica provado no emprego da rubrica *bate-boca*. O *Estado*, diferentemente da *Folha*, privilegiou, no recorte da foto, o prédio da Polícia Federal, possibilitando ao leitor a visualização da placa que identifica o próprio prédio. Com tais recursos, o *Estado* faz crer na própria imagem do porta-voz das instituições. Acrescente-se o uso da rubrica que antecede a legenda da foto *Preso, solto*. Essa rubrica usada pelo *Estadão* subentende um descontentamento do jornal diante da rapidez com que Pitta foi solto: "após ficar 2 horas detido", enfatiza a legenda. Assim um modo próprio de dizer denuncia um caráter para o sujeito da *Folha*, diferente do caráter do sujeito do *Estadão*.

16. A alusão ao ponto de vista dos especialistas remete para um tom de voz mais brando, mais flexível, menos contundente, da FSP, diante do *Estadão*.

17. a) OESP;
b) OESP: Pitta desacata *presidente de CPI* e vai preso;
c) OESP: Preso, solto;
d) FSP: O ex-prefeito paulistano Celso Pitta (1997-2000); Paes de Barros (PSDB-MT).

18. O lugar social do enunciador e do leitor do jornal FSP, no que diz respeito à relação hierárquica *governantes /governados* é de diluição da hierarquia, já que o jornal brinca com os governantes, ao criticá-los na foto do bocejo e já que espetaculariza a notícia na foto de Pitta e Paes de Barros, fazendo alusão genérica a histórias em quadrinhos; enquanto isso, põe em destaque a ameaça às faces dos políticos. Mas, por brincar, define-se um tom flexível da voz do enunciador, tom mantido na recuperação das fotos por charges, estas que representam figuras caricaturadas. Ambas as charges apresentadas são exemplares: uma, parodia a foto da 25ª Bienal Internacional de São Paulo; outra, parodia a foto da campanha eleitoral de Marta Suplicy. Em ambas, o riso construído no texto vem juntamente com a crítica. Na primeira charge, a *Bienal Internacional de São Paulo*, a foto em destaque na véspera é transposta do contexto de exposição de arte, para um ambiente de miséria, em que os corpos se amontoam não com um objetivo

estético, mas por absoluta privação social e econômica. A crítica ao desamparo a que são relegados os miseráveis, enquanto outros se amontoam para uma foto de arte, está implícita na primeira charge. Na segunda, enquanto a candidata à reeleição à prefeitura de São Paulo dança sorridente com o marido, tal qual na foto da véspera, o trânsito, ao fundo, denuncia rostos desesperados pela lentidão e confusão, devido às obras promovidas pela prefeita nas avenidas da cidade. O exagero caricatural das figuras em ambas as charges reforça o efeito de humor. O chargista, sujeito-brincalhão, entra na composição do sujeito-enunciador, coletivo e único, pressuposto ao jornal. Importa que tais recursos mantêm a flexibilidade do *etho* da *Folha de S.Paulo.*

:: Notas

[1] Há uma interessante pesquisa a respeito de efeitos de sentido em textos midiáticos na obra de autoria de Nilton Hernandes Gonzalez, cujo título é A revista Veja e o discurso do emprego na globalização: uma leitura semiótica (Salvador, Edufba/Maceió, Edufol, 2004).

[2] Sobre contraste ou redundância na integração entre linguagens, há um estudo aprofundado em artigo de Lúcia Teixeira, "Relações entre o verbal e o não verbal: pressupostos teóricos", publicado VII Caderno de discussão do Centro de Pesquisas Sociossemióticas, São Paulo, PUC-SP, USP-SP, CPS, CNRS, 2001, pp. 415-26.

:: Lição 4

1. Em A, temos a enunciação de Lula integrada à enunciação do repórter (discurso indireto); em B, temos a enunciação de Lula, que é a citada, mantida na íntegra (discurso direto); no subtítulo, temos, mediante o uso das aspas no segmento citado em discurso indireto, o destaquedadoaomododeexpressãododiscursodeLula(discursoindiretoanalisadordaexpressão).

2. Esse modo peculiar de promover a citação entre aspas, dentro do relato em discurso indireto, tem como finalidade construir o efeito de isenção de responsabilidade do jornal sobre o que foi dito pelo presidente.

3. De "Nós temos" até "salientou Lula", há o relato em discurso direto, com a manutenção dos pronomes de primeira pessoa (*nós, meu*). De "garantindo" até "mexida", há o relato em discurso indireto, em que a enunciação de Lula se integra à enunciação do repórter, sendo que essa integração se dá por meio da conjunção *que*. Nesse último caso, ainda, há um alerta para o modo de dizer de Lula. Com esse alerta, o jornal indica que a expressão "nenhuma terra produtiva será mexida" é de Lula, não do jornal, isentando o periódico de responsabilidade e criando a ilusão de objetividade do próprio dizer jornalístico. Assim se firma a imagem daquele que informa com exatidão e imparcialidade: simulacros.

4. A ilusão de restituição da palavra "ao vivo", dentro do relato em discurso indireto se dá no exemplo *c*, mediante o uso de aspas no segmento iniciado pela conjunção *que*, após a expressão com *verbum dicendi* "deixou claro".

5. O discurso indireto analisador da expressão se manifesta no trecho que vai de "*que* fará" até "se vestir". Com tais recursos de destaque ao modo de expressão do discurso de Ana Hickmann, o repórter assinala o próprio distanciamento em relação à tal "oficina de estilo".

6. É aparentemente híbrido esse modo de citar *o outro* por meio do discurso indireto analisador da expressão, já que, do segmento em discurso indireto, emergem as aspas, que são marcas do discurso direto. Mas a enunciação citada se mantém sem autonomia, então temos confirmado apenas e tão somente discurso indireto e, com ele, apenas e tão somente um único sujeito que pode dizer *eu*, o repórter. Portanto, na verdade, não há hibridismo no discurso indireto analisador de expressão.

7. a) O objeto investido como objeto de desejo para consumo é a gravata *Scotty*, o cinto *L'Aiglon* e as meias *Setter*. O enunciado evocado é *A Maja Desnuda*, quadro de Goya. Um dos procedimentos para imitar discursivamente o quadro evocado é recuperar o tema da nudez que, aliás, é subvertido, já que a publicidade é de peças de roupas. Outro procedimento para imitar o quadro é a posição de repouso, tanto da figura feminina, como do cavalheiro. Este, entretanto, apresenta-se com traços de homem urbano, de executivo do mundo dos negócios, tanto pelo terno, como pela gravata, camisa de colarinho e sapatos tipo *mocassim*. Tal conjunto confirma figurativamente o papel do funcionário de quadro administrativo, de setor de vendas, ou afim. A Maja Desnuda, semideitada em posição diagonal, exposta frontalmente para o olhar do apreciador do quadro, tem privilegiado o esplendor das formas bem delineadas, incitando o prazer da contemplação estética. A Maja Desnuda é, portanto, subvertida, ao ser imitada pela figura do executivo moderno sentado em repouso sobre a cadeira. Tal subversão se dá também nos segmentos verbais do anúncio, que confirmam um tom de brincadeira para a tematização da nudez: *Bom gôsto não precisa de roupa, mas...* Aí, aliás, o implícito das reticências se realiza como manipulação do próprio anúncio, para fazer o leitor usar as marcas dos anunciantes citados. Para ratificar o tom de brincadeira do anúncio, vemos que, ao enunciado verbal do topo da página, segue o outro, no canto extremo direito. Aí o texto afirma: *A Maja Desnuda, de Goya, é de bom gôsto. Mas o senhor não vai sair despido na rua, porque é de mau gosto.* Subvertendo as evidências dos hábitos do senso comum (não se pode sair nu em público), o argumento introduzido por meio da conjunção *mas* impõe uma conclusão, apoiado não nos princípios da vergonha, mas do *mau gosto*. Nova brincadeira. No trocadilho verbal, feito com as expressões *mau gosto / mal vestido,* de um lado, *bem vestido / bom gosto*, de outro, fica a antítese e, com ela, a conclusão apresentada como única saída, para quem não vai andar nu: usar *complementos de bom gosto*: *gravata Scotty, cinto L'Aiglon, Meias Setter.* Importa que, com o trocadilho, confirma-se o tom lúdico de um modo de dizer. Como num jogo de trava-língua, o anúncio se encerra, brincando: *Também é de muito mau gôsto andar mal vestido e o senhor só andará bem vestido usando complementos de bom gôsto.*

   b) O anúncio mantém misturadas as diferentes vozes enunciativas, a do quadro e a dele próprio. Por meio do quadro recuperado intertextualmente, legitima, aliás, a própria enunciação. Mas estabelece um contraste entre os tons de voz, já que é somente nele, anúncio, que se efetua o tom de brincadeira.

   c) Temos um *ethos* lúdico, promovido pela incorporação intertextual: um sujeito dado à relatividade do movimento de ir e vir entre dois textos; um sujeito dado à recontextualização de um quadro clássico num anúncio, de modo a impingir, na figura do executivo sentado, um traço ridículo, já que o pobre homem inevitavelmente fica comparado à magnitude da Maja Desnuda; um sujeito que sabe tirar partido dessa inadequação intertextual, para, na leveza do humor, vender as marcas anunciadas.

8. a) A paródia publicitária, para subverter materialmente o plano de expressão do texto de referência, inicialmente faz a reprodução "fiel" de uma receita de *Molho Quatro Queijos*, título transcrito, aliás, como nos velhos cadernos de receitas, entre arabescos. Após a reprodução, finalizada também com linhas em arabesco, estão as quatro caixas de molhos Parmalat: 4 queijos, madeira, branco e strogonoff, em sequência de extensão diminuta, no que diz respeito ao espaço ocupado, na página, pela receita. Ao lado da sequência das caixas, o rodapé: *Molhos Prontos Parlamat. Tudo o que os melhores molhos caseiros têm, menos o trabalho.* Então o texto de

referência, a receita, é subvertido já no plano da expressão. Como? Materialmente essa receita é negada, pois é riscada, ingredientes e modo de fazer, linha por linha, com exceção da ordem final: *Sirva em seguida.* Essa ordem não rabiscada indica, aliás, que importa tão somente o molho de caixinha para ser servido. O trabalho foi eliminado. É pegar a caixa e servir em seguida, sem azáfama para o preparo, como está confirmado no rodapé.

b) A intertextualidade, ou seja, a incorporação da receita, feita pelo anúncio, é instrumento para fazer o leitor crer que é melhor usar o molho Parmalat, já que a receita, com todos seus passos, como derreter a manteiga em fogo baixo, juntar a farinha de trigo, tostar a farinha e assim por diante, torna-se desnecessária. O anúncio, então, imita a receita para desqualificá-la como enunciado e como enunciação. O esforço e atropelo da receita caseira tornam-se, portanto, inúteis e obsoletos. Ao negar a receita, o anúncio promove a legitimação do molho Parmalat, que fica no lugar desse trabalho semantizado como algo não prazeroso. Assim é proposto um acordo de confiança com o leitor, para a adesão ao produto Parmalat. Por conseguinte, a inadequação entre a modernidade dos molhos em caixinhas e o trabalho artesanal exigido pelos molhos da receita culinária não é gratuita. Com tais movimentos intertextuais, fica robustecida a ludicidade de um modo de dizer e, com ela, ratifica-se a persuasão publicitária.

9. Nos epitáfios apresentados, há manutenção de regras específicas para a composição do gênero, emblematizado pela frase *Aqui jaz.* Mantiveram-se de tais regras: a) a brevidade do período oracional; b) a referência implícita ao túmulo como a morada final, dada como o espaço do *aqui*, ligado ao *tempo* do *agora*; c) a cena enunciativa dada pela presentificação; d) um presente dado como sem limites, por isso tido como omnitemporal. Então, nesse sentido, o gênero epitáfio foi mantido: todos os exemplares citados parecem inscrições em lápides tumulares. Mas o discurso do epitáfio clássico foi subvertido. No epitáfio emblemático, *Aqui jaz*, há um tom de voz de seriedade e de contenção de um modo de dizer. Nos epitáfios apresentados por Ruy Castro, instala-se o efeito de deboche, diante do texto de referência. Leem-se os epitáfios recolhidos por Ruy Castro, pensando no *Aqui jaz*. Percebe-se a inadequação de tons de voz, dada pela intertextualidade. Ri-se. Consumam-se a imitação e a subversão do texto de base e, portanto, realiza-se a paródia.

10. A receita culinária realiza uma estilização, pois foi feita à maneira de um soneto. Ela imitou e captou as regras genéricas da composição poética escolhida, a fim de estabelecer a relação intertextual, por meio da convergência de vozes. Apresenta-se com dois quartetos e dois tercetos, versos decassílabos e rimas ricas. Não há, como resultado da imitação, uma inadequação de tons de voz. Não há, portanto, subversão discursiva; pelo contrário, confirma-se um discurso organizado por meio dos quatorze versos simétricos. Assim se confirma a estilização do gênero: a receita parece e é um soneto. Um tom de voz imperativo se impõe por meio da regularidade de comandos como estes: *Cozinhe n' água e sal todo o feijão, Escorra bem os grãos feitos ao dente.* Tais ordens, distribuídas nas estrofes e versos organizados fixamente, mantêm, para o estilizador, que é o autor da receita, o corpo e voz solenes do gênero *soneto*. Para isso contribui ainda o ritmo cadenciado dos versos decassílabos.

11. a) A dissociação entre dois atos de enunciação, o do discurso citante do narrador e o discurso citado, dos muçulmanos, dá-se na versão A. A integração do discurso citado dos muçulmanos

384 :: A comunicação nos textos

ao discurso citante do narrador, do modo a mostrar e marcar o *outro*, que perde a autonomia do próprio dizer, dá-se na versão B. A mistura da voz do narrador e a dos muçulmanos, de modo a se manterem dois atos enunciativos, mas sem marcas que os separam, dá-se na versão original.

b) As marcas do discurso direto na versão A são: a) *verbum dicendi* seguido de dois pontos e travessão, para separar a fala das personagens da enunciação citante; b) a organização do espaço em função de um *aqui* implícito: *De novo, aqui, uma mulher?* c) a instauração implícita de um *tu* interlocutário: *Blasfêmia! Vocês nos insultam! O que vocês estão pensando?*; d) frase na forma interrogativa; e) frase na forma exclamativa. As marcas do discurso indireto na versão B são: a) introdução do discurso dos muçulmanos por meio de um *verbum dicendi*: *perguntaram, vociferavam*; b) integração do discurso relatado dos muçulmanos à enunciação do narrador, por meio do elo subordinativo, o advérbio *como* e a conjunção integrante *que*; c) uso do pretérito imperfeito do indicativo no lugar do presente do discurso direto: *como era possível tanto espaço*; *aquilo era uma blasfêmia*.

c) O discurso indireto livre se dá no segmento destacado na crônica. Mas é preciso o contexto para entender o relato feito com esse expediente de citação do discurso do *outro*. Se fossem recortadas isoladamente as frases destacadas pelo itálico, não seria possível identificar, em cada uma delas, ambas as vozes misturadas: a dos muçulmanos e a do cronista. Por sua vez, também não se poderiam identificar vozes separadas: a de um discurso citante e a de um discurso citado. Tais frases, então, não oferecem a possibilidade de leitura como falas exclusivas dos muçulmanos, separadas do discurso do cronista e introduzidas por ele. Não temos as marcas necessárias, apesar de haver interrogação e exclamação, próprias do discurso direto. Ainda, diferentemente do que acontece com o discurso indireto, não há um *verbum dicendi*, seguido de elo subordinativo.

12. a) Uma hipótese de explicitação, em discurso indireto livre, do adeus das vítimas, respeitado o tom de luto é: *Aquilo era de uma dor atroz? Não importava, o que valia era o carinho, sempre tão verdadeiro! Estava horrível a situação? Ah! Mas como ajudava pensar nas lembranças doces, de uma convivência tão terna!*

 b) O trecho inserido não tem valor, como fragmento isolado, na depreensão do discurso indireto livre. É o contexto da crônica que indica haver uma mistura de vozes, a do cronista com a das vítimas. Os verbos no pretérito imperfeito, por exemplo, indicam concomitância em relação ao momento do adeus enunciado pelas vítimas; no entanto, aceitam a hipótese de colocação dessas frases na "boca das próprias vítimas", caso em que, tais verbos, passariam para o presente. Os pronomes demonstrativos como *aquilo* passariam, na versão em discurso direto, a *isto* e assim por diante. Pressupõe-se, então, implícita e concomitante ao segmento inserido em discurso indireto livre, uma versão quer em discurso direto, quer em discurso indireto, para que se identifique a voz das personagens misturada à voz do narrador. Nenhuma dessas versões está realizada, mas ambas podem dar pistas para o reconhecimento da mistura de vozes.

:: Lição 5

1. O narrador é o *eu* que fala, é aquele que enuncia os mandamentos do *gaffeur*. O narratário, aquele que "deve aprender", é o leitor.

2. Juntamente com o emprego do modo imperativo, está instalado o leitor no texto. Exemplos: "Comente [você] em voz bem alta quem contribuiu com quanto nas listas de casamento de sua empresa." "Beba [você] o primeiro e o último gole dos copos alheios."

3. a) "Pegue o maior pedaço: *você merece*." O enunciado afirma "pegue o maior pedaço", mas a enunciação nega, ironizando quem faz isso. A expressão "*você merece*", pelo fato de estar em itálico, enfatiza a ironia a respeito do próprio *gaffeur*, que costuma dizer "eu mereço [o maior pedaço]". Então a enunciação sugere para fazer o contrário de tudo o que é dito nos mandamentos, justamente para evitar fazer a gafe. É horrível dar foras, cometer gafes, segundo a abertura da obra, da qual foi extraído o texto dos mandamentos. *Gaffeur*, gafe, fora, mancada, furo, tudo isso é apresentado no livro como algo de efeito "devastador" e, ainda, as gafes são dadas como "grosserias, maldades, safadezas", se forem intencionais. Por isso os mandamentos são um blefe, são ordens a ser cumpridas ao contrário.
   b) O sentido resultante da discrepância de vozes entre o enunciado (o dito) e a enunciação (o dizer) é a ironia. O enunciado ordena por exemplo a fazer caretas para os bebês, mas a enunciação nega isso.

4. O efeito da dissimetria do saber entre o narrador e o narratário, este o suposto candidato a *gaffeur*, é construído para que se firme a cena do aconselhamento. Esse efeito é mantido até o final, por meio do próprio uso recorrente do imperativo. Outro efeito, aliado a este, é o de convicção do dizer. Quem fala é dado como alguém que crê saber e crê poder ditar os mandamentos.

5. a) "Conte o final do filme" habitualmente, normalmente.
   b) O aspecto temporal proposto pelos advérbios escolhidos é o durativo-iterativo. Tal aspectualização confirma a ideia de mandamento. O que é dito num mandamento é visto como duradouro e recorrente.

6. A cena de aconselhamento é construída no texto por meio do efeito de subjetividade, já que está instalado o *tu* no enunciado. Esse efeito se liga à imagem ou simulacro de aproximação entre sujeitos.

7. O percurso temático que sustenta os mandamentos é "a necessidade de previsão e afastamento do leitor diante de situações de invasão social provocadas por ele mesmo".

8. O destinador-manipulador, no que diz respeito à narratividade estabelecida na enunciação, é o enunciador, projeção do autor do texto. O destinatário-manipulado é o leitor. O valor oferecido é ser bem aceito socialmente, é a aceitação social, é o sucesso nos meios sociais.

9. Sedução: "Você fará tudo ao contrário do que o *gaffeur* ordena, pois é uma pessoa esperta." Tentação: Se você fizer tudo ao contrário do que o *gaffeur* ordena, terá sucesso nos meios sociais.

10. A receita dada no enunciado se torna uma antirreceita porque tudo o que é pregado como mandamento do *gaffeur* é sugerido para ser evitado pelo discurso. Essa receita é dada com abundância de figuras: fazer caretas, bebês, trapacear, jogar, crianças, troco, avisar, caixa, contar, final do filme etc.

11. a) Quem sancionará dessa maneira o leitor é o próprio enunciador, dado também como aquele que manipula. Por trás do enunciador está a voz da sociedade. Essa sanção, que soa como ameaça, poderá acontecer, se o leitor promover uma performance de ruptura ante a manipulação sofrida. Nesse caso, o leitor realizaria todas as gafes apontadas. O leitor então se firmaria como aquele que não quer, não pode, não sabe evitar gafes.
b) A performance considerada a desejada pelo enunciador do discurso é exatamente o contrário de tudo o que está proposto no enunciado.

12. As figuras confirmam o jogo das aparências cultivado euforicamente na preocupação obsessiva de manutenção de *status* social. Essas figuras confirmam portanto a ideologia do sucesso, a qual se fundamenta, por sua vez, na exclusão de quem é dado como *gauche*, torto, que "dá mancada" e provoca situações de "saia justa". Tais representações sociais de mundo estão por trás daquele que manipula e por trás daquele que julga.

13. O *ethos* é lúdico, brincalhão, pois não leva a sério os mandamentos do *gaffeur*. Mas é principalmente crítico ao disforizar gafe e *gaffeur*. Além disso, é dado a falar de um lugar mais alto que o "ouvinte", o que se sustenta no efeito de dissimetria do saber. O efeito de polifonia contribui, já que está atrelado à ironia.

14. O medo ante a gafe se institui mais na abertura da obra, já que é lá que fica figurativizada e tematizada a gafe como: "inconveniência causada por excessos"; "abusos"; "desastres" e, se intencional, "grosserias, maldades, safadezas". É lá que se explicita o "efeito devastador" da gafe. O sujeito desajeitado, com tendência a cometer gafes, passa a querer e a dever evitá-las, pois sabe que elas se vinculam ao não poder estar bem com os outros. O desajeitado sabe então estar em conjunção com o insucesso social, com a não aceitação social, vistos como algo disfórico. Pior que isso, sabe que cometerá a próxima gafe e não quer para si esse estado de mal sucedido socialmente. Assim é fortalecido o medo (de cometer gafes).

15. a) O termo para o qual tende a enunciação, no discurso dos *Mandamentos do gaffeur* é a *alteridade*, domínio do *outro*, pois propõe como valor a aceitação social (a convivência agradável com o *outro*).
b) $\overline{S2}$ e $\overline{S1}$, cada um, por sua vez, acaba por confirmar um dos termos postos em relação contrária na primeira oposição. Dessa maneira, a não alteridade confirma a identidade; a não identidade confirma a alteridade.

16. a)

b) O eixo valorizado com o valor do Bem, num discurso que constrói o mundo pautado por preocupações com gafe, rata, saia justa, furo, mancada, é *alteridade / não identidade*.
c) Esse eixo confirma o valor da aceitação social, bem como o tema da "necessidade de previsão e afastamento do leitor ante situações de invasão social provocadas por ele mesmo". Por isso esse eixo sustenta as forças de atração que determinam todos os níveis de produção do sentido: para que fosse construído um mundo em que a preocupação com o brilho social define o modo correto de comportamento, sem "furos", definindo assim a imagem ideal do sujeito.
d) O discurso mantém a proposta do nível fundamental, já que apresenta um humor que não ameniza nada, pois não é o humor restaurador; é, sim, o humor sarcástico, da ironia cáustica. (Mantém-se o medo de não ser aceito socialmente, devido às gafes. Mantém-se a alteridade como o polo eleito.)

17. O texto ocupa o espaço da página de modo regrado: com parágrafos apresentados como itens, cuidadosamente separados por um espaço duplo e organizados em duas colunas, para "oxigenar" a própria página. As letras são em caixa alta e os parágrafos são curtos. Antes de cada parágrafo há um asterisco, para chamar a atenção de maneira redundante, já que o espaço duplo o faria. Os parágrafos são simétricos, o título ocupa grande espaço do topo superior da página, com a palavra *gaffeur* em tamanho dilatado e em tipo itálico, já que é palavra estrangeira. O léxico escolhido supõe uma norma culta, usada em situação de informalidade, como o comprova o

substantivo no grau diminutivo, *cantinhos*: "Dê um jeito de parecer sempre, mesmo que apenas nos cantinhos das fotografias." O visual apresenta uma ilustração com figuras reunidas em festa, já que há cálice em algumas das mãos, já que os homens se vestem de fraque. Os contornos são indefinidos, o que aproxima o desenho de uma caricatura, compatível, com o tom de humor. Esses recursos do plano da expressão, em junção com o plano do conteúdo, ratificam a cena de adestramento, coerente com as regras genéricas do manual, tais como estão explicitadas nas "dicas". Mas, como vimos na análise, a ironia confirma uma ambiguidade no modo de dizer. Com isso a enunciação nega o que o enunciado afirma. Afirma-se corretamente então que a cena enunciativa de *Mandamentos do gaffeur* confirma quase todas as coerções genéricas do manual, mas destestabiliza algumas delas. O humor, dado no nível discursivo, realiza-se aliás nos próprios traços caricaturais do desenho.

:: Lição 6

1. a) A carta se insere na esfera de atividades institucionalizadas, já que trata de práticas ligadas à vida pública, estabelecendo a interlocução entre o chefe do Estado e os brasileiros.

   b) A carta respeita a esfera de atividades em que se insere, que são as políticas, ao construir a cena narrada com apoio em temas como *a pressão sofrida por governantes abnegados*; *a denúncia necessária ante espoliadores*. Obedece também à estrutura composicional do gênero *carta*, pois: instala o narratário-leitor no enunciado, ao dizer *vós*; apresenta a explicitação do local e data (Rio de Janeiro, 23 de agosto de 1954), que, como referências dêiticas, espelham o momento e o lugar da enunciação; apresenta a assinatura, Getúlio Vargas, que explicita quem é o *eu* que fala; organiza todo o sistema temporal e espacial em relação ao agora e ao aqui da enunciação, figurativizados na data juntamente com o nome da cidade; figurativiza o enunciador na assinatura, Getúlio Vargas. A carta, por fim, confirma coerções genéricas de *carta-testamento*, a qual supõe declaração formal, da parte de quem enuncia, voltada para a doação de bens, materiais ou espirituais, a um herdeiro.

2. A carta é predominantemente um texto opinativo, pois argumenta com ênfase e contundência no sentido de denunciar injustiças dadas como: decênios de domínio e espoliação dos grupos financeiros internacionais; grupos nacionais opositores ao regime de garantia de trabalho; fraudes na importação etc. O tipo opinativo da carta firma-se não só na denúncia realizada, mas também na sustentação de um lugar enunciativo, que é o daquele que, tendo lutado *mês a mês, dia a dia*, em benefício do povo, não conseguiu entretanto ver o resultado de tão grande empenho. Com isso, é refutado o comportamento daqueles que, em nome do lucro financeiro, fazem o povo *quedar-se desamparado*.

3. As figuras em destaque apresentam um grau baixo de particularização. (Quem são essas forças? O texto não "dá nome aos bois".) O efeito é de um tom de voz de extensa abrangência, compatível com o gênero *carta aberta* e com a cena enunciativa: presidente-enunciador, povo-enunciatário. A recorrência do modo de dizer está na generalização argumentativa. A não especificação das forças e interesses é retomada na indeterminação do sujeito das orações: *Precisam sufocar minha voz. Não querem que o povo seja independente. Quando vos humilharem. Quando vos vilipendiarem* etc.

4. a) Entre as figuras representativas da ação do antissujeito, no segundo parágrafo, destacam-se: sufocar a voz do presidente; impedir a ação do presidente na defesa dos humildes; espoliar o povo em função de interesses internacionais espúrios; enfraquecer o regime de garantia de trabalho; opor-se à revisão do salário mínimo; opor-se à Petrobrás e à Eletrobrás; rejeitar a liberdade do trabalhador.

b) Um entre tantos percursos temático-figurativos que apresentam a ação do sujeito-presidente pode ser citado como *a potencialização de riquezas brasileiras através da Petrobrás*. As contradições sociais, por sua vez, são exacerbadas no contraste apresentado entre o povo e a elite. O povo é dado como o que necessita de defesa (*defender, como sempre defendi, o povo, e principalmente os humildes*) e como o que deseja o presidente no poder (*voltei ao governo nos braços do povo*). A elite, não nominada, mas sugerida por oposição ao povo, é dada como perversamente egoísta; aquela que desencadeia ódios, fazendo avolumarem-se ondas de agitação contra tudo o que é feito para o bem, principalmente dos humildes. Assim é construído o simulacro de identificação do enunciador com as classes menos favorecidas.

5. a) Os termos da oposição *povo independente vs. povo escravizado* homologam-se a figuras, tal como fica aqui demonstrado:

> povo escravizado = espiral flacionária que destruía os valores do trabalho; lucros das empresas estrangeiras no limite de até 500% ao ano; fraudes nas declarações de valores de nossa importação, constatadas em mais de 100 milhões de dólares por ano; crise do café; pressão sobre nossa economia; Getúlio é obrigado a ceder; povo independente = Getúlio assume o poder; Getúlio valoriza o café; Getúlio tenta defender o preço do café.

b) O paralelismo sintático, no quarto parágrafo, auxilia o efeito de gradação, por meio:

> do detalhamento figurativo do tempo de luta, respaldado pela repetição de termos com a mesma função sintática na oração – adjunto adverbial (*mês a mês, dia a dia, hora a hora*); nesse caso, temos a medida de tempo como traço de significado comum, com alteração quantitativa crescente (quanto menor é o intervalo do tempo mais intensa é a luta);
>
> do detalhamento figurativo da pressão sofrida, respaldado pela repetição de termos com a mesma função sintática na oração – adjunto adnominal (*constante, incessante*); nesse caso temos a duração como traço de significado comum, com alteração quantitativa crescente, já pela própria repetição;
>
> da sequência de orações gerundivas encadeadas pelo pronome indefinido *tudo* que, em função de sujeito da oração, ratifica o teor de infinita abrangência para os gestos do sujeito do discurso (*tudo suportando, tudo esquecendo*), num grau crescente do significado;
>
> da gerundiva que, sucedendo as outras com igual função sintática, reúne os sacrifícios anteriores no grau máximo de intensidade (*renunciando a mim mesmo*).
>
> As repetições constituem o paralelismo, que auxilia a construção do efeito de gradação, o qual, por sua vez, mantém o efeito de suspense. Finalmente, podem ser identificadas figuras que, no último período, representam o clímax da gradação: aves de rapina e holocausto.

c) Entre as marcas de instalação do enunciador no enunciado citam-se: verbo na primeira pessoa do singular (tenho lutado, posso dar, ofereço); pronome de primeira pessoa (mim mesmo, meu sangue, eu ofereço, minha vida); pronome de segunda pessoa (vos posso dar). O efeito de sentido resultante é o de subjetividade, de presença verdadeiramente presente do enunciador-narrador e de aproximação em relação ao leitor.

6. a) O contraste está no fato de que o poder buscado pelo enunciador não se restringe às relações sociais institucionalizadas. Parte delas, já que o enunciador visa à persuasão do "auditório", a Nação brasileira. Mas as transcende, ao projetar "o primeiro passo no caminho da eternidade". Transcende-as ainda e, principalmente, ao firmar a presença para além da própria morte: *Escolho este meio para estar sempre convosco*. Deixa de ser, portanto, o poder limitado dos mortais.
b) A imagem é a do sujeito convicto (aquele que crê dever fazer) e a do competente (aquele que crê poder fazer). Para isso contribui a ausência de advérbios de dúvida, de expressões modalizadoras, de verbos no subjuntivo.

7. a) Acusar e insultar, combater e caluniar compõem blocos semânticos homogêneos, pois cada qual remete a ações de confronto e agressão. A primeira negação de cada bloco se justifica como viabilização da intensidade do dizer: mais do que me acusar, insultam-me; mais do que me combater, caluniam-me. A oração coordenada sindética aditiva, posta em sequência a esses blocos homogêneos configura-se como a violência maior: *não me dão direito de defesa* [depois de me insultar e me caluniar]. Essa oração fecha o cerco da injustiça e da dor.
b) Esse modo de dizer constrói um *ethos* beligerante e exacerba o tema da denúncia.

8. a) A relação estabelecida entre $\overline{S2}$/ S1 e $\overline{S1}$/S2 é diferente daquela estabelecida entre os outros termos porque nestes existe uma certa divergência de sentido: liberdade / submissão; liberdade / não liberdade; submissão / não submissão); não submissão / não liberdade. Por sua vez, $\overline{S2}$, não submissão, converge para S1 (liberdade); $\overline{S1}$ (não liberdade) converge para S2 (submissão).
b) O termo compatível com a ação das forças e interesses contra o povo é o da *submissão*, investido com o valor do Mal (disforia). O termo compatível com a ação do sujeito gestor do poder executivo é o da *liberdade*, investido com o valor do Bem (euforia).
c) O discurso afirma o polo da *submissão* (forças contrárias), para depois o negar, *não submissão* (luta) e enfim atingir o polo da *liberdade* (morte).

d) O eixo S1 / $\overline{S2}$ reúne os valores dados como os desejáveis por esse discurso. O eixo S2 / $\overline{S1}$ reúne os valores dados como repudiáveis.

9. a) Oferecer a vida em holocausto (parágrafo anterior).
b) O paralelismo sintático se dá por meio da repetição de orações subordinadas adverbiais temporais, antepostas às orações principais: *Quando vos humilharem, sentireis minha alma;*

quando a fome bater à vossa porta, sentireis a energia em vosso peito. Quando vos vilipendiarem, sentireis a força para reação. O efeito de sentido é o da confirmação de um modo eloquente de dizer, que confirma o *ethos* convicto e beligerante.
c) Metáforas dadas pela intersecção semântica entre figuras: meu nome / bandeira de luta; cada gota de meu sangue / uma chama imortal.
d) A união de sentimentos opostos se dá no parágrafo inteiro: humilhação *vs.* amparo; fome *vs.* energia; aviltamento *vs.* força para a reação; ódio *vs.* perdão.
e) O paradoxo *ausência presente* se justifica pela união da morte com a vida. O presidente morre, vai embora, e permanece. Essa organização discursiva confirma o *ethos* beligerante, pois reforça o sujeito construído na adversidade e pela adversidade.

10. a) Antíteses: *a derrota no pensamento de alguns / a resposta da vitória dada pelo presidente; era escravo / hoje me liberto para a vida eterna; Eu vos dei a minha vida. / Agora vos ofereço a minha morte.* Essas antíteses servem para confirmar a cena de adversidades narradas, mas servem principalmente para consolidar a imagem do guerreiro e do herói; o *ethos* de voz contundente, de corpo ereto na hora da morte, de caráter imbatível até depois da morte.
b) *Vitória* é definida como o ato de vencer "as aves de rapina"; *liberdade*, como poder e saber dar, de livre arbítrio, "o primeiro passo no caminho da eternidade".

11. a) *Nada receio.* O implícito é: todos receiam a morte. Eu poderia temer alguma coisa, já que sei que vou morrer, já que provoco minha própria morte.
b) *Serenamente* firma uma homogeneidade passional em relação ao primeiro período, pois serenidade é paixão coerente com o ato de debelar o medo.

12. a)

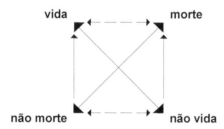

b) Getúlio Vargas, como sujeito construído pelo discurso da carta, está radicado na junção entre *vida* e *morte*. O presidente está morto. (Afirma-se a morte.) Concomitantemente, o presidente está vivo. (Afirma-se a vida.) Se a morte e a vida forem homologadas ao nada e ao tudo pessoans, Getúlio Vargas é o nada, que é tudo. Confirma-se inevitavelmente o sujeito mítico.

13. A pausa é criada pelo emprego do ponto e vírgula, o que, ressaltando o paralelismo, cria, no plano da expressão, um efeito de tensão crescente, para firmar a ação do algoz. Temos então no segundo período a sequência de orações coordenadas assindéticas, distribuídas em dois blocos separados entre si pela pausa marcada pelo ponto e vírgula: *Não me acusam, insultam; não me combatem, caluniam.*

14. A curta extensão do último parágrafo (apenas duas linhas), ante os que o antecedem, enfatiza, no plano da expressão, o fôlego que, tornado tão curto, está prestes a parar definitivamente.

15. a) Os versos decassílabos constroem no plano da expressão o modo de presença beligerante do sujeito, assim definitivamente alçado para a dimensão heroica e mítica.

b) A repetição do nome *espoliação* reforça o testemunho de estar cercado pelas forças do Mal.

:: Lição 7

1. a) O destinador (enunciador) manipula o destinatário (leitor) para que este queira e deva aprender o ensinamento da Sagrada Escritura.

    b) Trata-se de um saber sobre as coisas do reino de Deus; um saber apoiado em uma doutrina, vista como sugerida pelo Espírito Santo; um saber que diz respeito especificamente a temas consagrados pela fé católica, como a Tradição viva da Igreja e do Magistério autêntico, o que remonta à ação dos apóstolos, bem como à consolidação eufórica da "herança espiritual dos Padres, Santos e Santas da Igreja". Trata-se ainda de um saber que pressupõe a crença no mistério, o que corresponde a um "saber sobre o não saber".[1]

    c) O próprio catecismo é dado ao leitor como fonte imediata do saber. Tal catecismo é proposto como meio para o leitor construir a própria competência: saber ser católico. Lendo o catecismo, o leitor adquire um *saber* doutrinário. A performance do sujeito, segundo um dever fazer, supõe um dever agir no mundo, de acordo com o que o discurso propõe: dever propagar a fé ou, tal como está dito, promover uma "catequese renovada nas fontes da fé."

    d) O catecismo formula um programa de ação, pois o fim último a ser buscado é dever fazer: dever "reavivar a fé do povo de Deus".

2. a) A fonte primeira, a que é devida a fidelidade, é a Palavra Revelada, apresentada na figura-síntese da Revelação, o Espírito Santo.

    b) O enunciado do Catecismo, bem como a enunciação (enunciador e enunciatário depreensíveis do próprio enunciado) são legitimados por meio da autoridade dada pela Palavra Revelada, instituída como a fiadora do discurso.

3. a) As figuras que, antecipando, no mesmo parágrafo, o sentido da asserção transcrita, tornam homogênea a definição da fé são: *coisas novas e (coisas) velhas*; a figura de *coisas novas* antecipa a figura de *luzes sempre novas*; a figura de *coisas velhas* antecipa a figura da *fé [que] é sempre a mesma*. Essa antecipação se apoia na afinidade de sentido entre as figuras que, assim reunidas, resultam na definição homogênea da fé.

    b) O discurso seduz o leitor para os polos: *unidade* e *permanência*. Figuras como *a fé sempre a mesma* o comprovam. A unidade e a permanência também se consolidam por meio da condição imposta aos catecismos locais, para que não haja substituição deles. A condição para que os catecismos locais não sejam substituídos é a aprovação prévia (*se devidamente aprovados; se receberam a aprovação*): *Este Catecismo não se destina a substituir os Catecismos locais devidamente aprovados pelas autoridades eclesiásticas, os Bispos diocesanos e as Conferências Episcopais, sobretudo se receberam a aprovação da Sé Apostólica* [o Vaticano, Roma]. A conjunção *mas* introduz o argumento decisivo (unidade da fé e fidelidade doutrinária), o que reforça a orientação temática: "[O catecismo] destina-se a encorajar e ajudar a redação de novos catecismos locais, que tenham em conta as diversas situações e culturas, *mas que conservam cuidadosamente a unidade da fé e a fidelidade doutrinária.*" Temos um modo de presença confirmado pelos polos euforizados da unidade e da permanência.

4. a) As regras são dadas, ao ser demonstrado o que o catecismo "deve apresentar": fidelidade, constituição orgânica, ensinamentos da Sagrada Escritura etc. O catecismo deve também preocupar-se com "explicitações da doutrina"; deve ainda "encorajar e ajudar a redação de outros catecismos". Tais regras, compatíveis com o gênero *prefácio*, viabilizam uma economia de leitura. O leitor já sabe, por meio da introdução, o que encontrará.
    b) Tais regras projetam um programa de ação metaenunciativa (dever fazer): dever, segundo os moldes dados, escrever o catecismo. São, portanto, prescrições para o próprio ato de escrever. O dever é eufórico, até no controle do próprio ato de enunciar.

5. O lugar de mediação do enunciador de catecismo assim se explica: os agentes religiosos (Papa e clero) promovem uma mediação do saber entre os leigos e Deus. "A palavra Revelada", que supõe a divindade, o Verbo, é o destinador primeiro. O enunciador do catecismo (representante dos agentes religiosos) é, no modo da verdade e não em segredo, destinatário do enunciador do texto da Revelação.[2] Esse enunciador primeiro é dado na figura onisciente e onipresente de Deus. "A sua vontade [de Deus] não está submetida à de nenhum outro mandante."[3]

6. a) A imagem do enunciador se associa à do sujeito que interdita, pois se apoia num destinador que propõe, ao enunciatário, um dever não fazer (dever não matar).
    b) O programa de manipulação pressuposto é dado como um destinador, que manipula um destinatário, para *dever não fazer: dever não matar.* O tempo verbal utilizado pelo discurso é o futuro do presente com valor de imperativo, para que se confirme a ordem pautada pelo *dever não fazer.* A competência prevista para o sujeito é *poder e saber* acatar a ordem (dever não matar).

7. a) O termo considerado eufórico por esse discurso é *vida*, já que o que se procura é afastar o leitor de qualquer gesto contra a vida humana, considerada sagrada, pois "encerra a ação criadora de Deus".
    b) O termo euforizado (vida) conecta-se com o programa narrativo de base na instituição do valor *dever não matar.* Temos na manipulação um destinador que manipula um destinatário para que este creia que deve não matar.

8. a) Um leitor, que quer e deve permanecer em conjunção com a natureza divina / imagem de Deus, está dado por uma automanipulação prévia, em que um destinador (o leitor) manipula o destinatário (o próprio leitor – automanipulação) para que este queira e deva manter a conjunção com a natureza divina / imagem de Deus. A natureza divina (do homem) circula então no texto como um fim último a que visa o sujeito, como objeto de valor desejado. Competente, porque sabe e pode, o sujeito realiza a performance esperada: mantém-se em

conjunção com o objeto de valor, sendo reconhecido como sujeito conjunto com a natureza divina / imagem de Deus. O enunciado elementar de conjunção com o objeto de valor fica então assim destacado: (S ∧ Ov natureza divina), sendo S, o leitor, Ov, o objeto de valor, a natureza divina. O leitor, entretanto, deve cumprir a interdição, deve não fazer o aborto, para não perder a natureza divina, é o proposto. Quanto à argumentação, apoiada nessa organização narrativa, basta que algumas perguntas sejam feitas: Se o leitor não tivesse aceito a natureza divina como um valor desejável, de que adiantaria a interdição dada no Catecismo? De que adiantaria a sanção punitiva, a pena da excomunhão? Se não fosse assim, como se sustentariam os argumentos contra o aborto? A organização narrativa verdadeiramente alicerça a argumentação do texto, para fazer o leitor crer nesse mundo construído por meio da crença na crença religiosa, cristã e católica.

b) S1 » S2 ∧ Ov

S1 – leitor, S2 – leitor; Ov – graça divina.

c) A argumentação, para fazer crer na interdição (dever não fazer o aborto), sustenta-se na ideia de que, se o sujeito fizer o aborto, perde a natureza divina (é excomungado). A argumentação se sustenta, portanto, na ameaça da perda do objeto de valor (a natureza divina / a imagem de Deus – no homem).

9. O catecismo, como suporte genérico, antecipa a cena pautada pelo dever: dever fazer (prescrição), na introdução assinada pelo Papa; dever não fazer (interdição), no estudo sobre o quinto mandamento. O catecismo verdadeiramente prevê o dever fazer e o dever não fazer, já que é gênero dado como conjunto de instruções sobre os principais dogmas e preceitos de doutrina religiosa. Como suporte material, o catecismo antecipa a definição do aborto como assassinato, devido à conexão feita, por meio da diagramação, com o estudo sobre o quinto mandamento. *Não matarás*, na abertura do artigo, emparelha-se então com o texto sobre o aborto no mesmo artigo, contribuindo para enfatizar a avaliação negativa do tema. (Fazer aborto é matar.) Por tais meios, suporte genérico e suporte material, firma-se portanto como verdade inquestionável, esta afirmação: "Desde o primeiro momento de sua existência, o ser humano deve ver reconhecidos os seus direitos de pessoa, entre os quais o direito inviolável de todo ser inocente à vida." A respeito do saber construído no catecismo, vê-se que neste não há apenas preceitos. Há também explicitação de dogmas: Deus é um espírito perfeitíssimo, criador do céu e da terra. É bem verdade, entretanto, que esse saber cria o quadro onde se instalará o argumento para o dever.

10. a) Temas e figuras que apresentam a performance (de fazer aborto) dada como abominável assim podem ser elencados: *maldade moral; aborto [...] gravemente contrário à lei moral; crime nefando; falta grave; delito contra a vida humana; gravidade do crime; prejuízo irreparável causado ao inocente morto, a seus pais e a toda a sociedade.* A sanção negativa exercida sobre o sujeito transgressor está apresentada na *excomunhão latae sententiae*.

b) A sanção se torna intimidação para o leitor porque ele se vê ameaçado pela excomunhão.

11. a) A paixão sofrida pelo leitor é o medo, por não querer ser conjunto com o pecado, que o torna suscetível a "responder ao tribunal" e à "excomunhão *latae sententiae*".

b) O destinatário-leitor crê como verdadeiro o dever não matar, para não se afastar da graça divina. Passa a não querer ser conjunto com o pecado; passa a temer o pecado; um sujeito medroso, portanto, em relação ao pecado.

398 :: A comunicação nos textos

12. a) Ambos os textos são constituídos por um alto índice de citações. O primeiro, *Não matarás*, é composto exclusivamente de citações. Abre-se com citações da Bíblia, para encerrar com a citação de um documento da Congregação da Doutrina da Fé, denominado "Donum vitae". O segundo, *O aborto*, apresenta esta sequência: enunciado do catecismo; duas citações da Bíblia; enunciado do catecismo; citação do Didaqué; citação do documento *Gaudium et Spes*; enunciado do catecismo que, por sua vez, contém citações do Código de Direito Canônico. Aparentemente, temos um efeito de polifonia, pois várias citações remetem a várias vozes. Mas, se voz é ponto de vista dado no discurso, observamos a convergência de vozes, consolidando um único ponto de vista. Isso sustenta um efeito de monofonia, próprio ao discurso autoritário, silenciador da polêmica.

b) As citações indicam monofonia. São argumento de autoridade. Nada têm, portanto, de subjetividade. Produzem efeito de objetividade: não sou eu, são os Padres da Igreja, é Deus quem diz. Se citam a Palavra de Deus, colocam-no como interlocutor: um eu, que se dirige a um tu. O discurso citado é então reproduzido com a ilusão de integralidade e de intocabilidade, o que reforça a homogeneidade de sentido do sagrado. Exemplos: "Ouvistes o que foi dito aos antigos: 'Não matarás. Aquele que matar terá de responder ao tribunal.' Eu, porém, vos digo: todo aquele que se encolerizar contra seu irmão terá de responder ao tribunal". (O discurso citado está aqui sublinhado.) As citações apresentam também alta densidade figurativa, principalmente se apresentam a Palavra Sagrada. No texto sobre o quinto mandamento, temos: *Aquele que matar terá de responder ao tribunal* (responder ao tribunal reveste-se da particularização e da concretude das figuras). No texto *O aborto*, contemplam-se estas figuras nas citações da Palavra: *ventre materno; seio materno; sair do seio materno; meus ossos; terra mais profunda; recém-nascido.*

13. a) Tais citações contribuem para a persuasão, para fazer o leitor aceitar o que foi dito, fazendo-o crer, como único e válido, o mundo da interdição, o mundo do pecado, o mundo do erro irrecuperável. Esse é o mundo ligado à perda da natureza divina, esta que é o fim último a que visa o sujeito. Tais citações configuram ainda o discurso do catecismo mais como reescritura dos textos citados. Quando relacionadas ao destinador primeiro, Deus, apoiam-se na máxima autoridade fiadora, para sugerir que o contrato de confiança passa a ser estabelecido entre Deus e o homem. A responsabilidade para que não haja uma crise de confiança fica maior, para o homem. As citações, ao remeter à autoridade maior e absoluta, Deus, corroboram a tese de que não se deve matar (o embrião humano, no caso do aborto).

b) Temos um sujeito definido pelo comprometimento (crer dever fazer) e pela certeza (crer dever ser).

14. a) O enunciador, sujeito pressuposto ao catecismo, como o destinador de valores, troca de papel: passa a ser o destinatário de Deus, dado como o destinador primeiro. Essa é uma característica do discurso religioso.

b) A conexão temática *instante da concepção/direitos da pessoa* funda como verdade definitiva o fato de que, desde o instante da concepção, há uma pessoa que tem direitos a ser preservados. Os direitos do ser recém-concebido são dados como prioridade ante o direito de decisão da mulher sobre o próprio corpo. Tal fato é polêmico. Mas a polêmica mantém-se estrategicamente abafada pelo discurso. O presente omnitemporal contribui para que tais verdades sejam enunciadas como irreversíveis e eternas: "A cooperação formal para um aborto *constitui* uma falta grave. Igreja *sanciona* com uma pena canônica de excomunhão este delito contra a vida humana. "Quem *provoca* aborto, seguindo-se o efeito, *incorre* em excomunhão *latae sententiae.*"

15. a) Tais citações remissivas ao próprio texto do catecismo contribuem para o efeito de maior consistência do dito, o que supõe maior concentração doutrinária. A persuasão se orienta para fazer crer numa doutrina dada como um universo discursivo sólido. A imagem do enunciador se robustece como aquele que sabe muito bem do que fala e por que fala, já que pode e sabe estar continuamente respaldado pela própria palavra, a qual, por sua vez, recupera como fiadores a palavra de Deus e documentos eclesiásticos. Fica fortalecido o sentimento de competência (crer poder fazer).

b) O discurso religioso examinado se sustenta nos pilares da prescrição e da interdição.

:: Notas

[1] Cf. José Luiz Fiorin, O regime de 1964: discurso e ideologia, São Paulo, Atual, 1988, p. 143.

[2] Verdade, como efeito de sentido, supõe a combinação: parece e é; segredo supõe: é, mas não parece.

[3] Cf. José Luiz Fiorin, op. cit., p. 140.

.

:: Lição 8

1. a) Figuras que concretizam o tema no título: *Big Brother* (o programa de TV a ser rejeitado); transatlântico da mediocridade (a figura designativa do próprio programa de TV).

 b) Ricardo Soares, o autor que assina a crítica, considerado efeito de sujeito dado pelo próprio enunciado, ao efetuar a avaliação negativa sobre o programa *BBB*, sugere como ideais programações de TV que apresentem atores: que não demonstrem buscar celebridade instantânea e enriquecimento rápido; que não exibam desejo de consumo exacerbado; que comprovem ter educação, vocabulário, elegância, leitura, higiene. Os atores do *BBB*, tal como são apresentados pela crítica, carecem de tais valores, por isso são avaliados negativamente, o que culmina com a comparação feita desses participantes do programa de TV com animais enjaulados a quem se joga amendoim. O sujeito Ricardo Soares, dado como efeito de sentido, tem voz de tom contundente ao fazer o texto crítico.

2. a) As figuras encadeadas em percursos, para representar o programa *BBB* e as programações televisivas em geral, sob a isotopia das coisas marítimas, no primeiro parágrafo, são: maré baixa; gigantesco lodaçal; barcos, vaporetos, navios, barcaças; encalhados, porto, sucatas marinhas, transatlântico, passageiros a bordo, estaleiro, embarcações, casco.

 b) A crítica evolui da isotopia das coisas marítimas para a isotopia zoológica, no terceiro parágrafo, com a apresentação do gesto de jogar amendoim aos animais enjaulados. A isotopia zoológica, por sua vez, consolida-se no sétimo parágrafo: "zoológicos bizarros como o *BBB* abrem-se aos olhos da multidão".

 c) A crítica é considerada um texto preodominantemente temático, porque analisa, discute e comenta a programação de TV, em especial o programa *BBB*. Predomina um discurso que, não circunscrito a figuras, utiliza-se entretanto delas para categorizar o mundo, segundo programas de TV bons ou maus.

3. a) Salta-se da isotopia das coisas marítimas para a isotopia das coisas da televisão. O elemento desencadeador da segunda leitura é: *malfadada programação televisiva*. Dessa maneira, o *enorme estaleiro natural formado pelo lodo que detém as embarcações* passa da isotopia marítima para a isotopia das programações de TV.

 b) A bi-isotopia (coisas marítimas e coisas da televisão) contribui para enfatizar a rejeição a determinados programas de televisão, pois, ao demonstrar a aproximação de ambos os universos

402 :: A comunicação nos textos

semânticos (das coisas marítimas "encalhadas" e das coisas "deterioradas" da televisão), implicita uma comparação desqualificadora e, com ela, aumenta o poder de persuasão dos próprios argumentos contra o *BBB* e as programações televisivas em geral.

4. O título antecipa a leitura metafórica de todo o texto, porque nele se dá a intersecção de sentido entre o programa *BBB* e o transatlântico, ambos avaliados pejorativamente, já que dados como *da mediocridade*. O enorme transatlântico encalhado no lodo significa o próprio programa *BBB*. Ambos apresentam uma intersecção de sentido: o traço de algo incômodo, que não se move de tão pesado e do qual é preciso se livrar. Assim as coisas marítimas, dadas como o lodo e a embarcação encalhada, ao longo do texto passam a significar programação de televisão.

5. O querer fazer ver do enunciador se relaciona com a falta instituída para o leitor-telespectador em relação a programas como o *BBB*. Disso resulta o estado de insatisfação: querer ser um telespectador de bons programas e saber não poder ser. O *ethos* crítico fundamenta-se no polo da tensão e não do relaxamento. Do modo de dizer depreende-se então esse *ethos* crítico e tenso, que gera insatisfação (falta) no leitor-telespectador.

6. a) São usados recorrentemente adjetivos com alta carga de subjetividade, tais como: *gigantesco, repugnante, tosca, fétido*. Justifica-se a alta carga de subjetividade dos adjetivos, se estabelecermos a comparação com outras possibilidades afins de expressão, oferecidas pela língua: *gigante* (grande); *repugnante* (indesejado); *tosca* (sem refinamento); *fétido* (malcheiroso); *patético* (tocante). Quanto ao paralelismo, temos o trecho: *gente sem ética, sem educação, sem modos, sem vocabulário e sem higiene*. Para qualificar aquela *gente*, temos a sequência de locuções adjetivas com a função de adjunto adnominal.
b) O uso desses recursos confirma o *ethos* crítico radicado no polo da tensão e viabilizador das paixões da falta, como a insatisfação. Os adjetivos mais subjetivizados e o paralelismo confirmam ainda um tom alto da voz da crítica.

7. As figuras que confirmam a isotopia do demérito dos atores do *BBB*, segundo a avaliação da crítica são: gente marombada no corpo e raquítica na mente (§4); arrivistas, carreiristas, individualistas, ignorantes e alienados, patricinhas argentinas, *pit bulls* gaúchos (§6).

8. O olhar da enunciação, considerados os mecanismos utilizados para a construção da crítica, parte de uma superioridade eufórica (o lugar do próprio sujeito enunciador) e se dirige a uma inferioridade disfórica (*BBB* e programas televisivos em geral).

9. A variante linguística usada, que representa a norma culta em situação de informalidade, apresenta o emprego do pronome oblíquo em próclise pronominal no início da frase. ("Me recuso a crer.") Apresenta também a escolha lexical baseada em gírias como "fajuta e brega", bem como o emprego de "tá" por "está". Tais usos, em princípio, desestabilizam a expectativa do uso da língua na modalidade escrita, em texto do gênero *mídia impressa*. Mas o suporte, a revista *Caros Amigos*, já na autoapresentação transcrita, constrói um *ethos* crítico, porém lúdico (*Às vacas gordas, pois*). A revista privilegia, entre outros, os temas voltados para o mundo das artes, o que prevê, com a literatura, a exploração de diferentes modalidades de fala.

A revista também se apresenta com um tom relativizador próprio do humor, como está representado pela figura de José Celso Martinez Corrêa, teatrólogo que se esmerou na comédia.[1] Ainda quanto à apresentação, depreendem-se dela temas de inclusão social (às vezes os pequenos vencem). Tais fatores ligados ao suporte tornam tal uso linguístico adequado à situação.

10. O *ethos* depreensível da crítica é hiperbólico, já pelo tratamento dado às figuras, com a avaliação pejorativa exaltada, para o que contribuiu a isotopia das coisas marítimas associada à isotopia das coisas de tv. O uso recorrente de adjetivos com alta carga de subjetividade, mais o paralelismo, também contribuem para esse *ethos*. Portanto, com um tom convicto de voz, o sujeito constrói para si e de si a imagem do denunciador, que faz denunciar, enquanto se sustenta na própria certeza.

11. Os outros críticos apresentam-se como um *antiethos*, como um *ethos* antagônico ao depreendido da crítica feita por Ricardo Soares. Esse *antiethos* está sintetizado na figura de "alguém de dedo em riste para dizer que nós que execramos *Big Brother* somos defasados, antiquados, saudosos do tempo da delicadeza perdida". Os pontos de interrogação duplicados (quarto parágrafo) e triplicados (quinto parágrafo) confirmam a não legitimação da voz desses críticos. A suposta argumentação contrária apresenta-se em afirmações como estas: "podem sair em defesa da Rede Globo (como na maioria das vezes fazem) dizendo que o formato não é deles, mas da tal Endemol holandesa. Podem também dizer que essa aberração não existe só no Brasil, mas em muitos países do mundo". Em réplica, a crítica ressalta a falta de justificativa de tais argumentos, ratificando que não devemos "aceitar esse transatlântico como parte da paisagem porque em outros lugares do mundo ele também existe".

12. O modo de avaliar o ator do enunciado, os participantes do BBB, constrói, para o enunciador, o simulacro da impermeabilidade crítica, relacionado ao tom alto da voz, dada como menos complacente no ato de julgar. O efeito de subjetividade, firmado por um *eu* que se dirige a um *tu*, como no terceiro parágrafo (*Ora, senhores e senhoras leitores a quem devo satisfações*), somado ao efeito de certeza (crer dever ser), de competência (crer poder fazer), de comprometimento (crer dever fazer), de ser verossímil (crer poder ser) confirmam, para o enunciador, a imagem de impermeabilidade crítica.

13. Ao longo do segundo parágrafo é usado o recurso da preterição: "Quase caio no trocadilho mais fácil [...] e chamo *Big Brother Brasil* de *Big Bosta Brasil*. Mas isso não combinaria [...] O enunciador simula não querer dizer *Big Bosta Brasil* para não ferir o apresentador Mr. Bial e os companheiros da revista *Caros Amigos*. Mas a designação já tinha sido feita. No terceiro parágrafo, o epíteto injurioso é assumido e justificado. Com tais recursos fica consolidado o tema da rejeição a determinados programas de tv.

14. O modo de ser proposto ao leitor da crítica sustenta-se num sujeito conjunto com valores desejáveis e indispensáveis: o desinteresse, a participação, por exemplo, que negam o carreirista e o alienado, tal como foi figurativizado o ator do BBB.

15. A crítica não apenas forma opinião, levando o leitor a querer e a dever escolher algo dado como o melhor e a rejeitar algo dado como o pior. Ela também constrói a competência do leitor. Após

manipular o leitor para querer e dever entrar em conjunção com os valores propostos, viabiliza a aquisição de um saber e de um poder. Dá ao leitor a receita para tornar-se um sujeito, tal como o idealizado pelo próprio discurso crítico. No caso da crítica apresentada, temos um sujeito antípoda ao mundo proposto no discurso do *BBB*.

:: Notas

[1] É da entrevista de Zé Celso à *Caros Amigos* esta afirmação: "E a partir daí [do assassinato do irmão amado] eu falei: não tem mais espaço para drama. A vida é trágica. E então você não pode ficar com frescura" (p. 34).

:: Lição 9

1. O gato foi humanizado devido ao uso do discurso direto, para a reprodução de sua fala. A humanização promove a combinação de traços não humanos, ligados à figura composta visualmente como animal, com traços humanos, como o atributo de falante. Tal expediente, que faz o gato falar, é a prosopopeia. Entretanto, como o discurso direto representa as próprias palavras do gato, sem intervenção do narrador, palavras reproduzidas com ilusória fidelidade, temos ressaltada a cena viva e o gato vivo. Cresce em humanidade, o felino. A respeito do pressuposto, vemos que ele é dado pela expressão *Que novidade é essa?* Temos aí a indicação de que aquecer o leite no micro-ondas para o animalzinho é um comportamento da mulher visto como incomum pelo próprio animalzinho. A percepção desses hábitos humanos, bem como a lembrança deles humanizam o gato. A discursivização do espanto do gato diante da ação da mulher aumenta a humanização feita do bichano. Por sua vez a pontuação caracteriza a fala do gato como sobrecarregada emocionalmente, sobrecarga esta confirmada pelo uso recorrente das interjeições: *Oba! Hum...* Temos então o emprego da exclamação em *Oba!* e a duplicidade dela para aumentar o encantamento do gato diante do suposto leite aquecido no micro-ondas. Aliada à interrogação final, temos então as exclamações, que confirmam a figura de um gato tanto mais humano quanto mais se assume pensante e apaixonado (pela ração).

2. A prosopopeia, que junta a isotopia humana com a animal, no caso dessa HQ, demonstra um gato que desenvolve uma espera em relação à mulher. O gato crê que a mulher deve aquecer o leite para ele. O gato espera por isso. Acontece que o felino apoia-se num contrato imaginário, num simulacro. Nesse contrato imaginário, é que se firmam as expectativas do bichinho. Mas a mulher se senta à mesa, abre muito a boca e começa a comer gostosamente o alimento aquecido, perversamente, aliás, na cumbuca da ração do gato. O pobre animalzinho se decepciona, pois sente a ruptura da confiança que sentia em relação ao *outro*. Tudo é ressemantizado pelo *nonsense*, já que o gato humanizado é fruto da prosopopeia, a qual, nesse caso, está a serviço do efeito de humor.

3. O visual se integra ao verbal para confirmar a prosopopeia. No que diz respeito à transformação dos "estados de alma" do interlocutor, temos, no primeiro quadro a espera confiante visualizada por meio do focinho, composto com os olhos arregalados, o contorno ascendente da curvatura da boca, os dentes à mostra na confirmação de um sorriso. No segundo quadro, temos tanto

o corpo ereto como o rosto orientados para a interlocutora. Há troca de olhares entre ambos os sujeitos postos em relação na cena do diálogo. A mulher confirma a espera do gatinho: sorri, com a imensa boca arqueada para cima; aponta com um dos braços para o micro-ondas, enquanto olha para o animalzinho e indica que as expectativas do bichano estavam bem fundadas. Não foi tão imaginário o simulacro construído pelo gatinho. A mulher contribuiu, nesse caso, para as expectativas, o que torna mais cruel o último quadro. Neste, ela dá as costas para o bichano e se senta à mesa para se fartar com o alimento tão desejado pelo animal. Quanto mais frustrado o gatinho, mais humano. Assim, no último quadro, o olhar estupefato, dado pelos olhos quase fundidos no cenho carregado, o corpo de quatro patas no chão, pela primeira vez, aliás, em toda a tira, a boca caída, tudo confirma visualmente a falta não compensada e, com ela, a dor moral.

4. O emprego da prosopopeia, nessa tira, relaciona-se com a consolidação de temas que dizem respeito à relação dos seres humanos entre si, bem como à relação dos humanos com animais. Tais temas podem ser elencados como: o egoísmo do ser humano nas relações com o *outro*; a irrupção do inesperado nas relações intersubjetivas; a possibilidade da frustração devido a expectativas nutridas em relação ao *outro*; a crueldade no trato com animais.

5. Nesse caso, a figura feminina, a candidata a empregada, é "diferente das outras", sem esforço nenhum. Se o futuro patrão não quer que ela passe o dia "levantando a cabeça para olhar o relógio", não precisa se preocupar. A reificação, dada visualmente, apresenta a mulher como o próprio relógio. Os olhos, os cílios, o nariz, o formato dos maxilares, o rosto inteiro, enfim, apresenta a convergência de linhas e formas para que se componha o relógio. Com o aparente absurdo, firma-se o humor, auxiliado, no caso, pela própria reificação.

:: Lição 10

1. a) A organização temporal dominante no texto é a do sistema enunciativo, pois a temporalidade é dada em função de um marco referencial presente (agora), concomitante ao ato de dizer. Exemplos (de uso do presente):

§1: <u>Há</u> fanáticos para tudo. O problema <u>é</u> que [...] a palavra fanatismo banalizou-se.

§2: Fanático <u>é</u> um termo cunhado no século XVIII. O grande perigo do fanático consiste exatamente na certeza absoluta.

3: <u>Pode-se</u> argumentar que as palavras de Hitler ou as de Mao mobilizaram fanáticos tão convictos como os religiosos.

§4: Pensar o futuro <u>é</u> atual. Nesse livro, <u>chamamos</u> fanatismo a exaltação que <u>leva</u> indivíduos ou grupos a praticar atos violentos.

§6: O assunto <u>é</u> preocupante. Qualquer pessoa de bom senso <u>sabe</u> que o fanatismo já provocou muito estrago.

§7: [<u>É</u> preciso] ter seu conceito definitivamente transformado.

b) Quanto à anterioridade expressa pelo pretérito, temos os exemplos citados:

§1: banalizou-se;

§3: mobilizaram;

§6: provocou.

Essa anterioridade representa no texto uma anterioridade ao momento da enunciação e não a um marco referencial pretérito, instalado no enunciado. Isso, mais a concomitância do presente em relação ao *agora,* constituem expedientes que reforçam o efeito de presentificação da cena narrada.

c) A presentificação, dada pela organização temporal enunciativa predominante, cria o simulacro de aproximação do sujeito em relação ao enunciado.

2. a) O presente omnitemporal ou gnômico, de emprego recorrente, contribui para que sejam formuladas verdades dadas como de ilimitado alcance, compatíveis com os "ares" de quem deseja ensinar, que supõem um crer dever ser, um crer poder ser, um crer dever fazer, um crer poder fazer. Exemplo: § 2 "A origem divina de suas certezas [do fanático] <u>não permite</u> [nem neste momento, nem hoje, nem neste ano, nem neste decênio, nem neste século, nem nunca] que argumentos apresentados por simples mortais se contraponham a elas [às certezas do fanático]". O momento de referência temporal é ilimitado.

b) Os "ares de didatismo" se aliam a um discurso que se propõe o dever de construir um saber facilitado, ou "trocado em miúdos". Para isso contribui o efeito de verdade de alcance ilimitado, decorrente do uso do verbo no presente omnitemporal ou gnômico. À verdade dada como inquestionável se alia o efeito de proximidade da enunciação em relação ao enunciado, para que se cumpra a cena genérica.

3. a) Segmentos que reproduzem o pensamento do *outro*:

    §3: "Pode-se argumentar que as palavras de Hitler ou as de Mao mobilizaram fanáticos tão convictos como os religiosos e não tinham origem divina." (O outro, nesse caso, é um sujeito indeterminado, dado gramaticalmente pela partícula *se*. A relação é de divergência com o ponto de vista do narrador.);

    §5: "Os fanáticos, como nos explica o escritor Amós Oz, são 'aqueles que acreditam que o fim, qualquer fim, justifica os meios'." (O outro, nesse caso, é Amós Oz. A relação é de convergência com o ponto de vista do narrador.)

    b) O sujeito indeterminado constitui a voz representativa do oponente do nível narrativo. É aquele com o papel do "advogado do diabo" que, após ter "ouvido", no segundo parágrafo, a exposição sobre a origem divina das certezas do fanático, contra-argumenta: "Você diz que a certeza do fanático tem origem divina, mas o discurso de Hitler e Mao não têm origem divina!" Trata-se de um oponente dado em relação com o dizer do texto. O autor do texto usa esse contra-argumento previsto, a fim de exacerbar contradições e orientar a persuasão para o ponto de vista defendido. Tal malabarismo discursivo resulta na confirmação, por via indireta, do contrato de confiança, estabelecido com o leitor. Por sua vez, a citação do pensamento de Amós Oz constitui argumento de autoridade que consolida, por convergência de vozes e, portanto, diretamente, o contrato de confiança estabelecido. Em ambos os casos a heterogeneidade mostrada e marcada contribui para o efeito de polifonia do texto, o que supõe várias vozes e confirma, assim, o gênero *divulgação científica*, que deve propor a si o exercício de mostrar vários lados de uma mesma questão.

4. a) As expressões colocadas entre aspas ao longo do texto são:

    §1: "fanático por novela"; "nazista fanático";

    §3:"arianos puros";

    §5: fanáticos são "aqueles que acreditam que o fim, qualquer fim, justifica os meios".

    b) O uso de tal notação gráfica se justifica tanto como ato de mostrar a voz do outro, como ato de circunscrever a voz do outro aos segmentos aspeados.

    c) No caso da expressão "arianos puros", do terceiro parágrafo, junta-se à demonstração e marcação da voz do outro, o efeito de desresponsabilização do enunciador em função do conteúdo afirmado no segmento aspeado. "Arianos puros" constitui expressão que, juntamente com o discurso nazista representado, recebe avaliação pejorativa. Tal expressão emblematiza o *antiethos*, ou o *ethos* de contraste, em relação ao *ethos* desse texto de divulgação científica.

5. a) Passagens que comprovam a metalinguagem do texto, quer dando informações definitórias sobre os signos, quer discorrendo sobre o uso deles:

    §1: "Por ser empregada tão à vontade (aliás, como tantas outras), a palavra fanatismo banalizou-se, perdendo em força e conteúdo. "'Fanático por novela' é algo bem diferente (e bem menos perigoso) que um 'nazista fanático'".

§2: "Fanático é um termo cunhado no século XVIII para denominar pessoas que seriam partidárias extremistas, exaltadas e acríticas de uma causa religiosa e política."

§5: Nesse livro, chamamos fanatismo *a exaltação que leva indivíduos ou grupos a praticar atos violentos contra outras pessoas (prejudicando significativamente sua liberdade e atentando contra a vida), baseados na intolerância e na crença em verdades absolutas, para as quais não admitem contestação.*

§5 "Os fanáticos, como nos explica o escritor Amós Oz, são 'aqueles que acreditam que o fim, qualquer fim, justifica os meios'".

b) O ato metalinguístico é denotado. Mesmo falando da conotação, apresenta-se denotativamente. Exemplo: "Rosa, em sentido metafórico..." Firma-se assim o *ethos* da racionalidade, compatível com o dizer do gênero *divulgação científica*, que não prevê relatos mais emocionais, como aqueles feitos em tom de confidência íntima.

6. a) Na frase *Há fanáticos e fanáticos*, existe polissemia, pois estamos diante de um mesmo termo, *fanáticos*, que tem dois significados.

b) Já no primeiro parágrafo do texto ficam esclarecidos os significados diferentes de *fanático*, dados pelas diferentes expressões, em que aparecem o termo:

Fanático por caipirinha. Fanático por samba. Fanático por viagens. Há fanático para tudo. Ou melhor, há fanáticos e fanáticos. O problema é que, por ser empregada tão à vontade (aliás, como tantas outras), a palavra fanático banalizou-se, perdendo em força e conteúdo. Entretanto, parece óbvio que um "fanático por novela" é algo bem diferente (e bem menos perigoso) que um "nazista fanático".

"Fanático por novela" é algo bem diferente que um "nazista "fanático". A partir dessa afirmação, fica determinado o significado selecionado para os comentários a ser desenvolvidos sobre o fanático. Não se discorrerá sobre o "fanático por samba". Fica também delineado o tom esclarecedor da voz do sujeito. Evita-se, portanto, o efeito de ambiguidade como modo de dizer. Trata-se de simulacro compatível com a cena genérica, *discurso de divulgação científica*.

7. Trata-se de texto predominantemente dissertativo. Justificativas:

é texto predominantemente temático, isto é, opera prioritariamente com abstrações, com a finalidade de analisar e interpretar dados da realidade;

comenta o fenômeno do fanatismo, sem deixar de reproduzir determinados conceitos a respeito;

encadeia logicamente as ideias, o que supõe relação de causa e efeito, entre outras;

privilegia a recorrência do presente omnitemporal;

consolida o efeito de irreversibilidade para as verdades enunciadas.

8. As perguntas retóricas ocorrentes ao longo do texto são:

§2: "Afinal, como colocar, lado a lado, dogmas divinos e argumentos humanos?"

§7: "Que tal fanático por livros? Ou fanático por chocolate? E, que Mozart nos perdoe, fanático por Beethoven? "

O sujeito "que fala" é o narrador, voz delegada pelo enunciador e que instiga o narratário-leitor para responder, tendo já antecipado, porém, a orientação da resposta. Seguem exemplos dessa orientação antecipada:

§2: *É impossível, para o fanático, colocar lado a lado dogmas divinos com argumentos humanos.*
§7: *Seria muito melhor que no mundo houvesse apenas fanáticos por livros, ou por chocolates, ou por Beethoven.*

Quanto ao efeito resultante para o tom da voz, em função do gênero, afirma-se que, com o uso das tais perguntas retóricas, consolida-se no discurso a mobilidade do corpo do sujeito que relativiza os lugares de "emissor" e "receptor" da "mensagem", tal como propõe a teoria tradicional da comunicação. O enunciador já traz nas perguntas retóricas a presença da voz do enunciatário, o qual, não à toa, fica fortalecido no papel de coenunciador. Acontece que, em função do gênero *divulgação científica*, tais perguntas viabilizam também o tom didático para a voz da enunciação: uma voz dada a instruir e que, para tanto, facilita a aprendizagem, é a que se depreende do texto, coerentemente com o gênero.

9. A função que prevalece no texto é a utilitária, pois o texto visa prioritariamente à informação, ao convencimento, à ordenação das ideias, a explicar o fenômeno do fanatismo. Tal função se realiza com apoio do mecanismo da denotação.

10. A palavra *divulgação* apresenta-se no dicionário com as acepções de: ato ou efeito de tornar pública alguma coisa; propagação, vulgarização; ação de espalhar, publicar, divulgar. Tais acepções se confirmam no texto examinado, por meio destes mecanismos de construção do sentido, que também ratificam as coerções do gênero *divulgação científica*: recorrência do presente omnitemporal; perguntas retóricas; "ares" de didatismo; função utilitária; texto dissertativo; desambiguização; uso da denotação; da metalinguagem; da heterogeneidade mostrada e marcada.

:: Bibliografia

ABBAGNANO, Nicola. *Dicionário de Filosofia*. São Paulo: Martins Fontes, 1998.

AUTHIER-REVUZ, Jacqueline. Hétérogéneité montrée et hétérogéneité constitutive: élements pour une approche de l'autre dans le discours. DRLAV. Paris: Centre de Recherches de l'Université de Paris, VIII, n. 26, 1982, pp. 91-151.

BAKHTIN, Mikhail (V. N. Volochínov). *Estética da criação verbal*. 2. ed. São Paulo: Martins Fontes, 1997.

_____. *Problemas da poética de Dostoiévski*. Rio de Janeiro: Forense Universitária, 1981.

_____. *Marxismo e filosofia da linguagem*. 4. ed. São Paulo: Hucitec, 1988.

BARROS, Diana Luz Pessoa de. A comunicação humana. In: *Introdução à Linguística I:* objetos teóricos. São Paulo: Contexto, 2002, pp. 25-53.

_____. *Teoria semiótica do texto*. São Paulo: Ática, 1990.

_____. *Teoria do discurso:* fundamentos semióticos. 3. ed. São Paulo: Humanitas/FFLCH/USP, 2002.

BENVENISTE, Émile. *Problemas de linguística geral I*. 4. ed. Campinas: Pontes, 1995.

BERTRAND, Denis. *Caminhos da semiótica literária*. Bauru: EDUCS, 2003.

COURTÉS, J. *Analyse sémiotique du discours:* de l'énoncé à l'énonciation. Paris: Hachette, 1991.

Chauí, Marilena. *O que é ideologia*. 14. ed. São Paulo: Brasiliense, 1984.

_____. Senso comum e transparência. In: Lerner, Júlio (ed.). *O preconceito*. São Paulo: Imprensa Oficial do Estado, 1996/1997, pp. 115-32.

Chevalier, Jean; Gheerbrant, Alain et al. *Dicionário de símbolos*: mitos, sonhos, costumes, gestos, formas, figuras, cores, números. 18. ed. Rio de Janeiro: José Olympio, 2003.

Cipro Neto, Pasquale. *Inculta e bela*. 3. ed. São Paulo: Publifolha, 2000.

Cunha, Celso; Cintra, Lindley. *Nova gramática do português contemporâneo*. Rio de Janeiro: Nova Fronteira, 1985.

Discini, Norma. *O estilo nos textos*. São Paulo: Contexto, 2003.

_____. *Intertextualidade e conto maravilhoso*. 2. ed. São Paulo: Humanitas / fflch/usp, 2004.

Fiorin, José Luiz. *Linguagem e ideologia*. São Paulo: Ática, 1988.

_____. Algumas considerações sobre o medo e a vergonha. *Cruzeiro semiótico*. Porto: Portugal, n. 16, 1992, pp. 55-63.

_____. *As astúcias da enunciação*. São Paulo: Ática, 1996.

_____. Considerações em torno do projeto de defesa, proteção, promoção e uso do idioma apresentado à Câmara dos Deputados pelo Deputado Aldo Rebelo. In: *25º Boletim da Associação Brasileira de Linguística (Abralin)*. Fortaleza: Imprensa Universitária /ufc, 2001, pp.107-19.

_____. A teoria dos signos. In: *Introdução à linguística I:* objetos teóricos. São Paulo: Contexto, 2002, pp. 55-74.

_____. *Gêneros e tipos textuais*, 2004 (cópia xerog.).

Folha de S.Paulo. *Manual geral da redação*. 2. ed. rev. e ampl. São Paulo: Empresa Folha da Manhã S.A, 1987.

_____. *Manual da redação da Folha de S.Paulo*. Ed. rev. e atual. São Paulo: Publifolha, 2001.

Gnerre, Maurizio. *Linguagem, escrita e poder*. 4. ed. São Paulo: Martins Fontes, 1998.

Greimas, Algirdas Julien. *Du sens II. Essais sémiotiques*. Paris: Éditions du Seuil, 1983.

_____; Courtés, Joseph. *Dictionnaire raisonné de la théorie du langage*. Paris: Hachette, 1986, v. II.

_____. *Dicionário de semiótica*. São Paulo: Cultrix, 1989.

Houaiss, Antônio. *Dicionário Houaiss da língua portuguesa*. Rio de Janeiro: Objetiva, 2001.

_____. *A coesão textual*. São Paulo: Contexto, 1998.

_____. *O texto e a construção dos sentidos*. 6. ed. São Paulo: Contexto, 2003.

Lacerda, Roberto Corte et al. *Dicionário de provérbios*: francês, português, inglês. São Paulo: Ed. da Unesp, 2004.

Lafargue, Paul. *O direito à preguiça*. São Paulo: Hucitec/Edusp, 1999.

Landowski, Eric. *Presenças do outro*. São Paulo: Perspectiva, 2002.

Maingueneau, Dominique. *Gèneses du discours*. Bruxelles: Pierre Mardaga, 1984.

_____. *Novas tendências em análise do discurso*. Campinas: Pontes, 1989.

_____. Ethos, scénographie, incorporation. In: *Images de soi dans le discours. La construction de l'éthos*. Direction Ruth Amossy. Lausanne: Delachaux et Niestlé, 1999.

_____. *Análise de textos de comunicação*. 2. ed. São Paulo: Cortez, 2002.

_____; Charaudeau, Patrick. *Dicionário de análise do discurso*. São Paulo: Contexto, 2004.

Martins, Eduardo Lopes Filho. *Manual de redação e estilo de O Estado de S.Paulo*. 3. ed. rev. e ampl. São Paulo: O Estado de S.Paulo/ Moderna, 2003.

Mazaleyrat, Jean; Molinié, Georges. *Vocabulaire de la stylistique*. Paris: Presses Universitaires de France, 1989.

Pêcheux, Michel; Fuchs, Catherine. Mises au point et perspectives à propos de l'analyse automatique du discours. *Langages*. Paris: Didier-Larousse, n. 37, 1975, pp. 7-80.

Platão, Francisco S.; Fiorin, José Luiz. *Para entender o texto*. São Paulo: Ática, 1990.

Possenti, Sírio. Notas sobre a língua na imprensa. In: Gregolin, Maria do Rosário (org.). *Discurso e mídia*: a cultura do espetáculo. São Carlos: Claraluz, 2003, pp. 67-82.

Rabaça, Carlos Alberto; Barbosa, Gustavo Guimarães. *Dicionário de comunicação*. 2. ed. Rio de Janeiro: Campus, 2001.

Robert, Paul. *Le nouveau Petit Robert. Dictionnaire alphabétique et analogique de la langue française*. Paris: Dictionnaires Le Robert, 1996.

ROMAN, Jakobson. *Linguística e comunicação*. 4. ed. São Paulo: Cultrix, 1970.

SILVA, Ynaray Joana da; TORIELLO, Luciano Biagio (colaborador). Rádio e educação – um diálogo possível. In: CITELLI, A. (org.). *Aprender e ensinar com textos não escolares*. São Paulo: Cortez, 1997, pp. 99-127.

TEIXEIRA, Lúcia. Copo, gaveta, memória e sentido: análise semiótica da função da crônica nos cadernos de cultura de jornais culturas. In: CAÑIZAL P. E.; KATI E. (org.). *O olhar à deriva*: mídia, significação e cultura. São Paulo: Annablume, 2004, pp. 149-67.

_____. Crítica de arte e formação de opinião. *Perfiles semióticos – Revista de Estudos Semiolinguísticos*. Caracas: Universidad de los Andes, Ediciones del Rectorado, 2004, pp. 351-66.